行政判例研究 XX-2

社團法人 韓國行政判例研究會 編

2015

博英社

Studies on Public Administration Cases

Korea Public Administration Case Study Association

Vol. XX-2

2015

Parkyoung Publishing & Company

간 행 사

어느덧 2015년 연말이 되었습니다. 지난 한해도 메르스 사태, IS 무력단체에 의한 국제적 테러사건, 세계적인 경기침체에 따른 油價의 폭락 등 국내외적으로 多事多難한 한해였던 같습니다. 그럼에도 우리 행정판례연구회에 있어서는 아주 의미가 깊은 한 해로 기억될 것 같습니다. 지난 8월 30일에는 한국공법학회, 한국행정법학회, 사법정책연구원, 법제연구원과 공동으로 "한국공법학의 과거와 현재와 미래"라는 주제로 목촌 김도창 박사 10주기 추모 학술행사를 성공적으로 개최하였고, 11월 19일에는 제9회 목촌법률상을 수상하는 큰 영예를 얻었습니다. 우리 연구회가 우리나라의 법률분야에서 가장 권위 있는 賞 중에 하나인 목촌법률상을 받게 된 것은 창립이래로 연구회 발전을 위하여 노력하여 주신 역대 회장님들, 집행부 이사 및 간사님들 그리고 끝없는 애정을 갖고 연구회 활동에 적극적으로 참여하여 주신 회원 모든 분들 덕분이라고 생각합니다.

올 한해에도 10회에 걸친 월례발표회를 개최하였으며, 지난 6월에 발간된 「행정판례연구」 20집 제1호에 뒤이어 제20집 제2호를 출산하게 되었습니다. 이번 제20집 제2호는 월례발표회와 개별적으로 투고된 논문들 중 엄격한 심사를 통하여 선정된 6편의 논문들과 12월 송년회 행사에서 발표된 4편의 외국판례 연구논문들을 포함하여 총 10

편의 논문들로 구성되고 있습니다. 이들 논문들은 모두 우리 행정판례의 발전에 중요한 촉매가 되는 학술적 가치가 높은 연구들이라고 할 것입니다.

이번 제20집 제2호의 출간을 위하여 귀중한 옥고를 보내주신 여러 교수님들 그리고 실무자 선생님들께 謝意를 드리며, 학술지가 계획에 따라 순조롭게 출간될 수 있도록 헌신적으로 노력하여 주신 출판이사 정남철 교수, 출판간사 계인국 박사, 이혜진 박사께 깊은 감사를 드립니다. 아울러 「행정판례연구」가 전문학술지로서 높은 질적 수준을 유지하기 위하여 노고를 아끼지 않은 편집위원 및 심사위원 여러분들에게 고마운 마음을 전합니다.

2015년 12월

사단법인 한국행정판례연구회 회장

정하중

차 례

Table of Contents

行政法의 基本原理

遡及立法에 의한 公務員年金 給與制限處分의 限界 / 郭相鉉

遡及立法에 의한 公務員年金 給與制限處分의 限界

郭相鉉*

대상판결: 대법원 2014. 4. 24. 선고 2013두26552 판결

1. 사안의 개요

가. 사실관계

원고는 교육과학기술부 소속 국립중앙과학관에서 국가공무원으로

* 前 서울행정법원 부장판사, 現 법무법인(유) 율촌 변호사

재직하다가 2009. 4. 30. 명예퇴직한 자로서, 2009. 8. 11. 광주지방법원 2009고단1488 폭력행위 등처벌에관한법률위반 등 사건에서 2009. 4. 29. 09:30.경 피해자를 쇠정으로 협박하고 약 2주간의 상해를 입힌 공소사실로 징역 6월에 집행유예 2년의 판결을 선고받았고, 2009. 8. 19. 위 판결이 확정되었다.

한편 헌법재판소는 2007. 3. 29. 구 공무원연금법(2009. 12. 31. 법률 제9905호로 개정되기 전의 것, 이하 '구 공무원연금법' 또는 '구법'이라고 한다) 제64조 제1항 제1호[1)]에 대한 위헌소원 사건에서 "공무원연금법 제64조 제1항 제1호(1995. 12. 29. 법률 제5117호로 개정된 이후의 것)는 헌법에 합치되지 아니한다. 위 법률 조항은 2008. 12. 31.을 시한으로 입법자가 개정할 때까지 그 효력을 지속한다"라는 헌법불합치결정(이하 '이 사건 헌법불합치결정'이라고 한다)을 하였다(헌법재판소 2007. 3. 29.자 2005헌바33 결정).

그런데 이 사건 헌법불합치결정에서 정한 입법시간이 경과하도록 해당 조항에 대한 개선입법이 이루어지지 않았고, 피고(공무원연금공단, 이하 '피고'라고 한다)는 원고에게 구 공무원연금법 제64조 제1항 제1호의 급여제한규정을 적용하지 않고 2009. 5.부터 같은 해 12.까지에 해당하는 퇴직연금 16,504,000원 및 퇴직수당 53,418,960원을 전액 지급하였다.

이 사건 헌법불합치결정에 따라 구 공무원연금법이 2009. 12. 31. 법률 제9905호로 개정(이하 '개정 공무원연금법' 또는 '신법'이라고 한다)되었고, 개정 공무원연금법 제64조 제1항 제1호[2)]는 기존의 규정에서 '직무

---

1) 구 공무원연금법 제64조(형벌 등에 따른 급여의 제한)
공무원 또는 공무원이었던 자가 다음 각 호의 1에 해당하는 경우에는 대통령령이 정하는 바에 의하여 퇴직급여 및 퇴직수당의 일부를 감액하여 지급한다. 이 경우 퇴직급여액은 이미 납부한 기여금의 총액에 민법의 규정에 의한 이자를 가산한 금액 이하로 감액할 수 없다
1. 재직 중의 사유로 금고 이상의 형을 받은 경우

2) 개정 공무원연금법 제64조(형벌 등에 따른 급여의 제한)
공무원 또는 공무원이었던 자가 다음 각 호의 어느 하나에 해당하는 경우에는 대

와 관련이 없는 과실로 인한 경우 및 소속상관의 정당한 직무상의 명령에 따르다가 과실로 인한 경우'는 급여 제한 사유에서 제외하였다. 한편 개정 공무원연금법 부칙 제1조는 "이 법은 공포한 날이 속하는 달의 다음달 1일부터 시행한다. 다만, 제64조의 개정규정은 2009. 1. 1.부터 적용한다"고 규정하고 있었고, 부칙 제7조 제1항은 "이 법 시행 전에 지급사유가 발생한 급여의 지급은 종전의 규정에 따른다. 다만, 제47조 제2항의 개정규정은 이 법 시행 전에 급여의 사유가 발생한 자에 대하여도 적용하고, 제64조의 개정규정은 2009. 1. 1. 전의 퇴직연금·조기퇴직연금수급자가 2009. 1. 1. 이후에 받는 퇴직연금·조기퇴직연금 및 2009. 1. 1. 이후에 지급의 사유가 발생한 퇴직급여 및 퇴직수당의 지급에 대하여도 적용한다"고 규정되어 있다.

이에 피고는 개정 공무원연금법 제64조 제1항 제1호 및 부칙 규정에 의거하여 2010. 1. 29. 원고에 대하여 2009. 5.부터 2009. 12.까지 전액 지급하였던 퇴직연금 중 2분의 1에 해당하는 8,252,000원 및 퇴직수당 중 2분의 1에 해당하는 26,709,480원의 환수처분(이하 '이 사건 환수처분'이라고 한다) 및 2010. 1.부터 퇴직연금을 2분의 1로 감액하여 지급한다는 급여제한처분(이하 '이 사건 급여제한처분'이라고 한다)을 하였고, 원고는 2010. 8. 30. 이 사건 급여제한처분의 취소를 구하는 소를 제기하였다.

원고는 제1심 소송계속 중 개정 공무원연금법 제64조 제1항 제1호, 부칙 제1조 단서 및 부칙 제7조 제1항에 대하여 위헌법률심판제청신청을 하였으나 서울행정법원으로부터 기각 결정을 받고 2011. 2. 16. 헌법재판소 2011헌바36호로 헌법소원 심판을 청구하였다. 위 사건에서 헌법

통령령이 정하는 바에 의하여 퇴직급여 및 퇴직수당의 일부를 감액하여 지급한다. 이 경우 퇴직급여액은 이미 납부한 기여금의 총액에 민법의 규정에 의한 이자를 가산한 금액 이하로 감액할 수 없다

1. 재직 중의 사유로 금고 이상의 형을 받은 경우(직무와 관련이 없는 과실로 인한 경우 및 소속상관의 정당한 직무상의 명령에 따르다가 과실로 인한 경우는 제외한다)

시간의 순서에 따른 사실관계

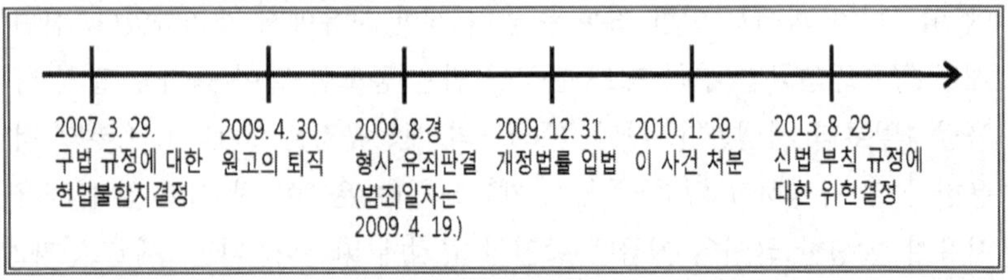

재판소는 2013. 8. 29. 개정 공무원연금법 제64조 제1항 제1호에 대하여는 합헌결정을, 부칙 제1조 단서 및 부칙 제7조 제1항 단서 후단에 대하여는 위헌결정(이하 '이 사건 위헌결정'이라 한다)을 하였다.

피고는 이 사건 위헌결정이 선고된 후 2013. 11. 5. 이 사건 환수처분을 취소하고 환수하였던 30,835,480원에 이자를 가산하여 원고에게 반환하였다.

나. 원심판결의 요지

원심은 이 사건 소 중 이미 직권 취소된 이 사건 환수처분 취소청구 부분은 소의 이익이 없어 부적법하다고 하여 각하하였고, 이 사건 급여제한처분에 대하여는 제1심판결을 취소하고 다음과 같이 원고의 청구를 인용하였다.

(1) 이 사건 위헌결정의 효력(적용 규정의 범위)

이 사건 위헌결정에 따라 개정 공무원연금법 부칙 제1조 단서 및 부칙 제7조 제1항 단서 후단은 원칙적으로 위헌결정이 있은 날부터 그 효력을 상실하게 되나(헌법재판소법 제75조 제6항, 제68조 제2항, 제47조 제2항), 위헌결정의 효력은 위헌제청을 한 당해사건에 대하여는 소급적으로 적용되므로(대법원 2003. 7. 24. 선고 2001다48781 판결), 이 사건에는 개정법은 2010. 1. 1.부터 시행한다고 규정한 개정 공무원연금법 부칙 제1조 본문 및 개정 법 시행 전에 지급사유가 발생한 급여의 지급은 종전의 규정에 따른다고 규정한 개정 공무원연금법 부칙 제7조 제1항 본문이 적용될 수 있을 뿐이다.

(2) 퇴직연금 지급사유 발생시기

공무원연금법은 장기급여의 지급사유를 퇴직·장애 및 사망으로 규정하고 있고, 급여의 사유가 발생한 날을 기준으로 급여의 지급시기와 급여액의 기준소득월액을 결정하고 있음을 고려할 때, 개정 공무원연금법 부칙 제7조 제1항 본문이 규정하는 '지급사유'란 공무원연금법 제25조[3]가 규정하는 지급사유이자 제43조 제1항 및 제27조 제1항이 규정하는 급여의 사유인 공무원의 퇴직·장애 및 사망을 의미하는 것으로 해석된다. 따라서 퇴직연금과 관련하여 개정 공무원연금법 부칙 제7조 제1항 본문의 '이 법 시행 전에 지급사유가 발생'한 경우란 개정 법 시행일인 2010. 1. 1.전에 공무원이 퇴직한 경우를 말한다고 할 것이고, 그렇다면 위 본문의 '종전의 규정'이란 퇴직연금의 경우 그 지급사유가 발생한 때인 공무원의 퇴직일 당시에 적용되는 규정을 의미한다고 할 것이다.

(3) 원고의 퇴직연금 (이 사건 급여제한처분의 적법성)

앞서 본 바와 같이 원고의 퇴직연금은 원고의 퇴직일 당시에 시행되던 규정에 따라 지급되어야 한다. 그런데 원고의 퇴직일인 2009. 4. 30. 당시는 구 공무원연금법 제64조 제1항 제1호가 이 사건 헌법불합치 결정에 따라 2009. 1. 1.부터 효력을 상실한 상태이면서 개정 공무원연

---

3) 공무원연금법 제25조 (급여)
공무원의 공무로 인한 질병·부상과 재해에 대하여는 제34조에 따른 단기급여를 지급하고, 공무원의 퇴직·장애 및 사망에 대하여는 제42조에 따른 장기급여를 지급한다.

금법 제64조 제1항 제1호가 시행되기 전이므로, 원고의 퇴직연금에 관하여는 구 공무원연금법 제64조 제1항 제1호 및 개정 공무원연금법 제64조 제1항 제1호의 급여제한규정이 적용될 수 없다.

또한 피고가 원고에게 매월 지급하는 퇴직연금은 원고의 퇴직으로 인하여 이미 발생한 퇴직연금 청구권의 내용에 따른 피고의 의무이행에 불과하여 매월 도래하는 퇴직연금 지급일마다 퇴직연금의 지급사유가 새로이 발생하는 것은 아니므로, 개정 공무원연금법 시행일인 2010. 1. 1. 이후 매월 이행기가 도래하는 퇴직연금의 지급에 관하여 개정 공무원연금법 제64조 제1항 제1호의 급여제한규정이 적용된다고 볼 수도 없다.

따라서 급여제한규정이 적용될 수 없음에도 불구하고 위 규정을 들어 원고의 퇴직연금을 2분의 1 감액한 이 사건 급여제한처분은 법률의 근거가 없는 것으로서 위법하다.

다. 대상판결의 요지

대법원은 원심의 판단에는 법률불소급의 원칙 및 공무원연금법에 의한 퇴직연금수급권의 이행기에 관한 법리를 오해하여 판결에 영향을 미친 위법이 있다고 하여 다음의 이유로 원심판결을 파기환송하였다.

(1) 적용원칙

행정처분은 그 근거 법령이 개정된 경우에도 경과규정에서 달리 정함이 없는 한 처분 당시 시행되는 법령과 그에 정한 기준에 의하는 것이 원칙이다. 개정 법령이 기존의 사실 또는 법률관계를 적용대상으로 하면서 국민의 재산권과 관련하여 종전보다 불리한 법률효과를 규정하고 있는 경우에도 그러한 사실 또는 법률관계가 개정 법령이 시행되기 이전에 이미 완성 또는 종결된 것이 아니라면 개정 법령을 적용하는 것이 헌법상 금지되는 소급입법에 의한 재산권 침해라고 할 수는 없다.

다만 개정 전 법령의 존속에 대한 국민의 신뢰가 개정 법령의 적용에 관한 공익상의 요구보다 더 보호가치가 있다고 인정되는 경우에 그러한 국민의 신뢰를 보호하기 위하여 그 적용이 제한될 수 있는 여지가 있을 따름이다(대법원 2012. 11. 15. 선고 2009두7639 판결 참조). 법령불소급의 원칙은 그 법령의 효력발생전에 완성된 요건 사실에 대하여 당해 법령을 적용할 수 없다는 의미일 뿐, 계속 중인 사실이나 그 이후에 발생한 요건 사실에 대한 법령적용까지를 제한하는 것은 아니라고 할 것이다(대법원 1994. 2. 25. 선고 93누20726 판결 등 참조).

(2) 퇴직연금수급권의 성격

공무원연금법에 의한 퇴직연금수급권은 그 기초가 되는 퇴직이라는 급여의 사유가 발생함으로써 성립하지만, 그 내용은 급부의무자의 일회성 이행행위에 의하여 만족되는 것이 아니고 일정기간 계속적으로 이행기가 도래하는 계속적 급부를 목적으로 하는 것이다.

원고에 대한 이 사건 급여제한처분은 퇴직연금수급권의 기초가 되는 급여의 사유가 이미 발생한 후에 그 퇴직연금수급권을 대상으로 하는 것이기는 하지만, 이 사건 급여환수처분과는 달리 신법이 발효되기 이전의 법률관계, 이미 발생하여 이행기에 도달한 퇴직연금수급권의 내용을 변경함이 없이 단지 신법이 발효된 이후의 법률관계 즉, 장래 이행기가 도래하는 퇴직연금수급권의 내용만을 변경하는 것에 불과하여, 이미 완성 또는 종료된 과거의 사실 또는 법률관계에 새로운 법률을 소급적으로 적용하여 과거를 법적으로 새로이 평가하는 것이 아니므로 소급입법에 의한 재산권 침해는 문제되지 않는다.

(3) 신뢰보호원칙의 적용 여부

이 사건 헌법불합치결정에서 구법 제64조 제1항 제1호에 대한 입법개선을 명함에 따라 그 결정 취지대로 개선입법이 이루어질 것을 충분히 예상할 수 있으므로 국회의 개선입법 지연으로 인하여 한시적인 입법의 공백 상태가 발생하였다고 하여 향후 개선입법이 이루어진 이후에도 그 후 비로소 이행기가 도래하는 퇴직연금수급권에 대해서까지 급여제한처분이 없으리라는 원고의 신뢰가 합리적이고 정당한 것이라고 보기 어려워 원고의 신뢰보호를 위하여 신법의 적용을 제한할 여지도 없다.

2. 문제의 제기

대상판결은 먼저 법률불소급의 원칙의 관점에서, 다음으로 신뢰보호원칙의 관점에서 2단계로 이 사건 처분의 적법성 여부를 판단하였다. 그런데 법률불소급의 원칙과 관련하여, 이 사건 위헌결정(헌법재판소 2013. 8. 29.자 2010헌바36 결정)은 소급입법금지원칙에 위배된다는 이유로 신법 부칙 제1조 단서 및 제7조 제1항 단서 후단(이하 '이 사건 부칙조항'이라고 한다)에 관하여 위헌결정을 내렸는데, 대상판결은 동일한 원칙에 기하여 이 사건 처분이 적법하다고 판단하였는바, 헌법재판소의 판단과 대법원의 판단 사이에 모순이 있는 것이 아닌지 문제된다.

또한 대상판결은 법률불소급의 원칙을 적용함에 있어 주로 퇴직연금수급권의 계속적 급부로서의 성격 등을 고려하였는데, 그렇다면 법률불소급의 원칙 내지 소급입법금지원칙과 관련하여 제한되는 권리의 종류 내지 재산권의 종류에 따라 위 원칙의 적용 양상이 달라지는지 것인지 검토해 볼 수 있다.

본 소고에서는 법률불소급의 원칙을 먼저 개관한 뒤, 위 쟁점을 순차로 검토하고 대상판결의 의미를 살펴보고자 한다.

3. 법률불소급의 원칙의 의의 및 내용

가. 법률불소급의 원칙 내지 소급입법금지원칙의 의의

법률불소급의 원칙은 그 법률의 효력발생 전에 완성된 요건사실에 대하여 당해 법률을 소급하여 적용할 수 없다는 원칙을 의미하고(대법원 2007. 10. 11. 선고 2005두5390 판결 참조), 우리 헌법은 소급입법 내지 법률의 소급적용에 의한 형사처벌, 참정권의 제한 또는 재산권의 박탈을 명시적으로 금지하고 있다(대한민국헌법 제13조 제1항 및 제2항[4]).

나. 독일 및 미국에서의 논의

(1) 독일의 경우

독일연방헌법재판소는 수익적 법률(begunstigende Gesetze)을 제외한 부담적 법규(belastende Rechtsnormen)에 한정하여 소급 법률의 허용가능성을 다루어 왔고, 1960. 5. 13. 제2부 결정에서 처음으로 법률이 사후에 개정되어 완성된 과거에 속한 구성요건에 관한 진정소급효(echte Rückwirkung)와 아직 완성되지 아니한 사실이나 법률관계에 관한 부진정소급효(unechte Rückwirkung)을 명시적으로 구분하였다.[5]

우리 판례와 마찬가지로 독일의 경우에도 진정소급효는 원칙적으로 허용되지 않는 데에 반하여 부진정소급효는 원칙적으로 허용된다는

---

4) 대한민국헌법 제13조
모든 국민은 행위시의 법률에 의하여 범죄를 구성하지 아니하는 행위로 소추되지 아니하며, 동일한 범죄에 대하여 거듭 처벌받지 아니한다.
모든 국민은 소급입법에 의하여 참정권의 제한을 받거나 재산권을 박탈당하지 아니한다.

5) 김승환, 독일과 한국의 헌법판례에 비추어 보는 법률불소급의 원칙, 헌법학연구 제13권 3호(제1편), (2007. 9.).

점에서 개념상 구별의 실익이 있다. 독일 연방헌법재판소의 판례에 의하면, 원칙적으로 허용되지 않는 진정소급효가 예외적으로 허용되는 예외사유에는 5가지가 있는데, 첫째 당사자가 과거의 법적 상황에서 이미 새로운 규정의 입법을 예견할 수 있었을 경우, 둘째 당사자의 신뢰가 아주 경미한 손해이기 때문에 그 신뢰를 보호할 가치가 적은 경우, 셋째 당해 법적 상태가 불확실하거나 혼란스러워서 특정한 법적 상태에 대한 신뢰근거가 존재하지 않는 경우, 넷째 당해 법령의 규정이 위헌이 되어 무효인 경우, 다섯째 새로운 법률에 의해 실현하고자 하는 공공복리의 불가피한 사유가 법적 안정성 원칙 및 신뢰보호원칙과의 형량시 더 우월한 경우이다.[6] 독일의 경우 진정소급효 및 부진정소급효에 관하여 공통적으로 예견가능성, 법적 안전성, 신뢰보호 등의 기준을 결합하여 소급효의 정당성을 심사하고 있고, 다만 완결되지 않은 구성요건의 부진정소급효에 관하여는 완결된 구성요건에 대한 신뢰와 동일한 수준의 보호를 누릴 수 없다는 입장이다.[7]

(2) 미국의 경우

미국법에서는 소급입법(Retroactive Law) 금지원칙의 근거로 미국헌법 Section 9, Article 1, Clause 3의 사후입법규정(Ex post facto clause)을 들고 있고, 형사법에 관하여는 적법절차원칙(Due process)을 아울러 근거로 들고 있다. 영국에서는 로마의 시민법대전(Corpus Juris Civilis)의 "법과 관습을 선언하는 법전은 장래의 거래에 대하여 적용되어야 하고 명문에 의하여 과거의 또는 현재 재판 계속중인 거래에 대하여 적용되도록 규정되어 있지 않은 한 과거사실에 대하여 원용될 수 없다"는 규정을 영국법의 해석원칙으로 받아들여 보편화하였고, 이를 계수한 초기

---

6) 이부하, 헌법상 소급효금지의 원칙과 예외: 독일 연방헌법재판소 판례를 분석하며, 세계헌법연구 제17권 1호, 2011, 6-10.

7) 주 6)의 논문

미국법에서도 소급입법에 관한 논의는 '의회가 달리 명시적으로 규정하지 않는 한 법원이 따라야 하는 법해석 원칙'이라는 관점에서 주로 진행되었다. 그러다가 소급입법의 개념은 점차 비록 제정일로부터 장래에 효력을 미치는 법률이더라도 법제정일 이전에 형성된 기득권(vested right), 특히 재산권을 박탈하는 법률을 금지하는 원칙까지도 포함하는 것으로 발전되었다. 즉, 미국법 초기에는 소급입법의 의미가 법제정시보다 시간상 앞선 '행위'에 적용되는 법률에 관한 것이라는 좁은 개념만 있었다면, 점차 법제정시보다 이전에 부여 또는 형성된 '권리'에 신법이 적용되는 경우까지 포함하는 넓은 개념으로까지 논의가 발전하였다. 다만 미국에서는 법제정 이전에 발생한 권리라고 하더라도 최소한 법적으로 보호할 가치가 있는 권리를 침해하는 경우만을 소급입법으로 한정하려는 입장이 주로 견지되고 있다.[8)]

다. 판례의 형성

대법원은 일찍이 "이미 과거에 행해진 국민의 행위에 대하여 사후에 새로운 공법상의 의무를 부과하거나 과거보다 가중된 의무를 규정하는 법률은 현존법 질서에 대한 국민의 신뢰를 파괴하고, 현재의 행위에 대한 장래의 법적 효과를 예견할 수 없게 하여 국민의 법적 지위에 불안을 초래케 한다는 점에서 법적 안정성과 예견가능성을 저해하게 되므로 법치국가 질서를 기존으로 하는 우리헌법의 해석상 원칙적으로 금지된다고 할 것이고(헌법 제12조 제2항 참조), 국민의 납세의무와 조세법률주의를 규정한 헌법 제36조 및 제95조를 위와 같은 법치국가적 요청에 비추어 고찰한다면 국민에게 새로운 납세의무나 종전보다 가중된 납세의무를 규정하는 세법의 조항은 그 공포시행 이후에 과세요건이 발생하

---

8) 황우여, 소급입법에 관한 소고, 행정판례연구 II, 한국행정판례연구회, 1996, 73-74.

거나 충족되는 경우에 한하여 적용될 수 있으며, 국가의 과세권은 납세의무자인 국민이 과세요건을 실현하는 행위 당시의 세법규정에 의해 예상할 수 있었던 법적 효과보다 불리한 처분을 할 수 없음이 원칙이라 할 것이다"라고 천명하면서도, "다만 이러한 원칙에 대하여는 납세의무자의 신뢰가 합리적 근거를 결여하여 이를 보호할 가치가 없는 경우, 그보다 중한 조세공평의 원칙을 실현하기 위하여 불가피한 경우 또는 공공복리를 위하여 간절한 필요가 있는 경우에 한하여 법률로써 그 예외를 설정할 수 있다 할 것이나, 그런 경우에도 그 예외를 규정한 세법조항이 국민의 납세의무를 가중시키는 것이라면 제한적으로 엄격히 해석하여야 할 것이다. 조세의무를 감경하는 세법조항에 대하여는 조세공평의 원칙에 어긋나지 않는 한 소급효가 허용됨이 명백하고, 과세단위가 시간적으로 정해지는 조세에 있어서 과세표준기간인 과세연도 진행 중에 세율인상 등 납세의무를 가중하는 세법의 제정이 있는 경우에는 이미 충족되지 아니한 과세요건을 대상으로 하는, 강학상 이른바 부진정소급효의 경우이므로 그 과세년도 개시시에 소급적용이 허용되는바(대법원 1964.12.15. 선고 64누93 판결 및 1970.3.24. 선고 70누19 판결 참조), 이것은 재정경제정책의 필요에 수시 대처할 수 있는 입법자의 판단을 존중하여야 한다는 점에서 정당성을 갖는 것이다"라고 판시하여 부진정소급효는 원칙적으로 허용되는 것임을 밝힌 바 있다(대법원 1983. 4. 26. 선고 81누423 판결).

한편 헌법재판소는 1987. 3. 17.자 88헌마1 결정에서 소급입법에 관하여 명시적으로 판시하였다. 위 결정에서 헌법재판소는 "과거의 사실관계 또는 법률관계를 규율하기 위한 소급입법의 양태에는 과거에 완성된 사실 또는 법률관계를 규율의 대상으로 하는 이른바 소급효의 입법과 이미 과거에 시작하였으나 아직 완성되지 아니하고 진행과정에 있는 사실 또는 법률관계를 규율의 대상으로 하는 이른바 부진정소급효의 입법을 상정할 수 있을 것이다"라고 하여 진정소급입법과 부진정소급입법을 개념적으로 구분하고, "전자의 경우에는 입법권자의 입법형성권보다도 당사자가 구법질서에 기대했던 신뢰보호의 견지에서 그리고 법적 안정성을 도모하기 위해 특단의 사정이 없는 한 구법에 의하여 이미 얻은 자격 또는 권리를 입법을 하는 마당에 그대로 존중할 의무가 있다고 할 것이나, 후자의 경우에는 구법질서에 대하여 기대했던 당사자의 신뢰보호보다는 광범위한 입법권자의 입법형성권을 경시해서는 안될 일이므로 특단의 사정이 없는 한 새 입법을 하면서 구법관계 내지 구법상의 기대이익을 존중하여야 할 의무가 발생하지는 않는다고 할 것이다"라고 판시하여, 진정소급효는 원칙적으로 허용되지 않으나 부진정소급효는 원칙적으로 허용되는 것임을 밝혔다.

위 결정은 진정소급효 역시 '특단의 사정'이 있는 경우에는 허용될 수 있다고 밝히고 있는데,[9] 헌법재판소는 1996. 2. 16.자 96헌가2 결정에서 "진정소급입법이 허용되는 예외적인 경우를 일반적으로 국민이 소급입법을 예상할 수 있었거나, 법적 상태가 불확실하고 혼란스러웠거나 하여 보호할 만한 신뢰의 이익이 적은 경우와 소급입법에 의한 당사자의 손실이 없거나 아주 경미한 경우, 그리고 신뢰보호의 요청에 우선하는 심히 중대한 공익상의 사유가 소급입법을 정당화하는 경우로 구체적으로 설시하였다. 이를 대별하면 진정소급입법이 허용되는 경우는 구법에 의하여 보장된 국민의 법적 지위에 대한 신뢰가 보호할 만한 가치가

---

9) 헌법재판소는 친일반민족행위자 재산의 국가귀속에 관한 특별법 제3조 제1항 본문 등의 위헌소원 사건에서 진정소급입법금지의 예외를 인정한 바 있다.
위 결정에서 5인의 재판관은 "위 조항이 진정소급입법에 해당하지만, 친일재산의 취득경위에 내포된 민족배반적 성격, 대한민국임시정부의 법통계승을 선언한 헌법 전문 등에 비추어 친일반민족행위자측으로서는 친일재산의 소급적 박탈을 충분히 예상할 수 있었고, 친일재산 환수 문제는 그 시대적 배경에 비추어 역사적으로 매우 이례적인 공동체적 과업이므로 소급입법의 합헌성을 인정한다고 하더라도 이를 계기로 진정소급입법이 빈번하게 발생할 것이라는 우려는 불식될 수 있다. 따라서 이 사건 귀속조항은 진정소급입법에 해당하나 헌법 제13조 제2항에 반하지 않는다"는 이유를 들었다(헌법재판소 2001. 3. 11.자 2007헌바141 등 결정).

없거나 지극히 적은 경우와 소급입법을 통하여 달성하려는 공익이 매우 중대하여 예외적으로 구법에 의한 법적 상태의 존속을 요구하는 국민의 신뢰보호이익에 비하여 현저히 우선하는 경우로 크게 나누어 볼 수 있다. 물론 그러한 '공익'적 필요가 존재하는지 여부의 문제를 심사함에 있어서는, 부진정소급입법의 경우에 있어서의 신뢰보호의 요청과 서로 비교형량되는 단순한 공익상의 사유보다도 훨씬 엄격한 조건이 적용되지 않으면 아니 된다. 즉, 매우 중대한 공익이 존재하는 예외적인 경우에만 그러한 진정소급입법이 정당화될 수 있다는 것이다.[10]

그 이후로 대법원은 "소급효는 이미 과거에 완성된 사실관계를 규율의 대상으로 하는 이른바 진정소급효와 과거에 시작하였으나 완성되지 아니하고 진행과정에 있는 사실관계를 규율대상으로 하는 이른바 부진정소급효를 상정할 수 있다"고 하여 진정소급효와 부진정소급효의 개념을 헌법재판소 결정례와 일치하여 판시하였다(대법원 1989. 7. 11. 선고 87누1123 판결). 대상판결 역시 "개정 법률이 기존의 사실 또는 법률관계를 적용대상으로 하면서 국민의 재산권과 관련하여 종전보다 불이익한 법률효과를 규정하고 있는 경우에도 그러한 사실 또는 법률관계가 개정 법령이 시행되기 이전에 이미 완성 또는 종결된 것이 아니라면 개정 법률을 적용하는 것이 헌법상 금지되는 소급입법에 의한 재산권 침해라고 할 수는 없다"고 판시하여, 법률불소급의 원칙 내지 소급입법금지원칙에 대한 헌법재판소 및 대법원의 확립된 입장을 재확인하고 있다.

결국 우리 법원은 법률불소급의 원칙 내지 소급입법금지원칙을 적용함에 있어서는 독일연방헌법재판소와 마찬가지로 신뢰보호, 법적안정성, 예견가능성, 공익과의 비교형량 등의 기준에서 그 정당성을 판단하

10) 헌법재판소는 위 결정에서 "또한 진정소급입법을 헌법적으로 정당화할 수 있는 이러한 예외사유가 존재하는 여부는 특별법과 같이 신체의 자유에 대한 제한과 직결되는 등 중요한 기본권에 대한 침해를 유발하는 입법에 있어서는 더욱 엄격한 기준으로 판단하여야 할 것이다"라는 심사기준도 아울러 제시하였다(헌법재판소 1996. 2. 16.자 96헌가2 결정).

되, 사실 또는 법률관계의 완성 또는 종결 여부에 따라 진정소급효와 부진정소급효로 나누어 위 기준의 적용 정도를 달리하고 있는 입장으로 이해된다.[11)]

라. 진정소급효와 부진정소급효의 구분 기준

독일과 우리나라의 소급입법금지원칙에 대한 심사에 있어 가장 중요한 것은 진정소급효와 부진정소급효의 구분이다. 둘 중 어느 것에 해당하느냐에 따라 원칙적으로 허용되느냐 원칙적으로 금지되느냐가 갈리기 때문이다. 판례에 의하면 사실 또는 법률관계의 완성 또는 종결 여부가 진정소급효와 부진정소급효의 구분 기준이 되는데, 구체적인 사안에서 사실 또는 법률관계의 완결성에 대한 의견이 달라질 수 있어 경우에 따라서는 그 구분이 자의적인 것이 될 위험성도 있다.

예를 들어, 친일반민족행위자 재산의 국가귀속에 관한 특별법 제2조 등 위헌소원 사건(헌법재판소 2011. 3. 31.자 2008헌바141 등 사건)을 살펴보면, 이 사건에서는 이 사건 귀속조항에 의하여 위 특별법의 시행일인 2005. 12. 19.자로 취득원인행위시에 소급하여 친일반민족행위자 소유의 토지가 국가로 귀속된 것이 문제되었는데, 다수의견은 이 사건 귀속조항은 진정소급입법에 해당하지만 친일반민족행위자 측으로서는 친일재산의 소급적 박탈을 충분히 예상할 수 있었다는 이유로 이 사건 귀속조항이 헌법 제13조 제2항에 반하지 않는다고 판단한 반면, 재판관 목영준은 헌법전문 및 반역죄에 관한 형벌규정 등에 비추어 볼 때 친일재산에는 취득 당시 반사회적 가치 내지 범죄성이 내재하고 있었고 과

11) 대법원은 변리사법 시행령 개정에 따른 불합격처분취소사건에서 위 시행령의 부칙 규정이 개정 조항을 적용하도록 한 것은 부진정소급입법에 해당한다고 보면서도 신뢰보호원칙에 위반하여 위헌에 해당한다고 판단한 바 있다(대법원 2006. 11. 16. 선고 2003두12899 전원합의체 판결).

거사청산절차를 밟지 못한 우리나라에서는 그 반사회성 및 범죄성이 현재까지도 지속되고 있다고 보이므로 이 사건 귀속조항에 의한 친일재산의 국가귀속은 현재 진행중인 사실관계 또는 법률관계에 작용하는 부진정소급입법이라는 의견을 제시한 바 있다.

위 사례만 살펴보더라도 진정소급입법과 부진정소급입법의 경계가 항상 명확하다고 보기는 어렵다. 헌법재판소 역시 "독일판례의 영향을 받은 우리재판소나 대법원의 판례에 따르면 소급입법에 관하여 진정·부진정 소급효의 입법을 구분하고 있으며 우리재판소의 판례상으로는 불명하나 대법원 판례에 따르면 이 사건 규정은 부진정소급입법에 해당하는 것으로 보인다(대법원 1983. 4. 26. 선고, 81누423; 1983. 12. 27. 선고, 81누305 판결 참조). 이와 같이 소급입법을 진정·부진정으로 나누는 척도는 개념상으로는 쉽게 구분되나 사실상 질적 구분이 아닌 양적 구분으로, 단순히 법기술적 차원으로 이루어질 가능성이 있으므로 이와 같은 구분의 기준에 관하여 이견이 있을 수 있다"고 판시한 바 있고(헌법재판소 1995. 10. 26.자 94헌바12 결정), 위 결정은 진정·부진정소급입법의 구분에 관하여 사실 또는 법률관계가 이미 완성되었는지 여부라는 전통적인 기준 외에 '최종적인 평가가 내려진 사태에 대한 새로운 법적 평가가 있었느냐의 여부'를 추가적인 구분 기준으로 고려해 볼 수 있다고 제시한 바 있다.[12)]

독일에서도 부진정소급효의 개념은 그 자체로서 무용하고 연방헌법재판소의 진정·부진정소급효의 구분 방법은 예견할 수 없는 것으로서 법적 안정성에 반하므로 폐기되어야 한다는 주장이 제기되기도 하였고, 이에 따라 독일연방헌법재판소 제2재판부는 1983. 3. 22. 진정·부진정소급입법의 구별 기준을 구성요건과 관련되는 물적 적용영역이 아닌,

---

12) 최호동·정주백, 진정소급입법 금지원칙의 예외: 친일재산귀속법상 귀속조항에 관한 헌재의 합헌판단에 대한 비판, 충남대학교 법학연구 제24권 제1호, 2013, 163-164.

오직 규범의 효력발생시점을 기준으로 하는 시적 적용영역으로 삼는 소수의견을 제시하기도 하였다.[13]

그러나 독일에서나 우리나라에서나 위 판시에도 불구하고 헌법재판소 및 대법원의 입장이 변경된 것은 아니고, 앞서 상술한 바와 같이 소급입법금지원칙에 관하여는 진정·부진정소급효의 이분적 구조에서 심사하는 판례의 태도가 그대로 유지되고 있다. 이러한 구조 하에서는 진정·부진정소급입법의 구분에 관하여 되도록 일관된 기준을 유지하고, 진정소급입법이 예외적으로 허용되는 경우를 엄격히 해석하여야만 소급입법금지원칙이 형해화되지 않고 법적 안정성과 신뢰보호를 기초로 하는 법치국가의 원리가 준수될 수 있을 것이다.

4. 법률불소급의 원칙이 당해 사안에 일관되게 적용되었는지

가. 문제의 소재

개정 공무원연금법이 이 사건 원고에게 적용되는지 여부는 결국 개정법의 부칙 조항에 의하여 일차적으로 결정되는 것인데, 이 사건 위헌결정은 이 사건 부칙조항(신법 부칙 제1조 단서 및 제7조 제1항 단서 후단)이 소급입법금지원칙에 위반된다고 판단한 반면, 대상판결의 경우 비록 이 사건 부칙조항의 효력에 관하여 직접적으로 판단한 것은 아니지만 개정 공무원연금법 발효이전 퇴직한 자에 대하여 개정공무원법 제64조 제1항이 적용되는 것은 법률불소급의 원칙에 반하지 아니한다고 판단하여, 헌법재판소와 대법원이 이 사건에 있어 동일한 원칙을 달리 적용한 것

13) 주 7)의 논문, 70; 주 12)의 논문, 163.

이 아닌지 의문이 있을 수 있다.

나. 이 사건 위헌결정의 판단 내용

이 사건 위헌결정(헌법재판소 2013. 8. 29.자 2010헌바36 결정)의 심판대상조항은 개정 공무원연금법 제64조 제1항 제1호 및 개정 공무원연금법 부칙 제1조 및 제7조 제1항인데, 헌법재판소는 개정 공무원연금법 제64조 제1항 제1호는 합헌이지만 개정 공무원연금법 부칙 제1조 단서 및 제7조 제1항 후단(이 사건 부칙조항)[14]은 위헌이라고 판단하였다.

우선 헌법재판소는 공무원연금법상 퇴직급여 등 급여수급권은 재산권의 성격을 갖고 있는데(헌법재판소 2002. 7. 18.자 2000헌바57 결정, 헌법재판소 2007. 3. 29.자 2005헌바33결정), 공무원연금법 제64조 제1항 제1호는 공무원 퇴직급여수급권을 일정한 요건 아래 감액하는 내용으로서 재산권을 제한하는 법률이고, 이 사건 부칙조항은 법적 공백상태에 있던 2009. 1. 1.부터 2009. 12. 31. 사이에 기존의 퇴직연금수급권자에 대하여 불이익하게 작용하는 위 조항을 소급하여 적용하도록 규정하고 있으므로, 이 사건 부칙조항 역시 청구인들의 재산권을 제한하는 법률에 해당한다고 전제하였다.

이에 따라 이 사건 위헌결정의 쟁점은 이 사건 부칙조항이 헌법 제13조 제2항의 소급입법금지원칙을 위반하여 청구인들의 재산권을 침해하는지 여부가 되는데, 헌법재판소는 이 사건 부칙조항은 이미 이행기가 도래하여 청구인들이 퇴직연금을 모두 수령한 부분(2009년 1월분부터 2009년 12월분까지)에까지 사후적으로 소급하여 적용되는 것으로서 헌법 제13조 제2항에 의하여 원칙적으로 금지되는 이미 완성된 사실·법률관계를 규율하는 소급입법, 즉, 진정소급입법에 해당한다고 보았다.

---

14) 제64조 제1항 제1호의 개정규정을 2009. 1. 1.부터 적용하고, 2009. 1. 1. 이후에 지급사유가 발생한 퇴직급여 등의 지급에도 적용한다는 내용의 규정

진정소급입법에 해당하는 이상 이 사건 부칙조항이 예외적으로 허용되는 소급입법에 해당하는지 여부가 문제되는데, 헌법재판소는 이 사건 헌법불합치결정 이후 잠정적용시한인 2008. 12. 31.까지 상당한 시간적 여유가 있었음에도 국회에서 개선입법이 이루어지지 않아 위 기간동안 퇴직 공무원들이 퇴직연금을 감액 없이 전액 지급받았던 것인데, 국회가 개선입법을 하지 않은 데에 대하여 퇴직 공무원들에게 어떠한 잘못이나 책임이 있는 것이 아니고, 그 기간동안 퇴직연금 등을 전부 지급받은 퇴직공무원들이 뒤늦게 개정된 공무원연금법의 부칙조항에 따라 소급적으로 환수당할 것을 예상하지 못하였다거나 그에 대한 공무원들의 신뢰이익이 적다고 할 수도 없다는 이유 등을 들어 이 사건에서는 신뢰보호의 요청이 공익상의 사유에 우선한다고 볼 수 있으므로 이 사건 부칙조항은 헌법에 위반된다고 판단하였다.[15)]

다. 이 사건 위헌결정과 대상판결의 차이점

개정 공무원연금법 제64조 제1항 제1호가 소급 적용됨으로써 원고는 2009. 1.부터 2009. 12.까지의 기간에 대하여 기지급받은 퇴직연금의 일부에 대하여 이 사건 환수처분을 받고, 2010. 1.부터는 지급되는 퇴직연금에 대하여는 감액 지급을 내용으로 하는 이 사건 급여제한처분을 받았다.

위 2개의 처분 중에서 대상판결에서는 피고 공무원연금공단이 항

15) 이에 대하여 재판관 2인은 이 사건 부칙조항이 진정소급입법에 의한 재산권 제한규정에 해당하기는 하지만, 공무원연금법은 제정 당시부터 퇴직급여 등 수급권이 처음부터 당해 공무원이 재직 중의 사유로 금고 이상의 형을 받은 경우에는 발생하지 않거나 또는 일부 감액되어 발생하는 내용의 것으로 형성되었고, 이미 이 사건 헌법불합치결정에서 구 공무원연금법 제64조 제1항 제1호에 대한 법적 평가가 완료되어 개인의 신뢰와 법적 안정성이 침해된 것으로 보기 어렵다고 하여 이 사건 부칙조항이 소급입법금지원칙에 위반되지 않는다는 반대의견을 제시하였다.

고소송의 진행 중인 2013. 11. 5. 이 사건 환수처분을 직권 취소하여 이 부분 소는 각하되었고, 본안에서는 이 사건 급여제한처분에 대하여만 법률불소급의 원칙의 위반 여부가 판단되었다. 반면 헌법재판소가 이 사건 위헌결정을 내릴 당시에는 이 사건 환수처분이 직권 취소되지 않은 상황이었고, 이 사건 위헌결정에서 소급입법금지원칙의 위반 여부를 심사함에 있어서는 이 사건 환수처분만이 고려되었다. 이에 따라 대상판결과 이 사건 위헌결정은 심사대상이 진정소급효에 해당하는지 아니면 부진정소급효에 해당하는지에 대한 판단부터 달리 하게 되었다. 즉, 대상판결은 이 사건 급여제한처분의 대상인 2010. 1.부터 지급되는 퇴직연금수급권은 장래 이행기가 도래하는 것이므로 이미 완성 또는 종료된 사실 또는 법률관계에 대한 진정소급효가 아닌 부진정소급효에 해당한다고 보았고, 이 사건 위헌결정은 이 사건 환수처분의 대상은 이미 2009. 1.부터 2009. 12.까지 이행기가 도래하여 지급 및 수령이 완료된 부분에 대한 것이므로 진정소급입법에 해당한다고 보았다. 진정소급효와 부진정소급효는 원칙적으로 허용되는 것인지 여부와 그 심사 기준이 달라지므로, 이와 같이 심사의 대상을 달리한 이상 대상판결과 이 사건 위헌결정의 판단 내용이 달라진 것은 당연하다고 볼 수 있다.

라. 이 사건 위헌결정과 대상판결의 판단의 모순 여부

그렇다면 만약 이 사건 환수처분이 직권 취소되지 않았더라면 대상판결은 본안에서 이 사건 환수처분에 관하여 어떻게 판단하였을 것인가. 대상판결이 퇴직연금수급권의 발생 여부를 기준으로 하는 것이 아니라 퇴직연금수급권의 이행기의 도래 여부를 기준으로 하여 사실 또는 법률관계의 완성 여부를 판단하는 것으로 판시하고 있다는 점에서, 이 사건 환수처분에 대한 직권 취소가 이루어지지 않았더라면 대상판결 역시 이 사건 환수처분에 대하여는 이미 완성된 사실 또는 법률관계에 해당한다고 보아 진정소급효의 관점에서 그 처분의 위법성 여부를 판단하였을 것이라고 보인다. 그렇다면 당사자의 신뢰보호와 개정 법률을 적용할 공익상의 필요에 대한 대상판결의 형량이 달라져, 적어도 이 사건 환수처분에 대하여는 결론을 달리하여 이 사건 위헌결정과 마찬가지로 법률불소급의 원칙에 위반한다는 판단을 내렸을 수 있을 것이다.

개정 공무원연금법 제64조 제1항 제1호의 적용에 따라 이 사건 환수처분뿐만 아니라 이 사건 급여제한처분이 내려졌고, 원고는 위 2개 처분을 모두 다투는 대상판결의 소송 계속 중에 관련 규정에 대한 위헌법률심판제청신청 및 헌법소원 심판청구를 하였음에도 불구하고, 이 사건 위헌결정은 이 사건 급여제한처분에 대하여는 전혀 판시하지 않았는데, 헌법재판소가 이 사건 급여제한처분에 대하여 판단하였더라면 대상판결과 다른 결론을 내렸을 것인가. 이에 대한 답은 부정적이다. 즉, 이 사건 위헌결정이 이 사건 급여제한처분에 대하여 심사하였더라면 대상판결과 마찬가지의 결론을 내렸을 것으로 보인다.

이는 헌법재판소의 과거 결정례에 비추어 알 수 있다. 헌법재판소는 구 공무원연금법(2007. 12. 14. 법률 제8694호로 일부 개정된 것) 제47조 제2항 및 부칙 제2항 단서 중 "법 제47조 제2항" 부분[16]에 대한 헌법소원 사건(헌법재판소 2008. 2. 28.자 2005헌마872 결정)에서 공무원연금법상의 각종 급여는 기본적으로 모두 사회보장적 급여로서의 성격을 가짐과 동시에 공로보상 내지 후불임금으로서의 성격도 함께 가지는데, 퇴직연금 수급권의 경우에는 직업공무원제도나 사회보험원리에 입각한 사회보장

16) 구 공무원연금법 제47조 (퇴직연금 또는 조기퇴직연금의 지급정지)
② 퇴직연금 또는 조기퇴직연금 수급자가 연금 외의 소득세법 제19조 제2항 의 규정에 의한 사업소득금액(대통령령이 정하는 사업소득금액을 제외한다) 또는 같은 법 제20조 제2항 의 규정에 의한 근로소득금액이 있고, 각 소득금액 또는 이를 합산한 소득금액의 월평균금액(이하 '소득월액'이라 한다)이 전년도 평균임금월액을 초과한 때에는 퇴직연금 또는 조기퇴직연금에서 다음의 금액을 지급정지한다. 이 경우 지급정지액은 퇴직연금 또는 조기퇴직연금의 2분의 1을 초과할 수 없다. (표 생략)

적 급여로서의 성격이 강하므로 그 구체적인 급여의 내용, 기여금의 액수 등을 형성하는 데에 있어서 일반적인 재산권에 비하여 입법자에게 상대적으로 보다 폭넓은 재량이 헌법상 허용된다고 볼 수 있다고 전제하고, 기존의 퇴직연금 수급자에 대하여도 소득심사제를 적용하도록 하는 심판대상조항은 이미 발생하여 이행기에 도달한 퇴직연금수급권의 내용을 변경함이 없이 이 사건 심판대상조항 시행 이후의 법률관계, 다시 말해 장래 이행기가 도래하는 퇴직연금수급권의 내용을 변경함에 불과하므로, 이미 종료된 과거의 사실관계 또는 법률관계에 새로운 법률이 소급적으로 적용되어 과거를 법적으로 새로이 평가하는 진정소급입법에 해당하지 않고, 따라서 소급입법에 대한 재산권 침해는 문제될 여지가 없다고 판단한 바 있다.[17]

이는 대상판결의 판시 내용과 같은 것으로서 퇴직연금수급권이 해당 공무원의 퇴직으로 이미 발생하였다고 하더라도 그것만으로 바로 개정법률의 적용이 진정소급효에 해당하는 것이 아니고, 퇴직연금수급권의 내용상 그 이행기의 도래 여부에 따라 진정소급효인지 부진정소급효인지가 구분된다는 것이다.[18] 그러므로 이 사건 위헌결정이 이 사건 급여제한처분에 대하여 심사하였더라면 대상판결과 동일한 결론을 내렸을 것으로 보이고, 이 사건 위헌결정에서 이 사건 급여제한처분에 대한 설시가 없는 것은 이것이 심판대상조항의 위헌 여부에 대한 판단에 직접적으로 영향이 없는 것이었기 때문이라고 생각된다. 결론적으로 대법

17) 위 결정에서도 뒤이어 신뢰보호원칙의 위반 여부에 대한 심사가 있었고, 헌법재판소는 이 사건 심판대상조항이 헌법상 신뢰보호의 원칙에도 위반되지 않는다고 판단하였다.

18) 또는 퇴직연금 지급사유의 발생은 기본적 채권의 발생으로 보고, 그 발생한 퇴직연금의 이행기가 도래한 것을 지분적 채권이 발생한 것으로 보는 견해도 가능하다. 이 경우 기본적 채권만으로는 구체적인 권리가 발생하지 않고 개별 퇴직연금 채권의 이행기가 도래하여 비로소 지분적 채권이 발생하여야 구체적으로 권리가 발생한 것이라고 해석되어, 퇴직연금 수급사유가 발생하였더라도 개별 퇴직연금 채권의 이행기가 도래하기 전이라면 부진정소급효로 취급된다.

원과 헌법재판소는 대상판결 및 이 사건 위헌결정에서 법률불소급의 원칙을 적용함에 있어 상호 모순되지 않고 위 원칙에 관하여 동일한 입장을 견지하고 있다.

5. 제한되는 권리의 종류 및 내용에 따른 법률불소급의 원칙의 적용 양상

가. 문제의 소재

대상판결은 퇴직연금수급권의 계속적 급부로서의 성격 및 이행기 등에 비추어 신법의 적용이 법률불소급의 원칙에 위반되는 것인지를 판단하였는데, 그렇다면 제한되는 권리의 종류 및 내용에 따라 법률불소급의 원칙 내지 소급입법금지원칙의 적용 양상이 달라지는 것인지 문제된다.

나. 형벌불소급원칙과의 비교

먼저 소급입법이 문제된 법률이 형벌법규에 해당하여 제한되는 권리가 신체의 자유 및 인격권 등인 경우를 살펴본다. 형벌불소급원칙은 헌법 제13조 제1항 외에도 헌법 제12조 제1항의 "누구든지 법률과 적법한 절차에 의하지 아니하고는 처벌·보안처분 또는 강제노역을 받지 아니한다"는 죄형법정주의와 적법절차원칙을 아울러 그 근거로 하고 있다.[19]

---

19) 김동률, 체제범죄의 형법적 청산에 있어 형벌불소급원칙의 극복원리, 형사정책, Vol. 25(2), 2013, 166.
독일기본법 제103조 II 역시 "어떤 행위는 오로지 그 처벌가능성이 행위 이전에 법

이러한 형벌불소급원칙에 대하여는 죄형법정주의의 원칙상 절대적인 소급효 금지가 관철된다고 주장하는 견해도 있으나,[20] 헌법재판소는 '5·18 민주화운동 등에 관한 특별법 제2조[21]에 관한 위헌제청사건에서 이 사건 법률조항에 대한 위헌 여부를 판단하기 위하여는 먼저 이 사건 법률조항이 이미 종료된 사실관계에 관련된 것인지(이른바 진정소급효), 아니면 현재 진행 중인 사실관계에 관련된 것인지(이른바 부진정소급효)를 밝혀야 할 것이라고 판시함으로써 형벌규정에 대하여도 재산권의 제한에 관한 소급입법금지원칙과 동일한 심사 기준이 적용됨을 분명히 하였다(헌법재판소 1996. 2. 16.자 96헌가2 등 결정).[22]

그러나 위 결정의 경우 과거사가 청산되지 않은 상황에서 권위주의 시대의 반인권국가범죄에 관한 특별법에 대하여는 소급입법금지원칙이 적용되지 않아야 한다거나 과거의 헌정유린을 바로 잡는다는 특수한 차원에서 논의가 이루어지고 있고,[23] 위 결정의 사안은 그 적용 대상이 매우 제한적인 처분적 법률에 해당한다는 점에서 다수를 수범 대상으로 하는 대상판결의 사안과는 구별된다고 할 것이다.[24] 형벌법규에 대하여

적으로 규정되어 있을 때에만 처벌될 수 있다"고 규정하고 있다(위 논문 166 참조).

20) 주 7)의 논문, 19.

21) 5·제2조 (공소시효의 정지)

① 1979년 12월 12일과 1980년 5월 18일을 전후하여 발생한 헌정질서파괴범죄의공소시효등에관한특별법 제2조의 헌정질서파괴범죄행위에 대하여 국가의 소추권행사에 장애사유가 존재한 기간은 공소시효의 진행이 정지된 것으로 본다.

② 제1항에서 "국가의 소추권행사에 장애사유가 존재한 기간"이라 함은 당해 범죄행위의 종료일부터 1993년 2월 24일까지의 기간을 말한다.

22) 위 결정에서 재판관 김진우, 이재화, 조승형, 정경식은 국민이 소급입법을 예상할 수 있었거나, 법적 상태가 불확실하고 혼란스러웠거나 하여 보호할 만한 신뢰의 이익이 적은 경우와 소급입법에 의한 당사자의 손실이 없거나 아주 경미한 경우, 그리고 신뢰보호의 요청에 우선하는 심히 중대한 공익상의 사유가 소급입법을 정당화하는 경우 등에는 진정소급입법이 예외적으로 허용될 수 있다는 의견을 밝혔다.

23) 윤상민, 형사제재와 소급효금지의 원칙, 법학연구 38, 한국법학회, 2010, 202.

24) 김성수, 공무원연금 급여환수처분 및 급여제한처분의 소급효와 관련된 법적 쟁점: 대법원 2014. 4. 24. 선고 2013두26552 판결에 대한 평석, 법학연구(연세대학교 법학연구원) 제25권 제2호, 2015, 309.

재산권과 동일한 심사기준이 적용되더라도 국가공권력 남용의 제한과 죄형법정주의 원칙 등을 고려할 때 신뢰보호원칙 등의 적용 단계에서 실질적으로 보다 엄격한 심사가 이루어져야 할 것이다.

다. 퇴직연금수급권의 특수성

(1) 공적연금에 관한 정책적 문제

1960년에 도입된 공무원연금과 군인연금 그리고 1975년에 도입된 사립학교교직원연금은 제도가 성숙함에 따라 연금재정 문제에 직면하게 되었다. 재정적자를 해결하기 위한 일련의 연금개혁과정에서 세대별 기대권 조정이 문제되었고, 1988년 도입된 국민연금 역시 재정의 재계산 과정에서 연금급여 및 보험료 수준의 조정과 관련하여 제도 가입자들의 심각한 저항에 부딪치고 있다.[25] 최근에도 공무원연금에 대한 개혁논의가 활발히 전개되고 있는데, 고령화 추세와 국가의 재정부담에 따라 공무원 연금뿐만 아니라 국민연금, 군인연금, 사학연금 등의 공적 연금제도는 전반적으로 수급연령을 상향조정하고 연금급여를 재정에 맞추어 조정하는 방향으로 개혁될 것으로 전망된다.[26]

(2) 공적연금제도 및 공무원연금법상 퇴직연금의 특성

공무원연금제도는 공무원을 대상으로 퇴직 또는 사망과 공무로 인한 부상·질병·폐질에 대하여 적절한 급여를 실시함으로써 공무원 및 그 유족의 생활안정과 복리향상에 기여하는 데에 그 목적이 있는 것으로서(공무원연급법 제1조) 위와 같은 사유의 사회적 위험이 발생한 때에 국가의 책임 아래 보험기술을 통하여 공무원의 구제를 도모하는 사회보

25) 최재식, 공적연금의 재정문제와 기대권 조정, 사회법연구 제3호, 한국사회법학회, 2004, 97.

26) 주 25) 논문, 303.

험제도의 일종이다(헌법재판소 2003. 9. 25.자 2001헌마93등 결정).

군인과 선거에 의하여 취임하는 공무원을 제외한 국가공무원법 및 지방공무원법에 의한 모든 공무원 등은 법률에 의하여 당연히 공무원연금에 가입되고, 그 급여의 종류와 내용, 기여금의 액수 및 징수방법이 법률로 정하여져 있어 당사자가 선택할 수 없으며, 그 각종 급여에 소요되는 비용 중 일부를 국가 또는 지방자치단체가 부담함으로써 급부와 반대급부 균형의 원칙이 유지되지 못하고, 보험료라고 볼 수 있는 공무원의 기여금 납부가 법률에 의하여 강제되는 특성을 가지고 있는데(헌법재판소 1988. 12. 24.자 96헌바73 결정), 이러한 측면에서 공적연금수급권은 민법상의 채권채무의 관계와는 차이가 있는 공법적인 성격을 가진다. 또한 공적연금수급권의 내용은 절대적인 성격을 갖는 것이 아니라 입법자가 당시 사회·경제적 상황과 필요에 의하여 조정할 수 있는 것으로 이해된다.[27)]

특히 헌법재판소는 공무원연금법상 퇴직 공무원의 퇴직연금·퇴직일시금·퇴직수당 수급권 역시 모두 사회보장 수급권으로서의 성격과 아울러 재산권으로서의 성격도 가지고 있는데, 그 중 퇴직일시금 및 퇴직수당의 경우에는 기업의 퇴직금에 해당하는 것으로서 그 수급권은 상대적으로 후불임금 내지 재산권적 성격을 많이 띠고(헌법재판소 2000. 3. 30.자 99헌바53등 결정), 이에 비하여 퇴직연금수급권의 경우에는 직업공무원제도나 사회보험원리에 입각한 사회보장적 급여로서의 성격이 강하므로 그 구체적인 급여의 내용, 기여금의 액수 등을 형성하는 데에 있어서 일반적인 재산권에 비하여 입법자에게 상대적으로 보다 폭넓은 재량이 헌법상 허용된다고 한다(헌법재판소 2008. 2. 28.자 2005헌마872 결정).[28)]

---

27) 주 26) 논문, 104-105.

28) 헌법재판소는 징집대상자의 범위를 변경한 개정 병역법에 대한 위헌소원 사건에서 "우리 헌법상 국방의 의무는 우리 국민의 자격을 유지하고 있는 이상 지속적으로 부담하는 것이고, 입법자는 이러한 국방의무의 내용을 법률로써 구체적으로 형성할 수 있다"는 점을 전제로 입법자가 새로운 입법을 하면서 그 시점 이후의 징집

(3) 대상판결의 퇴직연금수급권에 대한 평가

헌법재판소 2008. 2. 28.자 2005헌마872 결정, 헌법재판소 2005. 6. 30.자 2004헌바42 결정, 헌법재판소 2003. 9. 25.자 2001헌마93 등 결정[29] 등은 공적연금 중에서도 입법자에게 보다 폭넓은 재량이 인정되는 공무원 퇴직연금수급권의 특성과 함께 계속적 급부를 목적으로 하는 퇴직연금수급권의 특성을 아울러 설시하여 왔다. 대상판결은 입법자의 재량이 폭넓게 인정된다는 특성은 생략하고 퇴직연금수급권은 퇴직이라는 사유의 발생으로써 성립하지만 일정기간 계속적으로 이행기가 도래하는 계속적 급부를 그 내용으로 한다는 점만을 설시하였지만, 대상판결은 기존의 헌법재판소 결정례의 논리를 그대로 따르고 있다는 점에서 대상

대상자의 범위를 정하는 것은 그 입법당시를 기준으로 하여 국민들 중 군복무에 적합한 사람을 선정하는 것일 뿐이고, 과거에 시작되거나 완성된 사실관계 등을 규율대상으로 하는 것이 아니므로 이는 부진정소급입법으로서 원칙적으로 허용된다고 하여 개정 병역법 규정이 합헌이라고 결정하였는데(헌법재판소 2002. 11. 28.자 2002헌바45 결정), 이에 비추어 보면 재산권 외의 권리의 경우에도 진정소급효인지 아니면 부진정소급효인지를 판단함에 있어서는 '입법자에게 광범위한 입법형성권 내지 재량권을 인정할 정책적 필요성'의 정도가 가장 큰 기준이 된다고 볼 수 있다.

29) 위 결정에서 헌법재판소는 "위 부칙규정은 법개정 이후의 법률관계만을 규율하고 있을 뿐이므로 이미 종료된 과거의 사실관계 또는 법률관계에 새로운 법률이 소급적으로 적용되어 과거를 법적으로 새로이 평가하는 진정소급입법에는 해당하지 아니한다. …(중략)… 공무원연금법상의 연금수급권은 어느 정도 재산권의 성질도 갖고 있으나 사회보장적 급여로서 그 연금수급권의 구체적인 내용에 관하여는 입법자가 인간의 존엄과 가치, 인간다운 생활을 할 권리 등 기본권의 본질적 내용을 침해하지 아니하고 직업공무원제도의 근간을 훼손하지 않는 범위 안에서 재정능력, 국민 전체의 소득 및 생활수준 기타 여러 가지 사회적·경제적 여건 등을 종합하여 합리적인 수준에서 이를 결정할 수 있고, 또한 그와 같은 사정의 변화에 맞추어 그 내용을 변경할 수도 있는 것이다. 이 점은 사학연금법상 수급권도 이와 유사하고 달리 볼 것은 아니다. 따라서, 연금수급권의 내용이 처음부터 불가변적으로 확정된 재산권임을 전제로 한 소급입법금지의 원칙에 위배된다는 청구인들의 위 주장은 받아들일 수 없고, 다만, 그 내용의 변경이 신뢰보호의 원칙에 위배되는 것인지의 여부가 문제될 뿐이다"라고 판시하였다.

판결 역시 재산권 중에서도 공적연금, 그 중에서도 보다 폭넓은 입법재량이 인정되는 퇴직연금수급권의 특성을 고려하여 소급입법금지원칙을 적용한 것으로 이해된다.

라. 소결

현재의 헌법재판소와 대법원의 태도에 의하면 개정 법률에 의하여 제한되는 재산권의 종류 및 내용에 따라 입법자에게 인정되는 재량의 범위가 달라지는 것으로 이해되고, 개별 재산권의 종류 및 내용이 입법자에게 보다 넓은 재량권이 인정되는 정책적 사항에 해당할 경우 이는 직·간접적으로 소급입법금지원칙 및 신뢰보호원칙의 구체적인 적용 양상에도 영향을 주고 있는 것으로 보인다.

공적연금의 경우 국가재정이나 사회경제적 상황에 따라 정책적으로 변화를 줄 필요성이 많고 현재의 고령화 추세에 비추어 보면 향후 그 변화의 필요성이 더욱 커질 공산이 크다. 기존의 연금수급자들이 재정부담의 주요 요소가 되는 공적연금의 특성상 소급입법을 하지 않고서는 제도개혁의 효과가 적어 소급입법이 불가피한 측면이 있다는 점에서 적어도 장래에 이행기가 도래하는 연금 부분에 대하여는 입법자의 정책적 결단에 따른 법률개정과 그 소급 적용은 부진정소급효에 해당한다는 헌법재판소와 대법원의 입장이 계속 유지될 것으로 전망되고, 신뢰보호원칙과 관련해서도 일반 국민 역시 사회경제적 상황 변화에 따라 사인이 이러한 입법을 예견할 수 있었던 것으로 인정될 가능성이 높은 것으로 사료된다.

6. 대상판결의 의의

대상판결은 헌법재판소와 대법원이 오랜 기간 발전, 구체화시켜 온 법률불소급의 원칙 내지 소급입법금지원칙의 심사 원칙을 존중하여 진정·부진정소급효의 개념과 기본 법리를 다시 한 번 확인하였다. 결국 부진정소급입법은 그러한 입법을 하여야 할 합리적인 공익적 필요가 존재하고 그에 비하여 당사자의 보호가치 있는 정당한 신뢰가 훼손되지 않는 한 허용될 수 있는 것이다.

대상판결은 일정기간 동안 이행기가 도래하는 퇴직연금수급권의 특성을 고려하여 신법 시행 후에 이행기가 도래하고 구체적인 지급사유가 발생하는 급여 부분에 대하여는 신법을 적용하여 급여제한처분을 하더라도 이는 부진정소급효에 해당하고 위 처분은 적법한 것으로 판단하였는데, 이러한 대상판결의 입장은 기존의 진정·부진정소급효에 관한 법리나 퇴직연금수급권의 특성에 비추어 타당한 것으로 평가된다.

다만 부칙 규정의 문언에 비추어 볼 때 대상판결의 논리에 다소 설명되지 않는 부분이 있다. 이 사건 위헌결정은 개정 공무원연금법 부칙 제1조 단서 및 제7조 제1항 단서 후단이 헌법에 위반된다고 결정하였고, 원고는 대상판결의 소송 계속 중에 위헌심판제청신청을 하였으므로 대상판결의 사건에 대하여는 이 사건 위헌결정의 소급효가 미친다.[30)]

---

30) 헌법재판소법 제47조 제2항은 “위헌으로 결정된 법률 또는 법률의 조항은 그 결정이 있는 날로부터 효력을 상실한다. 다만, 형벌에 관한 법률 또는 법률의 조항은 소급하여 그 효력을 상실한다”고 규정하고 있어, 본문에서는 위헌결정의 장래효를 단서에서는 위헌결정의 소급효를 각각 규정하고 있는 것으로 이해된다. 그러나 위 제47조 제2항 본문의 장래효 규정을 엄격히 적용할 경우에는 구체적 규범통제의 실효성 확보와 당사자의 권리 구제에 한계가 있게 된다. 이에 헌법재판소와 대법원은 위 제47조 제1항 본문의 문언에도 불구하고 해석에 의하여 위헌제청을 한 당해 사건, 위헌결정이 있기 전에 동종의 위헌 여부에 관하여 헌법재판소에 위헌심판제청을 하였거나 법원에 위헌심판제청신청을 한 사건, 당해 법률 또는 법률조항이 재판의 전제가 되어 법원에 계속 중인 사건에 예외적으로 위헌결정의 소급효를

따라서 대상판결의 원심이 판시한 바와 같이, 이 사건 위헌결정의 소급효에 의하여 개정 공무원연금법 부칙 제1조 단서 및 제7조 제1항 단서 후단은 이 사건에 적용되지 않고, 부칙 제1조 본문 및 제7조 제1항 본문만이 적용될 수 있다. 위 부칙 제7조 제1항 본문은 "이 법 시행 전에 지급사유가 발생한 급여의 지급은 종전의 규정에 따른다"고 규정하고 있는데, 원심은 공무원이 퇴직할 당시 퇴직연금수급권에 관한 지급사유가 발생한 것으로 보아 그 당시 시행되던 '종전의 규정', 즉 급여제한이 없는 규정을 적용하여야 하는 것으로 판단하였고, 이는 부칙 규정의 문언적 해석이라는 측면에서는 일관되고 명확한 논리에 해당한다.

반면 대상판결은 부칙규정에 대한 명시적인 판단을 한 것은 아니지만, 일정기간 계속적으로 이행기가 도래하는 계속적 급부라는 연금수급권의 특성상 신법이 발효된 이후에 이행기가 도래하는 퇴직연금의 경우 이미 '지급사유'가 발생한 것이 아니므로 신법을 적용하더라도 소급입법에 의한 재산권침해가 문제되지 않은 것으로 판단하였다. 결국 대상판결은 대상판결은 '지급사유'를 '퇴직'이라는 사유 외에 '이행기의 도래'까지 포함하는 개념으로 해석한 것으로 볼 수 있다. 결과적으로 결국 대상판결은 부칙 규정과는 관계 없이 신법 시행 이후에 이행기가 도래하는 퇴직연금 부분은 신법을 적용하여야 하고 이는 소급입법에 해당하지 않는다고 판단한 셈이 되는데, 대상판결이 부칙 규정의 해석에 대한 설시까지 하였더라면 법 적용에 있어 논리적 공백 내지 의문점을 남겨두지 않았으리라는 것이라는 점에서 다소 아쉬움이 있다.

그러나 위 대상판결의 결론은 구 공무원연금법 제64조 제1항 제1호에 대한 헌법불합치결정의 취지나 원고와 같은 고의범을 저지른 경우에 대한 보호의 필요성 등을 고려할 때 구체적 타당성의 측면에서 그 타당성을 인정할 수 있다. 또한 공적연금과 같이 사회경제적 변화에 따

인정하고 있다(대법원 2000. 2. 25. 선고 99다54332 판결, 헌법재판소 1993. 5. 13. 자 92헌가10 등 결정).

라 입법자의 정책적 결단의 폭 및 입법형성권이 비교적 넓게 인정된 필요성이 있는 사안에서는 사실 또는 법률관계가 완성되었는지 여부를 평가함에 있어 규정의 일부 문언적 해석에만 국한되지 않고 대상판결과 같이 체계적 해석을 할 필요성이 있을 수 있고, 이러한 대상판결의 논리는 향후 공적연금 외에 입법형성권이 넓게 인정되는 다른 사안에 관한 소급입법이 문제될 때에도 적용될 수 있을 것이다. 다만 진정·부진정소급효의 구분이 형해화 될 경우에는 소급입법금지원칙 자체가 허울뿐인 것이 될 수 있으므로 위 구분이 자의적인 것이 되지 않도록 유의하여야 할 것이고, 사안의 구체적 타당성을 놓치지 않도록 신뢰보호원칙 단계에서의 심사를 엄격하게 유지하여야 할 것이다.

참고문헌

김동희, 행정법I, 제21판, 박영사, 2015

김승환, 독일과 한국의 헌법판례에 비추어 보는 법률불소급의 원칙, 헌법학연구 제13권 3호(제1편), (2007. 9.)

이부하, 헌법상 소급효금지의 원칙과 예외 : 독일 연방헌법재판소 판례를 분석하며, 세계헌법연구 제17권 1호, 2011

황우여, 소급입법에 관한 소고, 행정판례연구 II, 한국행정판례연구회, 1996

최재식, 공적연금의 재정문제와 기대권 조정, 사회학연구 제3호, 한국사회법학회, 2004

최호동·정주백, 진정소급입법 금지원칙의 예외 - 친일재산귀속법상 귀속조항에 관한 헌재의 합헌판단에 대한 비판, 충남대학교 법학연구 제24권 제1호, 2013

남복현, 양벌규정에 있어 축소된 구성요건의 소급적용 가능 여부를 둘러싼 쟁점, 한양법학 제25권 제1집, 2014

김동률, 체제범죄의 형법적 청산에 있어 형벌불소급원칙의 극복원리, 형사정책, Vol. 25(2), 2013

윤상민, 형사제재와 소급효금지의 원칙, 법학연구 38, 한국법학회, 2010

김성수, 공무원연금 급여환수처분 및 급여제한처분의 소급효와 관련된 법적 쟁점: 대법원 2014. 4. 24. 선고 2013두26552 판결에 대한 평석, 법학연구(연세대학교 법학연구원) 제25권 제2호, 2015

최재식, 공적연금의 재정문제와 기대권 조정, 사회법연구 제3호, 한국사회법학회, 2004

국문초록

공무원연금법 관련 규정에 관한 헌법재판소의 헌법불합치결정에서 정한 시한이 만료되어 법률의 공백이 있는 상황에서 공무원의 퇴직급여의 일부 감액 사유가 발생하였고, 그 이후 개정법률의 입법이 이루어진 후에 그에 기한 행정청의 급여제한처분이 있었는데, 개정법률의 소급적용을 허용하는 취지의 부칙 규정에 대한 헌법재판소의 위헌결정이 있었던 사안에서 대법원은 위 급여제한처분이 적법하다는 판단을 하였다. 위 대법원 판결에 대하여는 헌법불합치결정 및 위헌결정과의 관계에서 위 판단이 정당한 것인지, 또한 기존의 판례 법리 및 헌법재판소의 논리와 모순되는 것이 아닌지 검토할 가치가 있다. 또한 이러한 대법원의 판단에는 퇴직연금수급권의 계속적 급부로서의 성격 및 이행기의 도래 여부 등이 고려되었는데, 제한되는 권리의 종류에 따른 법률불소급원칙의 적용 양상이 달라지는지 그 적용의 예외의 한계는 어디까지인지에 대한 검토의 초석을 마련하는 것이 본 소고의 목적이다.

주제어: 소급입법, 법률불소급원칙, 신뢰보호, 진정소급효,
부진정소급효, 위헌결정의 효력,퇴직연금수급권,
급여제한처분, 계속적 급부

Abstract

Limits on the Administrative Measure That Retroactively Restricts the Public Pension Right

Gwack, Sang Hyean*

The Supreme Court rendered a judgment in 2014 that the administrative authority can retrospectively restrict the public pension right for the government official despite the Constitutional Court's decision of unconstitutionality regarding the supplementary provision of the Public Officials Pension Act that allows the retrospective application of the revised clause for restricting the public pension right. In the case at issue, the Constitutional Court has long before found the original clause for restricting the public pension right before revision unconstitutional, and as the reasons for restricting the public pension right in the case occurred before the revision of the Public Officials Pension Act according to the aforementioned finding of the Constitutional Court, it was considered by the appellate court that the restrictive measure by the administrative authority was groundless due to the legal vacuum. In this regard, the Supreme Court's judgment is worth reviewing if it is just and consistent with the Constitutional Court's logic and the existing theory on the principle of non-retroactivity. Also the Supreme Court took the nature as continuous payment of the pension right and period of performance

* Yulchon LLC

into account in the judgment. Accordingly, this article aims to set the foundation for in-depth examination as to if the legal character of individual right at issue determines how the principle of non-retroactivity applies and where to draw the line between the principle of non-retroactivity and its exceptions.

Keywords: Retroactive law, Principle of non-retroactivity of the law, Protection of trust, Retroactive effect, Effect of a decision of unconstitutionality, Retirement pension right, Restrictive measure, Administrative measure, Continuous payment

투고일: 2015. 11. 25.
심사일: 2015. 12. 15.
게재확정일: 2015. 12. 17.

行政節次 및 情報公開

情報公開請求權의 濫用 / 崔桂暎

情報公開請求權의 濫用*

崔桂暎**

대법원 2014. 12. 24. 선고 2014두9349 판결

Ⅰ. 대상판결의 개요

1. 사실관계

(1) 정보공개청구와 비공개결정[1)]

1) 인천지방검찰청 검사는 2010. 3. 4. 피의자 소재불명을 이유로

* 이 논문은 서울대학교 법학발전재단 출연 법학연구소 기금의 2015학년도 학술연구비 지원을 받았음.

** 서울대학교 법학전문대학원 부교수

1) 1심 판결(서울행정법원 2013. 11. 12. 선고 2012구합34181 판결)에 나타난 사실관계를 토대로 파악한 것이다.

A의 마약류관리에관한법률위반(향정)에 대하여 기소중지 처분을 하였다. 그 사건기록에는 B의 마약류관리에관한법률위반(향정) 사건 기록 중 사법경찰관이 작성한 B에 대한 제1 내지 4회 각 피의자신문조서가 첨부되어 있다.

2) 그 후 A의 소재가 파악되어 위 사건이 재기된 후 2011. 6. 1. 서울중앙지방검찰청으로 송치되었는데, 서울중앙지방검찰청 검사는 같은 해 10. 12. A에게 혐의없음의 불기소처분을 하였다.

3) A는 2012. 8. 24. 서울중앙지방검찰청 검사장(이하 '검사장'이라 한다)에게 A에 대한 불기소사건 수사기록 중 B의 개인정보를 제외한 B에 대한 제1 내지 4회 각 피의자신문조서(이하 '이 사건 정보'라고 한다)의 공개를 청구하였다.

4) 이에 대하여 검사장은 같은 달 31일 이 사건 정보가 '공공기관의 정보공개에 관한 법률'(이하 '정보공개법'이라고 한다) 제9조 제1항 제1, 4, 6호, 검찰보존사무규칙 제20조의 2, 제22조, '사건기록열람 등사에 관한 업무처리 지침' 제3조 제1항에 규정된 비공개대상 정보의 범위에 해당되어 공개할 수 없다는 이유로 비공개결정을 하였다(이하 '이 사건 처분'이라 한다).

(2) 권리남용에 관련된 사정들[2)]

1) A는 징역 3년 6월을 선고받아 복역 중에 있으면서 수백 회에 걸쳐 여러 국가기관을 상대로 다양한 내용의 정보공개청구를 반복하여 왔고, 정보공개거부처분에 대하여 전국의 각 법원에 취소청구소송을 제기하였다.

2) 다수의 사건에서 A의 정보공개청구에 대하여 행정청이 공개 또는 부분공개의 결정을 하였으나, A는 해당 정보를 수령하지 아니하였다.

---

2) 대상판결인 대법원 판결에 나타난 사실관계를 토대로 파악한 것이다. 1심 또는 2심 판결에는 나타나지 않았던 사정들이다.

3) A는 이 사건의 원심을 포함한 대다수의 정보공개청구소송에서 특정 변호사를 소송대리인으로 선임하였다. 그런데 원심에서 A의 소송대리인은 변론기일에 1회 출석하여 항소기각 판결을 구한다고 진술하였을 뿐 준비서면이나 서증을 제출하는 등의 변론행위를 한 바 없다. A는 교도소 직원과의 면담에서 정보공개청구소송에서 승소하여 소송비용확정절차를 거쳐 변호사보수를 지급받으면, 이를 변호사와 자신이 배분하기로 하였다는 취지의 진술을 하기도 하였다.

4) A는 수감 중 정보공개청구소송의 변론에 출석하기 위하여 약 90회 이상 전국 법원에 출정하였는데, 그에 따른 수백만 원의 출정비용을 납부하지 아니하고 있다.

5) A는 교도소 직원과의 상담에서 '자신이 진행해 온 정보공개청구 및 정보공개청구소송은 권리구제를 위한 것이 아니었고, 자신의 시간과 국가기관의 행정력을 헛되이 소모시키는 행위였으므로 이러한 행위를 중단하겠다'는 취지로 진술하였다.

2. 소송의 경과

(1) 원고의 주장

A는 다음과 같은 이유로 이 사건 처분이 위법하다고 주장하면서 취소소송을 제기하였다. ① 이 사건 처분의 근거로 삼은 검찰보존사무규칙은 행정기관 내부의 사무처리준칙으로서 행정규칙에 불과하므로 위 규칙을 근거로 이 사건 정보의 공개를 거부할 수 없다. ② 이 사건 정보는 피의자의 인적사항을 제외한 피의자의 진술내용만을 가리키므로, 정보공개법 제9조 제1항 제6호에서 정한 '개인에 관한 사항으로서 정보의 공개가 개인의 사생활의 비밀 또는 자유를 침해할 우려가 인정되는 경우'에 해당하지 않는다.

(2) 1심[3]의 판단 - 청구 일부 인용

1) 기록의 열람·등사의 제한을 정하고 있는 검찰보존사무규칙 제22조는 법률상의 위임근거가 없어 행정기관 내부의 사무처리준칙으로서 행정규칙에 불과하므로, 위 규칙상의 열람·등사의 제한을 정보공개법 제9조 제1항 제1호의 '다른 법률 또는 법률에 의한 명령에 의하여 비공개사항으로 규정된 경우'에 해당한다고 볼 수 없다.

2) 이 사건 정보는 주로 A의 범죄행위에 관한 진술로 정보공개법 제9조 제1항 제6호 본문에 따른 비공개정보에 해당한다고 보기 어렵다. 다만 B의 주민등록번호 등 개인식별정보, 범죄혐의와 범죄경력에 관한 사항, 마약류 영상시스템에 있는 마약전과자들의 사진, B의 서명ㆍ무인은 정보공개법 제9조 제1항 제6호 본문에서 규정하고 있는 비공개대상정보에 포함되므로 위 정보의 공개를 거부한 부분은 적법하고, 나머지 부분은 위법하다.

(3) 원심[4]의 판단 - 항소 기각

항소심에서는 위의 1심 판결 이유를 인용하는 외에 정보공개법 제9조 제1항 제4호의 비공개정보에 해당한다는 피고의 주장에 대해 추가적으로 판단하였다. 원심법원은 이 사건 정보의 공개가 수사기관의 직무수행을 현저히 곤란하게 한다고 할 수도 없다고 판단하였다.

3. 판결요지

원심판결에 대해 피고 검사장이 상고하였고, 대법원은 다음과 같은 이유를 들어 원심판결을 파기환송하였다.

---

3) 서울행정법원 2013. 11. 12. 선고 2012구합34181 판결
4) 서울고등법원 2014. 6. 11. 선고 2013누31976 판결

(1) 국민의 알 권리, 특히 공공기관이 보유·관리하는 정보에 접근할 권리는 우리 헌법상 기본권인 표현의 자유와 관련하여 인정되는 것으로 그 권리의 내용에는 국민 누구나 공공기관에 대하여 보유·관리하고 있는 정보의 공개를 청구할 수 있는 이른바, 일반적인 정보공개청구권이 포함된다.

국민의 알 권리를 보장하고 국정에 대한 국민의 참여와 국정 운영의 투명성을 확보함을 목적으로 제정된 구 정보공개법은 제3조에서 공공기관이 보유·관리하는 정보는 이 법이 정하는 바에 따라 공개하여야 한다는 정보공개의 원칙을 규정하고, 제5조 제1항에서 모든 국민은 정보의 공개를 청구할 권리를 가지는 것으로 하며, 제6조에서 정보의 공개를 청구하는 국민의 권리가 존중될 수 있도록 이 법을 운영하고 소관 관련 법령을 정비하여야 하는 등의 공공기관의 의무에 관하여 규정하는 등 일반적인 정보공개청구권의 내용과 행사절차 등을 구체화하고 있다.

이와 같은 일반적인 정보공개청구권의 의미와 성질, 정보공개법의 규정 내용과 입법 목적, 정보공개법이 정보공개청구권의 행사와 관련하여 정보의 사용 목적이나 정보에 접근하려는 이유에 관한 어떠한 제한을 두고 있지 아니한 점 등을 고려하면, 국민의 정보공개청구는 정보공개법 제9조에 정한 비공개 대상 정보에 해당하지 아니하는 한 원칙적으로 폭넓게 허용되어야 하지만, <u>실제로는 해당 정보를 취득 또는 활용할 의사가 전혀 없이 정보공개 제도를 이용하여 사회통념상 용인될 수 없는 부당한 이득을 얻으려 하거나,</u> 오로지 공공기관의 담당공무원을 괴롭힐 목적으로 정보공개청구를 하는 경우처럼 <u>권리의 남용에 해당하는 것이 명백한 경우에는 정보공개청구권의 행사를 허용하지 아니하는 것이 옳다</u>(필자 강조, 이하 같음).

(2) 원고는 이 사건 정보에의 접근을 목적으로 피고에게 정보공개를 청구한 것이 아니라, <u>청구가 거부되면 그 거부처분의 취소를 구하는 소송에서 승소한 뒤 소송비용 확정절차를 통해 자신이 그 소송에서 실</u>

제 지출한 소송비용보다 다액을 소송비용으로 지급받아 금전적 이득을 취하거나, 수감 중 변론기일에 출정하여 강제노역을 회피하는 것 등을 목적으로 정보공개를 청구하였다고 볼 여지가 크고, 앞서 본 법리에 의할 때 이러한 정보공개청구는 권리를 남용하는 행위로서 허용되지 아니한다고 할 것이다. 그럼에도 원심은 이 사건 정보공개청구가 권리남용에 해당하는지 여부에 관하여 살펴보지 아니하고 그 판시와 같은 이유를 들어 원고의 이 사건 정보공개청구를 거부한 이 사건 처분 중 일부가 위법하다고 판단하였는바, 이는 정보공개청구의 권리남용에 관한 법리를 오해하여 필요한 심리를 다하지 아니함으로써 판단을 그르친 것이다.

4. 관련사건

대상판결과 동일한 원고가 제기한 것으로 보이는 사건에서 권리남용 해당 여부에 관한 판단은 엇갈렸다. 일부 사건에서는 대상판결과 같은 이유로 권리남용에 해당한다고 판단한 반면,[5] 일부 사건에서는 권리남용에 해당하지 않는다고 판단하였다. 그 논거는 다음과 같다.

서울행정법원 2014. 8. 28. 선고 2013구합25276 판결

피고 스스로 밝히고 있는 것과 같이 실제 원고가 정보공개를 청구하였음에도 공공기관이 이를 거부하여 행정소송에 이른 사건 중 상당부분에서 원고가 전부 또는 일부 승소하고 있어서 이러한 다수의 소제기에 대하여 원고에게만 그 책임을 돌리기는 어렵다(2007. 1. 1.~2014. 1. 21. 기간 동안 접수된 68건의 소송 중 국가 전부 승소사건은 9건에 불과한 반

5) 수원지방법원 2014. 6. 12. 선고 2013구합12073 판결; 수원지방법원 2014. 11. 5. 선고 2013구합9893 판결; 서울고등법원 2014. 10. 7. 선고 2014누48278 판결; 대구지방법원 2014. 7. 18. 선고 2013구단3677 판결(항소심 대구고등법원 2014. 12. 5. 선고 2014누5652 판결로 항소기각) 등. 한편 서울행정법원 2014. 11. 11. 선고 2014구합4177 판결에서는 소권남용임을 이유로 각하하였다.

면, 원고 전부 또는 일부 승소사건은 37건에 이른다). 또한 정보공개법은 개인적인 이해관계를 갖지 않는다고 하더라도 다양한 목적으로 정보공개를 청구할 수 있음을 전제하고 있어서 특별한 이해관계에 있지 않은 원고가 단순히 전국적으로 많은 수의 정보공개를 청구하고 있다는 사정 등만으로는 원고의 정보공개청구가 신의칙에 반하거나 권리남용에 해당한다고 단정할 수 없고, 달리 이를 인정할 증거가 없으므로, 피고의 위 주장은 받아들이지 않는다.

서울행정법원 2014. 4. 4. 선고 2013구합25245 판결

① 모든 국민은 정보공개를 청구할 권리가 있고, 공공기관이 보유·관리하는 정보는 정보공개법에 따라 공개하여야 하며, 정보공개청구의 목적이나 횟수에 특별한 제한이 있는 것도 아닌 점, ② 오로지 정보를 보관하고 있는 공공기관이나 이해관계인을 괴롭힐 목적으로 정보공개청구를 하고 있다고 단정하기 어려운 점, ③ 원고가 유사한 정보공개청구소송을 제기하고 있으나, 원고의 청구가 대부분 인용되고 있는 점, ④ 원고는 "행정청의 정보공개 수수료 산정 실태를 확인하겠다."는 정보공개청구의 목적을 주장하고 있는 점, ⑤ 원고가 정보공개결정을 받고도 수수료를 납부하지 않아 정보를 수령하지 않고 있는 경우도 있으나, "경제적인 이유 등으로 수수료를 납부하지 않고 있고, 수수료를 납부하겠다." 고 주장하고 있는 점 등을 고려할 때, 원고의 정보공개신청 등이 권리남용에 해당한다고 보기 어려우므로…

Ⅱ. 문제의 소재

정보공개청구권은 청구인이 누구인지, 공개청구의 목적이 무엇인지, 공개된 정보를 어디에 활용할 것인지를 가리지 않는다. 이러한 정보공개청구권의 일반성으로 인해 정보공개청구 제도는 남용과 오용에 취약할 수밖에 없다. '정보공개 연차보고서'에 의하면, 1인이 1,000건 이상

청구하는 사례가 지속적으로 증가하고 있다. 또한 정보공개청구 후 공개결정이 이루어졌음에도 청구인이 정보를 수령하지 않는 비율도 약 16~17%에 이른다.[6] 특히 대상판결의 경우와 같이 교정시설 수용자가 정보공개청구권을 남용하는 사례는 여러 해 전부터 문제가 되어 왔고,[7] 남용을 방지하기 위한 입법적 조치도 이미 일부 이루어져 있다.[8] 수수료 예납 제도가 그것이다. 정보공개 수수료는 원칙적으로 정보공개청구에 대하여 공개결정이 내려진 후 납부한다. 그러나 일정한 수용자의 공개청구의 경우 수수료를 예납하지 않으면 납부할 때까지 정보공개 여부의 결정을 유예할 수 있다(형의 집행 및 수용자의 처우에 관한 법률 제117조의2 제2항, 제3항).[9] 다만, 위 제도는 "법무부장관, 지방교정청장 또는 소장"에 대한 정보공개청구에 한정되어 적용되므로 그 효과는 제한적이다. 대상판결의 원고도 위 규정의 적용을 받지 않는 공공기관에 정보공개청구를 하였기 때문에 수수료를 예납할 필요가 없었다.

정보공개청구에 대하여 권리남용 법리가 적용될 수 있다는 점은 오래 전부터 판례와 학설상 인정되어 왔다. 그러나 대법원에서 권리남용에 해당한다고 판단한 사례는 그 동안 없었다. 대상판결은 대법원에서

6) 행정자치부, 2014년 정보공개 연차보고서, 14쪽.

	2009	2010	2011	2012	2013	2014
1,000건 이상 청구인 수 (명)	19	11	23	21	30	33
청구 후 미수령 건수 (건) (전체 공개건수 중 비율, %)	45,283 16.4	47,458 16.4	53,966 17.7	53,420 16.9	56,525 16.2	58,543 16.1

7) 박미숙/최영신/노영준, 수용자 정보공개 이용실태 분석, 한국형사정책연구원(법무부 용역보고서), 2009; 최병문, "교정기관 정보공개의 허용한계", 교정연구 제54조, 한국교정학회, 2012, 35면 참조.

8) 2010. 5. 4. 법률 제10273호로 신설된 '형의 집행 및 수용자의 처우에 관한 법률' 제117조의2

9) "현재의 수용기간 동안 법무부장관, 지방교정청장 또는 소장에게 … 정보공개청구를 한 후 정당한 사유 없이 그 청구를 취하하거나 「공공기관의 정보공개에 관한 법률」 제17조에 따른 비용을 납부하지 아니한 사실이 2회 이상 있는 수용자"

최초로 구체적 사안과 관련하여 정보공개청구권의 남용을 인정한 사례이다. 아래에서는 먼저, 기존의 판례동향과 선행연구를 살펴보고(Ⅲ), 일반적 정보공개청구권의 의미를 검토한다(Ⅳ). 그런 후에 일반적 정보공개청구권을 도입한 주요 국가에서 남용적인 청구에 대해 어떻게 대응하고 있는지 소개하고(Ⅴ), 마지막으로 대상판결이 갖는 의의를 분석하도록 하겠다(Ⅵ).

Ⅲ. 기존의 판례동향과 선행연구

1. 기존의 판례동향

(1) 정보공개청구권도 권리남용 법리에 따라 그 행사가 제한될 수 있다는 점은 대상판결 이전부터 인정되어 왔다. 이 문제를 다룬 최초의 대법원 판결로 보이는 대법원 2004. 9. 23. 선고 2003두1370 판결에서는 "원고가 오로지 피고를 괴롭힐 목적으로 정보공개를 구하고 있다는 등의 특별한 사정이 없는 한, 위와 같은 사정만으로는 원고가 이 사건 소송을 계속하고 있는 것이 권리남용에 해당한다고 볼 수 없다"고 판시하였다. 위 판결에서는 두 가지 점이 확인되고 있다. 정보공개청구권도 권리남용 법리의 적용대상이 될 수 있다는 점과 권리남용 법리의 적용은 제한적으로 이루어져야 한다는 점이다. 권리남용에 해당하려면 '오로지 상대방을 괴롭힐 목적으로 정보공개를 구하고 있다는 등의 특별한 사정'이 있어야 한다. 정보공개청구의 목적에 특별한 제한이 없기 때문이다.

(2) 위와 같이 권리남용의 적용가능성을 인정하면서도 그 요건을 엄격히 제한한 결과, 대상판결이 나오기 전까지 대법원에서 정보공개청구가 권리남용에 해당한다고 인정된 사건은 없었던 것으로 보인다. 아

래와 같은 권리남용의 항변은 모두 받아들여지지 않았다.

– 정보공개청구의 목적이 손해배상소송에 제출한 증거자료를 획득하기 위한 것이었는데 위 소송이 이미 종결되었다.[10]
– 행정감시의 목적 없이 오로지 대학교 총장 개인의 비위사실을 포착하여 형사고발사건에 악용할 목적만으로 정보공개청구를 하였고 대상정보인 문서가 공개되면 원고가 이를 왜곡·과장할 것이다.[11]
– 원고가 피고 공공기관 전 직원의 소송대리인으로서 소송상 유리한 자료를 획득하기 위하여 정보공개를 청구하였다.[12]
– 원고를 포함한 다수인이 동일한 내용의 정보공개를 청구하였다.[13]

(3) 위와 같은 경향은 하급심 판결에서도 확인될 수 있다. 아래와 같은 권리남용의 항변은 모두 받아들여지지 않았다.

– 실질적으로 동일한 사건에 대하여 반복적으로 정보공개를 청구하였다.[14]
– 원고가 공개결정한 정보에 대한 공개수수료를 납부하지 않고 그 정보를 수령하지 않은 점 및 과거에도 거의 유사한 정보공개를 청구한 점에 비추어 피고를 괴롭힐 목적으로 일시에 방대한 양의 정보공개청구 및 반복적인 정보공개청구를 하고 있다.[15]
– 피고는 원고에게 이 사건 협약서의 원본을 열람하여 주겠다는 의사를 밝힌 바 있다. 또한 이 사건 협약서를 국회의원 소외인에게 제출하였으며, 이미 이 사건 협약서의 내용이 언론 등을

---

10) 대법원 2004. 9. 23. 선고 2003두1370 판결
11) 대법원 2006. 8. 24. 선고 2004두2783 판결
12) 대법원 2008. 10. 23. 선고 2007두1798 판결
13) 대법원 2010. 12. 23. 선고 2008두13392 판결; 2010. 12. 23. 선고 2008두13101 판결
14) 대구지방법원 2013. 6. 28. 선고 2013구단432 판결. 위 법원은 실질적으로 동일한 청구라고 볼 증거가 없다고 판단하였다.
15) 수원지방법원 2010. 8. 19. 선고 2010구합1492 판결.

통해서 전부 공개되어 있다. 그런데도 원고는 핵연료 공장 증설 반대운동을 통해 다음 지방선거에서 도움을 받으려는 정치적인 목적에서 정보공개를 청구하고 있다.[16]

- 정보공개를 청구한 목적이 특정인과의 분쟁 혹은 비난을 위한 것이다.[17]
- 정보공개를 청구한 목적이 민사상 손해배상청구소송을 제기하기 위한 것이다.[18]
- 원고가 공사와 관련하여 영업손실 보상, 피해보상 등을 요구하면서 지속적으로 민원을 제기하고 있고, 공사비 증감은 원고 개인의 생계와 무관하다.[19]

(4) 한편 제3자가 자신과 관련된 정보에 관한 정보공개결정에 대하여 제기한 행정소송(이른바 '역정보공개청구소송', 정보공개법 제21조 제2항 참조)에서도, 정보공개청구권의 남용에 해당함에도 공공기관이 정보를 공개하는 결정을 한 것은 재량권을 일탈·남용하여 위법하다는 취지로 권리남용 주장이 제기될 수 있다. 이러한 유형의 사건에서도 원고의 권리남용 주장은 받아들여지지 않았다.

- 정당한 근거 없이 원고(재개발정비사업조합) 집행부를 음해하고 반대하는 세력이 정보공개를 통하여 조합 업무에 혼란을 주어 사적인 이익의 달성을 위해서 공공기관의 권한을 이용하려는 것이다.[20]
- 부당전보구제신청사건 및 이후 소송절차에서 해당 정보를 보유

16) 대전지방법원 2015. 2. 5. 선고 2014구합103014 판결. 위 법원은 언론이나 인터넷을 통하여 전문이 공개된 것이 아니라 대략적인 개요만 공개되어 있어 정확한 내용을 파악하기 위하여 협약서 자체의 공개가 필요하다고 볼 여지가 있다고 판단하였다.
17) 수원지방법원 2012. 7. 6. 선고 2012구합2475 판결.
18) 제주지방법원 2011. 7. 20. 선고 2010구합966 판결.
19) 광주지방법원 2013. 1. 31. 선고 2012구합3460 판결. 터널공사의 공법 변경에 관하여 정보공개를 청구하였다.
20) 의정부지방법원 2013. 2. 5. 선고 2012구합1810 판결.

하게 되었음에도, 위 절차가 종료되어 확정된 후 장차 제기할 손해배상소송의 증거로 사용할 목적으로 정보의 공개를 청구하였으므로 이는 오로지 원고를 괴롭히려는 것임이 명백하므로 권리남용에 해당한다.[21]

(5) 정보공개청구권 자체의 남용이 주장된 것이 아니라 소권의 남용이 주장되어 받아들여진 예도 있다. A는 실질적으로 동일한 정보에 대한 정보비공개결정 취소소송에서 3차례에 걸쳐 정보가 부존재한다는 이유로 패소판결을 받았다. 그 후 A는 미성년 자녀 B를 원고로 하여 법정대리인 자격에서 다시 유사한 소를 제기하고 실질적으로 소송을 주도하였다. 이 사건에서 법원은 "이 사건 소는 전 소송들에서 이미 배척되어 법률상 받아들여질 수 없음이 명백한 이유를 들어 같은 내용의 청구를 거듭하여 피고를 괴롭히는 결과가 되고, 나아가 사법 인력을 불필요하게 소모시키는 결과가 되므로, 특별한 사정이 없는 한 신의성실의 원칙에 위배하여 소권을 남용하는 것으로서 허용될 수 없다"는 이유로 소를 각하하였다.[22][23]

2. 선행연구의 상황

정보공개청구권에 대해서도 권리남용 금지원칙이 적용될 수 있다는 점은 문헌상으로도 일반적으로 인정되고 있는 것으로 보인다.[24] 권

---

21) 서울행정법원 2012. 9. 14. 선고 2012구합7813 판결; 서울고등법원 2013. 6. 26. 선고 2012누30037 판결.

22) 서울행정법원 2010. 5. 27. 선고 2009구합24832 판결. 다만 항소심에서는 정보부존재를 이유로 소가 부적법하다고 판단하였고, 소권남용 항변에 대해서는 판단하지 않은 채 항소를 기각하였다(서울고등법원 2011. 10. 19. 선고 2010누18217 판결).

23) 실체법상 권리의 남용과 구별되는 소권의 남용에 관해서는 대법원 1999. 5. 28. 선고 98재다275 판결, 대법원 2005. 11. 10. 선고 2005재다303 판결 등 참조.

24) 김의환, "정보공개대상의 판단기준", 행정판례평선, 박영사, 2011, 393면; 김창조, "정보공개법상 비공개사유", 법학논고 제25권, 경북대학교 법학연구소, 2006, 131

리남용 금지원칙의 구체적인 적용요건에 관해 본격적으로 논한 논문은 찾기 어렵다. 다만, 대체적으로는 구체적 사례에 적용할 때 신중을 기하거나 제한적인 사례에서 엄격하게 적용해야 한다는 입장을 보이고 있다.[25] 반면 "반복적인 악성민원인이나 정보공개청구를 자신의 사적 목적을 위해 사용하는 재소자"에 대하여 권리남용 금지원칙을 적극적으로 적용해야 한다는 입장도 찾아볼 수 있다.[26]

Ⅳ. 일반적 정보공개청구권의 의미

1. 개념

정보공개법은 이른바 '일반적' 정보공개청구권을 보장하고 있다. 이는 자신에게 정당한 이해관계가 있는 정보를 국가가 보유하고 있을 때 공개를 청구할 수 있는 권리인 개별적 정보공개청구권과 대비되는 개념이다. 일반적 정보공개청구권은 누구라도 공공기관이 보유하고 있는 정보의 공개를 청구할 수 있는 권리를 뜻한다. 누구라도 청구할 수 있기 때문에, 청구인과 청구된 정보 사이의 관계는 정보공개청구권의 성립과 범위에 영향이 없다. 오로지 대상정보의 성격만이 정보공개청구권의 성립과 범위를 좌우한다. '학자'이든 '건달'이든[27] 정보에 대한 동일한 접

면; 지희정, "정보공개법상 비공개사유 및 권리남용금지원칙 적용의 필요성", 경희법학 제49권 제4호, 2014, 182면 이하; 하명호, 대법원판례해설 64호(2006년 하반기), 2007, 64면; 서울행정법원 실무연구회, 행정소송의 이론과 실무, 사법발전재단, 2013, 799면 이하

25) 김창조, "정보공개법상 비공개사유", 법학논고 제25권, 경북대학교 법학연구소, 2006, 131면; 김의환, "정보공개대상의 판단기준", 행정판례평선, 박영사, 2011, 393-394면; 하명호, 대법원판례해설 64호(2006년 하반기), 2007, 64면

26) 지희정, "정보공개법상 비공개사유 및 권리남용금지원칙 적용의 필요성", 경희법학 제49권 제4호, 2014, 188면.

근권을 갖는다. 또한 청구의 동기나 공개된 정보의 사용목적도 문제되지 않는다. 행정감시를 목적으로 하든, 경제적 이익을 목적으로 하든, 심지어 목적이 무엇인지 알 수 없더라도, 정보에 대한 동일한 접근권을 갖는다. 청구인은 자신의 지위, 이해관계, 목적, 동기에 관하여 설명하거나 증명할 필요가 없다. 정보공개 제도 자체만 놓고 보면 이는 행정의 투명성과 책임성을 제고하기 위해 보장되는 제도이지만, 개개의 정보공개청구가 이러한 목적에 부합할 필요가 없다.

이러한 일반적 정보공개청구권은 헌법상 보장되는 "알 권리"의 한 내용으로서 법률의 제정이 없더라도 기본권으로 보장될 수 있는 권리이다. 헌법재판소에 따르면 표현의 자유(헌법 제21조)와 자유민주적 기본질서(헌법 전문, 제2조, 제4조)의 해석으로 도출할 수 있다.[28] 우리나라에서는 정보공개청구권의 구체적 실현을 위하여 1996년 정보공개법이 제정되어 1998년부터 시행되고 있다. 모든 국민과 일정한 외국인은 정보공개청구권을 갖고(제5조), 청구한 정보가 법률에 열거된 비공개 대상정보에 해당하지 않는 이상 공개하여야 한다(제9조). 청구서에는 청구인의 인적사항과 청구한 정보의 내용, 공개방법만 기재하면 되고, 청구인의 이해관계나 사용목적은 기재할 필요가 없다(제10조 제1항).[29]

---

27) Durns v. Bureau of Prisons, 804 F.2d 701, 706(D.C. Cir. 1985)에 등장한 표현이다(켄트 미들턴·윌리엄 리 지음, 강명일 옮김, 공공커뮤니케이션법, 커뮤니케이션북스, 2014, 1170쪽에서 재인용).

28) 대법원 1999. 9. 21. 선고 97누5114 판결 참조. 다만, 위 판례에 대해 개별적 정보공개청구권은 기본권인 알 권리에 포함되지만, 일반적 정보공개청구권은 포함되지 아니한다는 입장으로는 경건, "정보공개청구권의 근거", 행정판례평선, 박영사, 2011, 374면 이하 참조. 위 입장에 따르면 일반적 정보공개청구권은 정보공개법을 통해 새로이 형성된 권리이다.

29) 정보공개법 시행규칙이 2004. 7. 29. 행정자치부령 제245호로 개정되면서 정보공개청구서의 서식에서 사용목적란이 삭제되었다. 그러나 그 이전에도 정보공개청구권의 일반성에 비추어 사용목적을 기재하지 아니하였다고 하여 공개를 거절할 사유가 되지는 아니한다고 해석되었다(한위수, "정보공개청구사건의 심리와 재판에 있어서의 몇 가지 문제", 행정재판실무편람(Ⅱ), 서울행정법원, 2002, 477-478면).

2. 다른 나라의 동향

국가가 보유한 정보에 대하여, 법적 이익이나 이해관계가 없다고 하더라도, 일반 국민의 지위 그 자체에서 접근할 수 있다는 사고방식은 역사적으로는 그리 오래되지 않은 것이다. 정보공개법의 효시는 1766년에 제정된 스웨덴의 언론자유법(Freedom of the Press Act)이지만, 현재 전 세계적으로 전파된 정보공개법의 모델은 미국의 1966년 정보공개법(Freedom of Information Act)[30]이다. 이전의 행정절차법에서는 '정당하고 직접적인 이해관계인'(person properly and directly concerned)에 대해서만 열람권이 인정되었던 반면, 위 법률은 '누구나'(any person)에 대하여 공개청구권을 인정하였다.[31] 이후 1990년대 초반까지 정보공개법은 완만한 속도로 전파되었으나 1990년대 후반부터 정보공개법을 받아들인 나라는 폭발적으로 늘어나게 된다.[32] 미국에서 정보공개법을 제정한 1966년에는 미국까지 포함하여 3개 국가에 정보공개법이 있었고, 30년 뒤인 1996년에는 20개 남짓한 국가에 정보공개법이 제정되어 있었다. 그러나 그로부터 채 20년이 지나지 않은 2013년에는 95개 이상의 국가에 정보공개법이 제정된 것으로 보고되고 있다.[33] 우리나라는 이와 같은 폭발적인 증가세가 나타나기 시작한 초기인 1996년 정보공개법을 도입하였다. 이는 세계에서 23번째, 아시아에서 필리핀에 이어 2번째에 해당한다.

90여개 이상의 나라에서 채택하고 있는 정보공개법은 당연히 나라마다 세부적인 모습에 차이가 있지만(지방자치단체, 연방국가의 주에서도 별

30) 정보자유법이라고 번역되기도 한다.

31) 미국의 정보공개법(정보자유법)에 대한 설명은 경건, "미국 정보공개법제의 개관", 서울법학 제15권 제1호, 2007. 8. 115쪽 이하 참조.

32) 이러한 증가현상에 대하여 비교법적 분석을 시도한 논문으로는 Ackerman & Sandoval-Ballesteros, The Global Explosion of Freedom of Information Laws, 58 Admin. L. Rev. 86 2006.

33) http://www.right2info.org/access-to-information-laws/access-to-information-laws#_ftnref7 참조.

도로 정보공개에 관한 법령을 제정하고 있는 경우가 있으므로 사실은 이보다 더 다양하다), 기본적 뼈대는 유사하다. 유네스코에서 수행한 연구에 따르면 이는 아래의 9개의 원칙으로 정리할 수 있다.[34]

① 최대 공개(Maximum Disclosure)
정보공개입법은 최대 공개의 원칙을 지도원리로 하여야 한다.
② 공표 의무(Obligation to Publish)
공공기관은 핵심정보를 공표할 의무가 있다.
③ 열린 정부의 촉진(Promotion of Open Government)
공공기관은 능동적으로 열린 정부를 촉진하여야 한다.
④ 비공개사유의 한정(Limited Scope of Exceptions)
비공개사유는 명확하고 좁게 규정되어야 하고 '위해'와 '공익'에 관한 엄격한 심사를 거쳐야 한다.
⑤ 공개를 용이하게 하는 절차(Processes to Facilitate Access)
정보공개청구는 신속하고 공정하게 처리되어야 하고 독립적 기관이 공개거부를 심사할 수 있어야 한다.
⑥ 비용(Costs)
과도한 비용으로 인해 공개청구가 억제되어서는 안 된다.
⑦ 회의의 공개(Open Meetings)
공공기관의 회의는 공중에 공개되어야 한다.
⑧ 공개 우선(Disclosure Takes Precedence)
최대 공개의 원칙과 합치하지 않는 법은 개정되거나 폐지되어야 한다.
⑨ 실수로 공개한 자의 보호(Protection for Whistleblowers)
실수로 정보를 공개한 자는 보호되어야 한다.

---

34) Mendel, Freedom of Informatiion - a Comparative Legal Survey, Unesco: Paris, 2008, pp. 31-41.

3. 기능과 대가

(1) 일반적 정보공개청구권의 기능

일반적 정보공개청구권이 보장되는 이유는 표현의 자유의 전제가 되는 알 권리를 보장하고, 국민의 참여와 국정의 투명성을 확보하기 위한 것이다(정보공개법 제1조 참조). 좀 더 구체적으로 들여다보면 정보공개는 공중(公衆)이 행정과 관료를 통제하는 수단으로 기능한다. 정보공개법이 세계적으로 급속하게 확산된 원인에는 행정국가화 경향과 그에 따라 질적, 양적으로 비대해진 관료의 권력을 통제하고자 하는 의회와 시민사회의 요구가 있다.[35] 특히 우리나라와 같이 권위주의 정권에서 민주화되는 과정에서 정보공개법이 도입된 국가는 이러한 경향이 강하다.[36]

정보공개청구권의 행정통제 기능이 두드러지게 드러나는 영역은 사법심사가 작동하기 어려운 영역이다. 우리나라의 경우를 살펴보면, 업무추진비와 사면이 이에 해당할 것이다. 업무추진비의 집행내역[37]과 사면의 근거자료[38]가 공개됨으로써 이전까지 시민이 알 수 없고 비판할 수 없었던 영역에 대해서도 통제의 가능성이 생겨났다. 업무추진비, 사면과 같은 행정작용의 경우 특정한 시민 누구도 다른 사람과 구별되는 특별한 이해관계를 갖기 어렵고, 따라서 전통적인 행정소송의 법리에 따를 때 원고적격이 인정되는 시민이 존재하기 어렵다. 이렇게 사법심

---

35) 상세한 분석은 Ackerman & Sandoval-Ballesteros, The Global Explosion of Freedom of Information Laws, 58 Admin. L. Rev. 86 2006, p.88 이하 참조.

36) Ackerman & Sandoval-Ballesteros, The Global Explosion of Freedom of Information Laws, 58 Admin. L. Rev. 86 2006, p.112에서는 민주화 과정에서 정보공개 제도가 도입된 나라의 특징으로 이전 권위주의 통치에 대한 반향으로 적어도 법률 문언상으로는 매우 강력한 형태로 정보공개법을 도입하고 있다는 점을 들고 있다.

37) 대법원 2003. 3. 11. 선고 2001두6425 판결.

38) 대법원 2006. 12. 7. 선고 2004두9180 판결.

사에 의한 행정통제가 작동하기 어려운 영역에서 정보공개 제도의 행정통제 기능은 특히 두드러지게 된다.[39]

(2) 일반적 정보공개청구권의 대가

일반적 정보공개청구권은 매우 비용이 많이 드는 제도이다. 청구인에게 비용을 부담시키기는 하지만 이는 복사, 우송 등에 소요되는 실비에 한정된다.[40] 공개청구를 처리하는 과정에서 소요되는 행정력, 즉 탐색·검토·부분공개를 위한 삭제 등에 들어가는 공무원의 시간과 노력은 수수료에 포함되지 않는다.[41] 과도한 비용으로 인해 공개청구가 억제되어서는 안 되기 때문이다.[42] 또한 공개청구의 목적을 한정하지 않으므로 실제 청구인의 목적은 국정 참여, 행정의 책임성 제고 등 공익의 실현과 무관한, 청구인 자신의 사적 이익을 도모하기 위한 경우가 상당수를 차지한다. 그렇지만 공익 목적을 위한 청구인지에 따라 공개 여부를 결정하는 법제를 도입할 경우의 문제점 때문에 청구의 목적을 불문한다. 만약 청구의 목적을 요건에 포함시키게 되면 공공기관의 판단에 따라 선택적으로 공개 여부가 좌우될 수 있기 때문이다. 그 결과 공익적 목적의 청구인지, 사익적 목적의 청구인지를 가리지 않고 정보공개청구권을 보장한다.

요컨대 입법자는 행정력의 소모, 제도 자체의 본래의 취지에 꼭 들

---

39) Francesca Bignami, From Expert Administration to Accountability Network: A New Paradigm for Comparative Administrative Law, 59 Am. J. Comp. L. 859 (2011), p.46 이하에서는 옴부즈만과 더불어 정보공개 제도를 사법심사를 보완하여 행정의 책임성을 확보하기 위한 수단으로 설명하고 있다.

40) 정보공개법 제17조, 같은 법 시행령 제17조, 같은 법 시행규칙 제7조 별표 참조.

41) 영국은 인건비를 포함하여 모든 단계에 소요되는 비용을 수수료로 부과할 수 있다. 또한 공개청구를 받으면 바로 예정 수수료를 통지하고, 이를 일정한 기간 내에 납입해야 정보공개청구에 대한 심사절차를 계속 진행한다(영국 정보공개법 제9조).

42) 위 Mendel, Freedom of Informatiion - a Comparative Legal Survey, Unesco: Paris, 2008, pp. 31－41 중 6번째 원칙 참조.

어맞지는 않는 정보공개청구권의 이용과 같은 대가를 치르더라도 정부의 투명성과 책임성을 확보하기 위하여, 목적과 동기를 가리지 않는 정보공개청구권을 도입한 것이라고 할 것이다. 영국과 독일은 민주주의와 법치주의의 선진국으로 평가받지만 우리나라보다 뒤늦은 2000년과 2005년에 각각 정보공개법을 제정하였다. 입법에 대한 논의는 우리보다 먼저 시작되었지만 입법과정은 순탄치 않았다. 뒤늦게 정보공개법을 제정하게 된 원인에는 위와 같은 문제점에 대한 우려도 깔려 있을 것이다. 그러나 위 나라들도 결국에는 일반적 공개청구권을 도입할 수밖에 없었다. 일반적 정보공개청구권에 내포된 위와 같은 문제점에도 불구하고 세계적으로 확산되었다는 것이 이 제도의 필요성을 보여준다.

Ⅴ. 비교법적 고찰

일반적 정보공개청구권은 위에서 본 것처럼 전 세계 90개국 이상에서 채택하고 있는 제도이다. 따라서 대상판결에서 문제가 된 정보공개청구권의 남용 문제는 비단 우리나라에서만 발생하는 것은 아니다. 아래에서는 프랑스, 영국, 일본, 독일에서 이 문제를 어떻게 접근하는지 살펴보고자 한다. 프랑스와 영국은 남용을 방지하기 위하여 법률에 명시적인 규정을 두고 있는 반면, 일본과 독일은 이러한 규정 없이 일반적 권리남용 법리를 적용하는 방식으로 접근하고 있다.[43)]

---

43) 미국의 정보공개법에 관한 논의에서는 권리남용의 문제를 찾아보기 어렵다. 미국에서 비공개사유가 없음에도 불구하고 청구인의 목적을 이유로 공개를 거부하는 법리는 없는 것으로 보인다. 다만, 미국에서 청구인의 목적은 수수료 산정시 고려된다. ① 영리 목적의 청구인, ② 교육기관, 비영리연구기관, 언론매체를 대표하는 자, ③ 그 밖의 경우로 나누어 차등적으로 수수료가 부과된다[5 U.S.C. § 552(a)(4)(A)(ii)(I)－(III)].

1. 프랑스[44]

프랑스 정보공개법[45]에서는 정보공개청구권의 남용을 방지하기 위한 명시적인 규정을 두고 있다. 행정은 '남용적 청구'(les demandes abusives)에 대해서는 응답할 의무가 없다. 특히 "청구의 수, 반복적 또는 조직적 성격에 비추어"(en particulier par leur nombre, leur caractère répétitif ou systématique) 남용적일 때 그러하다(제2조). '청구의 수, 반복적 또는 조직적 성격'은 남용적 청구의 예시에 불과하므로, 남용적 청구임을 이유로 거부할 수 있는 근거가 여기에 한정되는 것은 아니다. 남용적인지 여부는 각 사건마다 개별·구체적으로, 일련의 정황을 고려하여 결정된다.[46] 주로 고려되는 요소는 다음과 같다.

- 청구의 수와 청구된 문서의 양
- 청구의 반복적이고 조직적인 성격, 특히 같은 주제에 관한 경우
- 분량에 비추어 볼 때 행정이 청구에 응하는 것이 실질적으로 불가능한 상황에 놓이게 하려는 의사가 있는지
- 전후 사정에 비추어 청구인과 당해 행정청 사이에 분쟁 등 긴장관계가 있는지

행정이 청구인의 청구에 응하기 위하여 최선을 다하였고 공개청구가 과거에 이미 교부받았던 문서에 한정된 사건에서 법원은 한 번에 청구한 문서의 수를 고려하여 남용적 청구라고 판단하였다.[47] 그러나 청

44) 아래의 내용은 다음의 발표문을 참조하여 작성한 것이다. Pulgent(Présidente de la section du rapport et des études du Conseil d'État), Séminaire de l'ACA–Europe «Les cours administratives suprêmes et l'évolution du droit à la publicité, à la vie privée et à l'information», Brno, République thèque, 18 mai 2015.

45) Loi n°78–753 du 17 juillet 1978 portant diverses mesures d'amélioration des relations entre l'administration et le public et diverses dispositions d'ordre administratif, social et fiscal.

46) CE 25 juillet 2013, Commune de Sanary–Sur–Mer, n° 348669.

47) CE 28 november 2014, M. and Mme de Keguelin, n° 373127.

구인이 과거에 해당 문서를 교부받을 수 있었다는 사정만으로는(이전에 소송절차에서 교부받을 수 있는 경우였다) 정보공개를 거부할 수 없다.[48] 7건의 정보공개가 청구된 사건에서 시장은 공개청구의 빈도가 잦고 범위가 넓다는 사정을 주장하였으나 받아들여지지 않았다.[49] 행정청이 한 사람이 1년간 공개청구를 할 수 있는 횟수를 미리 '할당'해(contingenter) 놓고 이를 넘었다는 이유로 공개를 거부한 사안에서도 남용적 청구라는 주장은 배척되었다. 공개청구가 남용적인지 여부는 각 청구별로 판단하여야 하고 청구인을 고려할 것은 아니기 때문이다.[50]

나아가 남용적 청구임을 이유로 한 비공개결정에 대하여 행정소송을 제기하였을 때, 소 제기도 권리남용이라고 판단된다면 남소과태료(l'amende pour recours abusif)가 부과될 수도 있다. 남소과태료는 행정소송 일반에 적용되는 제도로서, 유럽인권법원은 이 제도가 유럽인권협약상의 재판청구권을 침해하지 않는다고 판단한 바 있다.[51]

정보공개위원회(commission d'accès aux documents administratifs; CADA)[52]의 통계에 따르면, 위 위원회가 정보공개에 부정적인 의견을 제시한 사건 중 남용적 청구임을 이유로 한 경우는 2009년 7%, 2010년 11.3%, 2011년 3.2%, 2012년 5.3%, 2013년 1.94%를 차지하고 있다.[53] 정보공개법에서 정한 비공개사유인 '사법절차를 저해할 위험'과 비슷하거나 좀 더 높은 비율로 적용되고 있는 점에 비추어 볼 때,[54] 남용적 청

48) CE 5 mai 2008, Thiebeaux, n° 294645.

49) CE 25 juillet 2013, Commune de Sanary-Sur-Mer, n° 348669. 다만 다른 사정에 근거해 남용적인 청구라고 판단되었다.

50) CADA, avis n° 20090004 du 15 janvier 2009.

51) ECtHR, July 2, 1991, the company works noon, Case. No. 12275/86

52) 정보공개법 제20조에 따라 설치된 독립행정위원회이다. 정보공개거부 사건을 관할하는 특별행정심판기관이고, 위 위원회의 절차는 행정소송 제기 전에 반드시 거쳐야 하는 필수적 전치절차이다.

53) CADA, Rapport d'activité 2013, p.101(http://www.cada.fr/rapport-d-activite-2013,20142073.html).

54) 이는 각각 2009년 1.2%, 2010년 0.9%, 2011년 2.4%, 2012년 3.8%, 2013년 1.23%를

구에 관한 규정이 제한적이나 예외적으로만 적용된다고 보기는 어려울 것이다.

2. 영국

영국 정보공개법(Freedom of Information Act 2000)에서는 남용적 청구(vexatious request)에 대응하기 위한 명시적인 규정을 두고 있다. 공공기관은 남용적 청구(제14조 제1항)에 응답할 의무가 없다. 나아가 반복적 청구(repeated request, 제14조 제2항)에도 응답할 의무가 없으며, 정보공개청구에 응하기 위해 소요되는 비용이 적정한 한도를 초과하는 경우에도 마찬가지이다(제12조). 대상정보의 성격에 따른 비공개사유 이외에, 청구의 성격을 이유로 비공개결정을 할 수 있도록 하는 규정을 폭넓게 두고 있는 것이 영국 법제의 특징이다. 위와 같은 조항은 정보공개청구권의 과도한 행사로 인해 공공기관의 자원이 낭비되는 것을 막기 위한 규정이다.[55] 제1심행정심판소(First-tier Tribunal)는 심지어 정보공개청구권의 남용을 정보공개법과 정보공개청구권에 대한 가장 큰 위협이라고 평가하기까지 하였다.[56]

'남용'(vexatious)이라는 개념은 소송법에서 유래한 것이다. 민사소송규칙(Civil Procedure Rules 1998)에 따르면 '남소'(vexatious claim)에 해당하면 소를 각하할 수 있고(CPR, r3.4), 상급법원법(Senior Courts Act 1981) 제42조에 따르면, 상습적으로 합리적 근거 없이 소를 제기하는 당사자는 '남소 원고'(vexatious litigant)로 판정할 수 있다. 이 경우 고등법원(High Court) 법관의 허가가 있어야만 소를 제기하거나 계속 진행할 수 있다.

차지하였다.

55) Information Commissioner vs Devon County Council & Dransfield [2012] UKUT 440 (AAC), (28 January 2013) [10]

56) Independent Police Complaints Commission v Information Commissioner(EA/2011/0222)[19]

이러한 맥락에서는 어떠한 합리적인 사람의 관점에서도 보아도 해당 소를 선의로(in good faith) 소가 제기되었다고 볼 수 없을 때 남용이라고 판단하였다.[57]

그러나 정보공개법청구에 적용할 때에는 정보공개를 구하는 청구인의 동기가 문제가 되지 않고, 청구의 목적이나 청구인의 선의에 관하여 조사하는 것이 허용되는지도 의문이므로, 위와 같은 정의를 따를 수는 없고 '남용적 청구'와 '남용적 청구인'을 구별하여 전자에 대해서만 정보공개법 제14조를 적용해야 한다고 한다.[58] 정보공개법의 제정과정에서 남용적 청구 외에 '남용적 청구인'(vexatious applicant)도 규정하자는 수정안이 제안되었으나 받아들여지지 않았다. 남용적 청구인이라는 개념을 사용할 경우 공공기관은 청구인의 동기에 대해 판단하여야 하고, 공개청구가 '합리적 근거'가 있는가를 판단하여야 하므로, 일반적 정보공개청구권을 도입하고자 하는 취지를 훼손할 수 있기 때문이다.[59]

> 본 법률안은 처음으로 시민에게 정보를 구할 성문법상의 권리를 부여하는 것이다. 시민이 정보를 구할 권리를 갖기 위해 이해관계를 증명하거나 알아야 할 필요성이 있어야 한다는 사고방식은 일반적 정보공개청구권의 근거를 훼손한다. 본 법률안은 '알 필요가 있는지'(need to know) 문화를 종식시키고자 한다. [남용적 청구인을 규제하자는 - 필자 추가] 수정안은 이러한 문화를 뒷문으로 다시 들여오는 것이다. 법률안은 '청구인이 누구인지에 관계없는'(applicant blind) 정보접근권을 창설할 것이다. 이 법률안은 공공기관에게 청구인이 청구를 하는 이유를 조사할 권한을 부여하지 않는다. 우리는 수정안이 중요한 원칙을 심각하게 훼손할 것이라고 믿는다.[60]

---

57) Norman v Matthews(1916) 85 LKJB 857.

58) Macdonald & Jones(ed.), The Law of Freedom of Information, Oxford, 2003, 5.102–103.

59) Macdonald & Jones(ed.), The Law of Freedom of Information, Oxford, 2003, 5.104.

60) Hansard, HL(series 5) vol 617, cols 1014–1015(17 October 2000).

그러므로 정보공개청구권의 남용인지를 판단함에 있어서 결정적인 요소는 청구인의 의도가 아니라 청구의 성격과 효과이다. 위 조항은 청구 자체에 관하여 적용되는 것이지 청구인에 대하여 적용되는 것이 아니다. 따라서 기준이 되는 것은 청구가 공공기관에 미치는 영향이다.[61] 그러나 그렇다고 해서 청구 그 자체만 판단대상이 되는 것은 아니고, 청구의 맥락과 경위(context and history)도 함께 고려된다.[62]

남용적 청구는 개념 자체를 완결적으로 정의하기는 어렵고 여러요소를 종합하여 판단할 수밖에 없다. 정보공개심의관 사무국(Information Commissioner's Office)의 2014. 11. 20.자 지침[63]에서는 행정심판소의 선례를 종합하여 판단기준을 제시하고 있다. 그 내용을 소개하면 아래와 같다.

- 남용 여부를 판단하는 기준은 비례성이다. 청구한 정보, 청구의 목적, 정보를 제공하는 데 소요되는 시간과 자원 사이에 적정한 관계가 성립되어야 한다.[64]
- 우선 정보공개청구에 진지한 목적이나 가치가 있는지 고려하여야 한다. 정보공개청구권은 청구인이 누구인지를 가리지 않고 공공기관은 청구인이 정보를 구하는 목적을 조사할 수는 없다. 그러나 청구가 이루어진 배경이나 청구인이 자발적으로 알려 준 목적을 고려할 수 없는 것은 아니다. 다만, 청구의 목적이나 가치가 그 자체로 자명하지 않다는 이유만으로 진지한 목적이나 가치가 없다고 판단해서는 안 된다.[65]

---

61) Rigby v Information Commissioner and Blackpool Fylde and Wyre NHS Trust EA/2009/0103

62) Dransfield v Information Commissioner and Devon County Council [2015] EWCA Civ 454, [2015] WLR(D) 215

63) https://ico.org.uk/media/1198/dealing-with-vexatious-requests.pdf

64) Information Commissioner's Office, Dealing with vexatious requests (section 14) [40]

65) Information Commissioner's Office, Dealing with vexatious requests (section 14)

- 다음으로 청구의 목적과 가치가 공공기관에 미치는 영향을 정당화할 수 있는지 고려하여야 한다. 즉, 청구의 목적과 가치가 공공기관이 청구에 응하면서 겪는 고통과 괴로움을 정당화할 만한 것인지가 문제이다. 가능한 한 객관적으로 판단되어, 합리적인 사람의 기준에서 판단하여야 한다.[66]
- 청구의 맥락과 경위도 고려되어야 한다. ① 청구인이 공공기관에 대하여 한 다른 정보공개청구, ② 그러한 청구의 횟수와 내용, ③ 과거에 공공기관과 청구인 사이에 있었던 행위와 양자 사이의 관계 등이 구체적인 고려요소이다.[67]

최근의 항소법원(Court of Appeal) 판결에서는 위와 같은 접근방법을 기본적으로 지지하면서도 정보공개청구권의 헌법적 성격에 비추어 객관적이고 엄격한 판단이 요구된다는 점을 강조하였다(objective standard). 청구된 정보가 청구인, 공중 또는 일부의 공중에게 가치가 있다고 생각할 만한 합리적 근거가 전혀 없어야 남용적 청구라고 할 수 있다. 공공기관은 관련된 모든 정황을 고려하여 균형잡힌 결론을 내려야 한다. 청구의 동기가 공공기관에게 이전의 사건에 대하여 복수하기 위한 것이어서 부당하다면 일응 남용적 청구로 볼 수 있을 것이다. 그렇지만 복수를 위한 것이라도 청구된 정보가 공중에 공개될 가치가 있는 중요성이 있는 정보라면 이는 남용적 청구라고 할 수 없다.[68]

---

[42]–[48]

66) Information Commissioner's Office, Dealing with vexatious requests (section 14) [49]–[52]

67) Information Commissioner's Office, Dealing with vexatious requests (section 14) [54]–[61]

68) Dransfield v Information Commissioner and Devon County Council [2015] EWCA Civ 454, [2015] WLR(D) 215 [68]

3. 일본

일본 정보공개법(行政機関の保有する情報の公開に関する法律)에는 권리남용에 관한 명시적인 규정은 없다. 그렇다고 해서 권리남용 법리가 배제되는 것은 아니고 일반법리에 따라 권리남용 여부가 판단되고 있다. 총무성에서 작성한 지침에 따르면 "공개청구의 태양, 공개청구에 응한 경우 행정기관의 업무에 미치는 지장과 국민 일반이 입을 불이익 등을 감안하여 사회통념상 타당하다고 인정되는 범위를 초과하는 것인지 여부를 개별적으로 판단"하여야 하고, "행정기관의 사무를 혼란하게 하거나 정체시키는 것을 목적으로 하는 등 공개청구권의 본래 목적은 현저히 일탈한 공개청구는 권리남용"이라고 하고 있다.[69] 아래에서는 권리남용 주장에 대하여 판단이 이루어진 두 개의 하급심 판결을 소개한다.

자동차검사증의 기재사항에 관하여 공개청구를 한 사건[70]에서 다음과 같이 권리남용 주장은 배척되었다. 행정 측은 "위 공개청구에 대응하기 위해서는 만약 직원 1명을 전담요원으로 하여 1일 8시간을 휴식시간 없이 동일한 작업효율로 진행한다고 하더라도 9개월 이상 소요되어 업무에 현저히 지장을 초래할 뿐만 아니라 다른 정보공개청구에 응할 여력이 줄어들어 오히려 법의 취지에 어긋나게 되므로 위 공개청구는 권리남용에 해당한다"고 주장하였다. 그러나 도쿄지방법원은 "정보공개법에서는 현저히 대량의 문서를 공개청구하더라도 그러한 이유로 비공개하는 취지의 규정을 두고 있지 않고, 또한 통상업무와 병행하여 순차적으로 공개절차를 진행시켜 나갈 것으로 예정하고 있다. 따라서 청구한 문서의 공고에 상당한 시간을 요한다는 것이 명백한 경우라고 하더라도, 그것만을 이유로 공개청구권의 남용으로서 공개청구를 거부하는 것은 원칙적으로 허용될 수 없다. 공개청구에 관한 행정문서가 현저히

69) www.soumu.go.jp/main_content/000041438.pdf

70) 平成 15年 10月 31日 東京地裁判決 (確定)

대량인 경우 또는 대상문서의 검색에 상당한 수고가 필요한 경우에 이를 권리남용으로서 비공개할 수 있는 것은, 청구를 받은 행정기관이 평소에 적정한 문서관리에 뜻을 두고 있어 그 분류, 보존 관리에 문제가 없음에도 불구하고 그 공개를 하려면 상당한 수고가 필요하고, 그 처리를 하기 위하여 해당 기관의 통상업무에 현저히 지장을 생기게 하는 경우로서 공개청구자가 전적으로 그러한 지장을 생기게 하는 것을 목적으로 공개청구를 한 경우이거나, 보다 신속하고 합리적인 공개청구의 방법이 있음에도 그러한 청구방법에 의하는 것을 거부하고 굳이 우원(迂遠)한 청구를 함으로써 당해 행정기관에 현저한 부담을 생기게 하는 극히 예외적인 경우에 한정된다."고 하여 해당 사건에서 권리남용을 인정하지 않았다.

지방자치단체의 정보공개조례에 근거하여 공개청구를 한 사건[71]에서도 권리남용의 주장은 배척되었다. 청구인은 도다시(戸田市) 정보공개조례에 근거하여 주거표시대장의 공개를 청구하였다. 행정 측은 "정보공개제도는 시민의 알 권리를 보장하고 시정참여를 촉진하는 목적을 가지고 있는데, 이 사건 청구에 의한 이 사건 행정문서의 일괄적이고 대량적인 청구는, 주민의 세금으로 만들어진 행정의 노력을 시 밖에 있는 한 업자가 자신의 이익확보를 위하여 이용하는 것이므로, 이 사건 공개조례에서 예정한 정보공개제도의 목적에 반한다"고 하면서 이 사건 공개청구는 권리남용에 해당하여 비공개결정은 적법하다고 주장하였다. 사이타마지방법원은 "도다시 정보공개조례의 문서공개제도는 청구의 이유 및 청구대상문서의 이용목적을 묻지 아니하고, 또한 청구자가 누구인지를 묻지 아니하고 행정문서의 공개를 요구할 수 있다고 하는 제도이고, 행정문서를 공개하는 것을 원칙으로 하고, 예외적으로 비공개되는 것은 조례 제8조에 규정된 비공개정보에 한하는 것이므로, 이 사건 공개조례

---

71) 平成 19年 10月 31日 さいたま地方裁判所 (確定)

에 근거한 공개청구에 있어서는, 이러한 이유로 청구대상문서의 이용목적은 문제가 되지 않는다."고 하여 이 사건 공개청구는 권리남용에 해당하지 않고 비공개결정은 위법하다고 판단하였다.

4. 독일

독일 정보공개법(Informationsfreiheitsgesetz)에도 권리남용에 관한 명시적인 규정은 없다. 청구한 정보를 이미 갖고 있거나 일반적으로 접근 가능한 정보원에서 정보를 취득할 수 있는 경우에 대해서만 정보공개청구를 거부할 수 있다고 규정할 뿐이다(제9조 제3항). 환경정보공개법(UIG)과 소비자정보공개법(VIG)에는 명시적인 규정이 있다. 환경정보공개법에서는 공개청구가 권리남용임이 명백한 때에는 원칙적으로 공개청구를 거부할 수 있다고 규정하고 있고(제8조 제2항 제1호), 소비자정보공개법에 따르면 권리남용인 공개청구는 거부할 수 있다(제3조 제3항 1문). 일반적 정보공개청구권의 특성상 청구인의 동기는 문제가 되지 않기 때문에 권리남용에 관한 규정을 두지 않은 것이라고 한다.[72] 그렇다고 해서 일반적 법원칙으로서 권리남용 금지 원칙이 적용될 수 없다는 것은 아니다. 정보공개법의 입법이유서에서도 권리남용금지는 행정법상 일반원칙이기 때문에 명시적인 규정을 둘 필요가 없다고 설명하고 있다.[73] 이에 대해 명확성을 위해, 그리고 명시적인 권리남용금지 조항을 두면 남용적인 공개청구를 억제하는 신호를 주는 효과가 있으므로, 권리남용금지 조항을 두지 않은 것은 잘못이라는 반론도 제기된다.[74]

권리남용 법리의 적용요건에 관하여 판례상으로는 아래와 같이 일반론이 제시된다. 한편으로는 정보공개청구권은 요건 없이(voraussetzungslos)

72) Schoch, IFG(Informationsfreiheitsgesetz), 1. Aufl., 2009,§9 Rn. 50.
73) BT-Drs. 15/4493, 16.
74) Schoch, IFG(Informationsfreiheitsgesetz), 1. Aufl., 2009,§9 Rn. 52.

보장되는 권리이므로 권리의 남용이 쉽사리 이루어질 수 있다는 점이 지적된다.[75] 그러나 다른 한편에서 보면 기존의 다른 정보에 관한 권리와는 달리, 정보공개법에 따른 일반적 정보공개청구권은 요건 없이 보장되는 권리이므로 권리남용은 특별한 예외적인 사안에서만 인정될 수 있다. 입법자는 정보공개청구의 동기가 '이기적이거나 의심스럽더라도' 정보공개를 허용하여야 한다는 결단을 내렸다. 따라서 청구인의 동기는 청구권의 행사에 원칙적으로 영향을 미치지 않아야 한다. 법원은 권리행사에 대하여 어떠한 이해할 수 있는 동기도 찾을 수 없고 청구인의 행동이 오로지 행정청이나 제3자인 이해관계인을 괴롭히거나 부담을 주거나 그 밖의 손해를 입히려는 의도에서 비롯되었음이 명백한 경우에만 권리남용에 해당한다고 보았다.[76]

따라서 민사분쟁에서 보다 나은 위치를 점하기 위해 정보공개를 청구한 경우 이는 권리남용이 아니다.[77] 파산채무자의 정보공개청구권이 실효되었더라도 파산관재인의 정보공개청구는 권리남용이 아니다.[78] 다른 법률에서는 행정력이 크게 소모된다는 점이 거부사유가 될 수 있지만, 정보공개청구의 경우에는 이는 권리남용 사유가 되지 않는다. 행정력 소모의 문제는 제1조 제2항 3문[79]과 제7조 제2항 1문[80]을 통해서만 고려될 뿐이다.[81] 이와 같이 권리남용 법리를 엄격하게 적용하는 것이 일반적인 경향으로 보이나, 최근의 판례에서는 권리남용임을 인정한 예도 찾을 수 있다. 기초지방자치단체에 있는 모든 무선이동통신장비와

75) VGH Kassel Urt. v. 24.3.2010 - 6 A 1832/09 - Rn. 7
76) VGH Kassel, Urt. v. 24.3.2010 - 6 A 1832/09 - Rn. 7; Urt. v. 28.4.2010 - 6 A 1767/08 - Rn. 8
77) VG Frankfurt a. M. Urt. v. 17.6.2009 - 7 K 2282/08.F (3) - Rn. 42
78) VG Stuttgart Urt. v. 18.8.2009 - 8 K 1011/09 - Rn. 32
79) 행정적 부담이 과중할 경우 청구인이 요구한 것과 다른 형태로 공개할 수 있다는 규정이다.
80) 일부에 대해서만 정보공개청구권이 성립할 경우 행정적 부담이 과중하지 않은 한도에서 부분공개를 해야 한다는 규정이다.
81) Schoch, IFG(Informationsfreiheitsgesetz), 1. Aufl., 2009,§9 Rn. 54.

번호 목록(이용자의 이름 없이)을 공개해 달라고 청구한 사안에서, 법원은 그와 같은 정보를 청구인이 권리남용에 해당하지 않는 용도로 이용할 수 있는 목적을 발견할 수 없다는 이유로 위와 같은 청구는 권리남용이라고 인정하였다.[82)]

경쟁관계에서 유리한 정보를 탐색하기 위해 정보공개청구를 하는 것이 권리남용에 해당하는지도 논란이 있다. 특히 행정청이 보유한 정보가 무엇인지 확인하기 위해 탐색적인 성격의 정보공개청구를 하는 경우에 그러하다. 이러한 경우에는 권리남용에 해당한다는 견해도 있다. 그러나 이에 대해서는 사적 이익을 보호하기 위한 조항은 별도로 있고 (제5조, 제6조) 권리남용 법리를 폭넓게 적용하면 요건 없이 정보공개청구권을 보장한다는 입법자의 결단을 훼손하게 되므로 권리남용으로 보아서는 안 된다는 반론도 제기된다.[83)]

Ⅵ. 대상판결의 분석과 평가

(1) 현행 정보공개법에는 정보공개청구권의 남용을 방지할 수 있는 별도의 제도가 없다. 공개청구를 구한 정보가 존재하고, 정보가 사회일반인의 관점에서 볼 때 특정되어 있으며,[84)] 비공개대상정보에 해당하지 않는 이상 원칙적으로 공공기관은 공개결정을 하여야 한다.[85)] 비용은

---

82) VG Düsseldorf, Beschluss vom 27.08.2014 - 26 K 3308/14

83) Schoch, IFG(Informationsfreiheitsgesetz), 1. Aufl., 2009, §9 Rn. 55; Sicko, BeckOK InfoMedienR, IFG § 9 Rn. 46.

84) 대법원 2007. 6. 1. 선고 2007두2555 판결 참조.

85) 한 명이 수백 건의 정보공개청구를 하는 등 권리남용으로 평가될 수 있는 사안의 경우, 상당 부분은 정보의 부존재, 정보의 불특정, 비공개대상정보 등을 이유로 하여 굳이 권리남용 법리를 동원하지 않더라도 정보공개청구를 거부할 수 있는 사안이라고 알려져 있다.

청구인이 부담하여야 하지만 실비에 한정되어 있고, 사용목적이 공익목적일 때 비용을 감면할 수 있을 뿐 목적에 따라 가중할 수는 없으며, 납부시기도 공개결정이 이루어진 후이다(정보공개법 제17조). 대상판결은 이렇듯 입법적 조치가 미비한 상황에서 원고의 반복되는 청구와 그로 인한 행정자원, 사법자원의 낭비를 중단시키기 위한 궁여지책으로 권리남용 법리를 적용한 것으로 보인다.

(2) 대상판결은 정보공개청구권에 대해서도 권리남용 금지 원칙이 적용된다는 기존 판례의 입장을 전제로 하면서도 그 적용범위를 실질적으로 확장하여, 대법원에서는 최초로 권리남용을 이유로 정보공개청구권을 행사할 수 없다고 판단한 사건이다. 종전의 판례가 '오로지 상대방을 괴롭힐 목적'으로 정보공개청구를 한 경우만을 권리남용의 예로 들었던 반면, 대상판결에서는 '실제로는 해당 정보를 취득 또는 활용할 의사가 전혀 없이 정보공개 제도를 이용하여 사회통념상 부당한 이익을 얻으려 하는 경우'를 포함시켜 이에 대상판결의 사안을 포섭하였다.

(3) 대상판결은 일반적 정보공개청구권의 특성상 권리남용 금지는 제한적으로만 적용될 수 있다는 점을 전제로 하고 있다. 비교법적 고찰에서 본 다른 나라의 기본적 입장도 유사하다. 명문으로 권리남용금지 조항을 둔 국가이든 일반법리로 권리남용 금지 원칙을 적용하는 나라이든 간에, 일반적 정보공개청구권 제도의 취지에 비추어 그 적용에는 신중을 기하여야 한다는 입장을 보이고 있다. 대상판결의 사안은 매우 극단적인 사례에 속한다고 할 것이므로, 이 사건에서 권리남용 금지 원칙을 적용한 것 자체는 타당한 것으로 보인다. 다만, 대상판결이 이후에 미칠 영향에 대해서는 두 가지 측면에서 생각해 볼 필요가 있다.

첫째, 원고 개인에 대한 영향이다. 이 사건에서 권리남용으로 판단된 근거는 공개청구 자체에 있는 것이 아니라, 원고의 전력과 그로부터 추단되는 원고의 의사에 있다. 공개청구 자체로는 아무런 문제가 없었고, 오히려 피고 검사장의 비공개사유가 정보공개법 제9조에 관한 확립된 판례에 반하는 것이었다. 그렇다면 앞으로 원고가 남은 수용기간 동안 하는 정보공개청구는 원고의 전력에 비추어 볼 때 모두 권리남용으로 판단해야 하는가? 원고는 공개결정이 내려지면 수수료를 납부하겠다는 점과 정보를 교부받으면 특정한 목적에 사용하겠다는 점을 입증하여야 정보공개청구를 적법하게 할 수 있게 되는가? 이는 일반적 정보공개청구권에 성격에 반하지 않는가? 이는 앞서 본 프랑스와 영국의 사례에서도 등장하는 문제이다. 남용인지 여부의 판단은 청구에 관한 판단이고 청구인에 대한 판단은 아니다. 그러나 청구가 남용인지 여부를 판단함에 있어서 청구인의 전력은 고려할 수 있다. 그렇다면 청구인의 전력은 어느 범위에서 고려될 수 있는가?

둘째, 공공기관에 대한 영향이다. 이 사건 이전까지 정보공개와 관련하여 권리남용 금지 원칙은 일반적 법리의 차원에서만 적용가능성이 논의되었을 뿐 실제로 적용된 사례가 없었으므로 공공기관에서도 권리남용을 (주된) 근거로 비공개결정을 하기는 쉽지 않았을 것이다. 또한 중앙행정심판위원회에서도 권리남용을 인정한 재결례는 극히 제한적이었다.[86] 그러나 정보공개청구로 인한 공공기관의 부담과 피로도가 적지 않은 상황에서 대법원에서 적용례가 나온 이상 보다 적극적으로 권리남용 금지 원칙을 적용하려 할 것이다.[87] "사회통념상 부당한 이익"에 해당하는지의 판단이 모호한 만큼 "실제로 해당 정보를 취득 또는 활용할 의사가 전혀 없는지"에 대한 판단이 관건이 될 것이다. 권리남용 금지 원칙은 그 불명확성으로 인해 남용될 가능성이 크므로 앞에서 본 수수료 예납 제도의 확대와 같은 입법적 조치를 취하는 것이 보다 바람직한

86) 지희정, "정보공개법상 비공개사유 및 권리남용금지원칙 적용의 필요성", 경희법학 제49권 제4호, 2014, 187쪽.

87) 경건, 최근 정보공개 관련 주요 대법원 판례의 의미와 평가, 서울특별시 2015 정보공개사례집, 24쪽에서는 해당 사안에서의 대법원의 판단에 대해서는 동의하면서도 "'정보공개청구의 동기'를 문제 삼는 것은 매우 구별하기 어려운 청구인의 내심에 대한 평가를 요구"한다는 점에서 부정적인 부작용을 우려하고 있다.

해결책이 될 것이다.

(4) 마지막으로 대상판결의 사실관계에 비추어 볼 때 공공기관에서 비공개사유를 지나치게 넓게 해석·적용하고 있는 것 아닌가 하는 의심을 지울 수 없다. 원고가 사회통념상 용인될 수 없는 부당한 이득, 즉 변호사보수를 포함한 소송비용을 취득할 수 있었던 이유는 원고가 대부분의 사건에서 승소하였기 때문이다. 원고는 155여건의 정보공개청구 소송을 제기하여 약 87%에 해당하는 사건에서 실질적으로 승소하였다.[88] 원고가 반복적으로 정보공개청구와 소 제기를 하게 된 책임을 오롯이 원고에게만 지우기 어렵다고 생각하게 되는 이유이다.[89]

88) 서울행정법원 2014. 8. 28. 선고 2013구합25276 판결 중 피고의 항변.
89) 서울행정법원 2014. 8. 28. 선고 2013구합25276 판결 중 표현.

참고문헌

박미숙/최영신/노영준, 수용자 정보공개 이용실태 분석, 한국형사정책연구원(법무부 용역보고서), 2009

서울행정법원 실무연구회, 행정소송의 이론과 실무, 사법발전재단, 2013

행정자치부, 2014년 정보공개 연차보고서,

경 건, "정보공개청구권의 근거", 행정판례평선, 박영사, 2011, 374면

경 건, "최근 정보공개 관련 주요 대법원 판례의 의미와 평가", 서울특별시 2015 정보공개사례집

김의환, "정보공개대상의 판단기준", 행정판례평선, 박영사, 2011, 389면

김창조, "정보공개법상 비공개사유", 법학논고 제25권, 경북대학교 법학연구소, 2006, 115면

지희정, "정보공개법상 비공개사유 및 권리남용금지원칙 적용의 필요성", 경희법학 제49권 제4호, 2014

최병문, "교정기관 정보공개의 허용한계", 교정연구 제54조, 한국교정학회, 2012, 35면

한위수, "정보공개청구사건의 심리와 재판에 있어서의 몇 가지 문제", 행정재판실무편람(Ⅱ), 서울행정법원, 2002, 477면

Schoch, IFG(Informationsfreiheitsgesetz), 1. Aufl., 2009

CADA, Rapport d'activité 2013 (http://www.cada.fr/rapport-d-activite-2013,20142073.html)

Information Commissioner's Office, Dealing with vexatious requests (section 14)(https://ico.org.uk/media/1198/dealing-with-vexatious-requests.pdf)

Beck'scher Online-Kommentar Informations- und Medienrecht, 9.

Edition(Stand: 01.08.2015)
www.soumu.go.jp/main_content/000041438.pdf

켄트 미들턴·윌리엄 리 지음, 강명일 옮김, 공공커뮤니케이션법, 커뮤니케이션북스, 2014

Ackerman & Sandoval－Ballesteros, The Global Explosion of Freedom of Information Laws, 58 Admin. L. Rev. 86 2006.

Mendel, Freedom of Informatiion – a Comparative Legal Survey, Unesco: Paris, 2008

Macdonald & Jones(ed.), The Law of Freedom of Information, Oxford, 2003

Pulgent, Séminaire de l'ACA－Europe «Les cours administratives suprêmes et l'évolution du droit à la publicité, à la vie privée et à l'information», Brno, République thèque, 18 mai 2015

Wadham, Harris & Peretz, Blackstone's guide to the Freedom of Information Act 2000, Oxford, 4th ed., 2011

Birkinshaw, Freedom of Information, Cambridge, 2009

국문초록

이 글은 최초로 권리남용 금지 원칙을 적용하여 정보공개청구를 제한한 대법원 2014. 12. 24. 선고 2014두9349 판결에 대한 평석이다. 정보공개청구권에 대해서도 권리남용 금지 원칙이 적용될 수 있다는 점은 일반적 법리로서 예전부터 인정되었다. 그러나 구체적 사례에 대하여 권리남용이라고 판시한 것은 이 사건이 처음이다.

대상사건의 원고는 교정기관 수용자인데, 수 백회에 걸쳐 반복적으로 정보공개청구를 하였다. 그 중 다수의 사건에서 공개결정이 이루어졌으나 원고는 정보를 수령하지 않았다. 대법원은 원고는 정보에의 접근을 목적으로 정보공개를 청구한 것이 아니라, 청구가 거부되면 그 거부처분의 취소를 구하는 소송에서 승소한 뒤 실제 지출한 소송비용보다 다액을 소송비용으로 지급받아 금전적 이득을 취하거나, 수감 중 변론기일에 출정하여 강제노역을 회피하는 것 등을 목적으로 정보공개를 청구한 것이고, 이는 '실제로는 해당 정보를 취득 또는 활용할 의사가 전혀 없이 정보공개 제도를 이용하여 사회통념상 부당한 이익을 얻으려 하는 경우'에 해당하므로 정보공개청구가 허용될 수 없다고 판단하였다.

대상판결은 일반적 정보공개청구권의 특성상 권리남용 금지는 제한적으로만 적용될 수 있다는 점을 전제로 하고 있고, 대상판결의 사안은 매우 극단적인 사례에 속하므로, 이 사건에서 대법원의 판단은 타당하다고 보인다. 다만 이 판결을 계기로 공공기관이 권리남용 금지 원칙을 과도하게 적용하려 할 수 있다는 우려가 있다. 또한 원고가 부당한 이익을 얻을 수 있었던 이유는 다수의 사안에서 비공개사유에 해당하지 않음에도 공공기관이 이에 해당한다고 잘못 판단하여 거부처분을 하였기 때문이기도 하다는 점에서 정보공개청구에 대응하는 공공기관의 정책에 대해 다시 한 번 점검할 필요가 있다.

주제어: 정보공개, 권리남용, 알 권리, 투명성, 행정통제

Abstract

Supreme Court 2014. 12. 24. Judgment 2014DU9349 ruling

Choi, Kae Young*

This paper is a critical note about the Supreme Court 2014. 12. 24. judgment 2014du9349 ruling that limited requests for information disclosure for the first time by applying the principle of prohibition of the abuse of rights. The fact that the principle of prohibition of the abuse of rights can be applied to the right to request to disclose information has been acknowledged as a general doctrine from long ago. However, this case is the first one where a concrete case was judged to be the abuse of rights.

The plaintiff of the subject case is a prisoner in a correctional institution who repeatedly requested to disclose information several hundred times. Although decision to disclose information was made in many of the cases, the plaintiff did not receive information. The Supreme Court judged that the plaintiff requested to disclose information not for access to information but for obtaining monetary gains by wining suits seeking for revoke of disposition of refusal when the requests had been refused to receive larger amounts of money as costs of lawsuit than the amounts of money actually spent or for avoiding prison labor by appearing in court on the dates for pleadings

* Associate Professor, School of Law, Seoul National University

during imprisonment and that the request for information disclosure could not be accepted because the plaintiff 'was trying to obtain unjust benefits based on social common notions with no intention to acquire or utilize the relevant information in fact'.

Since the subject ruling is based on the premise that due to the nature of the right to request information disclosure, the prohibition of the abuse of rights could be applied only in limited cases and the issue in the subject ruling falls under very extreme cases, the judgment of the Supreme Court in this case seems to be valid. However, there is concern that taking this ruling as an opportunity, public institutions may try to excessively apply the principle of prohibition of the abuse of rights. In addition, given that the reason why the plaintiff could obtain unjust benefits is partly the fact that in may cases, public institutions made wrong judgment and made disposition of refusal for information that did not fall under reasons for non-disclosure, public institutions' policies to respond to requests for information disclosure should be rechecked.

Keywords: freedom of information, abuse of a right, right to know, transparency, public oversight of administration

투고일: 2015. 11. 25.
심사일: 2015. 12. 15.
게재확정일: 2015. 12. 17.

行政爭訟一般

取消訴訟에서 계쟁처분의 違法性의 權利侵害牽聯性에 관한 小考 / 金重權

取消訴訟에서 계쟁처분의 違法性의 權利侵害牽聯性에 관한 小考

金重權*

* 중앙대학교 법학전문대학원

Ⅰ. 처음에-위법성의 권리침해견련성의 부정, 보편적 경향의 반영인가? 기왕의 공법틀을 붕괴시킬 트로이 목마인가?[1)]

이른바 4대강 사업과 관련한 하천공사시행계획고시 그 자체와 각 사업에 대한 실시계획 및 실시계획변경에 관한 승인·고시를 대상으로 하여, 인근주민들이 각 처분이 하천법, 국가재정법, 건설기술관리법, 문화재관리법, 수자원공사법, 환경영향평가법 등 관련 법률에 위배될 뿐만 아니라, 재량권을 일탈·남용한 위법이 있음을 주장하였는데, 항소심(부산고등법원 2012.2.10. 선고 2011누228판결)은 원심과는 달리 하천법, 건설기술관리법, 문화재관리법, 수자원공사법, 환경영향평가법상의 위법성은 수긍하지 않되, 단지 국가재정법상의 예비타당성조사의 결여는 처분의 위법사유로 보면서 사정판결을 내렸다. 사안에서 문제는 예비타당성조사의 결여와 같은 국가재정법상의 위법이 행정소송상으로 대상처분의 위법사유로 될 수 있는지 여부이다. '4대강 사업'을 둘러싼 그간의 혼란상에 비하면 사소하나, 행정법차원에선 특히 행정소송법차원에선 결코 사소하지 않는 행정법도그마틱적 물음이 제기된다.[2)]

통상 판례가 원고적격 단계에서는 '권리침해'의 유무를 판단하고, 본안단계에서는 계쟁처분의 위법성만을 문제로 삼는다고 본다. 그리고 대법원이 1989.4.11.에 선고한 87누647판결이 "과세처분취소소송의 소송물은 그 취소원인이 되는 위법성 일반이다."라고 판시한 이래로 다수의 문헌은 취소소송의 소송물이 계쟁처분의 위법성 및 위법성일반이라

---

1) 이 글은 제204차 대법원특별소송실무연구회(2015.7.20.)에서 '第3者가 제기한 取消訴訟에서의 違法性牽聯性에 관한 小考'의 제명으로 발표한 것을 수정, 보완한 것이다.

2) 후술하겠지만, 부산고등법원 2012.2.10. 선고 2011누228판결과 관련해서 "4대강 사업의 國家財政法上의 問題點에 관한 小考"의 졸고를 작성하였는데, 그곳에서 다룬 쟁점이 빛을 볼 수 있어서 무척 다행이라 여긴다.

고 본다. 그리하여 일각에서는 취소소송에서 권리침해와 행정처분의 위법성간의 견련관계(관련성)를 부인한다.[3] 즉, 항고소송을 객관소송의 일종으로 보고자하는 차원에서 그것의 객관적 적법성확보기능을 권리구제기능보다 앞세우면서, 그 주된 논거로 우선 독일과[4] 일본은[5] 실정법상으로 위법성의 권리침해견련성(견련관계)(Rechtswidrigkeitszusammenhang)을 명시적으로 인정하고 있지만, 우리 행정소송법은 그것을 명문화하지 않았다는 점, 우리 판례가 원고적격여부의 심리대상과 본안심리대상을 엄격히 분리하고 있으며 취소소송의 소송물이 객관적 위법성인 점을 든다.

그런데 위법성의 권리침해견련성의 부인 문제는 비단 취소소송의 본안심리의 차원만이 아니라, 국가배상법의 차원은 물론, 항고소송의 본질의 차원에서 결정적인 영향을 미친다. 나아가 공법제도 전반에도 돌이킬 수 없는 문제점을 야기한다. 이하에서는 위법성의 권리침해견련성을 부정하는 입장에서 제시된 제 논거를 비판적으로 검토하고자 한다.[6]

---

3) 대표적으로 박정훈, 행정소송의 구조와 기능, 2006, 160면 이하; 208면 이하; 281면 이하; 394면 이하; 최계영. "처분의 상대방이 아닌 제3자가 제기한 항고소송에서 본안판단의 범위", 제201회 특별소송실무연구회 2015.4.6. 발표문, 16면 이하.

4) 독일 행정법원법 제42조 제2항: 법률상 별도의 규정이 없는 한, 원고가 행정행위 또는 행정행위의 거부나 부작위로 인하여 자기의 권리가 침해되었음을 주장하는 경우에 한하여 소를 제기할 수 있다. 제113조 제1항 제1문: 행정행위가 위법하고 원고가 그로 인해(dadurch) 자기의 권리를 침해받은 경우에, 법원은 행정행위 및 행정심판재결을 취소한다.

5) 일본 행정사건소송법 제10조 제1항: 취소소송에 있어서는 자기의 법률상의 이익과 관계가 없는 위법을 이유로 취소를 구할 수 없다.

6) 이 글에서 강조한 내용과 동일한 맥락에서 일찍이 필자는 서울대학교 BK21 법학연구단 법제도비교연구센터가 "행정소송의 현안과 과제"를 주제로 2003.5.30.에 주최한 2003년 제1회 학술회의에서 "行政實體法과 行政訴訟法의 交叉點에 관한 小考"의 제명으로 발표한 바 있다.

Ⅱ. 전제적 논의: 위법성의 권리침해견련성의 부정이 과연 확립된 판례이자 학계의 오래된 통설인가?

최계영 교수는, 항고소송의 본안에서 처분이 객관적으로 위법한지만을 심리하고 원고의 권리를 침해하는지 또는 위법사유가 원고의 이익과 관련된 사유인지는 심리하지 않는 것 즉, 위법성의 권리침해견련성부정이 확립된 판례이자 학계의 오래된 통설이라 기술한다.[7] 하지만 위법성의 권리침해견련성부정이 확고한 판례와 학계의 오래된 통설이라는 지적은 오해를 낳을 수 있다. 비록 본안판단에서 법원이 처분의 위법성에 초점을 맞추지만, 그것이 법원이 원고적격과 유리되게 즉, 완전히 무관하게 본안판단을 행하는 것을 의미한다고 명시적으로 나타낸 적은 없다. 위법성의 권리침해견련성을 명시적으로 부정하는 판례 역시 출현하지 않았다.[8] 따라서 절연적 접근에 의거하여 위법성의 권리침해견련성을 부정하는 것이 판례의 확고한 것이라는 표현은 오해를 유발한다고 하겠다. 그리고 비록 많은 문헌이 취소소송의 소송물과 관련해서 일부 판례의 -후술하듯이 문제가 있음에도 그 의미가 적극적으로 규명되지 않은 채- 오해유발적 표현(위법성 일반)을 그대로 수긍하기도 하였지만, 결코 그것을 위법성의 권리침해견련성의 부정에 연계시키지는 않고 있다. 다시 말해, 위법성의 권리침해견련성부정설이 학계의 오래된 통설이라는 표현 역시 오해를 유발한다고 하겠다.

그리고 위법성의 권리침해견련성 부정설의 근거로 판례가 본안판단을 객관적 위법성에 한정하고 있다는 점을 제시하면서, 통설 역시 그러하다는 지적과 관련해서 몇 가지 점을 분명히 하고자 한다. 우선 논거

---

7) 동인, 발표문 1면.

8) 최계영 교수가 위법성의 권리침해견련성을 부정하는 판례로 제시한 납골당설치신고 수리처분취소 사건(대법원 2011.09.08. 선고 2009두6766판결) 역시 그렇지 않다. 그리고 4대강사업과 관련한 부산고등법원 2012.2.10. 선고 2011누228판결은 결정적인 문제점을 안고 있다.

제시의 단초에 해당하는 대법원 1989.4.11. 선고 87누647판결 및 대법원 1997.5.16. 선고 96누8796판결을 비롯한 판례가 객관적 위법성이란 표현을 직접적으로 사용하지는 않았다. 객관적 위법성은 위법성이 권리침해와 무관하다는 점을 나타내는 것이다.[9] '위법성 일반'이나 '세액의 객관적 존부'란 표현에서 객관적 위법성을 도출하기 위해서는 판례가 명시적이든 묵시적이든 권리침해와의 연계성과 무관하게 본안판단을 하였다는 점이 확인되어야 한다. 후술하겠지만 사안에서 판례는 위법성의 권리침해견련성 그 자체 및 그것의 부정을 전혀 의식하지 않았다. 따라서 판례가 본안판단에서 -권리침해와 절연된 의미에서의- 객관적 위법성만을 문제로 삼는 것이 확고하다는 지적 역시 오해를 유발한다. 나아가 이를 근거로 우리의 취소소송이 객관소송적 구조를 지닌다는 지적[10] 역시 오해를 유발한다. 그리고 통설이 본안판단을 객관적 위법성에 국한한다고 지적하지만,[11] 해당 문헌들은 판례와 마찬가지로 소송물이 '처분의 위법성 일반'이라고 기술할 뿐, 그 의미를 객관적 위법성으로 표현하지 않았다(후술).

요컨대 위법성의 권리침해견련성의 부정이 확립된 판례이자 학계의 오래된 통설이라는 설정은 치명적인 오해를 유발하기에, 이 설정을 그대로 전제해서는 곤란하다.

9) 박정훈, 앞의 책, 394면.
10) 박정훈, 앞의 책, 394면.
11) 최계영, 발표문, 16면 주) 78의 문헌.

Ⅲ. 취소소송에서 원고적격에 관한 일반론[12]

1. 논의의 전제: 규범적 명령의 주관적 측면과 객관적 측면

오늘날 사법영역에서든 공법영역에서든 객관적 법과 주관적 권리는 구분되어야 하고, 주관적 권리는 객관적 법질서에 의거하여 정해져야 한다.[13] 규범적 명령은 직접적으론 일정한 법효과의 초래를, 간접적으론 이런 법효과의 획득을 목표로 삼는다. 따라서 그것의 본질적인 요소가 -당사자간의- 행위조종적 효력이며, 당연히 법규는 항상 수범자(주로 행정당국)의 준수의무를 동반한다. 나아가 법규는 이런 준수의무를 넘어, 권리주체에게 법상의 힘을 부여함과 아울러 주관적 권리를 성립시키는 것(주관화: 주관적 권리화: Subjektivierung)도 지향할 수 있다.[14]

그런데 권리와 의무는 사법의 영역에선 원칙적으로 대응관계에 서나(자연채무에는 제외), 공법의 영역에선 기본적으로 그렇지 않다. 사법에선 강행규정위반(위법성)은 당연히 권리침해를 동반하나, 공법에선 그렇지 않다. 위법한 규범집행을 다툴 수 있는 것이 헌법을 포함한 관련규정을 통해 -이른바 보호규범이론을 통해서- 확인되어야 비로소 권리침해가 인정된다. 여기에는 국민이 국가와의 관계에서 더이상 국가적 배려의 단순한 객체가 아니라, 적어도 자신의 매우 중요한 이익이 문제되는 한, 국가에 대한 주관적 권리의 주체가 되었다는 것을 전제로 한다.

12) 상세는 김중권, 행정법, 137면 이하 참조.

13) Vgl. Bühler, Die subjektiven öffentlichen Rechte und ihr Schutz in der Verwaltungsrechtsprechung, 1914, 15f., 224; Röhl/Röhl, Allgemeine Rechtslehre, 3. Aufl., 2008, 375.

14) 가령 계획형성의 자유(계획재량)과 관련해서 요구되는 형량명령은 형량을 위해 중요한 사적 중요사항(사익)과 관련해서 제3자(인인)보호적 성격을 가지며, 건설과 관련한 사익을 하자 없이 형량할 것에 관한 주관적 권리가 그것으로부터 도출된다(BVerwGE 107, 215).

行政法의 主觀的 權利化(Subjektivierung des Verwaltungsrechts)와 行政法의 個人化(Individualisierung)라는 개념은 이러한 사정의 변화를 상징적으로 표현한 것이다.[15)]

2. 원고적격의 의의

누가 소송을 제기할 자격이 있느냐의 물음으로 주체적 필터링에 해당하는 원고적격은 행정소송을 주관적 피침소송(individuelle Verletztenklage)으로 만드는 축이다.[16)] 원고적격의 물음은 궁극적으로 행정법에서의 개인의 주관적 공권에 관한 것이다.[17)] 주관적 공권은 사실상으로만 이익을 주는 즉, 법적으로 보호를 받지 못하는 소위 반사적 이익(Rechtsreflexen)과는 구별된다. 법질서는 주관적 공권을 부여함으로써 규범적 명령과 권리주체의 권리영역을 법적으로 연계시킨다. 그리하여 원고적격의 물음을 통해 원고는 －법률에 의하거나 기본권에 의거하여 그에게 직접적으로 귀속된－ 자신의 권리의 침해를 주장할 수 있다.[18)]

---

15) 일찍이 Ossenbühl은 이러한 변화를 행정법체계상의 코페르니쿠스적 전환이라 명명하였다. Ders., Die Weiterentwicklung der Verwaltungswissenschaft, in: Jeserich/Pohl/v. Unruh(Hrsg.), Deutsche Verwaltungsgeschichte, Bd. V, 1987, S.1143(1146).

16) 비록 독일 행정법원법 제42조 제2항([취소소송 및 의무이행소송] ② 법률상 별도의 규정이 없는 한, 원고가 행정행위 또는 행정행위의 거부나 부작위로 인하여 자기의 권리가 침해되었음을 주장하는 경우에 한하여 소를 제기할 수 있다)과 같은 분명한 피침적 구조(被侵的 構造)를 우리 행정소송법 제12조가 드러내지는 않지만, 형성소송으로서의 취소소송의 성질과 회고적인 적법성회복으로서의 쟁송취소의 본질에 비추어 그것은 당연하다. 행정소송법 제1조 그 자체로서도 주관적 권리침해의 요소 즉, 피침적 구조 및 원고적격과 위법성의 견련성을 충분히 도출해낼 수 있다.

17) 상세는 졸고, 規範執行에 관한 權利로서의 行政法上의 主觀的 公權論에 관한 小考, 공법연구 제40집 제4호(2012.6.20), 159면 이하.

18) 원고는 소송을 통해 행정행위의 폐지나 행정행위의 발급에 관한 실체적 청구권을 관철하고자 하기에, 권리침해는 이런 청구권의 성립요건이다. 따라서 원고적격은 불가분적 소송물과 관련해서 통일적으로 바라보아야 한다(Eyermann, VwGO

한편 일반적으로 권리에 대해서는 「개인이 자기의 이익을 위하여 타인에게 작위·부작위·급부·수인 등을 요구할 수 있는, 법에 의해 인정된 힘(Rechtsmacht)」이라고 정의하는데, 이런 정의는 그것이 문제되는 상황 즉, 행정소송에서 원고적격여부가 다투어지는 상황을 체계적으로 커버하지 못하고, 기왕의 보호규범설의 취약점을 그대로 드러낸다. 이제 새로운 접근이 필요하다. 전통적 접근은 실은 독일에서 19세기말부터 사법에서 지배적이게 된 소위 결합이론에서 기인한 것이다. 결합이론은 주관적 권리에 관한 Savigny적 이해(법적으로 인정된 개인적 의사력(Willensmacht)와 법적으로 보호되는 이익으로서의 주관적 권리에 관한 Jhering의 견해를 합친 것이다.[19] 그렇지만 개인의 고유한 이익에 초점을 맞추는 식의 개념정의는 공법을 위해선 계발적(啓發的)이지 않다. 주관적 공권의 개념정의에서 전래적으로 고유한 사적 이익의 추구를 목표로 삼는 것은 이제 낡았다. 따라서 주관적 공권을 규범집행에 관한 권리(Recht auf Normvollzug)로서의 즉, 법률집행청구권(Gesetzesvollziehungsanspruch)으로서 설정하고서,[20] -전통적인 보호규범이론의 진화의 차원에서- 특히 기본권에 착안하여 적극적으로 관련 규범의 해석을 강구할 필요가 있다.[21]

3. 원고적격 물음에 관한 전향적 자세

원고적격의 높은 문턱은 사법심사의 가능성을 처음부터 소멸시킨다. 이는 헌법상의 재판청구권의 차원에서 검토되어야 한다. 권리침해의

Kommentar, 2006, §42 Rn.71a).

19) Vgl. Bauer, Geschichtliche Grundlagen der Lehre vom subjektiven öffentlichen Recht, 1986, 73ff.

20) 하지만 행정법상의 주관적 공권을 규범집행에 관한 권리라 하여 그것이 만인소송(민중소송)을 용인하는 것은 결코 아니다. 또한 -일체의 법위반을 권리침해로 일반화시킬 수 있는- 일반적인 법률집행청구권은 헌법상으로 인정되지 않는다.

21) 상세는 김중권, 행정법, 138면 이하.

유무 즉, 원고적격여부의 확실한 판단은 사실 본안에서의 심리과정에서 내려질 수 있다. 따라서 소의 제기단계인 원고적격의 물음에서 확실한 권리침해의 존재를 요구하는 것은 바람직하지 않다. 일본 최고재판소의 판례가 원래 본안심리의 가능성을 저하시키기 위해 의도적으로 원고적격의 엄격한 인정과 같이 소송요건을 강화시켰다는 岡田正則 교수의 지적을[22] 상기할 필요가 있다.

하루바삐 원고적격의 물음과 본안에서의 물음을 엄별하고 전자를 권리침해의 개연성(침해우려)의 차원에서 접근하는 판례의 입장에서 벗어나, 권리침해의 가능성만으로 원고적격여부를 판단해야 한다. 독일에서는 원고적격상의 물음의 비중을 낮추기 위해 수범자이론과 함께 '가능성설'이 통용되고 있다. 그리하여 계쟁처분이 원고의 권리를 어쩌면 침해할 수도 있다는 것이 드러나도록 원고가 충분한 실증적 사실을 제시하면, 권리침해의 가능성이 시인된다. 심지어 독일 판례에서는 권리침해가능성의 판단에서 권리침해가 어떤 식으로 고찰하든 명백하게 그리고 일의적으로 불가능한 경우에만 원고적격이 부인된다는 '명백성공식'(Evidenzformel)이 통용되기도 한다.[23] 가능성이론 및 명백성공식을 전향적으로 도입하면 법률개정과 무관하게 원고적격의 문턱을 획기적으로 낮출 수 있다.[24]

---

22) 岡田正則/박기주 譯, "日本 行政訴訟制度의 形成史와 改革의 課題", 司法 제22호, 2012, 432면 이하 참조. 소송요건을 높게 설정하기 위해 소송요건판단과 본안판단을 애써 엄격히 구별한 것이다. 하지만 위법성의 권리침해견련성이 당연한 것으로 수반되고 있다(동법 제10조 제1항).

23) BVerwGE 44, 1(3).

24) 개정행정소송법안은 현행법 제12조상의 원고적격에 관한 '법률상 이익'을 '법적 이익'으로 바꾸었다(안 제12조). 이를 두고서 원고적격과 관련하여 자칫 '법적 이익'이 기존의 '법률상의 이익'과 본질에서 다르다는 그릇된 인식이나 오해를 야기할 우려가 있다고 지적되는데, 원고적격의 인정가능성을 대폭적으로 제고시키고자 하는 것이 개정의 취지이다. 객관소송적 접근이 가능할 수 있다는 일각에서 피력하는 예상은 주관소송의 기본적 틀을 견지한다는 개정의 취지에 전혀 부합하지 않는다. 오히려 주관적 공권을 정함에 있어서 기본권의 기능에 관한 인식이 고양되어야 함에도 불구하고, 그렇지 않은 점을 -사실 그에 관계없이 가능함에도 불구

Ⅳ. 원고적격의 물음과 본안에서의 물음을 분리한 것으로 위법성의 권리침해견련성을 부인할 수 있는가?

과연 판례가 본안에서 이유여부를 판단함에 있어서 그 척도로 계쟁처분의 위법성 또는 위법성 일반 여부를 삼는다고 하여 그것이 원고적격단계에서 검토한 권리침해와 무관하게 심리한 것으로 볼 수 있는지 세심한 검토가 필요하다. 원고적격상의 물음과 본안에서의 물음을 분리시킨 것은 여러 문제점을 안고 있다. 이는 원고적격과 위법성의 견련성(牽聯性)을 간과할 빌미를 제공하며, 나아가 여기서의 위법성을 소송물의 차원에서 객관적 의미로 인식하게 하는 빌미도 제공한다.

그런데 취소소송이 형성소송인 이상, 원고는 위법한 행정처분으로 인해 자신의 권리가 침해된 상태를 취소소송을 통해 계쟁처분을 취소(폐지)시키고 자신의 원래의 법률관계(법상태)를 회복하고자 한다. 계쟁처분의 취소판결은 권리침해상태를 배제시킴으로써 원래의 법률관계의 회복을 가져다주기에, 당연히 계쟁처분의 취소판결은 원고의 원래의 법률관계와 관련을 갖는다고 할 수 있다.

취소소송에서 법원의 폐지권능 즉, 취소판결은 객관적 법위반과 주관적 권리의 침해를 전제로 한다.[25] 만약 위법성의 권리침해견련성이 부정되어 권리침해와 무관한 위법사유로 취소판결이 내려질 수 있다고 하면, 취소판결의 효과에서 공백지대가 만들어진다. 권리침해가 배제됨으로써 회복될 원래의 법률관계와는 거리가 있는 결과가 빚어진다. 이

하고 그렇지 않았는데– 적극적으로 극복할 수 있는 단초가 마련된 것으로 여겨야 한다. 한편 법률적 테두리가 없는 것으로 여겨져 자칫 주관소송의 원칙이 무색해질 수 있는데, 기왕의 民衆訴訟이 公益訴訟으로 改名한 것이 시사하듯이 주관소송의 원칙(피침적 구조 및 원고적격과 위법성의 견련성)은 더욱 확고해졌다고 하겠다. 그런데 과연 이 같은 개정이 원고적격의 확대에 기여할지는 불분명하다. 왜냐하면 그동안 판례는 부단히 원고적격을 인정하여 왔기 때문이다. 대표적으로 낙동강취수장판결(대법원 2010.4.15. 선고 2007두16127판결)이 그것이다.

25) Sodann/Ziekow, VwGO 3.Aufl. 2010, §113 Rn.15.

런 상황은 결코 주관소송의 메커니즘 자체를 붕괴시키며, 나아가 자칫 항고소송을 객관소송으로 설정할 우려가 있다. 한편 위법성의 권리침해 견련성의 부정은 극단적으로 권리침해와 무관한 위법사유를 본안단계에서 확대 주장할 수 있게 하는데, 이는 소권남용을 막기 위한 여과장치인 원고적격 자체를 무의미하게 만들 우려가 있다.

비록 판례가 원고적격의 물음과 본안에서의 물음을 분리시켜 접근하긴 해도, 이를 양자를 완전히 절연시킨 것으로 보는 것은 타당하지 않다. 본안판단은 원고적격의 인정을 전제로 한다. 원고적격의 물음과 본안이유여부의 물음이 각기 별개라는 식의 절연된 것으로 보는 것은 사리에 맞지 않는다. 오히려 판례의 입장이 원고적격의 물음을 전제로 하면서 본안에서의 물음을 검토한 것으로 보아야 한다. 분리적 접근방식 그 자체를 양자의 견련성을 부인하는 것으로 볼 수는 없다.[26] 여기서의 '위법성'은 권리침해를 전제로 한 '주관적 위법성'이지, 결코 객관소송의 빌미를 제공하는 '객관적 위법성'은 아니다. 취소소송에서 원고가 주장하여 얻는 범위는 자기의 법률상의 이익에 관계되는 것으로 제한되어야 하고, 그것과 관계없이 주장을 허용하는 것은 취소소송의 취지·목적에 반하는 것이다.[27] 결론적으로 형성소송으로서의 취소소송의 본질 및 취소판결의 효과에 비추어 원고적격의 법제도를 인정하는 이상, 위법성의 권리침해견련성은 당연히 전제적으로 인정된다고 할 수 있다.[28]

---

26) 최계영 교수가 "원고가 주장한 위법사유가 원고의 권리나 법률상의 이익과 관계없다는 이유로 주장이 제한된 사례는 없는 것으로 보인다."고 지적하는데(발표문 4면), 이미 위법성과 연계된 권리침해여부가 원고적격 단계에서 검토되었기에, 본안단계에서 권리침해와 무관한 위법사유를 주장할 수가 없다.

27) 그리하여 일본에서도 위법성의 권리침해견련성의 요청에 따른 일본 행정사건소송법 제10조 제1항의 취소사유의 주장제한은 동법제정 이전부터, 말하자면 주관소송으로서의 취소소송에 있어서 내재적·본질적 제약으로서 인정되어온 것을 명문화 한 것으로 본다. 명문화된 이상, 그것의 확인적, 창설적 의미여부는 문제되지 않는다.

28) 권리침해는 이런 청구권의 성립요건이다. 따라서 원고적격은 불가분적 소송물과 관련해서 통일적으로 바라보아야 한다(Eyermann, VwGO, §42 Rn.71a).

한편 우리 판례의 이런 분리적 접근이 유래한 일본에서의 통설과 판례는, 권리침해 유무가 취소소송의 소송요건으로서의 원고적격의 차원에서 고려되고, 이를 전제로 하여 본안에서 이유유무를 판단함에 있어서는 계쟁처분의 위법성여부에 초점이 맞춰진다. 여기서 위법성여부의 판단은 취소사유의 주장제한을 규정한 행정사건소송법 제10조 제1항에 의해 원고적격의 판단에 연계되어 진행된다. 결국 일본과 독일의 접근방식은 그 기조에서 다르지 않다. 우리 판례의 기조가 일본의 그것에서 비롯되었음에도 불구하고, 일본의 전제적 논의를 생략하고 우리 판례가 일본 및 독일과 다른 접근을 강구한다고 논증하는 것은 재고되어야 한다.

Ⅴ. 독일과 다른(?) 보호규범이론적 접근을 이유로 위법성의 권리침해견련성을 부정할 수 있는가?

우리 판례가 취하는 보호규범이론적 접근은 직접적인 근거규정을 넘어 관련 법규정은 물론 관련 법률 전반에 의거하고 있어서 그것의 원산지인 독일과는 다소 다른 점이 있다. 즉, 개개의 위법사유에 대응하여 '근거규정'의 사익보호성을 탐구하는 독일과는 약간 다르게, 우리의 경우에는 '근거규정' 하나하나에서 사익보호성을 탐구하거나[29] '근거법령' 일반에서도 사익보호성을 탐구하고 있다.[30] 그리하여 우리 판례가 독일과 다른 보호규범이론적 접근을 강구한다는 점이 위법성의 권리침해견련성을 부인하기 위한 논거로 제시된다.

하지만 독일의 경우에도 그 기조는 견지하면서도 과거의 엄격한 입장에서 벗어났다.[31] 가령 주관적 공권에서의 기본권의 기능을 인정함으

29) 특히 대법원 1998.9.4. 선고 97누19588판결 참조.

30) 대법원 1998.4.24. 선고 97누3286판결.

로써 매우 탄력적으로 접근한다. 즉, '헌법합치적 혹은 헌법지향적 해석'을 통해 헌법상의 기본권이 규범내부적으로(normintern) 효과를 미친다는 점에 착안하여 원고적격을 확대 인정한다. 나아가 해당 개별법상의 규범화가 없을 경우에 또는 이것(규범화)이 헌법적으로 요구된 주관화를 규정하지 않을 경우에 행정법의 주관적 공권을 기본권으로부터 직접 도출할 수 있는지 여부 즉, 그리하여 기본권이 규범외적으로(normextern) 영향을 미치는지 여부가 다투어지고 있는데, 독일의 경우 판례와 통설은 -대부분 가중적인 기본권제한의 요건하에서- 자유권적 기본권과 재산권과 같은 방어권의 경우에 이를 시인하고 있다.[32] 독일의 이런 보호규범이론의 진화모습은 기실 우리 판례의 양상과 근본적으로 다르지 않다. 따라서 보호규범이론적 접근양상의 차이를 위법성의 권리침해견련성부정설의 근거로 내세우는 것은, 그 전제인 근본적인 차이점이 사실상 없다는 점에서 결코 바람직하지 않다. 사실 주관적 공권과 관련해서 기본권의 규범내부적 영향과 규범외부적 영향은 우리 판례에서도 시인되고 있다. 가령 경쟁저해적 수익처분이나 시장에의 신규진입을 둘러싸고 경쟁자가 자신의 권리를 위해 방어적으로 다투는 소극적인 경쟁자소송(Konkurrentenklage)은[33] 시장진입에서 기존업자가 제3자의 신규진입을

31) 그런데 사법시스템의 차원에서 원고적격의 물음에서 보호규범적 접근을 강구하는 것은 자연스럽다. 미국행정법상의 원고적격(Standing)에서 일찍이 Douglas 대법관은 원고적격인정근거인 '실제적 침해(injury-in-fact)'와 관련해서 원고의 침해가 문제되는 제정법이나 헌법상의 보장에 의해 보호되거나 규제된 이익의 범주내에 들어가는 이익에 대해서 존재하여야 한다고을 강조하였는데(Association of Data Processing Service Organizations, Inc. v. Camp 397 U.S. 150(1970), 153), 이런 논증방식은 보호규범적 접근과 기조에서 다르지 않다. 미국행정소송에서의 원고적격에 관한 판례의 흐름에 관해서는 권순형, 재판자료 제105집(2004.12) : 외국사법연수논집(24), 399면 이하 참조.

32) 대표적으로 Wahl, in: Schoch/Schneider/Bier, VwGO, 2015, Vorb §42 Ⅱ Rn.85.

33) 경쟁자소송은 기본적으로 소송유형에 따라 소극적 경쟁자소송, 적극적 경쟁자소송 그리고 배타적 경쟁자소송으로 나뉘는데, 배타적 경쟁자소송을 경합자소송(Mitbewerberklage)이라고 명명하기도 한다.

다투는 경우와 여럿이 경쟁하는 시장에서 행정이 직권으로 특정 경쟁자에게 유리한 수익처분을 하였기에, 다른 경쟁자가 이를 다투는 경우이다. 판례는 일찍부터 관련 법규가 기존업자의 기득경영권을 보호하는지 여부를 가늠잣대로 삼는다. 즉, 일종의 특허인 양 기존업자간의 과당경쟁으로 인한 경영의 불합리를 방지하는 것을 해당 법률 및 근거규정이 목적으로 하는지 여부가 관건이 된다.[34] 이는 일종의 기본권의 규범내부적 영향의 관점에서 포착할 수 있다. 나아가 낙동강취수장판결처럼 법원이 환경과 관련 조치(처분)에 대해 매우 광범하게 원고적격을 인정하는 경향 역시 이런 관점에서 포착할 수도 있다.[35] 반면 지정을 받지 못한 경쟁 병마개제조업자가 국세청장의 납세병마개제조자 지정처분을 다툰 사건에서 헌법재판소는 권리(법률상 이익)의 침해가능성을 확인하였다.[36] 이는 일종의 기본권의 규범외부적 영향의 관점에서 포착할 수 있다.

Ⅵ. 과연 현행법은 위법성의 권리침해견련성에 관해 아무런 근거를 두고 있지 않는가?

위법성의 권리침해견련성을 부인하기 위해 제시하는 '우리의 항고

34) 대법원 2006.7.28. 선고 2004두6716판결(분뇨등관련영업허가); 1992.7.10. 선고 91누9107판결(화물자동차증차인가처분).

35) 개발행위가 시행될 지역이나 주변지역의 주민 외에 '개발행위로 자신의 생활환경상의 개별적 이익이 수인한도를 넘어 침해되거나 침해될 우려가 있음을 증명한 자'에게 개발행위허가 처분을 다툴 법률상 이익이 있다고 본 대법원 2014.11.13. 선고 2013두6824판결 역시 같은 맥락에 있다고 할 수 있다.

36) 헌재 1998.4.30. 97헌마141: 설사 국세청장의 지정행위의 근거규범인 이 사건 조항들이 단지 공익만을 추구할 뿐 청구인 개인의 이익을 보호하려는 것이 아니라는 이유로 청구인에게 취소소송을 제기할 법률상 이익을 부정한다고 하더라도, 청구인의 기본권인 경쟁의 자유가 바로 행정청의 지정행위의 취소를 구할 법률상 이익이 된다 할 것이다.

소송 구조에는 독일 취소소송의 원고적격상의 논의가 전혀 부합하지 않다.', '우리 법제는 위법성의 권리침해견련성을 명문으로 두고 있지 않다.'는 지적과 관련해선 세심한 숙고가 요구된다. 물론 행정소송법 제12조－엄밀히 보자면 제1문－상의 원고적격에 관한 규정이 주관적 권리침해를 담고 있지 않으며, 원고적격상의 권리침해와 계쟁처분의 위법성의 견련성을 명문으로 요구하고 있지 않기에, 독일과 일본과 다른 점을 강조할 법하다. 하지만 여기서 상기해야 할 것은, 바로 행정소송법 제1조가 동법의 목적이 "행정청의 위법한 처분 그밖에 공권력의 행사·불행사 등으로 인한 국민의 권리 또는 이익의 침해를 구제하는 데" 있음을 명시한 점이다. 소송을 통해 배제되어야 할 권익침해가 행정청의 위법한 처분에서 비롯된 것임을 분명히 함으로써, 비록 명시적으로 나타내지는 않았지만 독일과 일본과 마찬가지로 처분의 위법성이 권리침해의 조건임을 공언한 것이다. 행정소송법 제12조의 원고적격 규정의 해석의 출발점은 바로 동법 제1조의 목적이기에, 원고적격에는 "당연히" 권리침해를 전제로 하며, 취소가 구해질 처분 등은 "당연히" 권리침해를 전제로 하여 위법한 것이라고 하겠다. 행정소송법 제12조 제1문을 제1조와 연계하여 취소소송을 주관소송으로 접근할 때, 원고적격의 물음은 당해 처분의 위법성과 권리침해의 인과관계를 전제로 하기에, 원고적격상의 권리침해와 위법성의 견련성은 당연하다. 위법성의 견련성을 명시적으로 표방하는 일본 행정사건소송법 제10조 제1항과 관련해서, 그들 판례는 주관소송의 차원에서 과거 동규정이 없었던 行政事件訴訟特例法 시절에도 자신의 법률상의 이익에 관계없는 위법을 원고가 주장하는 것에 대해서는 부정적으로 보았다.[37] 이런 맥락에서 宇賀克也 교수는 동조항이 자신의 법률상의 이익에 관계없는 위법사유의 주장을 허용하지 않는다는 것을 명확히 하기 위해서 마련된 것으로 본다. 아울러 만약 원고의

37) 最判昭和32·12·24(民集11巻14号2336頁.

주장이 자신의 법률상의 이익에 관계없는 위법사유에만 관련되는 것일 때에는, 청구는 기각되는 것으로 지적한다.[38)]

요컨대 현재의 법상황 그 자체로서도 주관적 권리침해의 요소와, 원고적격과 위법성의 牽聯性을 충분히 도출해 낼 수 있다. 특히 제3자효 행정행위에서 법원은 법치국가원리의 차원에서 위법성과 권리침해간의 견련성의 요청을 엄밀히 규명해야 할 임무를 진다. 따라서 독일과 일본과는 달리 위법성의 권리침해견련성을 명문으로 표현하지 않은 우리 행정소송법의 문언에 나타난 입법자의 선택이, 원고적격 단계에서는 원고의 주관적인 이익을 요구하되, 본안에서는 위법성을 원칙적으로 제한 없이 심사하는 것이라는 주장은[39)] 그 전제에서 수긍하기 힘들다. 입법 정책적으로 우리 역시 항고소송의 성격을 둘러싼 소모적 논란을 마감하기 위해 일본 행정사건소송법 제10조 제1항과 같이 명문의 규정을 두는 것을 이제는 적극적으로 고려해 볼만하다.[40)]

Ⅶ. 취소소송의 소송물에 관한 논의

1. 문헌과 판례상의 논의현황

소송물이라 함은 소송의 객체 즉, 분쟁의 대상이자 법원의 심판의 대상이다. 아울러 소송물은 원고의 소송상의 청구를 가리킨다. 취소소송에서의 소송물이 무엇인지를 두고서 행정법 문헌상 크게 세 입장이 있다. ⅰ) '행정처분으로 인하여 생긴 위법상태의 배제'를 취소소송의 소송물로 보는 입장,[41)] ⅱ) '처분 등의 위법성' 내지 '처분의 위법성 일반'을

38) 동인, 改正行政事件訴訟法, 2006, 53頁.

39) 최계영, 앞의 발표문, 17면.

40) 동지: 김용섭, 행정소송법개정공청회자료집, 2012,5.24., 75면.

41) 김도창, 일반행정법론(상), 1993, 745면; 田中二郎, 行政法, 上卷 全訂第2版, 1977, 293頁.

취소소송의 소송물로 보는 입장이[42] 있다. 그리고 iii) 취소소송의 소송물을 「위법한 처분 등에 의하여 자기의 법률상 이익이 침해되었거나 필연적으로 침해될 것이라는 원고의 주장」으로 새기는 입장이[43] 있다.

일찍이 대법원 1989.4.11. 선고 87누647판결이 "과세처분취소 소송의 소송물은 그 취소원인이 되는 위법성 일반이다."라고 판시하였고, 그 이후 대법원 1989.12.22. 선고 88누7255판결: 1992.9.22. 선고 91누13205판결이 "조세소송의 목적물은 과세관청이 결정한 소득금액의 존부이다.", 대법원 1990.3.23. 선고 89누5386판결이 "과세처분취소소송의 소송물은 그 취소원인이 되는 위법성 일반이고 그 심판의 대상은 과세처분에 의하여 확인된 조세채무인 과세표준 및 세액의 객관적 존부이다.", 대법원 1997.5.16. 선고 96누8796판결; 1997.10.24. 선고 97누2429판결이 "과세처분취소소송의 소송물은 과세관청이 결정한 세액의 객관적 존부이다."라고 판시하였다. 과세처분이 아닌 일반적인 행정처분에 대한 취소소송의 소송물에 관해 판례는 행정처분의 위법성이라 언급하였다.[44] 한편 많은 문헌들은 판례가 처분의 위법성 일반을 소송물로 보고 있다고 판단을 하고 있다.

2. 管見

판례에서 나타난 계쟁처분의 '위법성 일반'이나 '객관적 존부'란 표현들은, 취소소송의 소송물이 '위법성일반'이고 항고소송이 객관소송적

42) 이상규, 신행정법론(상), 1997, 798면; 김철용, 행정법 I, 2014, 541면 이하; 김동희, 행정법 I, 2015, 725; 박윤흔, 최신행정법강의(상), 2009, 767면; 박정훈, 앞의 책, 411면; 김연대, 행정법사례연습, 2006, 625면; 하명호, 행정쟁송법, 2015, 54면.

43) 김남진, 고시연구 2010.12; 홍정선, 행정법원론(상), 2015, 959면; 홍준형, 행정구제법, 2012, 435면; 김성수, 일반행정법, 2014, 847면.

44) 대법원 1996.4.26. 선고 95누5820판결: 취소판결의 기판력은 소송물로 된 행정처분의 위법성 존부에 관한 판단 그 자체에만 미치는 것이므로 전소와 후소가 그 소송물을 달리하는 경우에는 전소 확정판결의 기판력이 후소에 미치지 아니한다.

성격이라는 주장의 착안점을 제공한다고 오해할 만하다. 그런데 관련 판례를 세심하게 분석하여야 한다. 특히 87누647판결이전에 나온 판례(대법원 78누345판결; 84누2판결; 85누418판결; 86누491판결)를 함께 고찰하여야 한다. 이런 판례들을 살펴본 즉, 여기서 '위법성 일반'이란 표현은 "과세처분의 취소소송에서 과세처분의 실체적, 절차적 위법이 그 취소원인으로 되는 것"을 즉, 과세처분의 위법사유 일반을 나타낸 것이다.[45] 아울러 여기서의 '객관적 존부'란 표현은 과세처분의 적법여부를 가늠하는 정당한(적법한) 세액의 초과여부가 관련 법규정에 의거하여 '객관적'(sachlich)으로 가늠된다는 것을 의미한다. 판례가 과세처분취소송의 소송물의 범위 즉, 심판의 범위에 관해서 쟁점주의가 아닌 총액주의를 취한 것에 따른 것이다.[46] 여기서의 '객관적'이라는 표현은 주관적(subjektiv) 권리보호에 대한 반대 의미에서의 '객관적'(objektiv)인 것과는 전혀 무관하다.

그리고 취소소송의 소송물과 관련해서 제시되는 판례들이 보통의 행정사건이 아니라 조세사건임을 유의해야 한다. 조세사건은 보통의 행정사건과는 달리 세액 자체가 다투어지는데, 궁극적으로 관련 법규정에 의거하여 과세표준 및 세율이 정당하게 가늠되었는지 여부를 다툰다. 정당한 세액과 간극을 발생시키는 일체의 사유가 과세처분의 위법성을 가져다준다. 만약 특히 과세처분과 관련해서 과세표준을 산정하는 데 있어서 원고가 주장하는 개개의 잘못 즉, 개개의 위법사유를 소송물로 삼는다면, 동일한 과세처분에 대해서 몇 개의 취소소송을 제기할 수 있다는 식이 되어 버려 분쟁해결의 목적에 반하는 결과를 초래한다. 따라

45) 조세소송연구(사법연수원), 2009, 67면.

46) 대법원 1989.3.28. 선고 88누6504판결: 과세처분의 취소를 구하는 소송에 있어서의 심판대상은 과세관청이 부과 고지한 과세표준과 세액이 객관적으로 존재하는가의 여부이므로 부과처분에 의하여 인정된 과세표준과 세액이 정당한 과세표준과 세액에 비하여 과다한 경우에는 그 부과처분은 정당한 과세표준과 세액을 초과하는 범위에서만 위법하므로 이를 취소하여야 한다.

서 과세처분의 위법사유를 망라한다는 의미에서 위법성 일반의 차원으로 접근을 한 것이다. 결코 대법원 87누647판결 등이 주관소송의 원칙에서 벗어나 의식적으로 항고소송을 객관소송으로 향도하기 위해 '위법성 일반'이나 '과세표준 및 세액의 객관적 존부'란 표현을 사용한 것이 아니다.

한편 일본에서 일부 하급심판례와 일부 문헌이 처분이유에 관련한 개별 위법사유설에 입각하나, 최고재판소 판례와 통설은 행정행위의 위법성을 소송물로 본다.[47] 따라서 일본의 경우 취소소송의 소송물로서 계쟁처분의 위법성 일반을 들더라도 그것이 주관적 권리침해를 전제로 하지 않은 순수한 의미의 객관적 위법성을 의미하는 것은 결코 아니다. 왜냐하면 행정사건소송법 제10조 제1항에 의해, 원고가 자신의 법률상의 이익에 관계없는 위법사유를 주장하는 것은 허용되지 않기 때문이다.

우리 판례가 일반적인 행정처분의 취소소송에서 소송물이 계쟁처분의 위법성 일반인지 아니면 개개의 위법사유를 말하는 것인지는 분명히 불분명하다고 지적되고 있는데,[48] 위법성일반론에 의하면 개별의 위법사유는 소송물이 아니고 공격방어방법의 하나에 불과하다. 그런데 이와는 별도로, 위법성 일반이 결코 객관적 위법성을 의미하지 않는 것은 분명하다.[49] 이 점에서 대법원 87누647판결 등은 오해의 근원이라는 비

47) 일본에서는 수정위법성일반론이 일부 문헌에서 주장되기도 한다. 처분요건이 모두 충족되어야 할 처분과 처분요건 가운데 하나라도 충족되면(허가취소처럼) 가능한 처분을 나누어, 후자의 경우에는 각 처분요건마다 별개의 처분이 성립할 수 있는 것으로 보아 소송물 역시 처분이유로 된 처분요건에 관련된 위법성에 한정된다고 본다. 상세는 人見 剛, 行政事件訴訟法(南 博方· 高橋 滋· 市村養典 ·山本隆司 編), 제4판, 2014, 213頁 이하.

48) 김철용, 앞의 책, 542면. 반면 하명호 교수는 대법원 1996.04.26. 선고 95누5820판결을 근거로 위법성 일반이 판례의 입장이라고 지적한다(동인, 앞의 책, 54면).

49) 김동희 교수님 역시 여기서의 위법성일반을 당해 처분이 적법한 것으로 청구기각을 하기 위하여는 모든 적법요건이 구비되어 있어야 하고, 그 중의 하나라도 결여되면, 즉 위법사유의 어느 하나라도 인정되면 청구인용판결을 하게 된다는 의미로 본다(동인, 앞의 책, 725면): 동지: 박윤흔, 앞의 책, 767면.

판을 가할 수 있으며, 하루바삐 이것에서 벗어나야 한다. 원고적격은 불가분적 소송물과 관련해서 통일적으로 바라보아야 한다.[50] 그리고 원고적격의 물음과 본안상의 이유구비성의 물음은 접근에서 분리되지만, 결코 고립분산적 관계에 놓이지는 않는다.

항고소송을 주관소송으로 보는 대다수 문헌이 권리침해와의 견련성을 배제한 것으로, 즉, 권리침해와 무관한 의미로서의 '위법성 일반'으로 소송물을 보지 않는 것은 분명하다. 다만 객관소송을 추구하는 입장에서 학계의 통설이 객관적 위법성을 견지하다는 식으로 주장되고 있다는 식으로 오해가 유발한다는 점에서, 논증의 엄격성을 기할 필요가 있다.[51]

Ⅷ. 위법성의 권리침해견련성의 부정이 초래할 공법적, 행정법적 문제점

1. 항고소송의 객관소송화를 초래할 위험

우리의 경우 행정재판이 주관적 권리구제를 바탕으로 하는지 아니면 객관적인 적법성통제를 바탕으로 하는가? 이 물음에 대한 답은 현행의 행정소송제도에 관한 기본적 이해－주관소송인지 객관소송인지－의 출발점인 동시에, 그것의 개편과 관련한 논의에 있어서도 가늠자이자 한계로서 주효하고 있다. 헌법 제27조 제1항은 단지 "모든 국민은 헌법과 법률이 정한 법관에 의하여 법률에 의한 재판을 받을 권리를 가진다."고 규정하였기에, 독일 기본법 제19조 제4항에 비견될 수 없다고 볼

---

50) Eyermann, VwGO, §42 Rn.71a.

51) 한편 처분의 이유제시의무가 행정절차법을 통해 일반원칙이 된 현행법 아래에서는 취소소송의 소송물을 처분의 위법성 일반으로 이해하는 것은 적절하지 않다고 한다(김철용, 앞의 책, 542면).

법하다. 그런데 헌법 제27조 제1항과 관련하여 재판을 청구하기 위해선, ⅰ) 구체적이고 현실적인 권리침해가 있거나 권리에 관한 분쟁이 있어야 하며(사건성 내지 쟁송성), ⅱ) 자기의 권리나 이익이 현재 직접적으로 침해되거나 관련되어야 하며(당사자적격 또는 자기관련성), ⅲ) 그 재판을 통하여 당사자의 권리가 보호되는 이익이 있어야 한다(권리보호의 이익).[52] 법원은 국가행위－ 특히 입법행위와 법집행행위－와 사적 행위에 관한 판단 즉, 재판을 통해서만 행정영역 등과 사적 영역에 개입을 한다. 따라서 헌법상의 재판청구권은 일단 소송의 성격을 객관적인 것으로 앞세우는 것을 차단한다.[53] 왜냐하면 재판의 시발은 그 재판이 필요한 상황 즉, 자신의 권리에 침해를 입거나 의무를 지거나 자신의 권리와 의무를 둘러싸고 다툼이 존재하여야 한다. 따라서 법원은 법치국가원리의 차원에서 위법성과 권리침해간의 견련성의 요청을 엄밀히 규명해야 한다.

위법성의 권리침해견련성의 부정의 궁극적인 귀착점은 항고소송의 객관소송화이다.[54] 비록 우리의 경우 주관적 권리구제의 체계를 견지함을 바탕으로 전개된 독일에서의 실정법제도와 논의가 그대로 투영되지 못하는 점은 사실이나, 행정소송의 제1차적 목적이 권리침해의 배제에 있음을 분명히 한 현행 행정소송법 제1조기본적으로 행정소송에 관한 객관소송적 이해는 허용될 수가 없다. 법원조직법 제2조 제1항에 의해 법원은 헌법에 특별한 규정이 있는 경우를 제외한 모든 법률상의 쟁송(爭訟)을 심판한다. 여기서의 법률상의 쟁송에 대해서 객관소송의 접근도 커버할 수 있는지가 문제되는데,[55] 우리의 법제도가 벤치마킹한 일본 재

52) 계희열. 헌법학(중), 2002, 581면.

53) 동지: 한수웅, 헌법학, 2011, 269면.

54) 일찍이 박정훈 교수는 反證的 論理를 진개하여 실정법·판례·실무상으론 우리 행정소송의 구조가 독일 제도와 상당한 거리가 있고, 오히려 프랑스제도에 근사하다는 주장의 출발점으로써, 항고소송은 주관소송으로, 취소소송은 형성소송으로 파악해 온 통설을 정면으로 반박하면서, 항고소송이 객관소송적 성격을, 취소소송이 확인소송적 성격을 갖는다고 지적하였다. 동인, 앞의 책, 391면 이하.

55) 긍정하는 입장으로 박정훈, 앞의 책, 160면 주39..

판소법 제3조 제1항상의 법률상 쟁송과 관련해서 일반적으로 기관소송이나 민중소송과 같은 객관소송은 그것에 해당하지 않는 것으로 본다.[56]

지난 법무부 행정소송법개정에서도 행정소송법 제1조의 목적조항은 현행과 같이 유지되었다. 오히려 현행의 민중소송을 공익소송이라 개칭함으로써, 기왕의 항고소송이 주관소송에 해당함을 확고히 하였다. 이로써 항고소송을 객관소송으로 파악하려는 것은 순전히 이론적(Theorie) 차원에서나 입법정책적 차원에서는 가능하지만, 현행법의 해석으로 결코 통용될 수가 없다.[57] 학문적으로나 법제도적으로 결론이 내려진 셈이다.

2. 보호규범이론 및 원고적격의 차원에서의 문제점

원고적격의 물음에서 판례와 통설은 보호규범이론적 접근을 취한다. 보호규범이론은 원고가 행정행위가 반하는 것(위법한 것)하다고 주장하는 규범(위법근거규범)이 원고를 비롯한 사인을 보호범주로 설정하고 있는지, 즉, 사익보호성을 추구하는지 여부에 초점을 맞춘다. 소송에서 궁극적인 쟁점거리는 위법한 처분으로 자신의 권리가 침해되었다고 다투는 주장이 과연 타당한지 여부의 물음이고, 원고적격의 물음은 단지 다툴 수 있는 자격이 있는지 여부의 물음이다. 원고적격의 물음에서 동원된 보호규범이론이 위반대상규범 즉, 근거규범의 위법성에 초점을 맞추기에, 원고적격의 물음과 본안이유여부의 물음은 결코 별개라는 식으로 절연시켜 접근할 수가 없다. 따라서 비록 우리 실정법이 독일이나 일본식의 위법성의 견련성을 명문으로 나타내지는 않지만, 보호규범이론 그 자체에서 위법성의 견연성은 당연히 도출될 수 있다. 취소소송에서

56) 宇賀克也, 改正行政事件訴訟法, 15頁.

57) 따라서 현재 입법예고된 개정행정소송법안에서 항고소송을 주관소송으로 파악하는 입장과 객관소송으로 파악하는 입장은 결코 공존할 수가 없다.

위법성의 권리침해견련성의 부정은 기왕에 토대를 둔 보호규범이론 자체를 부정한 것과 다를 바 없다. 보호규범이론의 부정은 그에 바탕을 둔, 여과장치로서의 원고적격의 존재의미 역시 근본적으로 변화시킨다.

3. 현행 사법시스템의 임무와 기능의 차원에서의 문제점

원고적격의 물음의 바탕인 주관적 공권 도그마틱은 행정과 행정재판간의 권한문제이자 행정영역에서의 사법통제를 제한하기 위한 전략적 수단이기도 하다. 객관적인 권리보호절차와 심사절차는 개인적 권리보호에 맞춰진 법원으로 하여금 양적으로 과부하상태에 놓이게 할 뿐만 아니라 질적으로 생경한 상황에 처하게 한다. 행정도 그러하다. 객관적 법통제의 방향으로 권리보호의 기조를 바꾸는 것은, －현재의 사법통제의 강도를 유지하는 한－[58] 행정부와 법원간의 비중을 전자에게 부담되게 바꾸는 것이 되고, 이는 권력분립의 원리와 마찰을 유발할 것이다.[59]

그리고 법관의 법(률)의 구속의 원칙의 차원에서 최종적 착안점으로 기능할 보호규범이론이 무색하게 되어 버리면, 판례는 자칫 전적으로 이익형량의 관점에서 법문제를 해결하려는 경향으로 나아갈 우려가 있다.[60] 또한 보호규범이론의 사실상 폐기는 법원의 차원에서도 정치, 정책의 규범화의 차원에서 결코 바람직하지 않다. 법률의 불완정성, 모순성, 불확정성, 제한성으로 인해 입법적 방향추가 없는 현실에서 법원이 이익세력간의 다툼에 바로 노출될 우려가 있다. 사법권의 확대에 동

58) 그래서 프랑스의 경우 독일보다 사법통제의 밀도가 강하지 않은데, 이것은 Conseil d'Etat가 행정부에 속해서이기도 하다.

59) Ralf Halfmann, Entwicklungen des Verwaltungsrechtsschutzes in Deutschland, Frankreich und Europa, VerwArch 2000, 74(88).

60) 일찍이 이계수 교수는 행정법학계가 이익형량의 관점에서 문제를 해결하려는 행정판례의 대세를 추종하다가는 자칫 행정법학이 판례의 태도를 사후적으로 정리하는 '카주이스틱'으로 충분하게 될 수 있음을 비판적으로 지적하였다. 동인, "규범과 행위", 『공법연구』 제29집 제1호(2000. 11), 한국공법학회, 43면 이하 참조.

반된 간단치 않은 이런 상황 역시 유의하여야 한다.

4. 기왕의 공법체제가 근본적으로 붕괴될 문제점

법치국가원리의 차원에서 요구되는 보호규범이론과 위법성의 권리침해견련성의 요청을 토대로 한 체제에서 결코 경시되어서는 아니 될 점이 司法的 권리보호 역시 주관적 법적 지위의 관철에 제한된다는 것이다. 즉, 개인의 제소권은 그 자신의 고유한 권리를 효과적으로 보호하기 위함이다. 객관적인 법질서의 준수에 관한 사법심사를 유발하기 위한 목적으로 개인에게 제소권이 부여되지는 않는다. 주관적 권리보호의 바탕이 되는 －권리범주, 보호목적, 보호방향성에서의－ 보호규범적 사고는 궁극적으로 민주주의원리와 법치국가원리의 분리에 의해 정당화될 수 있다. 즉, 법치국가원리의 정당성은, 개인이 자신의 고유한 권리범주를 벗어나서 국가에 대해 영향을 미치는 것은 정책적, 정치적 차원으로 즉, 민주주의원리의 차원으로 이전시킨 데 있다.[61] 그리하여 보호규범이론의 사실상 폐기가 가져다 줄 중대한 문제점 즉, 자칫 대통령을 매개로 한 행정 및 의회의 민주적 정당성이 형해화되고, 반면 법원의 판단이 專斷的으로 행해질 가능성을 유의해야 한다.

국민주권시대에 있어서 민주적 정당성의 상대적 우위는 행정이나 의회에 있지, 결코 법원에 있지 않다. 법치국가원리에 따라, 행정이 권리침해가능성이 부인되는 법질서를 준수하는지 여부(객관적 법준수)의 문제는 사법의 문제가 아니고, 정치나 정책의 문제이다. 나아가 법원조직법 제2조 제1항상의 법률상의 쟁송에 객관소송을 포함시키는 것은 사법의 본질을 바꾸는 것으로 헌법상의 기본질서에 근본적인 변화를 유발할 수 있다. 즉, 위법성의 권리침해견련성의 부정 문제는 헌법상의 문제이다.

---

61) Vgl. Sodann/Ziekow, VwGO 3.Aufl. 2010, §113 Rn.17.

5. 처분사유의 추가 · 변경에 관한 논의와 관련한 문제점

"처분사유의 추가·변경"은 피고인 처분청이 취소소송의 심리단계에서 처분시에 처분사유로 내세우지 않은 새로운 이유 또는 근거를 내세워 처분의 적법성을 주장할 수 있는가의 물음이다. 대부분의 문헌 및 판례는 일정한 한계를 전제로 하여 인정하는 제한적 긍정설의 입장에 선다. 즉, 판례에 의하면, "처분청은 당초 처분의 근거로 삼은 사유와 기본적 사실관계가 동일성이 있다고 인정되는 한도 내에서는 다른 사유를 추가하거나 변경할 수도 있으나 기본적 사실관계가 동일하다는 것은 처분사유를 법률적으로 평가하기 이전의 구체적인 사실에 착안하여 그 기초인 사회적 사실관계가 기본적인 점에서 동일한 것을 말한다."[62] 따라서 기본적 사실관계와 동일성이 없는 별개의 사실을 들어 처분사유로서 주장하는 것은 허용되지 아니한다.

본안에서는 −원고적격차원의 권리침해와 무관한− 위법성을 제한 없이 심사할 수 있다는 위법성의 권리침해견련성의 부정을 견지하면, 처분사유의 추가·변경에 관해 제한적으로 접근한 종래의 입장을 유지할 수 있을지 의문스럽다.

6. 국가배상법의 차원에서의 문제점

국가배상청구권의 성립요건인 손해의 발생에서 그 손해는 법익침해 즉, 주관적 권리의 침해로 인한 불이익이다. 일찍이 대법원 1993. 2.12. 선고 91다43466판결('극동호사건')이 손해발생과 관련하여 직무행위(직무상의 의무)의 사익보호성(제3자성)여부를 효시적으로 논증하였다.[63]

---

62) 대법원 2007.2.8. 선고 2006두4899판결 등.

63) 동 판결은 규제권능의 불행사로 인한 국가배상책임에서 관련 규정의 사익보호성을 모색한 점에 획기적인 의의를 갖지만(손지열, 민사판례연구 제16권(94.5), 218면),

즉, 직무행위의 사익보호성여부는 국가배상책임성립요건에서 손해발생 그 자체와 직결된 문제이다. 따라서 단순한 반사적 이익이나 공공일반의 이익이 제한되는 상황은 법익침해에 해당하지 않아서 국가배상책임을 성립시키는 손해가 되지 않는다. 판례는 상수원수 수질기준 유지 및 정수처리방법 등과 관련한 규정의 사익보호성은 부정하였지만,[64] 하천의 유지·관리 및 점용허가 등과 관련한 하천법 규정의 사익보호성은 인정하였다.[65][66]

한편 배상책임제한적 기능을 갖는 사익보호성 요구는 비록 우리 법률에는 독일과는 달리 근거가 없지만, 반사적 이익에 대한 보호배제를 목적으로 하는 이상, 이 요구는 모든 국가책임의 본질적 요소라 하겠다.[67] 왜냐하면 이 요구는 행정소송에서의 원고적격 마냥 주관적 쟁송의 원칙에선 당연하기 때문이다.[68] 국가배상법상의 이런 주관적 권리침해적 기조는 행정소송에서의 주관소송의 원칙과 상통한다. 요컨대 위법성의 권리침해견련성의 부정은 국가배상법상의 이런 주관적 권리침해적

직무상의 의무와 해당 직무행위의 재량성을 구별하지 않고 사안을 전적으로 상당인과관계의 차원에서 전개한 논증의 취약점도 있다(김남진, 행정법의 기본문제, 1045면).

64) 대법원 2001.10.23. 선고 99다36280판결. 또한 대법원 2015.5.28. 선고 2013다41431판결은 공공기관이 산업기술혁신 촉진법상의 인증신제품 구매의무를 이행하지 아니하였더라도, 신제품 인증을 받은 자에 대하여 손해배상책임을 지지는 않는다고 판시하였다.

65) 대법원 2006.4.14. 선고 2003다41746판결.

66) 한편 환경법에서는 원칙적으로 제3자보호를 매개하는 위험방지의 규범과 제3자보호적이지 않고 즉, 전적으로 공공복리를 위하여 만들어진 사전대비규범을 구분해야 한다. 가령 독일의 경우 오염방지법상의 허가를 필요로 하는 시설이 사전대비한계치(즉, 환경기준)을 초과하였다는 이유로 제기한 제3자의 소송을 불허하였다. 그런데 독일과는 달리 유럽법에서는 이런 구분이 인식되고 있지 않다.

67) Ossenbühl/Cornils, Staatshaftungsrecht, 6.Aufl. 2013, S.60.

68) 독일의 경우에도 개인보호인정의 기준에서 국가책임법과 행정소송법은 동일한 기조에 있으며, 유럽연합법 역시 -공익만이 아니라- 원고의 이익을 보호하도록 되어 있는 규범을 위반한 경우에 한하여 배상책임을 인정하고 있다. Vgl. EuGH Slg 2000, I-5291 Rn.42-Bergadem.

기조를 전복시킨다.

Ⅸ. 유럽연합법상 행정소송의 원고적격에 관한 논의

유럽업무방식조약(AEUV)은 다수의 소송종류를 완결적으로 규정하고 있다: 무효화(소효)소송(Nichtigkeitsklage), 부작위소송(Untätigkeitsklage), 조약위반소송(Vertragsverletzungsklage), 예비판정절차(Vorabentscheidung-sverfahren). 소송종류의 열거주의가 유럽연합법적 권리보호시스템을 위한 특징이다.[69] 그 소송종류 가운데 가장 효과적인 것이 우리의 취소소송에 해당하는 유럽업무방식조약(AEUV) 제263조(구 공동체조약 제230조)에 의한 무효화소송인데,[70] 이를 통해 유럽연합기구 및 유럽연합기관(이하 '연합기구 등'이라 한다)의 조치에 대해 개인적 권리보호를 위해 유럽법원에 행정구제를 강구할 수 있다.[71] 즉, 유럽연합업무방식조약(AEUV) 제263조 제4항에 의해, 모든 자연인과 법인은 그들에 대한 (유럽연합기관의) 결정이나 -명령으로 발해졌거나 다른 사람을 목표로 한- 기타의 결정이 그에 대해 '직접적이고 개인적으로 관련이 될 때'에는 이들에 대해 소송을 제기할 수 있다.[72]

여기서 '개별적' 관련성의 기준에 의해 민중소송은 제외되게 된다. 언제 개별적 관련성이 존재하는지가 많은 다툼의 대상인데, 그것의 기초가 되는 Plaumann 공식에 의하면, 자연인이나 법인은 -그들을 다른 인적 범주와는 구별되게 만들고 (그들을) 수범자와 비슷한 방법으로 개

---

69) 상세는 졸고, 유럽행정법상 행정소송을 통한 권리보호시스템에 관한 연구, 공법연구 제41집 제1호(2012.10.31). 311면 이하.

70) 그리하여 인용판결이 내리기 전까지 유럽연합의 법적 행위에 대해선 - 마치 우리의 공정력과 같은 존속특권마냥 - 통용추정이 적용된다. EuGH, Slg. 1957, 83(126).

71) Classen, in: Schulze/Zuleeg, Europarecht, 2.Aufl. 2010, § 4 Rn.14ff.

72) 독일식의 확고한 피침적 구조와는 달리 관련성구조를 띠며, 독일식의 피침자소송이 아닌 이익관련자소송(Interessentenklage)에 해당한다.

별화시키는- 일정한 인적 특성이나 상황으로 인해 그들이 어떤 조치와 관련성을 가질 때, 그들 자신이 개인적으로 관련이 있다고 주장할 수 있다.[73)]

비록 유럽연합에서는 원고적격의 인정을 위해 개인적 권리의 침해가 반드시 요구되지는 않지만 원고적격에서의 개인적 관련성은 당사자의 현재 상태를 위협하는 (법적 행위의) 결과에 의해 매개된다는 식으로[74)] Plaumann 공식은 확고하다. 원고적격의 인정에서 매우 엄격하게 여겨진다. 그리고 유럽최고법원(EuGH)은 보통 원고적격규정을 확대해석하는 것을 피하지 않지만, 이상의 관련성을 완화하려는 착안점에는 동조하지 않는다.[75)]

요컨대 행정통제에 관한 프랑스식 이해에 연계되어 유럽행정소송에서의 무효화소송이 독일식의 피침적 구조와는 달리 관련성구조를 띠고, 이익관련자소송(Interessentenklage)이긴 하나, 그것의 관련성, 직접성, 개별성에 관해 유럽최고법원이 비교적 엄격한 입장(Plaumann 공식)을 견지하고 있다,[76)] 결과적으로 독일의 보호규범이론에 닿아 있다고 하겠다.[77)] 결론적으로 유럽행정소송법상의 이익관련자소송이 독일식의 피침자소송의 기조를 완전히 배척하지는 않는다. 해서 주관적 권리 개념을

---

73) EuGH Slg. 1963, 213(238); Slg. 1971, 897 Rn.4-10; Slg. 1993, Ⅰ-1993 Rn.10ff. 최근의 것으로 EuGH, Rs. C-260/05 P, U. v.22.11.2007.

74) EuGH Slg 1991, Ⅰ-2501 Rn.17; Slg 1994 Ⅱ-121 Rn.79-82, Ⅱ-323 Rn.44-47.

75) EuGH Slg. 2002, Ⅰ-6719, Rn.36ff; Slg. 2004, Ⅰ-3425, Rn.29ff.

76) 유럽연합 자체가 국가연합적 성격을 갖는다. 유럽연합을 유지하기 위해서 강조되는 것이 유럽연합의 토대가 되는 연합법의 효력이 견지되어야 한다는 것(유효성의 원칙)이다. 이 원칙을 관철하기 위해 사법통제의 가능성이 가능한 확대되어야 하기에, 주관적 권리보호의 시스템과 다른 메커니즘을 택하였다. 이는 당연하다. 다만 유럽법적 지향점은 역내질서를 유지하기 위함이기 때문에, 국내법상의 행정통제와는 다른 점이 있음을 유의해야 한다.

77) 그리하여 EuGH가 공동체법상의 규정이 시민을 "보호"하여야 한다고 명시적으로 강조한 점(EuGH, EuZW 1995, 636)을 들어 동법원이 독일적 특징인 보호규범이론에 동조하는 것 같다고 주장된다. Stern, Die Einwirkung des europäischen Gemeinschafts auf die Verwaltungsgerichtsbarkeit, JuS, 1998, S.769(771).

연합법에 맞게 이해됨으로써 유럽연합법의 규준이 독일법에 통합될 수 있다고 한다.[78]

X. 비교법적 접근에 관한 검토

주관소송적 메커니즘을 취하는 독일과 일본과 비교해서, 미국, 영국 그리고 프랑스가 객관소송적 기조를 취한다. 그리고 유럽연합내에서는 오스트리아, 덴마크, 스페인 그리고 그리스 등이 원칙적으로 독일식의 주관적 권리보호시스템을 채택하고 있다. 대표적으로 객관소송적 컨셉을 취하고 있는 프랑스 행정소송에서는 권리(법률상 이익)로서 보호되지 않은 일체의 사실적, 경제적 이익까지도 사법적으로 다툴 수 있다. 즉, 프랑스시스템의 토대는 객관적인 합법성원칙과 이익관련자소송이다. 최고의 행정재판권을 갖는 Conseil d'Etat는 이중적 성격을 갖는다: 최고행정법원으로서의 성격과 법적 물음에서 정부의 자문위원회로서의 성격. 당연히 그 구성 역시 법관만이 아니라 행정공무원으로도 이루어지고 있다. 행정부에 속하고, 그것의 최고책임자가 수상인 것처럼 행정의 감시자로서 Conseil d'Etat의 기능은 직무감독의 차원에서 행정이 좋게 기능하는 것을 심사하는 데 있다. 프랑스식 행정소송메커니즘이 객관적인 합법성통제를 상정하는 것은 자연스럽다. 독일의 경우 포괄적인 사법통제를 상정하여 사법통제의 강도가 강해서 행정부의 존재감이 마치 입법부와 사법부사이에서 꼼짝달싹하지 못할 정도인 데 대해서, 프랑스의 경우 독일보다 한층 광범하게 행정의 재량이 인정되고, 사법통제의 강도는 원고적격의 문턱이 낮음에도 불구하고 독일보다 강하지 않다.[79] 영국의 경우에 －비록 최근 다른 수정의 움직임이 강구되긴 해도

78) Classen, in: Schulze/Zuleeg, Europarecht, § 4 Rn.113.
79) Danwitz, Europäisches Verwaltungsrecht, S.48ff.

– 원래 공법과 사법이 분리되지 않은 체제를 기반으로 하며, 사법통제에서도 프랑스마냥 행정의 자유를 광범하게 인정하여 재량통제가 원칙적으로 매우 억제되는 경향을 보인다.[80] 소송요건과 본안요건의 명확한 구분을 하지 않고 있는 미국에서의 논의는 제도적 기초가 달라서 위법성의 권리침해견련성의 부인에 관한 논의에 끌어들이기에는 원천적 한계를 지닌다.[81]

모든 연구는 비교이다(Comparativa est omnis investigatio: Nicolaus von Cues). 따라서 법제도의 논의에는 항상 비교법적 접근이 수반된다.[82] 비교법적 접근의 목표점은 비교대상법을 통해 보편적 결과를 도출하여 이를 바탕으로 비교대상법을 넘어서는 자기 나름의 그것을 만들어내는 것이다.[83] 행정소송제도는 국가의 권력구조, 행정체제, 행정현실 그리고 행정의 역사 등을 기초로 구축되어 있다. 따라서 독일식이든 프랑스식이든 그들 나름의 전통적, 역사적, 법적 기초에서 만들어진 것

80) Danwitz, Europäisches Verwaltungsrecht, S.31ff. 최근 영국의 행정법시스템은 날로 대륙법에 근접하고 있다고 한다.

81) 하지만 전술한 대로 미국행정소송법에서도 원고적격에 관한 논의가 기본적으로 보호규범적 접근에 의해 강구되고 있는 데서 확인할 수 있듯이, 재판이라는 보편적 제도가 취하는 기본양상은 크게 다르지 않다.

82) 대부분의 우리 법제는 繼受가 아닌 移植의 所産이다. 그리하여 학문후진국으로선 피할 수 없는 비교법적 고찰이, 正反合의 과정에서 진행되는 진정한 비교법적 고찰에 이르기보다는 자칫 移植의 또 다른 형태에 머물곤 한다. 그 결과 종종 법제상으로 난맥상이 빚어지거니와, 학설의 혼란상 역시 사소하지 않다. 그런데 서양이 지나온 시민사회를 경험하지 않은 우리로서는 그들의 바탕에 터 잡은 지금의 우리 법제를 제대로 구현하기란 쉽지 않다. 그리고 FTA체제가 출범하여 이제 내외국법의 경계가 무너졌다. 이제 행정법은 급속도로 동조화되어 나름 글로벌 스탠다드가 만들어지고 있다. 오히려 과거보다 知彼知己의 자세가 더욱 필요하다. 새로움은 비교에서 나온다.

83) 새삼 崔仁勳의 「원시인이 되기 위한 문명한 의식」에서의 지적: "외국문화는 어떤 것이든지 받아들여도 좋다. 다만 原物形으로 받아들일 것이 아니라, 그것을 요소로 분해해서 구조식을 알아내고, 다음에는 소재는 국산자재든 수입자재든 간에 완제품을 국내생산을 하여 저렴한 가격으로(즉 정신적 낭비–외국숭배·물신숭배를 줄이고) 지식시장에 내놓는 일이 바른 태도일 것이다"이 많은 것을 시사한다.

이다. 외국의 논의를 우리의 학문적 제도적 자산으로 만드는 데 있어서 늘 유의해야 할 점이다. 요컨대 우리와 기본토대가 다른 프랑스식 권리구제의 컨셉을[84] 도입하는 것은 혼란의 시작에 다름이 아니다.

XI. 위법성의 권리침해견련성을 부인한 것으로 주장되는 판례의 분석

1. 대법원 2011.09.08. 선고 2009두6766판결(납골당설치신고 수리처분취소 사건)

(1) 관련 법제

구 장사 등에 관한 법률(2007. 5. 25. 법률 제8489호로 전부 개정되기 전의 것, 이하 '구 장사법'이라고 한다) 제14조 제1항에 의하면, 시 · 도지사 또는 시장 · 군수 · 구청장이 아닌 자가 사설납골시설을 설치 · 관리하고자 하는 때에는 보건복지부령이 정하는 바에 따라 당해 사설납골시설을 관할하는 시장·군수·구청장에게 신고하여야 한다. 그리고 동항 제3항에 의하면 사설화장장 및 사설납골시설의 설치기준 등에 관하여 필요한 사항은 대통령령으로 정하는데, 동법시행령(2008. 5. 26. 대통령령 제20791호로 전부 개정되기 전의 것) 제13조 제1항은 "법 제14조제3항의 규정에 의한 사설화장장 및 사설납골시설의 설치기준은 별표 3과 같다."고 규정하고 있다. 동 [별표 3]은, 사설납골시설의 경우 납골묘, 납골탑과 납골당 중 가족 또는 종중·문중 납골당은 모두 사원·묘지·화장장 그 밖에 지방자치단체의 조례가 정하는 장소에 설치하여야 한다고 규정하고 있고, 이에

84) 과거 행정재판을 행정부소속에 두고서 객관적 통제를 지향한 독일의 프로이센시스템의 기본구상이 프랑스식 권리보호의 컨셉과 동일하다.

의거한 파주시 장사시설의 설치 및 운영조례(2010.4.20. 제880호로 개정되기 전의 것) 제6조 본문은 위와 같은 사설납골시설을 설치할 수 있는 장소로 20호 이상의 인가가 밀집한 지역으로부터 500m 이상 떨어진 곳 등을 규정하고 있다. 그런데 사설납골시설 중 종교단체 및 재단법인이 설치하는 납골당에 대하여는 그와 같은 설치 장소를 제한하는 규정을 명시적으로 두고 있지는 아니하다.

(2) 판례의 내용

대법원 2011.9.8. 선고 2009두6766판결은 "동법 시행령 제13조 제1항 [별표 3]에서 납골묘, 납골탑, 가족 또는 종중·문중 납골당 등 사설납골시설의 설치장소에 제한을 둔 것은, 이러한 사설납골시설을 인가가 밀집한 지역 인근에 설치하지 못하게 함으로써 주민들의 쾌적한 주거, 경관, 보건위생 등 생활환경상의 개별적 이익을 직접적·구체적으로 보호하려는 데 취지가 있으므로, 이러한 납골시설 설치장소에서 500m 내에 20호 이상의 인가가 밀집한 지역에 거주하는 주민들은 납골당 설치에 대하여 환경상 이익 침해를 받거나 받을 우려가 있는 것으로 사실상 추정된다. 다만 사설납골시설 중 종교단체 및 재단법인이 설치하는 납골당에 대하여는 그와 같은 설치 장소를 제한하는 규정을 명시적으로 두고 있지 않지만, 종교단체나 재단법인이 설치한 납골당이라 하여 납골당으로서 성질이 가족 또는 종중, 문중 납골당과 다르다고 할 수 없고, 인근 주민들이 납골당에 대하여 가지는 쾌적한 주거, 경관, 보건위생 등 생활환경상의 이익에 차이가 난다고 볼 수 없다. 따라서 납골당 설치장소에서 500m 내에 20호 이상의 인가가 밀집한 지역에 거주하는 주민들에게는 납골당이 누구에 의하여 설치되는지를 따질 필요 없이 납골당 설치에 대하여 환경 이익 침해 또는 침해 우려가 있는 것으로 사실상 추정되어 원고적격이 인정된다고 보는 것이 타당하다."고 판시하여 원고적격을 긍정한 다음, 참가인은 종교단체가 아니므로 납골당설치신고 주체가 될 수 없다는 주장과 관련해서 "참가인은 종교단체로서의 인적·물적·행위적 요소 등을 갖추지 못하였으므로, 구 장사법 시행령 제13조 제1항 [별표 3]에 규정된 사설납골시설 설치주체 중 하나인 종교단체에 해당한다고 보기 어렵다고 볼 여지가 있다."고 지적하면서 파기환송하였다. 이에 환송심인 서울고등법원 2012.6.13. 선고 2011누31361판결은 원고적격과 본안판단에서의 상고심의 입장을 그대로 수긍하여 납골당설치신고 수리처분에 대해 취소판결을 내렸다.

(3) 管見

최계영 교수는 동판결에 대해 "본안판단 단계에서는 원고적격의 인정근거가 된 원고들의 생활환경상의 이익과 관계없는 사유가 위법사유로 주장되고 되었다."고 지적하면서, 동판결은 우리 판례가 원고의 이익과 직접적으로 관계가 없는 위법사유라도 이를 심리하는 데 전혀 제한을 두지 않았음을 보여주는 사건으로 소개하였다.[85]

상고심과 환송심은 원고적격과 처분의 위법성간의 견련관계를 명시적으로 긍정하지도 부정하지도 않은 채 기왕의 입장처럼 양자를 분리시켜 계쟁처분(납골당설치신고 수리처분)의 위법성을 시인하였다. 그런데 일찍이 대법원 2008.04.10. 선고 2007두6106판결은, "장사 등에 관한 법률(이하 '장사법'이라 한다)은 제1조에서 "이 법은 매장 · 화장 및 개장에 관한 사항과 묘지 · 화장장 · 납골시설 및 장례식장의 설치 · 관리 등에 관한 사항을 규정함으로써 보건위생상의 위해를 방지하고, 국토의 효율적 이용 및 공공복리의 증진에 이바지함을 목적으로 한다."라고 규정하고, 제4조에서 "국가 및 지방자치단체는 묘지의 증가로 인한 국토의 훼손을 방지하기 위하여 화장 및 납골의 확산을 위한 시책을 강구 · 시행하여야 한다."라고 규정한 다음, 제13조에서 국가 및 지방자치단체의 장이 아닌

85) 동인, 발표문, 4면.

자가 설치·관리할 수 있는 '사설묘지'의 유형을 개인묘지, 가족묘지, 종중·문중묘지, 법인묘지 등 4가지 유형으로 열거하고, 그 중 법인이 불특정 다수인의 분묘를 동일한 구역 안에 설치하는 법인묘지를 설치·관리하고자 하는 자는 보건복지부령이 정하는 바에 따라 당해 묘지를 관할하는 시장·군수·구청장의 허가를 받아야 하며, 관할시장 등은 묘지의 설치·관리를 그 목적으로 민법에 의하여 설립된 재단법인에 한하여 법인묘지의 설치·관리를 허가할 수 있고, 이러한 법인묘지를 비롯한 사설묘지의 설치기준 등에 관하여 필요한 사항은 대통령령으로 정한다고 규정하고서, 제15조 및 같은 법 시행령 제14조 등에서 묘지 등의 설치가 제한되는 지역에 관하여 규정하고 있다. 위와 같은 장사법의 규정과 아울러, 국가 및 지방자치단체는 묘지의 증가로 인한 국토의 훼손을 방지하는 책무를 부담하고 있고, 사설묘지가 무분별하게 설치되면 환경오염 내지 공중위생상의 위해를 발생할 수 있고 국토의 효율적 이용 및 공공복리의 증진 등을 직접 저해할 수도 있는 점 등에 비추어 보면, 사설묘지 설치허가 신청 대상지가 관련 법령에 명시적으로 설치제한지역으로 규정되어 있지 않더라도 관할 관청이 그 신청지의 현상과 위치 및 주위의 상황 등 제반 사정을 고려하여 사설묘지의 설치를 억제함으로써 환경오염 내지 지역주민들의 보건위생상의 위해 등을 예방하거나 묘지의 증가로 인한 국토의 훼손을 방지하고 국토의 효율적 이용 및 공공복리의 증진을 도모하는 등 중대한 공익상 필요가 있다고 인정할 때에는 그 허가를 거부할 수 있다고 봄이 상당하다고 판시하였다.

판례의 이런 태도 및 장사법의 목적에 비추어, 장사시설의 설치·조성 및 관리 등에 관한 사항 전부는 모법률차원에서 환경오염 내지 지역주민들의 보건위생상의 위해 등을 예방한다는 점에서 그 자체로 인근주민의 법률상 이익과 직접 견련된다고 하겠다. 따라서 대법원 2011.09.08. 선고 2009두6766판결을 위법성의 권리침해견련성을 부정한 것으로 볼 수는 없다.[86)]

2. 부산고등법원 2012.2.10. 선고 2011누228판결(4대강사업과 관련한 하천공사 시행계획(변경) 고시처분 등 취소 사건)

(1) 원심(부산지법 2010.12.10. 선고 2009구합5672판결)의 판단

예비타당성 조사는 대규모 개발 사업에 대한 예산 편성에 앞서 그 사업의 경제성 등을 사전에 평가하여 그 결과에 따라 예산을 편성·운용하기 위한 제도이다. 따라서 예비타당성 조사에 관한 국가재정법 관련 규정들은 예산안 편성권을 가진 행정부와 예산안 심의·의결권을 가진 국회를 기속하는, 예산안 편성의 사전 절차에 관한 규정으로서, 이미 특정 사업에 예산이 편성·심의·의결되고 난 후에, 구체적인 사업 실행을 위하여 행하여지는 행정처분의 근거 법령이 된다고 볼 수는 없다. 그러므로 이미 이 사건 사업에 대한 예산안이 편성되고 그에 대한 국회의 심의·의결이 이루어져 예산으로 성립된 이상, 그 예산의 성립 절차에 예비타당성 조사를 거치지 아니한 하자가 있다 하더라도, 그러한 하자가 그 후에 이 사건 사업의 구체적인 실행을 위하여 행하여진 이 사건 각 처분에 영향을 미친다고 볼 수 없다.

(2) 항소심(부산고등법원 2012.2.10. 선고 2011누228판결)의 판단

① 개정 국가재정법시행령 제13조 제2항 제6호의 '재해예방' 부분을 이 사건 사업과 같이 대규모 재정이 투입되는 국책사업에 대하여 재

---

86) 한편 최계영 교수는 "원고가 주장한 위법사유가 원고의 권리나 법률상 이익과 관계없다는 이유로 주장이 제한된 사례는 없는 것으로 보인다."고 지적하는데(발표문 4면), 위법사유가 원고적격의 차원에서 이미 권리침해와 연계되어 검토되고 있기에 그런 사례가 없는 것이 당연하다.

해예방이라는 이유를 들어 예비타당성 조사 대상에서 제외한다고 해석한다면, 이는 모법인 국가재정법의 입법취지에 정면으로 반하고 국가재정법의 위임범위를 벗어난 해석으로 그 효력을 인정할 수 없고, ② 설령 그 효력을 인정한다고 하더라도 이 사건 사업 중 보의 설치는 재해예방사업이라고 볼 수도 없을 뿐 아니라, ③ 보의 설치, 준설 등의 사업이 예비타당성 조사를 면제시킬 정도로 시급성이 인정되는 사업이라고 할 수도 없다. 그런데도 피고들이 이 사건 사업 중 보의 설치, 준설 등의 사업에 대하여 예비타당성 조사를 거치지 아니한 것은 국가재정법 제38조 제1항을 위반하였다고 할 것이다. 그리고 예비타당성 조사를 하지 않은 절차상의 하자는 이 사건 각 처분 자체에 내재된 하자로서 이를 단순히 이 사건 각 처분과는 별개인 예산 편성의 하자에 불과하다고 볼 수 없고, 그 후의 절차단계로 넘어가기 위한 선행절차의 하자일 뿐이라고 축소해석할 여지도 없다. 그렇다면 원고들의 이 부분 주장은 이유 있으므로 이 사건 각 처분은 위법하다. 그리고 사정판결을 내렸다.[87)]

87) 4대강 정비사업에 대한 정부기본계획을 비롯한, 개별공구별 하천공사시행계획에 대해 취소소송을 제기함과 아울러 국토해양부장관을 피신청인으로 삼아 이들 계획에 대한 집행정지를 신청하였다. 제1심(서울행법 2010.3.12. 자 2009아3749결정)은 모든 신청을 기각한 반면, 제2심(서울고등법원 2010.6.25. 자 2010루121결정)은 기본계획과 관련해선 그것의 처분성결여를 이유로 각하하고, 이 사건 사업의 실시계획승인 등과 관련해선 마찬가지로 기각하였다. 이에 대해 신청인이 재항고하면서 그 이유로 기본계획과 관련해선 그것의 처분성을, 나머지와 관련해선 '회복하기 어려운 손해'의 예방의 필요성을 내세웠다. 여기서 대법원 2011.4.21. 자 2010무111전원합의체결정의 다수의견은 '환경 및 생태계 훼손 등으로 인한 손해'와 관련된 재항고이유의 당부를 판단하지 않았다. 반면 반대의견은 환경권의 고양된 법적 의의를 전제한 다음 이 사건 하천공사시행계획 등에 대한 효력정지 신청의 당부를 적극적으로 검토하였다. 특히 본안청구의 승소가능성에 관한 검토를 통해 하천공사시행계획의 위법성을 정당한 이익형량, 상위계획과의 정합성, 효율성, 사전환경성검토, 수질 부분 환경영향평가 등의 측면에서 논증하여 이를 '회복하기 어려운 손해'의 인정으로 연계시켰다. 반대의견이 효율성에 대한 검토의 결여의 한 근거로 국가재정법상의 예비타당성조사의 결여를 들었는데, 이런 지적이 부산고등법원 2012.2.10. 선고 2011누228판결에 이어졌다고 볼 수 있다.

(3) 管見

오늘날 사법영역에서든 공법영역에서든 객관적 법과 주관적 권리는 구분되어야 한다. 즉, 객관적 위법과 주관적 권리침해가 항상 동일하지 않다. 그리고 주관적 권리는 객관적 법질서에 의거하여 정해져야 하되, 주관적 권리침해가 인정되어야 그 객관적 법질서의 위반 역시 쟁송을 통해 시정될 수 있다. 즉, 위법한 처분으로 인해 법률상 이익의 침해(권리침해)를 입은 자만이 취소의 소를 구할 수 있다. 객관적 위법이 주관적 권리침해를 초래하기 위해선, 우선 그 대상규범이 일반국민을 상대로 한 이른바 (외부)법규적 성격을 지녀야 한다. 만약 어떤 규범이 국가행정내부의 구성원을 상대로 국민의 권리의무에 직접 관련이 없는 사항을 규율한다면, 그것은 전적으로 내부법이며, 동시에 사익보호성이 인정되지 않는다. 여기선 국민들로선 그것의 위법을 쟁송상으로 자신의 권리침해라 주장할 수 없다. 물론 업무수행차원을 넘어서 그 구성원의 기본권적 영역을 규율한다면, 그것은 그 구성원을 상대로 하여 내부법이라 할 수 없으며 당연히 사법심사가 허용된다.

국가재정법의 성격을 탐문하기 위한 출발점은 동법의 목적이다. 동법은 국가의 예산·기금·결산·성과관리 및 국가채무 등 재정에 관한 사항을 정함으로써 효율적이고 성과 지향적이며 투명한 재정운용과 건전재정의 기틀을 확립하는 것을 목적으로 한다(제1조). 재정운용에 초점을 맞추고, 의회와의 견제와 협력하에 시행되는 동법은 기본적으로 행정쟁송의 주체격인 권리주체로서의 국민을 상정하고 있지 않다. 조세부담자로서의 국민의 지위를 내세울 수도 있지만, 그 취지는 의회에 의한 통제에 의해 구현되어야 한다. 즉, 국가재정법이 요구하는 예비타당성조사의 결여는 원고적격을 인정케 하는 출발점인 권리침해를 동반하지 않는다. 동법상의 위법은 의회에 의한 정치적 통제의 대상이지 사법통제의 대상은 될 수가 없다.

원고적격은 불가분적 소송물과 관련해서 통일적으로 바라보아야 하기에,[88] 취소판결의 이유인 계쟁처분의 위법성은 당연히 권리침해와 직접적인 관련성을 지닐 수밖에 없다. 대상판결이 원고적격의 차원에서 국가재정법위반에 따른 권리침해여부를 규명하지 않았고, 엄밀히 규명해야 할 위법성과 권리침해간의 견련성의 요청을 의식하지 않은 채 그 자체로 주관적 권리침해와 견련성이 없는 위법사유로 계쟁처분의 위법성을 논증한 것은 결코 바람직하지 않다. 기실 대상판결의 문제점은 고양된 환경권의 의의를 전제로 하여 원고적격의 물음을 그다지 문제 삼지 않은 데서 비롯되었다고 할 수 있다. 그런데 부산고등법원 2012.2.10. 선고 2011누228판결이 사정판결을 내린 것은 또 다른 문제를 발생시킨다. 사정판결은 손해배상 등 代償的 措置를 수반하는데, 이것은 권리침해를 전제로 한다는 점에서 사정판결에 있어서 계쟁처분의 위법성을 확인하는 데는 먼저 위법성의 권리침해견련성을 검토했어야 한다. 또한 대상판결이 위법의 근거로 국가재정법은 든 것은 국가의 내부규정과 관련한 판례의 태도 역시 전복시킬 수 있다. 즉, 「국가를 당사자로 하는 계약에 관한 법률」 및 그 시행령상의 입찰절차나 낙찰자 결정기준에 관한 규정의 성질을 국가의 내부규정으로 보아 그 규정에 어긋나게 적격심사를 하였다 하더라도 그 사유만으로 당연히 낙찰자 결정이나 그에 기한 계약이 무효가 되는 것은 아니라고 판시한 기왕의 판례는[89] 더 이상 유지될 수가 없다.

요컨대 공법시스템에서는 국가가 －법률상으로－ 객관적인 준수의무를 진다고 하여 그것에 의거해서 관련인이 해당규범의 집행에 관한 주관적 권리를 갖는다고 단정할 수 없다.[90] 대상판결을 그대로 수긍하면,

---

88) Eyermann, VwGO, §42 Rn.71a.

89) 대법원 2001.12.11. 선고 2001다33604판결 등.

90) 오늘날 일반적인 법률집행청구권의 존재는 정당하게 부인된다. BVerfG NJW 2001, 1751.

위법성의 권리침해견련성부인의 단초를 제공하여 이른바 취소소송의 객관소송화가사실상 인정되는 결과를 빚으며, 궁극적으로 전술한 대로 비단 행정법과 행정소송법을 넘어 공법체제 자체를 전복시킬 수 있다.

XII. 맺으면서-기왕의 공법체제의 붕괴를 가져다줄 트로이목마로서의 위법성의 권리침해견련성의 부정

국가재정법위반으로부터 그것의 권리침해가능성 여부를 따지지 않고 계쟁처분의 위법성을 논증한 부산고등법원 2012.2.10. 선고 2011누228판결은 환경법적 문제인식의 고양과는 별도로 기왕의 패러다임을 발본적으로 변혁시킬 수도 있다(일종의 나비효과). 하지만 전술한 대로, 위법성의 권리침해견련성의 부정은 항고소송의 객관소송화를 통해 법치국가원리는 물론, 그것이 가동되는 기왕의 공법체제까지도 붕괴시킬 트로이목마와 같다고 할 수 있다. 이 문제는 헌법상의 문제이기도 하다.[91]

정책적 사안에 대한 법적 고찰은 그 본질에서 한계를 갖는다. 여기서 법은 정책형성이 구체적으로 어떠해야 하는지를 지적하기보다는 그것의 한계를 설정하는 데 만족할 수밖에 없다. 정책과 정치가 결코 사법으로부터 자유로울 수 없지만, 다른 한편 이들을 오로지 규범적 잣대로만 가늠하는 것 역시 지양되어야 한다. 일련의 사법적 판단을 두고서 환호와 불만이 빈번히 교차하는 우리 공동체의 상황에 비추어, 司法이 자칫 결과적으로 외딴 존재가 될 우려가 있다. 사법은 이익형량의 관점에 함몰되기보다는 고집스러울 정도로 나름의 논증에 철저하여야 한다.[92]

91) 따라서 행정소송제도의 개편과 관련한 논의에서 외국의 본받을 법제를 우리 것으로 현지화하기 위해서는 원고적격이나 본안요건 등과 같은 순전히 소송법적 쟁점에 사로잡혀서는 곤란하다.

92) 사실 충분한 국민적 공감대를 전제로 하지 않은 '4대강 사업'은 그 자체로 국민적 갈등의 대상이거니와, 자칫 현세대가 다음 세대에 무한책임을 져야할 과제이기도

요컨대 자동차에서 엔진의 상하운동을 바퀴의 회전운동을 전환시키는 장치인 구동축처럼, 위법성의 권리침해견련성의 요청은 법치국가원리가 주관소송적 사법통제를 강구하는 데 있어서 핵심적 장치이다. 주관적 권리보호를 지향하는 법치국가원리가 민주주의원리와 구별되게 그 나름의 의의를 실현하는 데 있어서 필수적인 연결축이 위법성의 권리침해견련성의 요청이라 하겠다. 주관적 권리보호 체계의 수정이나 폐기를 의미하는 위법성의 권리침해견련성의 부정은 궁극적으로 보호규범이론의 폐기 및 항고소송의 객관소송화를 가져다줄 것이다. 이것만이 아니라, 행정의 법률적합성의 원칙 자체는 물론 그것의 지배를 받는 행정법 및 행정현실 전반, 기본적인 공법체제 그리고 사법시스템에 대해서도 미증유의 변화를 초래할 수 있다.

한편 최근 대법원 2015.12.10. 선고 2011두32515판결은 국가재정법상의 예비타당성조사의 근거규정은 일반 국민과 무관한 것임을 강조하여 함으로써, 부산고등법원 2012.2.10. 선고 2011누228판결과 완전히 다른 기조에서 접근함으로써, 판례가 원고적격 및 위법성여부의 논증에서 일각에서의 주장과는 달리 기본적으로 위법성의 권리침해견련성(견련관계)을 전제로 하고 있음을 분명히 하였다.

하다. 미래 세대에 대한 책임의 문제이다. 날로 치열한 국가경쟁의 시대에 한정된 자원을 최대한 최적으로 활용해야 하는 우리로선, 국가정책이 국가의 존립에 곧바로 직접적 영향을 미친다. 국가와 사회의 고도화에 따라 더욱 고도화되는 대내외적 리스크의 상황을 효과적으로 관리하기 위해선, 지금 당장 해야 할 대상을 찾기보다는 지금 당장 해서는 아니 될 대상과 범위가 무엇인지를 먼저 확인하여야 한다. 이제껏 시행된 국책과제 가운데 실효성을 거둔 것이 과연 몇 차례이며, 그 이유는 무엇인지 실증적 분석이 필요하다. 愚公移山의 含意는 자기 當代만을 고집하지 않은 것이다.

참고문헌

계희열. 헌법학(중), 2002
김도창, 일반행정법론(상), 1993.
김남진/김연태, 행정법 I, 2015.
김동희, 행정법 I, 2015.
김성수, 일반행정법, 2014.
김연태, 행정법사례연습, 2006.
김중권, 행정법, 2013.
김철용, 행정법 I, 2014.
박윤흔, 최신행정법강의(상), 2009
박정훈, 행정소송의 구조와 기능, 2006.
이상규, 신행정법론(상), 1997
하명호, 행정쟁송법, 2015.
한수웅, 헌법학, 2011.
홍정선, 행정법원론(상), 2015.
홍준형, 행정구제법, 2012.

宇賀克也, 改正行政事件訴訟法, 2006.
田中二郎, 行政法, 上巻 全訂第2版, 1977.
南 博方· 高橋 滋· 市村養典 ·山本隆司 編), 第4版, 2014

이계수, "규범과 행위", 『공법연구』 제29집 제1호(2000. 11), 한국공법학회, 43면 이하 참조.
김중권, "規範執行에 관한 權利로서의 行政法上의 主觀的 公權論에 관한 小考", 「공법연구」 제40집 제4호(2012.6.20), 159면 이하.
_____, "유럽행정법상 행정소송을 통한 권리보호시스템에 관한 연구",

「공법연구」 제41집 제1호(2012.10.31). 311면 이하

최계영. “처분의 상대방이 아닌 제3자가 제기한 항고소송에서 본안판단의 범위”, 제201회 특별소송실무연구회 2015.4.6. 발표문.

田中二郎, 行政法, 上卷 全訂第2版, 1977.

岡田正則 / 박기주 譯, “日本 行政訴訟制度의 形成史와 改革의 課題”, 司法 제22호, 2012, 432면 이하

Bauer, Geschichtliche Grundlagen der Lehre vom subjektiven öffentlichen Recht, 1986.

Bühler, Die subjektiven öffentlichen Rechte und ihr Schutz in der Verwaltungsrechtsprechung, 1914.

Eyermann, VwGO Kommentar, 2006.

Ossenbühl/Cornils, Staatshaftungsrecht, 6.Aufl. 2013.

Röhl/Röhl, Allgemeine Rechtslehre, 3. Aufl., 2008.

Schoch/Schneider/Bier, VwGO, 2015

Schulze/Zuleeg, Europarecht, 2.Aufl. 2010

Sodann/Ziekow, VwGO 3.Aufl. 2010.

Halfmann, Entwicklungen des Verwaltungsrechtsschutzes in Deutschland, Frankreich und Europa, VerwArch 2000, 74ff.

Ossenbühl, Die Weiterentwicklung der Verwaltungswissenschaft, in : Jeserich/Pohl/v.Unruh(Hrsg.), Deutsche Verwaltungsgeschichte, Bd. V, 1987, S.1143ff.

국문초록

독일과 일본은 실정법상으로 위법성의 권리침해견련성을 명시적으로 인정하고 있지만, 우리 행정소송법은 그것을 명문화하지 않았다. 우리 판례는 원고적격여부의 심리대상과 본안심리대상을 엄격히 분리하고 있다. 그리하여 일부 문헌은 위법성의 권리침해견련성의 요청을 견지할 필요가 없다고 지적한다. 주관적 권리보호를 지향하는 법치국가원리가 민주주의원리와 구별되게 그 나름의 의의를 실현하는 데 있어서 필수적인 연결축이 위법성의 권리침해견련성의 요청이다. 주관적 권리보호 체계의 수정이나 폐기를 의미하는 위법성의 권리침해견련성의 부정은 궁극적으로 보호규범이론의 폐기 및 항고소송의 객관소송화를 가져다줄 것이다. 이것만이 아니라, 행정의 법률적합성의 원칙 자체는 물론 그것의 지배를 받는 행정법 및 행정현실 전반, 기본적인 공법체제 그리고 사법시스템에 대해서도 미증유의 변화를 초래할 수 있다. 최근 대법원 2015.12.10. 선고 2011두32515판결은 국가재정법상의 예비타당성조사의 근거규정은 일반 국민과 무관한 것임을 강조하여 함으로써, 원고적격 및 위법성여부의 논증에서 일각에서의 주장과는 달리 기본적으로 위법성의 권리침해견련성(견련관계)을 전제로 하고 있음을 분명히 하였다.

주제어: 위법성의 권리침해견련성, 소송물, 원고적격, 주관적 공권, 피침자소송

Zusammenfassung

Zusammenhang zwischen Rechtsverletzung und Rechtswidrigkeit in den Anfechtungsklagen

Kim, Jung-Kwon*

Während das Rechtswidrigkeitszusammenhang ausdrücklich in der deutschen und japanischen Prozessordnung vorgeschrieben wird, findet sich nicht im koreanischen Verwaltungsprozessrecht. Zudem unterscheidet die koreanische Rechtsprechung zwischen dem Gegenstand des Klagebefugnis und der Begründetheit. In der Literatur ist es zwar vertreten, dass das Rechtswidrigkeitszusammenhang nicht mehr in der koreanischen Prozessordnung bewahrt würde. Das Rechtswidrigkeitszusammenhang fundiert jedoch einen notwendigen Verbindungspunkt mit dem Rechtsstaatsprinzip. Wenn das Rechtswidrigkeitszusammenhang abgelehnt wird, wird die Anfechtungsklage sämtlich geändert und weitgehend objektiviert. Die Ablehnung des Rechtswidrigkeitszusammenhangs könnte in die unerhörte Änderung des Rechtsmäßigkeitsprinzips einmünden und schließlich das gesamten System des öffentlichen Rechts in Gefahr bringen. Mit der jüngsten Entscheidung bestätigt das Supreme Court of Korea, dass das Rechtswidrigkeitszusammenhang weiter vorausgesetzt.

keywords: Rechtswidrigkeitszusammenhang, Streitgegenstand, Klagebefugnis, ein subjektives öffentliches Recht, Verletztenklage

* Chung-Ang University Law School

투고일: 2015. 11. 25.
심사일: 2015. 12. 15.
게재확정일: 2015. 12. 17.

損害塡補

豫防接種被害救濟를 위한 因果關係立證要件 / 鄭夏明

豫防接種被害救濟를 위한 因果關係立證要件

鄭夏明*

대상판결: 대법원 2014. 5. 16. 선고 2014두274 판결

Ⅰ. 들어가며

감염병의 발생을 국제적 관점에서 볼 때 1980년대에 들어서는 세계 각국의 감염병의 통제역량이 증진되고 의약학 기술 발전에 힘입어 대폭 감소하는 추세를 보이다가 1990년대 이후 지구 온난화의 영향으로 신종 감염병이 출현하고 퇴치단계에 있었거나 이미 퇴치되었다고 믿었던 감염병마저 재출현하는 양상을 보이고 있다. 2000년대 이후 사스, 조류인플루엔자, 신종인플루엔자 등이 대륙간에 확산되는 사례도 있었고 조류인플루엔자의 경우 2014년 발생한 이후 반복하여 발생하고 있으며 올해에도 바로 추석 전에 광주, 나주, 담양 지역에서 조류인플루엔자 확진 판정이 남으로써 한국에 토착화된 것은 아닌가하는 우려마저 있다. 1960년대와 1970년대 전염병은 예방접종, 공중보건위생 수준의 향상,

* 경북대학교 법학전문대학원 교수, 법학박사(S.J.D.)

의료의 발달, 국민의식수준의 향상 등에 힘있어 크게 감소하였다. 그리고 2000년대에 들어와서 「전염병예방법」이 시행되었는데 이에 따라 우리나라 고유의 법정 전염병의 분류체계가 만들어졌다고 할 수 있다.[1)]

2000년대 들어와서 항공교통의 발달을 비롯한 이동수단의 발달로 인하여 감염원의 국가 간 확산의 속도와 범위가 크게 증가하게 하였고 2003년 사스의 대유행을 경험하면서 국제보건기구(WHO)는 '국제보건규칙'(International Health Regulations)을 통하여 질병감시와 위기대응역량의 강화를 각 회원국들에 요구하였고 우리나라도 이에 부응하여 2009년 12월 「감염병 예방 및 관리에 관한 법률」을 개정 공포하고 2010년 12월부터 시행하고 있다. 이 법률에서 '전염병'을 '감염병'이라고 명칭을 변경하였으며 감염병 관리 대상의 범위를 인수공통감염병, 생물테러감염병, 의료관련감염병, 해외유입감염병, 신종감염병 등으로 확대 지정하고, 역학조사관제도 도입 등 감시체계의 강화 등의 내용을 담고 있다. 「감염병 예방 및 관리에 관한 법률」에 의하면 법정 감염병은 5개 군으로 분류되는데 제1군은 물 또는 식품 매개 발생 감염병 6종, 제2군은 국가예방접종 사업대상 12종, 제3군은 간헐적 유행가능성 및 계속발생감시 대상 19종, 제4군은 국내에서 새롭게 발생하거나 해외유인이 우려되는 18종, 제5군은 기생충 감염병 6종, 그리고 유행여부를 조사하고 감시를 요구하는 17종의 지정감염병 등 총 78종의 감염병이 있다. 최근에 우리나라에서 문제를 일으켰던 중동호흡기증후군(Middle East Respiratory Syndrome, 혹은 MERS)는 제4군에 속하는 감염병이다.[2)] 오늘 다루게 될 사건은 이러한 감염병의 예방과 관련하여 실시하고 있는 예방접종에 의한 이상증상이 나타나는 경우에 그에 대한 보상과 관련된 것이다.

---

1) 이옥철, 감염병 대유행과 재난관리, 한국방재학회지 제15권 4호(2015), 18면 참조.
2) 이옥철, 앞의 글 19면 참조.

Ⅱ. 사례의 분석

1. 사건의 개요

원고 甲은 1998. 7. 22. 11:00경 파주시 법원리 소재 파주보건소 법원보건지소에서 의사 소외 3으로부터 예방접종으로 주식회사 녹십자(이하 '녹십자'라 한다) 제조의 DTaP(디프테리아, 백일해, 파상풍의 혼합백신의 영문약자이다) 백신 0.5㎖를 대퇴부에 근육주사로 맞고, 동신제약 주식회사(이하 '동신제약'이라 한다) 제조의 경구용 소아마비(Polio) 백신 0.2㎖를 투여받았다(이하 '이 사건 예방접종'이라 한다).

이 사건 예방접종 다음 날 원고 甲은 10~20초씩 의식을 잃고 온몸의 경련, 안구의 편위증상, 왼팔의 강직 등으로 복합부분발작(complex partial seizure) 장애 증세를 보여 그에 따른 치료를 받은 후 원고 甲의 부 소외 1이 원고 甲을 대리하여 1998. 12.경 보건복지부장관에게 예방접종 피해보상액으로 구 전염병예방법(2009. 12. 29. 법률 제9847호 '감염병의 예방 및 관리에 관한 법률'로 전문 개정되기 전의 것, 이하 같다) 제54조의2 제1항 제1호에 따라 진료비와 정액 간병비 보상을 신청하였고, 보건복지부장관의 위임을 받은 피고 질병관리본부장은 예방접종피해보상심의위원회 심의를 거쳐 원고 甲의 질병을 이 사건 예방접종으로 인한 피해로 인정함에 따라, 원고 甲은 예방접종 피해보상액으로 진료비 및 정액 간병비 합계 2,422,000원을 지급받았다.

그 후 원고 甲은 다시 발작 증상이 재발되면서 증세가 악화되어 2008. 6. 6.경 종합장애등급 1급(간질장애 2급 및 지적장애 3급, 이하 '이 사건 후유장애'라 한다) 판정을 받았고, 이에 소외 1은 원고를 대리하여 다시 보건복지부장관에게 예방접종 피해보상액으로 구 전염병예방법 제54조의2 제1항 제2호에 따른 장애일시보상금을 신청하였으나, 보건복지부장관의 위임을 받은 피고 질병관리본부장은 2008. 12. 30. "백신 투여 후

급성으로 경련이 발생할 수는 있으나 현시점에서는 난치성 간질과 백신과의 인과관계는 없으며 과거 판례 등을 참고해 보았을 때 백신에 의한 가능성이 불명확한 경우라고 보여진다"는 취지의 예방접종피해보상심의위원회 심의결과에 따라 장애일시보상금 신청을 거부하면서 예방접종으로 인한 장애인정을 거부하는 처분(이하 '이 사건 처분'이라 한다)을 하였다.

원고 甲은 이 사건 처분 당시 피고로부터 '이의신청은 1회에 한하여 가능하다'는 취지의 통보를 받음에 따라 이 사건 처분에 불복하여 보건복지부장관에게 이의신청을 하였다. 그러나 보건복지부장관의 위임을 받은 피고는 2009. 3. 27. 예방접종피해보상심의위원회 심의결과에 따라 이의신청을 기각하는 결정을 하였다.

이에 원고 甲은 2009. 4. 2.경 파주시장으로부터 기각결정을 통보받은 후 90일 이내인 2009. 6. 30. 서울행정법원에 이 사건 처분의 취소를 구하는 행정소송을 제기하였다. 서울행정법원에서는 원고 甲에 대한 승소판결을 하였다.[3] 그에 대하여 피고 질병관리본부장이 항소하여 서울고등법원에서도 원고 甲에 대한 승소판결을 하였다.[4] 이에 피고 질병관리본부장이 다시 상고하여 본판결에 이르게 된 것이다.[5]

2. 판례의 요지

[1] 구 전염병예방법(2009. 12. 29. 법률 제9847호 감염병의 예방 및 관리에 관한 법률로 전부 개정되기 전의 것, 이하 '구 전염병예방법'이라 한다) 제54조의2의 규정에 의한 국가의 보상책임은 무과실책임이기는 하지만, 책임이 있다고 하기 위해서는 질병, 장애 또는 사망(이하 '장애 등'이라 한다)이 당해 예방접종으로 인한 것임을 인정할 수 있어야 한다. 그러나 위와

3) 서울행정법원 2011. 5. 18. 선고 2009구합25101 판결.

4) 서울고등법원 2013.11.20. 선고 2011누19132 판결.

5) 대법원 2014. 5. 16. 선고 2014두274 판결.

같은 국가의 보상책임은 예방접종의 실시 과정에서 드물기는 하지만 불가피하게 발생하는 부작용에 대해서, 예방접종의 사회적 유용성과 이에 따른 국가적 차원의 권장 필요성, 예방접종으로 인한 부작용이라는 사회적으로 특별한 의미를 가지는 손해에 대한 상호부조와 손해분담의 공평, 사회보장적 이념 등에 터 잡아 구 전염병예방법이 특별히 인정한 독자적인 피해보상제도인 점, 구 전염병예방법 시행령(2010. 3. 15. 대통령령 제22075호로 개정되기 전의 것) 제19조의2에 예방접종으로 인한 피해에 대한 보상기준이 항목별로 구체적으로 정해져 있는데 액수가 그리 크지 않은 점, 예방접종으로 인한 부작용으로 사망이라는 중대한 결과까지 초래될 가능성이 있는 반면, 장애 등의 발생 기전은 명확히 밝혀져 있지 않고 현재의 의학수준에 의하더라도 부작용을 완전히 방지할 수는 없는 점 등에 비추어, 구 전염병예방법 제54조의2의 규정에 의한 보상을 받기 위한 전제로서 요구되는 인과관계는 반드시 의학적 · 자연과학적으로 명백히 증명되어야 하는 것은 아니고, 간접적 사실관계 등 제반 사정을 고려할 때 인과관계가 있다고 추단되는 경우에는 증명이 있다고 보아야 한다. 인과관계를 추단하기 위해서는 특별한 사정이 없는 한 예방접종과 장애 등의 발생 사이에 시간적·공간적 밀접성이 있고, 피해자가 입은 장애 등이 당해 예방접종으로부터 발생하였다고 추론하는 것이 의학이론이나 경험칙상 불가능하지 않으며, 장애 등이 원인불명이거나 당해 예방접종이 아닌 다른 원인에 의해 발생한 것이 아니라는 정도의 증명이 있으면 족하다.

[2] 특정인에게 권리나 이익을 부여하는 이른바 수익적 행정처분은 법령에 특별한 규정이 없는 한 재량행위이고, 구 전염병예방법(2009. 12. 29. 법률 제9847호 감염병의 예방 및 관리에 관한 법률로 전부 개정되기 전의 것, 이하 '구 전염병예방법'이라 한다) 제54조의2 제2항에 의하여 보건복지가족부장관에게 예방접종으로 인한 질병, 장애 또는 사망(이하 '장애 등'이라 한다)의 인정 권한을 부여한 것은, 예방접종과 장애 등 사이에 인과관계

가 있는지를 판단하는 것은 고도의 전문적 의학 지식이나 기술이 필요한 점과 전국적으로 일관되고 통일적인 해석이 필요한 점을 감안한 것으로 역시 보건복지가족부장관의 재량에 속하는 것이므로, 인정에 관한 보건복지가족부장관의 결정은 가능한 한 존중되어야 한다. 다만 인정 여부의 결정이 재량권의 행사에 해당하더라도 재량권을 일탈하거나 남용해서는 안 되고, 특히 구 전염병예방법에 의한 피해보상제도가 수익적 행정처분의 형식을 취하고는 있지만, 구 전염병예방법의 취지와 입법 경위 등을 고려하면 실질은 피해자의 특별한 희생에 대한 보상에 가까우므로, 보건복지가족부장관은 위와 같은 사정 등을 두루 고려하여 객관적으로 합리적인 재량권의 범위 내에서 타당한 결정을 해야 하고, 그렇지 않을 경우 인정 여부의 결정은 주어진 재량권을 남용한 것으로서 위법하게 된다.

3. 사례의 쟁점

본 사례에서 질병관리본부장이 원고 甲이 1998. 7.에 맞은 이 사건 예방접종과 원고 甲이 겪은 복합부분발작(complex partial seizure) 장애증세와 인과관계를 인정하여 원고 甲에게 예방접종 피해보상액으로 진료비 및 정액 간병비 합계 2,422,000원을 지급하였다. 문제는 그 후 원고 甲의 발작 증상이 악화되어 2008. 6. 6.경 원고 甲이 종합장애등급 1급 판정을 받았음에도 불구하고 거의 10년이라는 시간의 경과 등 여러 사정을 고려하여 질병관리본부장은 이 사건 예방접종과 원고 甲의 종합장애등급 1급 판정의 인과관계를 인정하지 않아 예방접종 피해보상 거부처분을 한 것이다.

본 사건에서 구 전염병예방법(2009. 12. 29. 법률 제9847호 감염병의 예방 및 관리에 관한 법률로 전부 개정되기 전의 것) 제54조의2 제2항에 의하여 예방접종으로 인한 질병, 장애 또는 사망의 인정 권한을 보건복지가족부장관에게 부여하고 있는데 이러한 권한의 법적 성격이 어떤 것 인가 하는 것이 문제된다고 할 것이다. 이 점에 관하여 대법원은 "예방접종과 장애 등 사이에 인과관계가 있는지를 판단하는 것은 고도의 전문적 의학 지식이나 기술이 필요한 점과 전국적으로 일관되고 통일적인 해석이 필요한 점을 감안한 것으로 역시 보건복지가족부장관의 재량에 속하는 것이므로, 인정에 관한 보건복지가족부장관의 결정은 가능한 한 존중되어야 한다."라고 판시하여 보건복지가족부장관에게 주어진 권한은 재량행위에 속하며 가능한 한 존중되어야 한다는 것을 명백히 하고 있다. 이러한 보건복지가족부장관의 재량권 행사에도 예방접종과 장애 등 사이에 인과관계의 판단이 이루어져야 하므로 예방접종피해보상법제에서 요구되는 인과관계의 문제가 이 사건에서 핵심적 쟁점이라고 할 것이다.

Ⅲ. 평석

1. 예방접종피해에 대한 보상법제

1) 예방접종에 의한 이상반응

전염병이 발생하여 확산될 경우 국민의 건강에 큰 위협이 될 뿐만 아니라 국가경제에 미치는 영향도 엄청나서 전염병의 발생과 확산의 방지에 국가는 총력을 경주해오고 있다. 이러한 전염병의 발생·확산의 방지에 가장 효율적인 대처방안의 하나가 예방접종을 통한 전염병예방방안일 것이다. 예방접종 등의 방법을 통해서 전염병이 발생하기 이전에 그 예방에 주력하는 것이 이미 발생한 전염병의 확산을 방지하는 것보다 훨씬 효율적이라는 것은 주지하는 바 일 것이다. 하지만 지금까지 우리인류가 연구·발전시켜온 예방접종방식은 미량의 병원균을 투입해서 우리 몸에서 항체를 형성시키는 방식으로 100% 안전한 예방접종은 그 자체가 불가능하고 극히 예외적이기는 하지만 어느 정도의 부작용은 동반하는 것으로 알려져 있다. 우리나라에서도 예방접종의 부작용으로 각종 질환에 시달리거나 심한 경우에는 목숨까지 잃는 사례가 종종 보도된 바가 있다. 국회 보건복지위 장정은 의원이 질병관리본부가 제출한 자료를 분석하여 발표한 바에 따르면 2010년부터 2015년 상반기까지 예방접종 이후 피해보상을 신청한 것은 총 679건이었으며 368건이 백신 관련 부작용으로 인정됐다. 보상 금액은 총 19억 728만원으로 나타났다.[6)]

예방접종에 수반되는 부작용에 의한 피해자들은 자신이 입은 손해를 배상받기에는 현실적으로 상당한 어려움에 직면하게 된다. 통상적으로 예방접종에 여러 분야의 당사자들이 참여하게 되는 바 예방접종의약품의 제조자, 예방접종의약품의 운송·보관자, 의사나 간호사 등 예방접종시술자 등으로 크게 구분할 수 있을 것이다. 예방접종피해자에게 현실적으로 예방접종으로 인한 부작용으로 피해가 발생한 경우에도 예방접종과 피해 사이의 인과관계나 어느 당사자의 과실이 있는지를 증명하기에는 많은 어려움이 따른다고 할 것이다.

예방접종의약품의 제조자, 예방접종제약의 운송·보관자, 의사나 간호사 등 예방접종시술자 등에게 제조물책임 등 과도한 법적 책임을 묻

6) http://www.monews.co.kr/news/articleView.html?idxno=85843/2015. 9. 30. 마지막 방문

지난 5년간 백신이상반응 신고 및 피해보상 신청 및 보상 현황

	피해보상	심의결과에 따른 조치			
	청구건수	보상건수	보상금액	기각건수	보류건수
2010년	276	113	4억5,088만원	163	–
2011년	71	46	4억3,120만원	25	–
2012년	70	51	4억1,522만원	19	–
2013년	81	65	5억 788만원	16	–
2014년	121	62	7,072만원	59	–
2105년(1월–6월)	60	31	3,138만원	27	2
합계	679	363	19억728만원	309	2

게 되면 제조업자나 시술자 등은 법적 책임을 두려워해서 예방접종의약품을 더 이상 생산하지 않거나 예방접종의 시술을 거부함으로써 결국은 국민전체의 보건이 위협을 받을 수 있는 상황으로 될 가능성이 있고 새로운 전염병에 대한 백신개발자도 새로운 예방접종의약품의 연구개발에 소홀하게 될 것이다.[7)]

2) 우리나라의 예방접종 등에 따른 피해의 국가보상

우리나라의 백신피해자 보상제도에 대해서 알아보기 위해서 「감염병의 예방 및 관리에 관한 법률」[8)]의 관련규정을 먼저 살펴볼 필요가 있다. 동법 제11조에서 의사 등의 신고에 대해서 규정하고 있고 감염병병환자만이 아니라 예방접종 후 이상반응자를 진단하였거나 의사가 그 시체를 검안하였을 때에는 즉시 혹은 7일 이내에 소재지 관할보건소장에게 신고할 것을 의무화하고 있다. 동법 제29조에서는 예방접종에 관한 역학조사, 그리고 제30조에서는 예방접종피해조사반에 관하여 규정하고 있다. 동법 제71조에서는 예방접종 등에 따른 피해의 국가보상에 대해서 규정하고 있다.[9)] 보건복지부장관이 예방접종피해보상심의위원회의

---

7) 졸고, 한국과 미국에서의 예방접종피해자 법적 구제제도, 공법학연구, 제9권 제4호 324면 참조.

8) 법률 제13392호, 2015.7.6. 일부개정.

9) 앞의 법률, 제71조(예방접종 등에 따른 피해의 국가보상) ① 국가는 제24조 및 제25조에 따라 예방접종을 받은 사람 또는 제40조제2항에 따라 생산된 예방·치료 의약품을 투여받은 사람이 그 예방접종 또는 예방·치료 의약품으로 인하여 질병에 걸리거나 장애인이 되거나 사망하였을 때에는 대통령령으로 정하는 기준과 절차에 따라 다음 각 호의 구분에 따른 보상을 하여야 한다.
1. 질병으로 진료를 받은 사람: 진료비 전액 및 정액 간병비
2. 장애인이 된 사람: 일시보상금
3. 사망한 사람: 대통령령으로 정하는 유족에 대한 일시보상금 및 장제비
② 제1항에 따라 보상받을 수 있는 질병, 장애 또는 사망은 예방접종약품의 이상이나 예방접종 행위자 및 예방·치료 의약품 투여자 등의 과실 유무에 관계없이 해당 예방접종 또는 예방·치료 의약품을 투여받은 것으로 인하여 발생한 피해로서 보건복지부장관이 인정하는 경우로 한다. <개정 2010.1.18>

조사의견을 듣고 보상결정을 하되 피해자가 보상신청한 후 120일 이내에 하도록 하여 국민들의 예방접종으로 인한 피해를 신속하고 정당하게 보상하도록 규정하고 있다.

특히 예방접종으로 인한 장애 등은 과실유무에 관계없이 당해 예방접종을 받았기 때문에 발생한 피해라고 하여 비록 보건복지부장관이 인정한 경우라는 것을 전제로 하지만 백신피해손실보상은 원칙적으로 무과실·결과책임임을 명시하고 있다.

동법 제72조에서 손해배상청구권과의 관계 등에 대해서도 규정[10]하여 국가의 피해보상금제도와 제3자에 대한 손해배상청구의 관계에 대해서 명시하고 있다. 제3자의 고의 또는 과실로 국가가 피해보상을 해준 때에는 피해자를 대위하여 보상금액의 한도 안에서 손해배상청구권을 대위하는 것으로 규정하여 예방접종후 이상반응으로 피해를 본 경우에는 피해자가 고의·과실행위자에 대한 손해배상청구권을 가진다는 것을 전제로 하고 손해배상청구가 이루어진 경우에 그러한 손해배상청구와 국가손실보상금으로 인한 피해자의 2중보상은 허용하지 않아 국가가 지급한 피해보상액의 한도 내에서 피해자를 대위한다는 것을 명시하고 있다.

---

③ 보건복지부장관은 제1항에 따른 보상청구가 있은 날부터 120일 이내에 제2항에 따른 질병, 장애 또는 사망에 해당하는지를 결정하여야 한다. 이 경우 미리 위원회의 의견을 들어야 한다. <개정 2010.1.18>

④ 제1항에 따른 보상의 청구, 제3항에 따른 결정의 방법과 절차 등에 관하여 필요한 사항은 대통령령으로 정한다.

10) 동법 제72조(손해배상청구권과의 관계 등) ① 국가는 예방접종약품의 이상이나 예방접종 행위자, 예방·치료 의약품의 투여자 등 제3자의 고의 또는 과실로 인하여 제71조에 따른 피해보상을 하였을 때에는 보상액의 범위에서 보상을 받은 사람이 제3자에 대하여 가지는 손해배상청구권을 대위한다.

② 예방접종을 받은 자, 예방·치료 의약품을 투여받은 자 또는 제71조제1항제3호에 따른 유족이 제3자로부터 손해배상을 받았을 때에는 국가는 그 배상액의 범위에서 제71조에 따른 보상금을 지급하지 아니하며, 보상금을 잘못 지급하였을 때에는 해당 금액을 국세 징수의 예에 따라 징수할 수 있다.

예방접종사고 등 적법행위에 의한 생명 또는 신체의 침해에 대한 구제의 헌법적 근거에 대해서는 학설의 대립이 있다. 일본의 학설을 소개하면 손실보상부정설, 공용수용조항유추적용설, 물론해석설, 생존권보장규정설, 평등원칙설 등이 있다.[11)]

손실보상부정설은 헌법에서 손실보상에 대해서는 재산권의 수용 등에 대해서만 손실보상을 인정하고 있으므로 생명 또는 신체의 침해에 대한 손실보상청구권은 인정할 수 없다는 학설이다. 이 학설에 대해서는 헌법에서 재산권침해에 대해 손실보상을 규정하고 있는 것을 생명 또는 신체의 침해에 대해서 손실보상을 부정하는 근거로 이해하는 것은 옳지 않고, 생명 또는 신체의 침해에 대한 손실보상이 재산권침해에 대한 손실보상과 별개로 존재할 여지가 있다는 비판이 있다.

공용수용조항유추적용설은 재산권침해에 대한 손실보상을 규정하고 있는 헌법상의 공용수용조항을 유추적용하여 손실보상을 인정하려는 제도이다. 이것은 재산권의 침해에 대한 손실보상청구권을 규정하고 있는 헌법상 공용수용조항을 유추적용하여 생명 또는 신체의 침해에 대한 손실보상을 인정하자는 학설이다. 우리 헌법 제23조 제3항을 유추적용할 수 있다는 견해이다.

물론해석설은 헌법에서 재산권의 침해에 대한 손실보상에 관하여 구체적 보상청구권을 인정하고 있는 이상 재산권보다 차원이 높은 가치를 지닌 생명·신체·건강에 대한 침해에 대해서는 당연히 손실보상이 되는 것으로 인정하자는 학설이다. 유추적용설의 일종으로 보기도 한다.

생존권보장규정설은 생명·신체·건강의 침해에 대한 손실보상의 근거를 재산권침해에 대한 헌법상 공용수용조항에서 찾지 말고 헌법상 생존권보장조항에서 모색하자는 학설이다. 그러나 헌법상 생존권보장조항 자체의 성격에 대해서도 학설상의 대립이 있는 상태에서 구체적 손실보

11) 芝池義一, 行政救濟法講義(有斐閣, 1995) 166면 참조.

상청구권을 인정하기에는 어려운 점이 있다.[12)]

평등원칙설은 예방접종사고 등 적법행위로 의한 생명 · 신체에 대한 침해도 공공필요에 의한 특별희생으로 볼 수 있다면 이에 대한 보상 규정이 없더라도 헌법 제23조 제3항을 유추적용하고 헌법상 기본권보장규정(제10조와 제12조) 및 평등조항(제11조)을 근거로 보상을 인정해야 한다는 견해이다.[13)]

우리나라에서는 이에 더하여 예방접종사고에 의한 손해의 배상을 위험책임으로 이론구성하자는 위험책임설, 독일의 희생보상청구법리를 도입하자는 학설 등 다양한 이론들이 제시되고 있다.[14)]

보건복지부장관의 백신피해손실보상에 대한 자문을 위해서 질병관리본부에 예방접종피해보상심의위원회를 두고 이에 대한 지원기관으로 예방접종피해조사반을 둔다. 예방접종 후 이상 증상으로 발생한 백신피해에 대한 국가의 손실보상책임은 고의·과실에 관계없이 국가가 부담하는 무과실 · 결과책임이라 할 것이다. 다만, 국가가 손실보상을 한 경우에는 손실보상액의 한도 내에서 고의·과실의 유책자에 대한 손해배상청구에서 피해자를 대위하여 손해배상청구권을 가진다.[15)]

예방접종 후 이상반응으로 피해를 본 백신피해자는 예방접종약품의 이상일 경우 약품제조업자를 상대로, 예방접종행위자 등 제3자의 고의 또는 과실로 인한 경우에는 접종행위자나 제3자를 상대로 손해배상소송을 제기할 수 있을 것이다.[16)] 다만, 예방접종이 공중보건소 등에서

12) 芝池義一, 앞의 책 167면-169면 참조.

13) 박균성, 행정법강의(박영사, 2015), 618면 참조.

14) 박균성, 앞의 책 619면 참조.

15) 졸고, 한국과 미국에서의 예방접종피해자 법적 구제제도, 공법학연구, 제9권 제4호 328면 참조.

16) 대법원 1977.8.23. 선고 77다686 판결 예방접종과 사망과의 인과관계를 인정한 판결이다. 판결의 요지만 간단히 소개하면 “손해부담을 공평의 원칙에서 결정하려는 민사분쟁에 있어서의 인과관계는 과학적 인과관계를 의미하는 것이 아니므로 학설상 일반적으로 코레라 예방접종의 피접종자가 유혈환자등인 경우 약 0.004프로의

이루어져 공무원에 의해 시술된 경우라면 국가에 대해 손해배상을 청구할 수 있을 것이다. 한편, 국가를 상대로 손실보상을 청구하면 청구일로부터 120일 이내에 피해로 인정되는 한도에서 고의·과실에 관계없이 보건복지부장관으로부터 손실보상을 받을 수 있다.

적법한 공권력의 행사에 수반하여 불법한 결과가 발생한 경우는, 숨어있던 체질상의 이유나 그 밖의 시술자의 과실 유무에 관계없이 예방접종의 결과로 신체장애가 발생한 경우와 같다. 이렇게 예방접종의 부작용에 의한 생명·신체의 피해에 대한 국가의 무과실·결과책임을 인정하는 근거는 공익을 위해 국민에게 예방접종이 강제되어 있는 경우에 이러한 사실상 행정강제로 말미암아 발생하는 우연의 손실을 피해자 개인에게 부담하게 하는 것은 타당하지 않고 당연히 국민전체의 부담으로 해소하는 것이 당연한 것으로 해석되는 것이다.[17)]

인수공통전염병에 대한 효과적인 대처방안 중 하나가 예방접종이지만 「감염병의 예방 및 관리에 관한 법률」 제71조에 규정하고 있는 예방접종 등에 따른 피해보상은 최저임금법에 의한 최저임금을 기준으로 함으로써 미흡한 측면이 있다.[18)]

치명률이 있다는 의학상보고가 있고 사체부검 결과 사망자가 비특이성 뇌의울혈부종 및 출혈반점이 있어 그 출혈이 예방접종으로 인한 가능성이 있다고 인정되는 이상 달리 피해자에게 사인인 뇌출혈상을 일으킬만한 특별한 사정이 있음을 인정할 자료가 인정될 수 없다면 법적견지에서 예방접종과 피접종자의 사망간에는 인과관계가 있다고 해석하는 것이 타당하다."이다. 이 판결은 콜레라 예방접종과 환자의 사망사이에 인과관계를 인정해서 예방접종에 과실이 있는 경우에 손해배상의 대상이 됨을 인정한 판결이다.

17) 今村成和, 國家補償法(有斐閣, 1957) 133면 참조.

18) 「감염병의 예방 및 관리에 관한 법률 시행령」[시행 2015.7.7.] [대통령령 제26024호, 2015.1.6., 일부개정]

제29조(예방접종 등에 따른 피해의 보상 기준) 법 제71조제1항에 따라 보상하는 보상금의 지급 기준은 다음 각 호와 같다.<개정 2015.1.6.>

1. 진료비: 예방접종피해로 발생한 질병의 진료비 중 「국민건강보험법」에 따라 보험자가 부담하거나 지급한 금액을 제외한 잔액 또는 「의료급여법」에 따라 의료급여기금이 부담한 금액을 제외한 잔액. 다만, 제3호에 따른 일시보상금을 지급받은

2. 외국 사례-미국 연방백신피해보상제(National Vaccine Injury Compensation Program)

1) 연방백신피해보상제(NVICP)

미국의 연방백신피해보상제(National Vaccine Injury Compensation Program 이하 'NVICP')는 1986년 백신법률(the Vaccine Act of 1986)[19]에 의해서 확립된 제도이다. 연방유아백신피해구제법률(National Childhood Vaccine Injury Act)[20]은 1986년에 처음 제정되었다. 미국의 모든 어린이들은 취학하기 전에 일정한 예방접종을 하는 것이 요구된다.[21] 과거에

경우에는 진료비를 지급하지 아니한다.
2. 간병비: 입원진료의 경우에 한정하여 1일당 5만원
3. 장애인이 된 사람에 대한 일시보상금: 「장애인복지법」에서 정한 장애 등급에 따른 다음 각 목의 금액
 가. 장애 등급 1급인 사람: 사망한 사람에 대한 일시보상금의 100분의 100
 나. 장애 등급 2급인 사람: 사망한 사람에 대한 일시보상금의 100분의 85
 다. 장애 등급 3급인 사람: 사망한 사람에 대한 일시보상금의 100분의 70
 라. 장애 등급 4급인 사람: 사망한 사람에 대한 일시보상금의 100분의 55
 마. 장애 등급 5급인 사람: 사망한 사람에 대한 일시보상금의 100분의 40
 바. 장애 등급 6급인 사람: 사망한 사람에 대한 일시보상금의 100분의 25
4. 사망한 사람에 대한 일시보상금: 사망 당시의 「최저임금법」에 따른 월 최저임금액에 240을 곱한 금액에 상당하는 금액
5. 장제비: 30만원
제30조(예방접종 등에 따른 피해의 보상대상자) ① 법 제71조제1항에 따라 보상을 받을 수 있는 사람은 다음 각 호의 구분에 따른다. 1. 법 제71조제1항제1호 및 제2호의 경우: 본인2. 법 제71조제1항제3호의 경우: 유족 중 우선순위자 ② 법 제71조제1항제3호에서 "대통령령으로 정하는 유족"이란 배우자(사실상 혼인관계에 있는 사람을 포함한다), 자녀, 부모, 손자·손녀, 조부모, 형제자매를 말한다. ③ 유족의 순위는 제2항에 열거한 순위에 따르되, 행방불명 등으로 지급이 어려운 사람은 제외하며, 우선순위의 유족이 2명 이상일 때에는 사망한 사람에 대한 일시보상금을 균등하게 배분한다.

19) 42 U.S.C.A. § 300aa-10 (2000).
20) 42 U.S.C.A. § 300aa-10 (2000).
21) James G. Hodge, Jr. & Lawrence O. Gostin, School Vaccination Requirements: Historical, Social, and Legal Perspectives, 90 KY. L.J. 831, 868-69 (2002).

는 일률적 예방접종제도의 혜택이 예상된 위험보다 훨씬 컸고 백신이 일반적으로 안전한 것으로 여겨졌다.[22] 1980년대에 들어서는 발진, 설사, 저혈당증, 대장염 같은 심각한 부작용이 나타나기 시작하였다.[23]

예방접종후유증은 신체적 장애는 물론 죽음에까지 이르는 경우가 발생하여 백신제조업자를 상대로 하는 소송이 증대하였다. 백신제조업자들은 자신의 위험에 대처할 수 있는 적당한 책임보험업자를 찾을 수 없게 되자, 연방의회에 법률을 제정해줄 것을 청원하였다. 불안정하고 예측할 수 없는 백신시장과 백신에 의해 피해를 입은 사람들을 보상하기 위한 재원의 불충분함에 대처하기 위하여 연방유아백신피해구제법률(NCVIA)을 제정하였다.[24]

연방유아백신피해구제법률(NCVIA)을 1) 무과실 손해배상제도를 도입함으로써 백신피해자에 대한 공정하고 조속한 보상을 도모하고, 2) 영아나 유아에 대한 미국의 백신을 강제해서 면역체제의 강화하고, 3) 백신제조업자들을 법적 책임으로부터 보호해 줌으로써 백신의 원활한 공급을 확보함을 그 입법목적으로 도입하였다.[25]

연방유아백신피해구제법률(NCVIA)은 그 자체가 두 부분으로 구성되어 있다. 첫째 부분은 국가 전체의 면역프로그램을 강화하고 백신을 개선하고 백신의 부작용을 모니터하는 것에 초점을 맞춘 연방 백신프로그램이다.[26] 두 번째 부분은 백신에 투여로 인한 부작용으로 입은 손해에 대한 피해구제제도를 확립한 연방백신피해보상제(NVICP)이다.[27]

---

22) Id. 875.

23) B.J. Ward, Vaccine Adverse Events in the New Millennium: Is There Reason for Concern? 78 BULL, WORLD HEALTH ORG. 205, 207－08 (2000).

24) 42 U.S.C.A. § 300aa－10 (2000).

25) Rob Henson, Inoculated against Recovery: A comparative analysis of Vaccine Injury compensation in the United States and Great Britain, 15 Tulsa J. Comp. & Int'l L. 61, 76 (2007).

26) National Childhood Vaccine Injury Act of 1986, 42 U.S.C. §§ 300aa－1 to－6 (2000).

27) Id. §§10－34.

연방백신피해보상제(NVICP)는 1988년 10월 1일 이후 백신 관련 부상자와 사망자를 위해서 보건복지부 장관(the Secretary of Health and Human Services)에 의해서 보상이 제공되는 것을 말한다. 청구권자는 주 또는 연방 법원에서 백신제조업자를 상대로 1,000 달러를 넘는 손해배상을 청구할 수 없고, 보건복지부 장관을 피고로 하여 연방특별법원(the United States Court of Federal Claims)에 소송을 제기하여야 한다. 이 측면에서는 특별소송전치주의를 취하고 있다고 볼 수 있다. 1000달러($) 이하의 피해보상청구를 제외하고는 백신피해자에 관한 소송은 연방특별법원(the United States Court of Federal Claims)의 1차적 전속관할을 인정해서 먼저 연방특별법원(the United States Court of Federal Claims)의 판결을 받기 전에는 백신제조업자를 상대로 하는 소송을 제기하지 못한다. 연방특별법원(the United States Court of Federal Claims)의 판결에 불복하는 경우에는 피해보상청구권자는 주법원(the state court)에 소송을 제기하거나 연방항소법원(the U.S. Court of Appeals for the Federal Circuit)에 항소할 수 있다.[28] 또한 기본적으로 백신피해자에 대한 무과실손해배상제(no-fault compensation program)를 채택하고 있다. 따라서 피해보상청구권자는 피고의 과실을 입증할 필요가 없다.[29]

청구권자는 의료비, 요양비, 재활비용, 관련비용 그리고 250,000 달러($)의 실제고통에 대한 위자료, 일손임금, 정상적 변호사비용과 법률비용 등을 보상받을 수 있다. 연방백신피해보상제(NVICP)의 자금제공은 백신피해보상신탁(Vaccine Injury Compensation Trust Fund)에 의해서 제공된다. 이 신탁의 자금은 판매되는 각각의 백신에 75센트(¢)의 물품세를 부과하여 자금을 공급하고 있다. 2007년 1월 1일를 기준으로 미국에서 이 신탁의 자산이 거의 25억 달러($)에 다다랐고 연방백신피해보상제(NVICP)가 1989년부터 사건에 적용되기 시작하였을 때 가장 일반적인

28) 42 U.S.C.A. §§ 300aa-12(e), (f).

29) § 11(a)(2)(A), (b)(1)(A), (C) 참조.

피해는 DTP(디프테리아-파상풍 전부의 세포 백일해), MMR(홍역-이하선염-풍진)와 OPV(구상 폴리오)의 백신에 기인한 보상에 관한 것이었다. 초기에는 연방백신피해보상제(NVICP)가 자폐증을 포함하지 않았던 2,832건에 대한 심리가 있었고 보상액의 합은 819,921,943.01 달러($)에 달하였다. 이 액수는 보상이 타당하다고 받아들인 사례들만을 나타내는 것이고 1,154건 사례들은 보상없이 기각되었다. 그리고 5,234건의 사례가 백신으로부터 자폐증 관련 피해를 입은 것으로 1999년 이후에 제기되었다.[30)]

2002년에 백신과 자폐증의 중요한 연관관계를 인식한 후에 연방백신피해보상제(NVICP)에 따른 보상을 구하는 사건이 미국 전역에서 800건 정도 제기되고 있었다. 2002년 텍사스 남부 연방지방법원(the Southern District of Texas)에서 백신제조업자를 상대로 한 소송에 대해서 이와 같은 소송은 연방백신피해보상제(NVIP)에 따라 소송을 제기하여야 한다는 이유로 각하한 이후에 수많은 사건들이 연방백신피해보상제(NVIP)에 의해서 제기되었다. 이렇게 수많은 소송들이 제기되고 유사소송들이 제기될 것이 예상됨으로써 연방백신피해보상제(NVIP)에 따른 특별담당관실(the Office of Masters(OSM))에서는 청구인의 변호사들, 장관의 법률보좌관, 의료계 대표들 사이에 이렇게 많은 사건들을 어떻게 다룰지에 대한 논의가 있었다. 이러한 회동들의 결과로 특별담당관실(OSM)에서 옴니버스자폐증절차(Omnibus Autism Proceeding)로 알려진 절차를 실시하기에 이르렀다.[31)] 한 조사에 의하면, 2006년 미국에서 백신피해에 대한 보상액은 평균 777,041.75달러($)였다.[32)]

---

30) 졸고, 한국과 미국에서의 예방접종피해자 법적 구제제도, 공법학연구, 제9권 제4호, 336-7면 참조.

31) Regina Moreland, National Vaccine Injury Compensation Program, 29 J. Legal Med. 363, 371-72 (2008).

32) Id. 378.

2) 연방백신피해보상을 받기 위한 인과관계의 입증

백신관련피해자가 미국에서 연방백신피해보상제(NVIP)에 의해 보상을 받기 위해서는 이상에서 설명한 백신관련피해분류기준(the Vaccine Injury Table)에 의한 방식(on-table)이 있는가하면, 백신관련피해분류기준(the Vaccine Injury Table)에 수록되어 있지 않은 질병이거나 일정기간이 지난 후에 발병하는 등으로 백신관련피해분류기준(the Vaccine Injury Table)의 적용을 받을 수 없는 경우에 피해보상을 청구하는 것을 off-table 방식이라고 한다. on-table에 의한 때에는 백신관련피해자는 자신의 질병이 백신을 맞은 후에 백신관련피해분류기준(the Vaccine Injury Table)에서 인정하는 기간에 발병했다는 것을 입증하면 연방특별법원(the United States Court of Federal Claims)은 백신이 피해자의 질병의 원인이라는 것은 인정한다.[33] 보상을 받기 위해서, 청구권자는 백신관련피해분류기준(the Vaccine Injury Table)에 수록된 백신을 맞았다는 사실과 초기 증상이 테이블에서 정하고 있는 시간의 범위 내에서 일어났고, 백신이 그러한 부상을 초래했거나 기존의 질병을 더욱 악화시켰다는 것을 입증해야 한다.[34] 피해자의 의료기록이 피해구제청구서에 포함되어야하는데 임신과 분만기록, 백신기록, 피해이전의료기록, 피해이후의료기록, 사망진단서, 가능하다면 검시결과서 등이 이에 해당한다. 백신피해자가 입은 피해가 백신관련피해분류기준(the Vaccine Injury Table)에 수록되어 있다는 것과 피해가 지정된 기간 이내에 일어났다면 그 피해는 예방접종이 원인이었다고 본다. 이러한 요건을 만족하면 입증책임은 보건복지부장관에 이전되어 피해가 백신이외의 무언가에 기인한 것이라는 것을 입증하여야 한다.[35] 이러한 입증책임의 전환이나 통상 불법행위소

---

33) Althen v. Sec'y of Health & Human Serv., 418 F.3d 1274, 1278 (Fed. Cir. 2005).

34) Regina Moreland, National Vaccine Injury Compensation Program, 29 J. Legal Med. 363, 368 (2008).

송보다 신속한 재판진행은 피해보상청구권자에 유리하도록 연방의회가 입법한 것이다.[36]

off－table 방식에 의해 피해보상을 청구하려면 백신이 그 질병의 사실상의 원인(the cause－in－fact)이라는 것을 입증해야한다.[37] 연방항소법원(the U.S. Court of Appeals for the Federal Circuit)은 이러한 소송에서 인과관계의 입증은 "논리적이고 법리적으로 추정할 수 있으면 되는 것이지 의학적으로 혹은 자연과학적으로 확실한 것"("'logical' and legally probable, not medically or scientifically certain.")은 아니라고 판시하면서 "특별 생리적 메카니즘의 증거를 제시할 것을 요구하는 것은 백신보상제의 입법목적이나 본질에도 비추어보아도 타당하지 않다"고 판시하였다.[38]

3. 원심판결에서의 인과관계 논의

이 판결의 원심판결[39]에서는 "구 전염병예방법 제54조의2 제1항에서 말하는 '예방접종으로 인한 장애'라 함은 예방접종약품의 이상이나 예방접종행위자의 과실유무에 관계없이 당해 예방접종을 받았기 때문에 발생한 피해로서 보건복지부장관이 인정하는 경우를 말하고, 위 규정이 정한 예방접종으로 인한 장애가 되기 위해서는 예방접종과 그 장애 사이에 상당인과관계가 있어야 한다. 한편, 민사분쟁에 있어서의 인과관계는 의학적·자연과학적 인과관계가 아니라 사회적 · 법적 인과관계이고,

---

35) Dileo v. Sec'y of Health & Human Servs., 23 Cl. Ct. 796, 798 (Cl. Ct. 1991).

36) J. Hunter Appler. Markovich v. Secretary of Health and Human Services: An Ounce of Cure For A Pound of Prevention, 10 N.C. J.L. & Tech. On. 59, 66 (2009).

37) 42 U.S.C.A. §§ 300aa－11(c)(1)(C)(ii)－13(a)(1)(A).

38) Knudsen v. Secretary of Department of Health & Human Service, 35 F.3d 543, 549 (Fed. Cir. 1994).

39) 서울행정법원 2013. 11. 20. 선고 2011누19132 판결.

그 인과관계는 반드시 의학적·자연과학적으로 명백히 증명되어야 하는 것은 아니고 제반 사정을 고려할 때 인과관계가 있다고 추단되는 경우에도 그 증명이 있다고 보아야 하고, 이는 행정분쟁에 있어서도 마찬가지라고 할 것이지만 그 증명책임은 이를 주장하는 측에 있다."라고 판시하고 있다. 이는 행정분쟁에서 상당인관관계설이 적용된다는 것을 명백히 하고 있는 것으로 보인다.[40] 또한 "다만, 앞서 본 예방접종피해의 특수성과 구 전염병예방법의 입법취지 등에 비추어 보면, 그 인과관계를 추단함에 있어 예방접종과 이상반응 사이의 시간적 관련성, 당시까지 정립된 의학적·자연과학적 지식과 그 한계, 이러한 이상반응에 대하여 다른 원인이 개입되었을 가능성 등을 종합적으로 고려할 필요가 있다." 라고 판시하여 예방접종피해의 특수성을 감안하여 인과관계의 인정함에 있어서 고려사항들도 명시하고 있다.

원심법원은 대한소아신경학회장에 대한 사실조회결과를 반영하여 예방접종의 장애로 간질을 초래할 수 있다는 의학적 견해를 받아들이면서 "평소 건강하면서도 간질 등의 가족력도 없던 원고의 경우에는 이 사건 예방접종 후 다음날로부터 간질 증세를 동반하는 비열성 경련 등의 증세를 보이다가 그 치료과정에서 간질양 뇌파가 나오는 것이 발견되기도 하였으며, 그로 말미암아 피고로부터 복합부분발작으로 판정받은 후 계속하여 간질 등으로 치료를 받다가 이 사건 후유장애로 진행되기에 이런 점, ③ 현재까지도 원고에게 간질 등 증세를 일으킬 만한 다른 요인

40) 이는 상당인과관계설을 반영하고 있는 것으로 보인다. 상당인과관계설은 인과관계의 문제를 원인과 결과라는 자연과학적 의미에서 벗어나 결과에 대한 상당인과관계만을 선별하여 손해를 가해행위에 연결시킴으로써 책임귀속을 결정하려는 입장으로 인과관계를 규범판단의 문제로 이해한 대표적 학설이다. 독일연방대법원은 상당성의 판단이 "판단 당시에 갖는 모든 지식을 근거로 이루어지며, 상당성의 결정은 본래의 인과관계의 문제가 아니라 행위자가 그 결과에 대하여 어느 정도까지의 책임지는 것이 타당한지의 문제"라고 하여 인과관계는 사실적, 자연과학적 문제가 아니라 규범적 판단의 문제라는 것을 명확히 하고 있다. 박희호, 책임법에 있어서 인과관계의 구체적 척도에 관한 연구, 동아법학 제56호(2012), 297면 참조.

이 발견되기도 않은 점 등의 감안하면, 이 사건 예방접종 후 후유장애로 진행된 원고의 경우에는 DTap 백신과 영구적인 간질 발병과의 관련성이 전혀 없다고 단정하기는 어렵다."라고 판시하여 DTap 백신과 영구적인 간질 발병 사이의 자연과학적·의학적 인과관계를 인정하고 또한 대한소아신경학회장에 대한 사실조회결과, 전문심리위원 소외 4 진술, 연세대학교 의과대학 세브란스병원의 소외 6 교수의 진술, 연세대학교 산업협력단이 주관한 2008년도 학술연구용역과제 최종결과보고서, 이 사건 피고가 작성한 예방접종 후 이상반응 관리지침 등의 참조하여 이 사건 예방접종과 후유장애 사이에 상당인과관계를 인정하고 있다.

4. 행정상 금전전보제도에서의 인과관계 논의

이 사건은 손실보상에 관한 것이지만 예방접종과 그로 인한 후유장애 사이에 상당인과관계의 인정여부가 쟁점이 되었던 사건이다. 따라서 간략하게나마 인과관계에 대한 견해의 대립을 알아볼 필요가 있다.

1) 인과관계의 본질 및 목적

인과관계의 판단에 관한 견해는 접근 방식에 따라 사실적, 자연과학적 판단방법과 법률적, 규범적 판단방법으로 구별된다.

(1) 사실적, 자연과학적 판단방법

인과관계의 문제를 순수하게 사실적, 자연과학적 측면에서 판단하는 것으로 가장 대표적 학설은 조건설이다. 인과관계와 관련해서 가장 고전적 학설로 가해행위가 없었다면 손해가 발생하지 않았을 것이라는 조건의 관점에서 인과관계를 판단하려는 견해이다. 가해자에게 불법행위책임을 지울 것인가의 문제에 대하여 많은 경우 불합리한 결론에 이르게 되는 결과를 낳을 수 있다. 이러한 측면에서 인과관계를 조건설이

라는 자연과학적 접근방법을 채택하고 있는 나라는 벨기에가 있다고 한다.[41)]

(2) 법률적, 규범적 판단방법

법률적, 규범적 판단방법은 가치판단을 통하여 가장 적법하고 정당하다고 여겨지는 손해의 귀속자를 도출하는 것이다. 즉 법적으로 유용한 요소들을 종합적으로 검토하고 이를 판단하여 가장 정당하다고 인정되는 결과를 도출하는 방식이다. 상당인과관계설, 규범목적설이 여기에 해당하고 지구상 대부분의 국가들에서 사용하고 있는 인과관계의 판단방법이라고 하겠다.

상당인과관계설은 인과관계의 문제를 원인과 결과라는 자연과학적 의미에서 벗어나 결과에 대한 상당인과관계만을 선별하여 손해를 가해행위에 연결시킴으로써 책임귀속을 결정하려는 입장으로 인과관계를 규범판단의 문제로 이해한 대표적 학설이다. 독일연방대법원은 상당성의 판단이 “판단 당시에 갖는 모든 지식을 근거로 이루어지며, 상당성의 결정은 본래의 인과관계의 문제가 아니라 행위자가 그 결과에 대하여 어느 정도까지의 책임지는 것이 타당한지의 문제”라고 하여 인과관계는 사실적, 자연과학적 문제가 아니라 규범적 판단의 문제라는 것을 명확히 하고 있다.[42)]

상당인과관계설에 대한 비판으로 상당성이라는 개념자체가 경험적이며 사회적인 것이 되지만 법률적이거나 규범적 특성을 갖지 못하기 때문에 상당성의 판단이 인과관계의 문제에 대하여 규범성을 제대로 부여할 수 있는지에 대해 의문을 제기하는 견해가 있다. 상당인과관계설은 관계적인 측면에서 인과관계를 제한할 수는 있지만 규범적인 측면에

---

41) 벨기에도 외형상 조건설의 공식을 적용하지만 실제에 있어서는 법적이며 규범적 접근방식을 따르고 있다고 한다. 박희호, 책임법에 있어서 인과관계의 구체적 척도에 관한 연구, 동아법학 第56호(2012), 296면 참조.

42) 박희호, 앞의 논문, 297면 참조.

서 인과관계의 문제를 해결할 수 있는 척도로서의 역할을 하지 못하고 있다는 비판을 하면서 규범목적설을 주장하는 견해이다. 규범목적설은 위법성 판단의 규범자체로부터 인과관계의 판단척도를 바로 도출하려고 시도하는 견해이다. 규범목적설은 인과관계의 판단도 가해행위를 규율하는 규범 자체로부터 직접 도출되어야 한다는 취지에 가장 부합한 이론으로 평가되지만 규범의 목적이나 취지를 판단함에 있어서 너무 엄격한 기준을 적용할 경우 피해자의 보호에 소홀히 할 위험이 있다. 직접적인 손해로부터 이어져서 발생하는 간접손해의 경우에 규범의 목적이나 취지를 엄격하게 적용하게 되면 피해자는 온전한 손해의 배상을 받지 못하는 경우가 발생할 수 있다. 규범목적설에 의하면 도로교통법의 규범목적만을 고려하여 교통에 관여하는 사람의 법익을 보호하는 것으로 한정하여 해석한다면 교통사고로 인한 신체손상이라는 직접적 손해에 대해서는 구제가 가능하지만 이를 비관하여 피해자가 자살하는 경우와 같은 간접손해의 경우는 권리구제가 곤란하다할 것이다.[43]

2) 국가배상에서의 인과관계에 관한 대법원의 태도

우리나라 대법원은 국가배상법에 의한 국가배상의 인정에 있어서는 상당인과관계설을 따르고 있다. 공무원의 직무상 과실로 허위의 주민등록표와 인감대장이 비치된 결과 허위의 인감증명서가 발급됨으로써 부실의 근저당설정증기를 마친 저당권자가 그 저당권의 불성립으로 손해를 입었다면 공무원의 직무상 과실과 손해사이에 상당인과관계가 있

43) 대법원 1999. 7. 12. 선고 99다19957 판결[손해배상(자)]
교통사고로 오른쪽 하퇴부에 광범위한 압궤상 및 연부조직 손상 등의 상해를 입은 고등학교 1학년 여학생이 사고 후 12개월 동안 병원에서 치료를 받았으나 다리부위에 보기 흉한 흉터가 남았고 목발을 짚고 걸어다녀야 했으며 치료도 계속하여 받아야 했는데 이로 인하여 사람들과의 접촉을 피하고 심한 우울증에 시달리다가 자신의 상태를 비관, 농약을 마시고 자살한 경우, 교통사고와 사망 사이에 상당인과관계가 있다고 본 사례.

다고 판시한 바가 있다.[44] 이는 우리나라 대법원이 민사분쟁에서 기본적으로 상당인과관계설을 따르고 있는 것과 맥을 같이 한다고 할 수 있다. 손해부담을 공평의 원칙에서 결정하려는 민사분쟁에 있어서 인과관계는 과학적 인과관계가 아니라는 판결례가 있다.[45] 보다 분명히 민사분쟁에서 인과관계는 사회적·법적인과관계임을 분명한 판결례도 있다.[46]

---

44) 대법원 1991.07.09. 선고 91다5570 판결[손해배상(기)]
"가. 동사무소 주민등록업무 담당공무원이 우송되어 온 주민등록표가 용지의 마멸 훼손상태, 정정방법, 기재내용 등이 비정상적이어서 위조의 의심이 있는데도 전주거지에 확인하여 보는 등의 조치를 취하지 아니한 채 접수한 잘못과 통장이 실전입 여부도 확인함이 없이 전입신고서에 날인하여 준 잘못으로 말미암아 동사무소에 허무인의 주민등록표와 인감대장이 비치되고, 그로 인하여 허위의 주민등록표와 인감증명서가 발급되어 무효인 근저당권 설정등기 등이 경료됨으로써 이를 믿고 물품을 외상판매한 피해자에 대하여 지방자치단체(구)에게 국가배상법 제2조 소정의 손해배상책임이 있다고 본 사례. 나. 공무원의 직무상 과실로 허위의 주민등록표와 인감대장이 비치된 결과 허위의 인감증명서가 발급됨으로써 불실의 근저당권설정등기를 마친 저당권자가 그 저당권의 불성립으로 손해를 입었다면 공무원의 그와 같은 직무상 과실과 그와 같은 손해 사이에는 상당인과관계가 있다."

45) 대법원 1977.08.23. 선고 77다686 판결
"손해부담을 공평의 원칙에서 결정하려는 민사분쟁에 있어서의 인과관계는 과학적 인과관계를 의미하는 것이 아니므로 학설상 일반적으로 코레라 예방접종의 피접종자가 유혈환자등인 경우 약 0.004프로의 치명율이 있다는 의학상보고가 있고 사체부검 결과 사망자가 비특이성 뇌의울혈부종 및 출혈반점이 있어 그 출혈이 예방접종으로 인한 가능성이 있다고 인정되는 이상 달리 피해자에게 사인인 뇌출혈상을 일으킬만한 특별한 사정이 있음을 인정할 자료가 인정될 수 없다면 법적견지에서 예방접종과 피접종자의 사망간에는 인과관계가 있다고 해석하는 것이 타당하다."

46) 대법원 2000.03.28. 선고 99다67147 판결
"민사분쟁에 있어서의 인과관계는 의학적·자연과학적 인과관계가 아니라 사회적·법적 인과관계이고, 그 인과관계는 반드시 의학적·자연과학적으로 명백히 입증되어야 하는 것은 아닌바, 보험약관상의 '상해의 직접 결과로 사망하였을 때'의 의미도 이와 같은 견지에서 이해되어야 한다."

Ⅲ. 맺으며

본 판결은 구 전염병예방법 제54조의2의 규정에 의한 국가의 보상책임을 무과실책임이기는 하지만, 책임을 묻기 위해서는 장애 등과 예방접종 사이에 인과관계를 입증해야 하지만 인과관계의 입증은 엄격한 입증을 요구하는 것이 아니라는 것을 명백히 하고 있다고 하겠다. 특히 그 인과관계는 "반드시 의학적 · 자연과학적으로 명백히 증명되어야 하는 것은 아니고, 간접적 사실관계 등 제반 사정을 고려할 때 인과관계가 있다고 추단되는 경우에는 증명이 있다고 보아야 한다."고 판시함으로써 인과관계가 사실적, 자연과학적 인과관계를 의미하는 것이 아니라는 것을 명확히 밝히고 있다. 좀 더 구체적으로 ① 예방접종과 장애 등의 발생 사이에 시간적·공간적 밀접성, ② 의학이론이나 경험칙상 예방접종에 의한 장애 등의 발생의 추론가능성, ③ 장애 등이 제3의 원인에 기인하지 않았음 등을 입증하면 인과관계의 요건을 충족된다고 하여 예방접종에 의한 피해보상을 받을 수 있다는 것을 명확히 하고 있다고 할 것이다.

대법원은 예방접종피해자에 대한 보상제도의 실질을 피해자의 특별한 희생에 대한 보상, 즉 손실보상에 가까운 것으로 파악하고 있음을 나타낸다고 하겠다.[47] 대법원은 이번 판결을 통해서 예방접종피해자에 대한 보상제도의 제도적 성격을 명확히 하고 보상을 받기 위한 예방접종과 장애 등의 인과관계의 입증정도에 대해서도 비교적 명확히 밝힘으로써 예방접종피해자의 권리구제를 확대했다는 것에 의의가 있다고 하겠다.

---

47) 박균성, 앞의 책 619면 참조.

참고문헌

박균성, 행정법강의(박영사, 2015)

今村成和, 國家補償法(有斐閣, 1957)

芝池義一, 行政救濟法講義(有斐閣, 1995)

이옥철, 감염병 대유행과 재난관리, 한국방재학회지 제15권 4호(2015)

정하명, 한국과 미국에서의 예방접종피해자 법적 구제제도, 공법학연구, 제9권 제4호

박희호, 책임법에 있어서 인과관계의 구체적 척도에 관한 연구, 동아법학 제56호

B.J. Ward, Vaccine Adverse Events in the New Millennium: Is There Reason for Concern? 78 BULL, WORLD HEALTH ORG. 205 (2000)

James G. Hodge, Jr. & Lawrence O. Gostin, School Vaccination Requirements: Historical, Social, and Legal Perspectives, 90 KY. L.J. 831 (2002)

J. Hunter Appler. Markovich v. Secretary of Health and Human Services: An Ounce of Cure For A Pound of Prevention, 10 N.C. J.L. & Tech. On. 59, 66 (2009)

Rob Henson, Inoculated against Recovery: A comparative analysis of Vaccine Injury compensation in the United States and Great Britain, 15 Tulsa J. Comp. & Int'l L. 61 (2007)

Regina Moreland, National Vaccine Injury Compensation Program, 29 J. Legal Med. 363 (2008) 외 다수의 우리나라 법원의 판례와 미국 연방법원의 판례

국문초록

2000년대 들어와서 항공교통의 발달을 비롯한 이동수단의 발달로 인하여 감염원의 국가 간 확산의 속도와 범위가 크게 증가하게 하였고 2003년 사스의 대유행을 경험하면서 국제보건기구(WHO)는 '국제보건규칙'(International Health Regulations)에서 질병감시와 위기대응역량의 강화를 각 회원국들에 요구하였고 우리나라도 이에 부응하여 2009년 12월 「감염병 예방 및 관리에 관한 법률」을 개정 공포하고 2010년 12월부터 시행하고 있다.

원고 甲은 1998. 7. 22. 11:00경 파주시 법원리 소재 파주보건소 법원보건지소에서 의사 소외 3으로부터 예방접종으로 DTaP 등 예방백신을 맞았다. 1998. 7. 23. 갑에게 복합부분발작(complex partial seizure)이라는 장애 증세가 나타나서 치료를 받고 은 후 1998. 12.경 보건복지부장관에게 관련법에 따른 진료비와 정액 간병비 보상을 신청하였고, 질병관리본부장은 원고 甲에게 예방접종 피해보상액으로 진료비 및 정액 간병비 합계 2,422,000원을 지급하였다.

그 후 원고 甲은 다시 발작 증상이 재발되면서 증세가 악화되어 2008. 6. 6.경 종합장애등급 1급 판정을 받았고, 원고 甲은 다시 보건복지부장관에게 예방접종 피해보상액으로 관련법에 따른 장애일시보상금을 신청하였으나, 질병관리본부장은 2008. 12. 30. 장애일시보상금 신청을 거부하면서 예방접종으로 인한 장애인정을 거부하는 처분을 하였다.

이에 원고 甲은 2009. 6. 30. 서울행정법원에 이 사건 처분의 취소를 구하는 행정소송을 제기하였다. 서울행정법원에서는 원고 甲에 대한 승소판결을 하였다(서울행정법원 2011. 5. 18. 선고 2009구합25101 판결). 그에 대하여 피고 질병관리본부장이 항소하여 서울고등법원에서도 원고 甲에 대한 승소판결을 하였다(서울고등법원 2013.11.20. 선고 2011누19132 판결). 대법원에서 승소하였다(대법원 2014. 5. 16. 선고 2014두274 판결). 대법원은 구 전염병예방법 제54조의2의 규정에 의한 국가의 보상책임을 무과실책임이기는 하지만, 책임을 묻기 위해서는 장애 등과 예방접종 사이에 인과관계를 입증해야 하지만 인과관계의 입증은 엄격한 입증을 요구하는 것이 아니라는 것을 명백하고 하고 있다고 하겠다.

대법원은 예방접종피해자에 대한 보상제도의 제도적 성격을 명확히 하고 보상을 받기 위한 예방접종과 장애 등의 인과관계의 입증정도에 대해서도 비교적 명확히 밝힘으로써 예방접종피해자의 권리구제를 확대했다는 것에 의의가 있다고 하겠다.

주제어: 예방접종, 예방접종피해, 백신피해보상제, 인과관계, 손실보상

Abstract

The causation requirement to get Korean Vaccine Injury Compensation Program

Jeong, Ha Myoung*

The Korean Public Law(Dec. 29. Law No. 9847) Section 54-2 provided the Korean Vaccine Injury Compensation Program. The main purpose of the Korean Vaccine Injury Compensation Program was to ensure an adequate supply of vaccines, stabilize vaccine costs, and establish and maintain an accessible and efficient forum for individual victims found to be injured by certain vaccines. The Korean Vaccine Injury Compensation Program is a no-fault alternative to the traditional tort system for resolving vaccine injury claims that provides compensation to victims found to be injured by certain vaccines. Korean Supreme Court ruled that the Korean Vaccine Injury Compensation Program is a no-fault system, but the victim needed to prove causation between the injury and the vaccination in order to get compensation(Korean Supreme Court Case No. 2014Du274, May 16. 2014). Korean Supreme Court clarified the characters of the Korean Vaccine Injury Compensation Program and the causation requirements to get the compensation at this decision.

Keywords: Vaccination, Vaccine Injury, the Korean Vaccine Injury Compensation Program, Causation, Just Compensation

* Professor, Kyungpook National University Law School

투고일: 2015. 11. 25.
심사일: 2015. 12. 15.
게재확정일: 2015. 12. 28.

建築行政法

再建築·再開發組合設立과 不動産을 所有한 國家·地方自治團體의 地位 / 朴玄廷

再建築 · 再開發組合設立과 不動産을 所有한 國家·地方自治團體의 地位

朴玄廷* ** ***

대상판결: 대법원 2014. 4. 14. 선고 2012두1419 전원합의체 판결

* 한양대학교 법학전문대학원 부교수

** 이 논문은 한국행정판례연구회 제303차 월례발표회의 발표문을 수정·보완한 것이며, 발표회에서의 토론내용을 참고하여 논리전개와 결론에 수정이 있었음을 밝힌다.

*** 이 논문은 한양대학교 교내연구지원사업으로 연구되었다(HY-2012).

Ⅰ. 대상판결의 개관

1. 사실관계

대상판결은 2009. 10. 29. 서울특별시의 정비계획에 따라 서울 마포구 신수동 일대 47,501.4㎡에 대하여 지정된 단독주택재건축 정비구역인 '신수1 주택재건축 정비구역'에서의 주택재건축정비사업과 관련하여 위 정비구역 내 토지 또는 건물을 소유한 소유자 일부가 서울특별시 마포구청장을 상대로 제기한 소송 사건에 관한 것이다. 마포구청장은 2010. 6. 4. 이 사건 정비구역 내 토지등소유자 총 414명 중 314명이 조합설립에 동의하여 동의율이 75.8%에 해당하는 등 「도시 및 주거환경정비법」[1]상의 조합설립 동의 요건을 충족하였음을 이유로 신수1주택재건축정비사업조합의 설립을 인가하였다. 이 사건 정비구역에는 기획재정부, 국토교통부, 서울특별시, 서울특별시 마포구 등 4개의 기관이 각각 관리하는 총 7,640㎡의 국·공유지가 포함되어 있었는데, 마포구청장은 위 국·공유지 소유자 수를 4인으로 산정하고 이들을 총소유자 및 동의자 수에 포함시켜 위와 같은 계산을 하였다.

원고들은 2010. 7. 16. 마포구청장을 상대로 주위적으로는 조합설립인가처분의 무효확인을, 예비적으로는 그 취소를 구하는 항고소송을 제기하였다. 원고들은 위 소송에서 이 사건 국·공유지 관리청 4개 기관은 조합원이 될 수 없고 명시적으로 동의 의사를 표시한 바도 없으므로 위 4개 기관과 국·공유지 면적은 조합설립 동의자 수 및 동의면적에서 제외되어야 한다고 주장하였다. 원고들은 조합설립인가처분의 그 밖의 위법 사유로 여러 가지 주장을 하였으나 대법원에서 주로 다투어진 것은 이 부분이다.[2]

1) 이하 '도시정비법'(괄호 안에서는 '법')이라 칭한다. 마찬가지로 「도시 및 주거환경정비법 시행령」도 '도시정비법 시행령'(괄호 안에서는 '시행령')이라 칭한다.

2. 법원의 판단

제1심 법원은 국·공유지 관리청 4개 기관이 조합설립 동의율 계산에 포함되는 토지 또는 건축물 소유자에 해당함을 전제로 위 4개 기관이 조합설립에 묵시적으로 동의한 것으로 판단하여 원고들의 주장을 배척하였고, 원고들의 다른 주장도 모두 배척하여 청구를 기각하였다. 원심 법원도 조합설립 동의율 계산에 있어서 제1심 법원과 입장을 같이 하여 원고들의 항소를 기각하였다. 제1심과 원심은 ① 도시정비법에서 정비구역 안의 국·공유재산을 정비사업 외의 목적으로 매각하거나 양도하는 것을 금지하고, 사업시행자, 점유자 또는 사용자가 다른 사람에 우선하여 수의계약으로 국·공유재산을 매수 또는 임차할 수 있도록 규정하고 있는 점, ② 현실적으로 조합설립단계에서 국·공유지에 관하여 소유자의 의사가 표시되기 쉽지 않은 점, ③ 서울특별시 실무지침상 국·공유지를 관리하는 행정관청에서 특별한 의사를 표시하지 않는 경우 재건축조합의 설립에 동의하는 것으로 처리하고 있는데, 국·공유지 관리청에서 반대의 의사를 표시하였다고 볼 만한 증거가 없는 점을 위와 같은 판단의 근거로 들었다.[3)]

대법원도 조합설립 동의율 산정시에 국·공유지도 포함하여 총 소

2) 원고들은 마포구청장이 2010. 4. 23. 한 추진위원회 변경승인처분에 대하여도 주위적으로 무효확인, 예비적으로 취소를 구하였다. 이와 관하여 추진위원회 변경승인처분의 하자를 들어 조합설립인가처분이 위법하다고 볼 수 있는지 여부와 조합설립인가처분이 행해진 이후 추진위원회 변경승인처분의 무효확인 또는 취소를 구할 소익이 있는지 여부가 쟁점이 되었다. 그러나 이 부분에 대하여는 이미 다른 사건에서 대법원이 판단한 바 있다(대법원 2013. 1. 31. 선고 2011두11112, 2011두11129 판결, 대법원 2013. 12. 26. 선고 2011두8291 판결). 이에 대한 평석으로 이승훈, "조합설립추진위원회 설립승인 무효확인", 행정판례연구 제18권 제2호, 2014, 173-225면).

3) 서울행정법원 2011. 5. 12. 선고 2010구합29383 판결; 서울고등법원 2011. 12. 9. 선고 2011누18009 판결.

유자수, 동의자수, 동의면적을 계산하여야 함을 전제로 하였다. 대법원은 정비구역 안에 여러 필지의 국·공유지가 있는 경우 관리청이 아니라 소유자별로 토지 또는 건축물 소유자를 산정하여야 함에도 원심이 국·공유지 소유자를 3인이 아니라 4인으로 계산한 잘못은 있으나, 국·공유지 소유자의 동의가 있었으며 법정동의율이 충족되었다고 본 결론은 타당하다고 보아 원고들의 상고를 기각하였다. 대법관들의 견해가 나뉜 부분은 도시정비법에 정한 방식에 따른 서면동의가 없었음에도 국가 또는 지방자치단체의 묵시적 동의가 있은 것으로 인정할 수 있는지에 관한 것이었다.

(1) 다수의견

국가 또는 지방자치단체도 조합설립에 대한 동의를 얻어야 하는 토지 또는 건축물 소유자에 해당함에도, 구 도시정비법이 국가 또는 지방자치단체의 구체적인 동의방법에 관한 규정을 두지 아니한 것은 국가 또는 지방자치단체가 앞서 본 구 도시정비법 규정 등에 의하여 정비사업과 관련한 여러 권한과 역할을 부여받고 있는 특수한 공적 지위에 있음을 고려한 것으로 보인다. 따라서 토지 또는 건축물 소유자인 국가 또는 지방자치단체의 정비사업조합 설립을 비롯한 정비사업의 추진에 관한 동의의 의사는 반드시 서면 등에 의하여 명시적으로 표시될 필요는 없다. … (중략)… <u>국가와 지방자치단체가 정비사업 시행과 관련하여 여러 공적 권한과 역할을 부여받고 있음과 아울러 공공복리 실현을 위하여 정비사업을 지원하고 사업의 추진에 협조할 의무를 지고 있는 점</u> 등에 비추어 보면, 해당 정비사업조합에 대한 설립을 인가하는 관할관청이 대표하는 지방자치단체가 정비구역 내에 토지를 소유하는 경우에 그 지방자치단체는 조합설립인가처분을 통하여 해당 정비사업조합의 설립에 동의한 것으로 볼 수 있고(대법원 2005. 3. 11. 선고 2004두138 판결, 대법원 2013. 5. 24. 선고 2011두14937 판결 등 참조), 또한 국가 또는 정비구역 지정권자가 대표자로 있는 지방자치단체가 해당 정비구역 내에 국·공유지를 소유하는 경우에 정비기본계획의 수립 및 정비구역의 지정으로부터 관할관청의 구체적인 조합설립인가처분에 이르기까지의 과정에서 협의 절차 등을 통하여 정비사업 자체나 해당 정비사업조합에 의한 사업추진에 대하여 명시적으로 반대의 의사를 표시하거나 반대하였다고 볼 수 있는 행위를 하지 아니하였다면, 국가 또는 그 지방자치단체는 관할관청의 인가에 의하여 이루어지는 해당 정비사업조합의 설립에 동의한 것으로 볼 수 있을 것이다(밑줄은 필자에 의함, 이하 같음).

(2) 대법관 이인복, 김신의 반대의견

법의 규정과 태도에 비추어 볼 때, 재건축조합의 설립 동의는 법정 양식의 동의서에 의한 명시적 동의를 의미하며, '인감도장'을 사용한 서면 동의서의 제출'은 동의의사를 확인하는 유일한 증거방법이자 요식의 행위로서 이를 결여한 것은 동의로서의 효력이 없다. 이러한 <u>동의서를 제출하지 아니한 이상 동의의사를 추단할 수 있는 행위나 외관이 있다고 하여 동의한 것으로 보는 해석은 허용되지 않는다.</u> … (중략)… <u>정비계획의 수립 및 정비구역의 지정은 조합설립과는 그 성질을 전혀 달리하는 별개의 절차로서, 정비계획의 수립 및 정비구역의 지정 단계에서 국가나 지방자치단체가 정비사업 추진에 대하여 반대의 의사표시를 하지 아니하였다고 하여 그로부터 상당한 기간이 경과한 후에 이루어지는 조합설립에 동의한 것으로 보는 것은 논리의 비약이다.</u>… (중략)… <u>국가와 지방자치단체로 하여금 정비사업의 시행을 적극적으로 지원하도록 한 구 도시정비법의 규정을 국가나 지방자치단체에게 동의를 권장하는 뜻으로 해석하는 것을 넘어 동의서를 제출하지 않아도 동의한 것으로 본다고 해석하는 것은 법률의 문언을 너무 벗어나는 해석이다.</u>… (중략)… 도시정비법 제16조, 제17조의 명문규정에 의하면 주택재건축사업의 시행을 위한 정비구역 안에 국 · 공유지가 있는 경우에 국가나 지방자치단체도 서면에 의한 동의의사를 표시하여야 조합의 설립에 동의한 것이라고 해석할 수밖에 없다.

3. 문제의 제기

정비구역 내에 국·공유부동산이 포함되는 경우 조합설립 동의율을 산정하기 위해서는 다음의 세 가지 문제를 해결하여야 한다. 첫째, 국·공유부동산을 소유하고 있는 국가 또는 지방자치단체도 조합설립에 대한 동의의사를 표시할 수 있는 소유자에 포함되는가? 둘째, 국가 또는 지방자치단체가 소유하는 부동산이 여러 건인 경우 그 부동산의 수나 관리청의 수에 관계없이 국가 또는 해당 지방자치단체를 1인으로 계산하여야 하는가? 셋째, 도시정비법에서 일정한 내용에 대하여 일정한 양식을 갖추어 서면으로 동의를 할 것을 요구하고 있음에도 불구하고 국가나 지방자치단체의 동의 의사를 추정하여 동의자에 포함시킬 수 있는가? 대법원의 다수의견은 위 세 가지 질문에 모두 '예'라고 답한 것이고, 반대의견은 세 번째 질문에 '아니오'라고 답한 것이다. 그런데, 대법원 다수의견과 반대의견의 논거를 살펴보면 국가나 지방자치단체에 일반사인과 마찬가지로 조합설립에 동의할 자격을 부여하는 것이 타당한가라는 의문이 생긴다.

이 글은 위와 같은 의문에 대한 해답을 찾기 위한 시도이다. 이를 위하여, 주택재건축·재개발사업을 중심으로 도시정비법상의 동의 제도를 개관하고, 정비구역에 국가나 지방자치단체 소유의 부동산이 포함되는 경우의 문제점을 살펴보았다(Ⅱ). 다음으로 재건축·재개발사업에서 국가 또는 지방자치단체의 지위를 국가 등이 행사하는 감독 또는 협의의 측면, 국·공유재산에 대한 관리·처분의 측면, 그리고 재건축·재개발조합 조합원 지위의 측면에서 분석해 보았다(Ⅲ). 마지막으로 대법원 다수의견과 반대의견의 논거들을 토대로 도시정비법의 해석상 타당한 해결책을 모색하고 적절한 입법론을 제시해 보고자 하였다(Ⅳ).

Ⅱ. 재건축·재개발사업과 토지등소유자 등의 동의

1. 사업단계별 동의 제도

재건축·재개발사업은 일반적으로 정비구역 내의 토지등소유자를 구성원으로 하는 정비사업조합이 단독으로 또는 시장, 군수, 구청장 등 관할청이나 주택공사 등과 공동으로 시행한다. 관할청이 직접 또는 주택공사 등을 사업시행자로 지정하여 정비사업을 시행하는 것도 가능하나 이는 예외적인 경우에 한정된다(법 제8조). 재건축·재개발사업은 정비구역 내 부동산 소유자의 이해관계와 직결되는 것인데, 정비구역 내 소유자 전원이 완벽한 합의를 거쳐 사업을 시행하는 것이 사실상 불가능하므로, 도시정비법은 조합설립 추진 및 사업시행의 각 과정에서 일정 수 이상의 토지등소유자의 동의가 있으면 사업진행이 가능하도록 하고 있다.

(1) 추진위원회 구성 및 조합설립과 토지등소유자의 동의

재건축·재개발조합은 개별 소유자의 의사와 관계없이 사업시행계획과 관리처분계획을 수립하고 부동산을 수용하거나 매도청구권을 행사하는 등 행정주체로서 재건축·재개발사업을 시행할 수 있는 권한을 행사한다.[4] 때문에 도시정비법은 법정의 요건을 갖추고 가중된 다수의 동의를 얻어 설립인가를 받았을 때 비로소 조합으로서의 권한과 지위를 인정받을 수 있도록 하고 있다. 재개발조합을 설립하려면 토지등소유자

4) 대법원 2009. 9. 24. 선고 2008다60568 판결 등.

의 4분의 3 이상 및 토지면적의 2분의 1 이상의 토지소유자의 동의를 얻어야 하며, 재건축조합을 설립하려면 주택단지 안의 공동주택의 각 동별 구분소유자의 3분의 2 이상 및 토지면적의 2분의 1 이상의 토지소유자의 동의와 주택단지 안의 전체 구분소유자의 4분의 3 이상 및 토지면적의 4분의 3 이상의 토지소유자의 동의를 얻어야 한다(법 제16조 제1항, 제2항). 동의는 건설되는 건축물의 설계 개요, 정비사업비, 비용의 분담기준, 사업 완료 후 소유권의 귀속에 관한 사항뿐만 아니라 조합정관에 대한 동의서를 징구하는 방식으로 이루어지므로(법 제16조 제5항, 시행령 제26조 제2항), 조합설립 동의는 해당 조합이 재건축·재개발사업을 시행하는 데 대한 동의인 동시에 조합의 구성내용에 대한 동의라고 할 수 있다.

다만 재건축사업과 재개발사업에서 조합설립 동의를 하거나 조합원이 될 수 있는 자의 범위는 같지 않다. 재개발사업에서 '토지등소유자'는 정비구역 안에 소재한 토지 또는 건축물의 소유자 또는 그 지상권자를 의미하지만, 재건축사업에서 '토지등소유자'는 건축물 및 부속토지의 소유자[5]를 의미하고 정비구역 내에 토지 또는 건축물만을 소유한 자는 '토지등소유자'에 해당하지 않게 된다(법 제2조 제9호 (가), (나)목). 재건축조합의 조합원은 조합설립에 동의한 토지등소유자에 한정되지만, 재개발조합의 경우 정비구역 안의 토지등소유자는 조합설립에 동의하지 않더라도 조합원으로 강제가입된다(법 제19조 제1항).

하나의 정비구역 안에 조합설립을 추진하는 여러 단체가 난립하여 분쟁의 원인이 되는 것을 막기 위하여 도시정비법은 추진위원회 구성승인을 받은 추진위원회에 조합설립을 위한 업무를 진행할 수 있는 지위를 부여하였다.[6][7] 추진위원회 구성승인을 받기 위하여는 정비구역 내

---

5) 정비구역이 아닌 구역에서 재건축사업이 이루어지는 경우에는 위 구역 안에 소재한 대통령령이 정하는 주택 및 그 부속토지의 소유자와 부대·복리시설 및 그 부속토지의 소유자를 말한다(법 제2조 제9호 (다)목).

토지등소유자의 과반수의 동의를 받아야 하므로(법 제13조 제1항), 사실상 동일한 정비구역에서는 하나의 추진위원회만 활동할 수 있다.

(2) 사업시행계획, 관리처분계획과 조합원의 동의

사업시행계획은 토지이용, 건축, 정비기반시설의 설치, 이주대책, 폐기물처리 등 재건축·재개발사업의 시행을 위한 각종의 계획을 포괄하는 것이다.[8] 관리처분계획은 정비사업의 결과를 분배하는 계획,[9] 즉 사업시행구역 안에 있는 종전의 토지 또는 건축에 관한 권리를 새로이 조성된 토지와 건축물에 관한 권리로 변환시켜 배분하는 일련의 계획이

---

6) 김종보, 전연규, 새로운 재건축·재개발이야기 I -상권, 도시와미래, 2010, 464면; 이영동, 재개발·재건축조합의 설립과 설립무효, 사법논집 제49집, 2009, 170면 등 참조.

7) 대법원은 추진위원회 구성승인처분이 강학상 인가에 해당한다고 보고 있다(대법원 2013. 12. 26. 선고 2011두8291 판결). 그러나 추진위원회 구성승인처분에 대한 항고소송에서 동의의 하자를 다툴 수 있도록 하고 있도록 하면서도(대법원 2008. 7. 24. 선고 2007두12996 판결, 대법원 2011. 7. 28. 선고 2011두2842 판결 등), 구성승인처분을 강학상 인가로 보는 것에는 논리의 모순이 있는 것 같다. 대법원은 강학상 인가로 보는 사업시행인가나 관리처분계획인가의 경우에는 조합원 동의의 하자를 기본행위의 하자로 보아 기본행위인 사업시행계획, 관리처분계획을 다투어야 한다고 보았기 때문이다(대법원 2001. 12. 11. 선고 2001두7541 판결 등). 추진위원회 구성승인처분의 성격을 인가로 보는 견해로 송현진, 유동규, 재개발·재건축 이론과 실무, 진원사, 2013, 333면; 이영동, 재개발·재건축조합의 설립과 설립무효, 177-178면; 황태윤, "정비사업조합 설립추진위원회를 둘러싼 몇 가지 쟁점에 관한 연구", 전북대학교 법학연구 제42집, 2014, 342면 참조. 그 성격을 강학상 특허 내지 설권적 행위로 보는 견해로 이우재, 도시 및 주거환경정비법(상), 진원사, 2009, 383면; 배병호, "재개발조합설립인가 등에 관한 소송방법", 행정판례연구 제17권 제1호, 2013, 297면; 김선희, "도시정비법상 추진위원회와 관련한 제반 법률문제", 사법 제23호, 2013, 157-158면; 김중권, "조합설립인가취소판결에 따른 추진위원회의 법적 지위에 관한 소고", 공법학연구 제15권 제4호, 2014, 247-248면; 서울행정법원 실무연구회, 행정소송의 이론과 실무, 사법발전재단, 2014, 542면 등 참조.

8) 김종보, 전연규, 새로운 재건축·재개발이야기 I -상권, 135-136면; 송현진, 유동규, 재개발·재건축 이론과 실무, 737면 참조.

9) 김종보, 전연규, 새로운 재건축·재개발이야기 I -상권, 481면 참조.

다.[10] 조합이 작성한 사업시행계획안과 관리처분계획안은 관할청의 인가를 받으면 그 자체로 처분성이 인정되는 사업시행계획, 관리처분계획으로서 효력이 발생하며,[11] 인가를 받기 위해서는 미리 총회를 개최하여 정관에 따른 조합원 동의를 얻어야 한다(법 제28조 제5항, 제47조 제2항, 제24조 제1항 9호의2, 제10호).

2. 단독주택 재건축사업에서 조합설립 동의

(1) 단독주택 재건축사업의 특성

정비기반시설이 열악하고 노후 · 불량건축물이 밀집한 지역에서 주거환경을 개선하기 위하여 시행하는 재개발사업과 달리 재건축사업은 정비기반시설은 양호하나 노후 · 불량건축물이 밀집한 지역에서 주거환경을 개선하는 것을 내용으로 한다(법 제2조 제2호 (나), (다)목). 통상적으로 재건축사업은 기존의 공동주택단지를 철거하고 다시 주택을 짓는 방식으로 이루어지지만, 정비기반시설은 양호하나 노후 · 불량건축물이 밀집한 단독주택지역에서 기존 건축물을 철거하고 주택을 건축하는 방식의 재건축사업도 가능하다.[12] 이를 '단독주택 재건축사업'이라 부른다.[13] 단독주택 재건축사업은 2003년 도시정비법 시행으로 주택재건축사업을 위한 정비계획 수립대상구역을 기존의 공동주택을 재건축하고자 하는 경우와 기존의 단독주택을 재건축하고자 하는 경우로 구분하여 규정하면서 제도적으로 정착하였다(법 제4조 제1항, 시행령 제10조 제1항 [별표 1]).[14]

10) 송현진, 유동규, 재개발 · 재건축 이론과 실무, 957면 참조.

11) 대법원 2009. 11. 2.자 2009마596 결정; 대법원 2009. 9. 17. 선고 2007다2428 판결 등.

12) 주택단지 안에 있지 아니하는 건축물의 경우에는 지형여건·주변의 환경으로 보아 사업시행상 불가피한 경우와 정비구역 안에서 시행하는 사업에 한하여 재건축사업이 허용된다(법 제6조 제3항 단서 참조).

13) 이는 도시정비법에서 명시된 용어는 아니다. 다만 구 도시정비법 시행령 부칙 제6조(2012. 7. 31. 대통령령 제24007호로 개정된 것)에서 "단독주택 재건축사업"이라는 표현을 사용하고 있다.

단독주택 재건축사업은 정비기반시설이 양호한 것으로 평가되는 이외에는 사업의 실질에 있어서 재건축보다 재개발에 유사한 사업이라 볼 수 있다.[15] 단독주택 재건축사업은 사업구역에 주택단지가 포함되지 않는 한 안전진단을 거칠 필요가 없으며(법 제12조 제2항), 관리처분계획 수립시의 분양대상자 결정에 있어서도 재개발사업에 관한 규정을 준용한다(법 제48조 제1항, 시행령 제52조 제2항 제1호 단서).[16] 그러나 단독주택 재건축사업도 재건축사업의 일종이므로 원칙적으로 재건축사업에 관한 규정들이 그대로 적용된다. 단독주택 재건축사업은 임시수용시설의 설치 등의 부담이 없는 대신(법 제36조, 제36조의2, 제40조), 투기과열지구로 지정된 지역 안에서의 조합원 명의변경이 금지되고(법 제19조 제2항), 수용권이 인정되지 않으며(법 제38조, 제39조), 조합설립 동의율이 높게 책정되어 있다는 점에서(법 제16조 제1항, 제3항) 재개발사업에 비하여 불리하다.

(2) 단독주택 재건축사업에서 조합설립 동의의 특수성

도시정비법 제16조 제3항은 주택재건축사업에서 주택단지가 아닌 지역이 정비구역에 포함된 때에는 제16조 제2항의 규정에 불구하고 주택단지가 아닌 지역 안의 토지 또는 건축물 소유자의 4분의 3 이상 및 토지면적의 3분의 2 이상의 토지소유자의 동의를 얻어야 한다고 규정하

---

14) 그 이전에는 관계법령에서 노후 · 불량주택의 범위를 어떻게 보느냐에 따라 재건축사업에 포함되거나 배제되는 과정이 반복되면서 사업이 활성화되지 못하였다고 한다(권순형, 백성준, “주택재개발사업과 단독주택 재건축사업의 물리적 특성 비교연구”, 주택연구 제20권 제3호, 2012, 109면 참조).

15) 김종보, 전연규, 새로운 재건축 · 재개발이야기 I －상권, 104면; 강정규, 김광춘, “도시 및 주거환경정비법상 단독주택 재건축 사업의 개선방안에 관한 연구: 포항시 사례를 중심으로”, 토지공법연구 제38집, 2007, 152면 참조.

16) 2012. 7. 31. 도시정비법 시행령 개정으로 위 단서 조항은 삭제되었으나, 기존의 단독주택 재건축사업에 대하여는 개정 전 시행령이 계속 적용된다(2012. 7. 31. 개정 시행령 부칙 제6조 제1항).

고 있다. 단독주택 재건축사업에서 조합설립 동의를 얻기 위해서는 위 조항에 따른 동의율을 충족하여야 한다. 정비구역에 주택단지와 주택단지가 아닌 지역이 공존하는 경우에는 주택단지에 대하여 도시정비법 제16조 제2항에 따른 동의를 얻고 나머지 지역에 대하여 이와 별도로 제3항에 의한 동의를 얻어야 한다.[17] 이 사건에서는 정비구역에 주택단지[18]가 포함되지 않아 도시정비법 제16조 제3항에 의한 동의율 충족 여부만이 문제된 것으로 보인다.

토지 또는 건축물 소유자의 동의를 얻어야 한다는 점에서 단독주택 재건축사업에서의 조합설립 동의는 재개발사업에서의 그것과 유사한 측면이 있다. 그러나 조합설립 동의율 계산을 제외하면 단독주택 재건축사업에 대한 특례규정이 없기 때문에, 단독주택 재건축사업 각 단계에서의 동의는 공동주택 재건축사업에서의 동의와 동일하게 진행된다. 토지등소유자, 즉 건축물 및 그 부속토지의 소유자를 상대로 추진위원회 구성 동의를 얻어야 하고, 조합설립에 동의한 토지등소유자만이 조합원이 되며, 이들 조합원으로 구성된 총회에서 사업시행계획과 관리처분계획의 동의를 받아야 한다. 조합설립 동의자와 조합원이 불일치하게 되면 "조합원이 아닌 자들의 동의여부를 통하여 조합원들의 사업 진행여부가 좌우된다는 모순"이 발생하게 된다.[19] 또한 조합원의 자격이 인정되지 않는 토지 또는 건축물만을 소유한 자들이 조합설립에 동의할 유인이 줄어들게 되는 것도 문제이다.

(3) 단독주택 재건축사업의 전망

단독주택 재건축사업은 정비기발시설의 양호 여부에 대한 명확한

---

17) 대법원 2012. 10. 25. 선고 2010두25107 판결; 대법원 2014. 5. 16. 선고 2011두27094 판결 등.

18) 주택단지란 주택법에 따른 공동주택단지와 건축법상 건축허가를 얻어 건설된 아파트 또는 연립주택단지를 의미한다(법 제2조 제7호 참조).

19) 김종보, 전연규, 새로운 재건축·재개발이야기 I -상권, 117면 참조.

기준이 없어 재개발사업과 사실상 구별실익이 없음에도[20] 위와 같이 조합운영이나 사업시행에 관하여 다른 규율을 한다는 점에서 문제가 있었다.[21] 이를 반영하여 2012. 7. 31. 도시정비법 시행령이 개정되면서 위 별표의 정비계획 수립대상구역에서 기존의 단독주택을 재건축하고자 하는 경우가 삭제되었다. 그러나 부칙 제6조에서 위 시행령 시행일인 2014. 8. 3. 이전에 정비기본계획이 수립된 경우나 「도시재정비 촉진을 위한 특별법」에 따라 재정비촉진지구로 지정된 경우에 종전의 규정에 따라 단독주택 재건축사업을 위하여 정비구역을 지정할 수 있도록 경과규정을 두고 있다. 단독주택 재건축사업은 당분간 재건축사업의 한 유형으로 남게 될 것이며, 그에 관한 분쟁도 계속될 것으로 보인다.[22]

3. 정비구역에 국·공유부동산이 포함되는 경우의 문제

재개발사업이나 단독주택 재건축사업의 경우 기존 주택 사이의 도로가 사업구역에 포함될 수밖에 없어 대부분의 경우에 국·공유부동산의 처리 문제가 발생하게 된다.[23] 공동주택 재건축사업의 경우도 복수

---

20) 2014년 작성된 서울특별시의 2020 도시및주거환경정비기본계획 보고서도 주택재개발사업 정비예정구역에 대한 지정요건이 지속적으로 완화되어 단독주택 재건축사업과의 뚜렷한 구별기준이 없음을 지적하고 있다(위 보고서, 31면 참조).

21) 김종보, 전연규, 새로운 재건축·재개발이야기 I －상권, 131면; 권순형, 백성준, "주택재개발사업과 단독주택 재건축사업의 물리적 특성 비교연구", 127면 등 참조.

22) 2014년 6월 현재 서울특별시의 정비예정구역 및 정비구역 지정 현황은 아래와 같다(서울특별시 2020 도시및주거환경정비기본계획 보고서 72, 80면 참조)

	정비예정구역			정비구역				
재건축	단독주택	공동주택	계	단독주택	공동주택	아파트지구	촉진지구	계
	96	55	151	87	40	27	16	170
재개발	32			재개발		촉진지구		계
				109		118		227

23) 2005. 1.부터 2012. 2.까지 서울시가 지정한 정비구역에서 기존 국·공유지 비율의 평균은 재개발사업이 21.22%, 단독주택 재건축사업이 17.12%라고 한다(권순형, 백성준, "주택재개발사업과 단독주택재건축사업의 물리적 특성 비교 연구",

의 아파트단지를 합하여 재건축이 이루어지거나 대규모의 아파트단지에서 재건축이 이루어지는 경우에는 도로나 공원 주민센터 등의 시설이 사업구역에 포함되어 마찬가지 문제가 발생할 수 있다. 정비구역 내 국·공유부동산의 대다수는 도로와 공원이지만, 그밖에 공용·공공용 건축물과 부지 등이 포함될 수 있다. 국·공유부동산의 소유자도 조합설립과 사업시행계획 등에 대한 인가권이 있는 지방자치단체, 해당 정비구역의 지정자인 시·도지사가 속한 지방자치단체, 국가 등으로 다양하게 나타날 수 있다. 예외적으로 서울특별시가 속초에 공무원수련원을 운영하는 것과 같이 해당 정비구역에 대하여 전혀 관할권이 없는 지방자치단체가 부동산을 소유하는 경우도 생각해 볼 수 있다.

정비구역 내에 국·공유부동산이 포함되는 경우 가장 문제가 되는 것은 이 사건에서와 같이 조합설립 동의율을 계산할 때 국·공유부동산을 어떻게 처리할 것인가이다. 국·공유지 부동산을 포함하여 동의자 및 동의면적을 산정할 것인지에 대하여는 도시정비법에 명문의 규정이 없어 지방자치단체별로 기준을 달리하고 있었다고 한다.[24] 앞서 본 바와 같이 공동주택 재건축사업에서는 건축물과 부속토지를 모두 소유한 자의 동의율만을 계산하는데, 국가나 지방자치단체가 공동주택을 소유하는 경우는 매우 드물기 때문에[25] 단독주택 재건축사업과 재개발사업에서 주로 이러한 문제가 발생한다. 추진위원회 구성 동의는 토지등소유자의 과반수로 족하기 때문에 소수에 불과한 국가나 지방자치단체의 동의 여부가 그 구성을 좌우하기 어렵지만, 조합설립 동의에 있어서는 재개발의 경우 토지 면적의 2분의 1, 단독주택 재건축의 경우 토지 면적

118-120면 참조).

24) 예를 들어 부천시, 서울특별시 중랑구에서는 국·공유지를 제외한 정비구역 내 토지등소유자를 기준으로 동의율을 산정하였고, 고양시, 서울특별시 중구, 성북구 등에서는 관리청별로 동의자 수에 포함시켜 동의율을 산정하였다고 한다(김종보, 전연규, 새로운 재건축·재개발이야기 I-상권, 767면 참조).

25) 국가가 아파트를 관사로 소유하는 경우 정도를 생각해 볼 수 있다.

의 3분의 2 이상의 동의를 요구하기 때문에 국·공유부동산을 계산에 포함시킬 것인지 여부에 따라 조합의 운명이 달라질 수 있다.

Ⅲ. 재건축·재개발사업에서 국가·지방자치단체의 지위

1. 재건축·재개발사업의 감독과 협의

재건축·재개발사업은 정비기본계획의 수립, 정비계획의 수립 및 정비구역의 지정과 해당 정비구역에서 재건축·재개발사업을 시행하기 위한 추진위원회 구성, 조합설립, 사업시행계획 수립, 관리처분계획 수립을 거쳐 공사를 시행하고 권리변동 및 청산절차를 집행하는 단계로 이루어지며, 국가와 지방자치단체는 각 단계별로 일정한 감독과 협의권을 부여받고 있다. 이는 재건축·재개발사업 관할청, 국가 및 정비구역 지정권자의 감독권과 부동산을 소유한 국가 또는 지방자치단체의 협의권으로 나누어 살펴볼 수 있다.

(1) 재건축·재개발사업 관할청, 국가, 정비구역 지정권자의 감독권

시장, 군수, 자치구의 구청장 등 관할청은 정비계획을 입안하고 정비구역이 지정된 이후 재건축·재개발사업을 감독한다. 관할청은 추진위원회의 구성을 승인하고 조합설립을 인가하며, 사업시행계획인가, 관리처분계획인가, 준공인가 등 사업의 각 단계에 개입하고 관할청으로서 감독업무를 수행한다. 국가나 정비구역 지정권자의 개입에 비하여 관할청의 개입은 가장 직접적이고 전면적이라 볼 수 있다.

국가와 정비구역 지정권자는 정비사업의 일반원칙과 틀을 정하는 방식으로 개입한다. 국토교통부장관은 정비의 기본방침을 정하고(법 제2

조의3), 도시·주거환경정비기본계획 및 정비계획의 작성기준 및 작성방법을 정하며 기본계획 수립 및 변경내용, 정비구역의 지정 및 변경내용을 보고받는다(제3조 제7항, 제8항, 제4조 제6항, 제11항). 특별시장·광역시장·도지사는 정비구역 지정권자로서 정비계획을 수립하고 정비구역을 지정한다(법 제4조 제3항).[26] 국토교통부장관은 정비사업으로 건설하는 주택의 규모 및 규모별 비율을 정하여 고시할 수 있으며(법 제4조의2 제1항), 주택재건축사업에 필요한 안전진단 방식을 정하여 고시한다(법 제12조 제4항).

국가와 정비구역 지정권자는 일정한 경우에 구체적인 사업의 시행에 개입할 수도 있다. 관할청은 주택재건축사업에 필요한 안전진단결과보고서를 정비구역 지정권자에게 제출하여야 하며, 정비구역 지정권자는 한국시설안전공단 등에게 제출받은 안전진단결과의 적정성 여부에 대한 검토를 의뢰할 수 있다(법 제12조 제7항). 국토교통부장관은 정비구역 지정권자에게 안전진단결과보고서의 제출 및 안전진단결과의 적정성 여부에 대한 검토를 하도록 요청할 수 있다(법 제12조 제8항). 국가와 정비구역 지정권자는 사업시행자 등에 대하여 보고 또는 자료의 제출을 명하거나 그 업무에 관한 사항을 조사할 수 있으며(법 제75조), 정비사업의 시행이 도시정비법 또는 도시정비법에 의한 명령·처분 등에 위반되었다고 인정되는 때에는 국토교통부장관은 정비구역 지정권자, 관할청, 사업시행자 등에게, 정비구역 지정권자는 관할청과 사업시행자 등에게 처분의 취소·변경, 공사의 중지·변경, 임원의 개선권고 그 밖의 필요한 조치를 취할 수 있다(법 제77조 제1항).

26) 특별자치시장, 특별자치도지사는 기본계획 및 정비계획을 수립하고 정비구역을 지정한다. 시장은 기본계획 수립권자이지만 정비계획 단계에서는 입안권만 있다. 특별자치시장, 특별자치도지사, 시장은 동시에 재건축·재개발사업의 관할청의 지위도 있으므로 이하에서는 이들을 제외하고 논하기로 한다.

(2) 부동산관리청으로서의 협의권·의견제시권

국가·지방자치단체는 국·공유재산의 소유자이자 관리자로서 정비구역지정단계, 그리고 사업시행계획인가단계에 개입할 수 있다. 정비기반시설 및 국·공유재산의 귀속 및 처분에 관한 사항이 포함된 정비계획을 수립하고자 하는 때에는 관할청은 정비계획의 입안에 앞서 해당 정비기반시설 및 국·공유재산 관리청의 의견을 들어야 한다(법 제4조 제10항).[27] 관할청이 국·공유재산의 처분에 관한 내용이 포함된 사업시행계획을 인가하고자 하는 경우 미리 관리청과 협의하여야 하며(법 제66조 제3항), 정비기반시설의 귀속 및 양도에 관한 사항이 포함된 사업시행계획을 인가하고자 하는 경우에도 미리 관리청의 의견을 들어야 한다(법 제65조 제3항). 도시정비법은 정비기본계획 수립과정에도 관계행정기관의 장과 협의하도록 하는 규정을 두고 있다(법 제3조 제5항). 정비기본계획에는 정비기반시설 및 공동이용시설설치에 관한 기본적인 계획이 포함되고 정비구역으로 지정할 예정인 구역, 즉 정비예정구역의 개략적인 범위가 결정된다. 따라서, 이 단계에서 협의가 필요한 '관계 행정기관의 장'에는 정비예정구역에 위치한 국·공유부동산의 관리청이 포함될 수 있을 것으로 보인다.[28]

국·공유재산 관리청은 관계 행정기관장으로서 정비예정구역 지정에 관하여 협의할 수 있고, 부동산 관리청으로서 정비구역 지정에 관한 의견을 제시할 수 있으며, 사업시행계획 인가단계에서 정비기반시설의 처분에 관하여 의견을 제시하거나 기타 국·공유재산의 처분에 관하여 관할청과 협의할 수 있다. '의견을 듣다'는 표현의 통상적인 의미를 고려

---

27) 이 제도는 2009. 2. 6. 도시정비법이 개정되면서 신설된 것인데, 이 사건에서는 개정 전의 도시정비법만이 적용되었다.

28) 다만 행정실무에서 협의 대상에 포함시키는 관계 행정기관의 장의 범위가 어디까지인지를 확인하지는 못하였다.

하면 위 '의견'이 '동의'와 같은 수준의 구속력을 가진다고 할 수는 없을 것이다. 그러나 '협의'의 경우 근거법률의 체계나 협의를 요구하는 취지 등에 따라서 의미를 다르게 볼 수 있으므로, 도시정비법에서의 '협의'의 의미를 명확히 할 필요가 있다.

근거법률에서 처분에 앞서 관계 행정기관과의 협의를 거치도록 하고 있는 경우에 그 의미에 관한 선행 연구들을 종합하면 다음과 같은 일응의 기준을 제시할 수 있다. 근거법령에서 "행정기관의 전문적인 지식이나 경험을 빌림으로써 권한행사의 타당성과 적법성을 확보"하기 위해 협의를 요구하는 경우[29]나 "어떤 규제영역에 대하여 특정 행정기관이 주도적인 권한을 행사하되, 다만 주위의 여러 이해관계를 고려하기 위하여 다른 행정기관의 의견을 참작할 필요"[30]에서 협의를 요구하는 경우에는 그 협의에 구속력을 인정할 수 없을 것이다. 반면에 "복수의 규제기관의 권한이 대등하거나 주위의 이해관계를 분명하게 반영시켜야 할 필요가 있는 경우,"[31] "소관사무가 둘 이상의 행정기관에 직접 관련된 경우,"[32] 인허가 의제 규정에서 협의가 요구되는 경우[33] 등에는 협의에 구속력이 있다고 이해된다.[34]

---

29) 류철호, "법령상 협의규정에 관한 검토", (순간)법제 제569호, 2005, 47면 참조.

30) 조성제, "행정법상 협의제도에 관한 고찰: 군사기지 및 군사시설보호법상 협의를 중심으로", 강원법학 제40권, 2013, 351면 참조.

31) 조성제, "행정법상 협의제도에 관한 고찰", 352면 참조.

32) 류철호, "법령상 협의규정에 관한 검토", 49-51면 참조.

33) 김재광, "행정법상 집중효제도의 검토", 토지공법연구 제9호, 2000, 75면("여기서 협의는 관련 인·허가를 규정하고 있는 법률에의 적합여부에 관한 검토를 요청하는 것이므로 단순히 관련 인·허가업무를 관장하는 행정기관의 장의 의견을 듣는 데에 그치는 것이 아니라 관련 인·허가업무를 관장하는 행정기관의 장의 동의를 구하는 것으로 이해하여야 할 것이다."); 정태용, "인·허가의제제도에 관한 고찰", (순간)법제 제530호, 2002, 11면 참조.

34) 대법원은 구 군사시설보호구역에서의 건축허가에 관할 부대장의 협의가 요구된 경우(대법원 1995. 3. 10. 선고 94누12739 판결), 구 문화재보호법상 문화재청장과의 협의가 요구된 경우(대법원 2006. 3. 10. 선고 2004추119 판결) 그 협의는 동의를 의미하는 것이라 보았다. 반면에, 구 택지개발촉진법상 택지개발예정지구 지정시

정비기본계획은 정비사업의 기본방향을 정하고 실천전략 등을 제시하는 것인데,[35] 정비기본계획의 추상성이나 정비기본계획 단계에서 입안권자와 결정권자에게 인정되는 광범위한 재량을 고려하면, 이 단계에서 행해지는 관계 행정기관장과의 협의는 정비기본계획 입안권자가 주도적인 권한을 행사하되 여러 이해관계를 고려하기 위하여 다른 행정기관의 의견을 참작할 필요가 있는 경우에 해당한다고 볼 수 있을 것이다. 그러나 사업시행계획인가 단계에서 이루어지는 협의는 다르게 볼 수 있다. 재건축·재개발사업에서 기존 정비기반시설의 운명은 도시정비법 제65조에 따라 결정되고 관할청이나 정비기반시설 관리청이 그에 반하는 결정을 할 수 없다. 도시정비법 제65조 제3항은 이를 감안하여 '협의'가 아니라 '의견을 들어야 한다'는 표현을 썼다고 볼 수 있다. 나아가 도시정비법 제66조 제3항에서 '의견을 들어야 한다'가 아니라 '협의를 하여야 한다'는 표현을 쓴 이유는 정비기반시설 이외의 부동산의 처분에 대하여는 그 소유자인 국가 또는 지방자치단체에게 일정한 처분권이 있음을 인정한 것이며, 그 소유자에게 단순히 의견을 제시하는 수준을 넘어서는 권한을 준 것이라 볼 수 있을 것이다. 따라서 여기서의 '협의'는 구속력이 있는 협의, 즉 동의를 말한다고 볼 수 있다. 문제는 국가 또는 지방자치단체에게 정비기반시설 이외의 부동산 소유자로서 어떠한 처분권이 인정되는가라는 점인데, 이는 항을 바꾸어 자세히 살펴보기로 한다.

에 필요한 관계 중앙행정기관장과의 협의(대법원 2000. 10. 13. 선고 99두653 판결), 구 산림법상 관계 행정기관이 보전임지를 다른 용도로 이용하기 위한 사업에 대한 승인처분을 하기 전에 필요한 산림청장과의 협의(대법원 2006. 6. 30. 선고 2005두14363 판결)의 의미는 자문을 구하라는 것에 불과하고 처분청이 그 협의내용에 구속되지 않는다고 보았다.

35) 송현진, 유동규, 재개발·재건축 이론과 실무, 72면 참조.

2. 국·공유재산의 관리와 처분

재건축·재개발사업에서 사업시행자인 조합은 토지등소유자의 동의를 얻거나 매도청구권(재건축사업의 경우) 또는 수용권(재개발사업의 경우)을 행사하여 사업부지의 소유권을 확보하게 된다. 국·공유재산의 소유권 확보에 관하여는 도시정비법 제65조 이하에서 별도로 규정하고 있다. 이들 규정을 기존의 정비기반시설인 국·공유재산의 소유권 양도에 관한 규정과 그 밖의 국·공유재산의 처분에 관한 규정으로 나누어 살펴볼 수 있다.

(1) 정비기반시설의 무상양도

1) 정비기반시설의 무상귀속·무상양도

사업시행자가 수립하는 사업시행계획에는 정비기반시설의 설치계획이 포함된다(법 제30조 제2호). 사업시행자는 사업시행계획 인가를 받는 과정에서 관할 자치단체장과 협의를 거쳐 정비구역안에 정비기반시설을 설치하게 된다(법 제64조 제1항). 조합이 사업시행자로서 새로 설치한 정비기반시설은 그 시설을 관리할 국가 또는 지방자치단체에 귀속되고, 정비사업의 시행으로 인하여 용도가 폐지되는 국가 또는 지방자치단체 소유의 정비기반시설은 그가 새로이 설치한 정비기반시서의 설치비용에 상당하는 범위 안에서 사업시행자에게 무상으로 양도된다(법 제65조 제2항). 도시정비법은 무상귀속 및 무상양도의 시점도 정비사업이 준공인가되어 정비기반시설 관리청에 준공인가 통지를 한 때로 법정하고 있다(법 제65조 제4항).

도시정비법은 새로이 설치되는 정비기반시설에 대하여는 '무상귀속'이라는 용어를 쓰고 기존의 정비기반시설에 대하여는 '무상양도'라는 표현을 사용하지만, 양자 모두 당사자의 의사에 의하는 것이 아니라 법률의 규정에 의한 물권변동이라는 점에서 의미가 같다고 볼 수 있다.[36]

도시정비법의 무상양도 규정은 새로운 정비기반시설 설치로 인한 재산상의 손실을 합리적인 범위 안에서 보전해 주고자 하는 데 그 입법 취지가 있으므로 강행규정이라는 것이 대법원의 태도이다.[37] 나아가 대법원은 위 규정을 위반하여 용도가 폐지되는 정비기반시설을 유상으로 매도하는 내용의 매매계약은 강행규정에 반하는 계약이어서 효력이 없다고 보고 있다.[38]

2) 무상양도되는 정비기반시설의 범위

'정비기반시설'은 도로, 상하수도, 공원, 공용주차장, 공동구[39] 그 밖에 주민의 생활에 필요한 가스 등 공급시설로서 대통령령이 정하는 시설을 말하며(법 제2조 제4호), 대통령령이 정하는 시설에는 녹지, 하천, 공공공지, 광장, 소방용수시설, 비상대피시설, 가스공급시설이 포함된다(시행령 제3조). 정비기반시설과 유사한 개념으로 국토계획법상의 기반시설, 도시·군계획시설, 공공시설이 있다. 기반시설이란 교통시설, 공간시설, 유통·공급시설, 공공·문화체육시설, 방재시설, 보건위생시설, 환경기초시설을 아우르는 광범위한 개념이고, 도시·군계획시설은 기반시설 중 도시·군관리계획으로 결정된 시설을 의미하며, 공공시설은 도로, 공원, 철도, 수도 등의 공공용 시설을 의미하는 것으로 정비기반시설과 가장 유사한 개념이지만 역시 정비기반시설보다 넓은 개념이다(국토계획법 제2조 제6호, 제7호, 제13호).

대법원은 "정비사업시행인가 이전에 이미 국토계획법에 의하여 도

36) 이우재, 도시 및 주거환경정비법, 472면; 송현진, 유동규, 재개발·재건축 이론과 실무, 1185면 등 참조.

37) 대법원 2007. 7. 12. 선고 2007두6663 판결 등.

38) 대법원 2009. 6. 11. 선고 2008다20751 판결 등.

39) 「국토의 계획 및 이용에 관한 법률」(이하, 국토계획법) 제2조 제9호의 규정에 의한 공동구, 즉 전기·가스·수도 등의 공급설비, 통신시설, 하수도시설 등 지하매설물을 공동 수용함으로써 미관의 개선, 도로구조의 보전 및 교통의 원활한 소통을 위하여 지하에 설치하는 시설물을 말한다.

시관리계획으로 결정되어 설치된 국가 또는 지방자치단체 소유의 기반시설"만을 '정비사업의 시행으로 인하여 용도가 폐지되는 정비기반시설'로 보고 있다.[40] 도시정비법에 의한 정비사업에 관한 계획도 도시관리계획의 하나로 보고, 도시계획사업을 도시계획시설사업과 정비사업을 포함한 개념으로 보는 국토계획법 규정을 고려하면(국토계획법 제2조 제4호 (다), (라)목, 제11호), "도시정비법은 국토계획법상의 도시관리계획에 의한 도시기능의 회복이 필요하거나 주거환경이 불량한 지역을 계획적으로 정비하고 노후·불량건축물을 효율적으로 개량하기 위하여 필요한 사항을 규정하기 위한 목적으로 제정된 법률"이므로, 도시정비법상의 정비기반시설도 국토계획법의 규정을 고려하여 정의하여야 한다는 것이다. 이를 도시정비기반시설로서의 '도로' 개념에 적용하면, 도로법상 노선인정 공고나 이에 따른 도로구역의 결정 및 고시의 대상이 된 적이 없다면 사실상 도로로 이용되어 온 국 · 공유지라도 무상양도의 대상이 되는 정비기반시설로서의 도로에 해당하지 않게 된다.[41] 헌법재판소도 도시정비법 제65조 제2항의 무상양도의 대상이 되는 정비기반시설은 정비사업의 시행으로 인하여 용도가 폐지되는 것을 전제로 하고 있으므로 이때의 정비기반시설은 국가 또는 지방자치단체의 관리와 용도폐지절차를 전제로 하는 것이라는 이유로 대법원의 해석을 지지하고 있다.[42] 정비구역에 사실상의 도로나 공원이 상당수 포함되어 있는 것이 현실이므

40) 대법원 2008. 11. 27. 선고 2007두24289 판결; 대법원 2011. 2. 24. 선고 2010두22498 판결.

41) 대법원 2008. 11. 27. 선고 2007두24289 판결; 대법원 2011. 2. 24. 선고 2010두22498 판결.

42) 헌법재판소 2012. 3. 29. 선고 2011헌바12 결정. 대법원의 이와 같은 해석에 대하여는, 무상양도의 범위가 지나치게 좁아져서 도시정비법의 취지가 몰각될 수 있다는 비판이 있다(김종보, 정비기반시설에 대한 유상매입부관의 공정력과 한계, 행정판례연구 제14권 제2호, 2009, 94-95면 참조). 대법원과 헌법재판소의 해석이 국·공유재산 관리의 특수성을 고려하면 설득력이 있는 것으로 볼 여지가 있으나 규율목적에는 부합하지 않는다는 취지의 평가로는 이현수, 도시정비법상 정비기반시설의 법적 쟁점, 행정법연구 제30호, 2011, 360-361면 참조.

로,[43] 이와 같은 해석에 따르면 사업시행자인 조합에게 무상양도되는 국·공유지의 범위는 상당히 좁아지게 된다.[44]

무상양도되는 정비기반시설의 범위는 무상귀속되는 정비기반시설의 설치비용에 따라 결정되므로 무상귀속되는 정비기반시설의 범위를 확정하는 것도 중요하다. 무상귀속되는 정비기반시설은 재건축·재개발 사업의 시행으로 새로이 설치한 정비기반시설이면 족하다. 수도법 등 관련법에 따라 당연히 그 설치의무가 인정되는 정비기반이라 하더라도 무상귀속 대상에서 제외되지 않으며,[45] 기존의 정비기반시설과 같은 용도로 대체되어 새로 설치되는 정비기반시설에 한정되지도 않는다.[46] 다만, 무상귀속되는 정비기반시설은 무상양도되는 정비기반시설의 경우와 마찬가지로 도시정비법이 시행되기 전에 다른 법에 근거하여 사업계획 승인을 받은 경우에는 국토계획법에 의한 도시관리계획에 따라 기반시설로 결정되어 설치된 시설만을, 도시정비법에 근거하여 사업시행인가를 받은 경우에는 도시정비법상 정비계획에 따라 정비기반시설로 결정되어 새로이 설치된 시설만을 말한다.[47]

(2) 기타 국·공유재산의 처분

도시정비법 제65조 제2항이 국·공유부동산 중 정비기반시설 전부 또는 일부의 무상양도에 대하여 규정하고 있다면, 도시정비법 제66조는 국·공유재산의 유형을 가리지 않고 그 처분에 대하여 일반적으로 규율

43) 김종보, 정비기반시설에 대한 유상매입부관의 공정력과 한계, 행정판례연구 제14권 제2호, 2009, 94면 참조.

44) 이 사건 재건축사업의 경우도 사업시행인가시에 무상양도 대상으로 인정된 국·공유지 면적은 국·공유지 전체 면적의 10% 정도에 해당하는 720㎡에 불과하였다(2013년 신수1 주택재건축정비사업 사업시행변경인가를 위한 사업시행변경계획서 참조).

45) 대법원 2007. 4. 13. 선고 2006두11149 판결.

46) 대법원 2007. 7. 12. 선고 2007두6663 판결.

47) 대법원 2011. 7. 14. 선고 2009다97659 판결.

하고 있다.[48] 정비구역안의 국 · 공유재산은 정비사업 외의 목적으로 매각하거나 양도할 수 없다(법 제66조 제3항). 정비구역안의 국·공유재산은 「국유재산법」 제9조 또는 「공유재산 및 물품 관리법」(이하 '공유재산법') 제10조에 따른 국유재산관리계획 또는 공유재산관리계획[49]과 국유재산법 제43조 및 공유재산법 제29조에 따른 계약의 방법에도 불구하고 사업시행자 또는 점유자 및 사용자에게 다른 사람에게 우선하여 수의계약으로 매각 또는 임대할 수 있다(법 제66조 제4항). 위와 같이 우선 매각하는 국·공유지는 사업시행인가 고시일에 용도폐지된 것으로 간주되며, 이 시점을 기준으로 가격을 평가하게 된다(법 제66조 제5항, 제6항).

행정재산도 용도폐지되면 처분이 가능하므로, 도시정비법 제66조에 의해 매각 또는 임대할 수 있는 국·공유부동산은 제65조에 의해 사업시행자에게 무상양도되는 정비기반시설을 제외한 나머지 전부가 된다.[50] 최근의 행정실무는 무상양도되는 정비기반시설을 제외한 나머지 국 · 공유지는 도시정비법 제66조에 따라 사업시행자가 매수하되, 조합원이 국 · 공유지를 점유하는 경우 조합원이 이를 매수할 수 있도록 하고 있으며,[51][52] 무상양도되지 않는 부분을 사업시행자가 유상으로 매입

---

48) 국·공유재산의 무상양여에 관한 도시정비법 제68조는 주거환경개선사업에 관한 것이고, 국·공유재산의 임대에 관한 도시정비법 제67조는 주거환경개선사업뿐만 아니라 재개발사업에도 적용되나 임대주택 건설에만 관계되는 것이므로 이 글에서는 다루지 않았다.

49) 다음 연도 국유재산 또는 공유재산의 관리 · 처분에 관하여 매년 작성되는 계획을 말한다.

50) 용도폐지되는 정비기반시설 중 새로 설치하는 정비기반시설의 설치비용을 초과하는 부분에 대해 사업시행자가 행정청에게 유상으로 매도할 것을 청구할 수 있는 형성권을 도시정비법에 명문화하자는 견해로는 김종보, 윤지은, 정비기반시설의 무상양도, 중앙법학 제9집 제2호, 2007, 160면 참조.

51) 장재일, "국공유지 무상양도를 활용한 재개발사업의 공공지원 방안", 부동산학연구 제18집 제1호, 2012, 95-96면; 김진우, "주택재개발사업지구 내 국 · 공유지처리방안에 관한 연구: 수원시 주택재개발정비사업 사례를 중심으로", 집합건물법학 제12집, 2013, 240-242면 참조.

52) 서울특별시의 경우 「도시 및 주거환경 정비조례」에서 일정한 자격을 갖춘 국·공유

할 것을 사업시행인가시에 부관으로 부가하는 것이 일반적인 것으로 보인다.[53]

3. 조합원으로서의 권리 인정 여부

(1) 조합원으로서의 수분양권 인정 여부

1) 분양신청 자격이 인정되는 부동산의 유형

앞서 본 바와 같이 재건축사업에서는 단독주택재건축사업 여부를 불문하고 조합설립에 동의한 건축물 및 부속토지 소유자가, 재개발사업에서는 토지 또는 건축물의 소유자 또는 그 지상권자가 '토지등소유자'로서 조합원 자격을 인정받는다(법 제19조). 국가나 지방자치단체가 토지등을 소유하더라도 조합원이 될 수 없다는 명문의 규정은 없다.[54] 한편, 도시정비법 제48조 제2항은 관리처분계획에 따라 조합원에게 주택을 공급함에 있어서 1세대 또는 1인이 하나 이상의 주택 또는 토지를 소유한 경우 1주택을 공급하는 것을 원칙으로 하되, 근로자(공무원인 근로자를 포함한다) 숙소, 기숙사 용도로 주택을 소유하고 있는 토지등소유자나 국가, 지방자치단체 및 주택공사 등에게는 소유한 주택 수만큼 주택을 공급할 수 있도록 하고 있다(법 제48조 제2항 제6호, 제7호 나목). 따라서 국가나 지방자치가 소유한 부동산이 주택[55]이라면 위 규정에 따라 그 용

지 점유자에게 사유지를 포함한 국·공유지 매각면적이 200㎡를 초과하지 않는 범위 내에서 국·공유지를 우선매각할 수 있도록 하고 있다(제2조 제2호, 제40조). 위 조례에서 권리가액(종전토지 등의 총가액)을 분양신청기간이 만료되는 날로 정하고 있으므로, 국·공유지 매수로 조합원의 권리가액이 늘어나면 해당 조합원은 주택공급에서 유리한 위치를 점할 수 있게 된다(제2조 제4호, 제27조).

53) 김종보, 윤지은, 정비기반시설의 무상양도, 160면 참조.

54) 국가 또는 지방자치단체도 조합원이 될 수 있음을 긍정하는 견해로 김경란, "도시 및 주거환경정비법(2005. 3. 18. 법률 제7392호로 개정되기 전의 것) 제65조 제2항에서 정하는 '사업시행자에게 무상으로 양도되는 국가 또는 지방자치단체 소유의 정비기반시설'의 의미", 대법원 판례해설 제78호, 2009, 91면 참조.

55) 주택재건축사업에서는 주택 및 그 부속토지를 말한다. 이하에서는 주택이라고만

도를 불문하고 소유주택 수만큼 주택을 공급받을 수 있다. 국가나 지방자치단체가 주택 이외의 부동산만을 소유하고 있는 경우에도 도시정비법 제48조 제2항 제6호에 따라 주택 한 채를 공급받을 수 있다는 해석이 있을 수 있다. 그러나 국유재산법 및 공유재산법과 도시정비법의 관계를 분석해 보면 이 경우에 국가나 지방자치단체에게 수분양자의 지위를 쉽게 인정할 수는 없는 것 같다.

국유재산법과 공유재산법은 각각 국유재산 및 공유재산의 관리 및 처분에 관한 일반법이므로(국유재산법 제4조, 공유재산법 제2조), 다른 법률에서 특별히 정하지 않는 이상 이에 따라 재산을 관리하고 처분하여야 한다. 한편, 도시정비법이 위에서 본 바와 같이 국·공유재산의 무상양도, 일반재산의 매각 및 임대에 관하여만 특별규정을 두고 있는 점, 도시정비법이 국·공유부동산만의 재건축·재개발을 목적으로 하는 법이 아니라는 점을 고려하면, 도시정비법 전체를 국유재산법 및 공유재산법에 대한 특별법으로 볼 수는 없을 것이다. 그렇다면, 국가·지방자치단체가 도시정비법상 조합원으로서 국·공유재산을 처분할 수 있으려면 그 처분방식이 국유재산법이나 공유재산법에서 허용하는 방식이어야 할 것이다.

국유재산법에서 '처분'이란 매각, 교환, 양여, 신탁, 현물출자 등의 방법으로 국유재산의 소유권이 국가 외의 자에게 이전되는 것을 말한다(국유재산법 제2조 제3호, 제4호). 재건축·재개발조합이 "관리처분계획 인가 및 이에 따른 이전고시 등의 절차를 거쳐 신 주택이나 대지를 조합원에게 분양하는 경우 구 주택이나 대지에 관한 권리가 권리자의 의사에 관계없이 신 주택이나 대지에 관한 권리로 강제적으로 교환·변경되어 공용환권된 것"[56]으로 볼 수 있으므로, 이는 국유재산법상 교환과 가장 가깝다고 볼 수 있다.[57] 그런데 국유재산법은 새로운 관사를 취득

표시하기로 한다.

56) 대법원 2009. 6. 23. 선고 2008다1132 판결.

하기 위하여 노후화된 기존 관사와 교환하는 경우 등 국가가 직접 행정재산으로 사용하기 위하여 필요한 경우 외에는 서로 유사한 재산에 한하여 국유재산의 교환을 허용하며(국유재산법 제54조 제1항 제1호, 같은 법 시행령 제57조 제1항), 교환 상대방에게 건물을 신축하게 하고 그 건물을 교환으로 취득하려는 경우에는 교환을 금지하고 있다(국유재산법 제54조 제2항, 같은 법 시행령 제57조 제3항 제6호). 공유재산법은 해당 지방자치단체가 직접 공용·공공용재산으로 사용하기 위한 교환이 가능하다고 규정하고 있고, 국유재산법에서와 같은 금지 규정은 없다. 그러나 교환하는 재산은 서로 유사한 재산이어야 하며, 한쪽의 가격이 다른 쪽 가격의 4분의3 미만일 때에는 교환할 수 없다(공유재산법 제39조 제1항 제1호, 제2항, 같은 법 시행령 제44조). 공유재산법 시행령에 '유사한 재산'의 의미에 대하여 별도의 규정이 없으나 토지를 건물과 교환하는 경우를 유사한 재산의 교환으로 보지 않는 국유재산법 시행령 규정[58]에 비추어 공유재산법의 경우도 토지를 신축 주택과 교환하는 것은 불가능하다고 볼 수 있다. 국가·지방자치단체가 토지소유자로서 주택을 분양받는 것은 허용되지 않는다고 보아야 할 것이다.

2) 도시정비법 제48조 제2항과 제66조 제4항의 관계

국가·지방자치단체는 소유 부동산을 도시정비법 제66조 제4항에 따라 사업시행자, 점유자 등에게 수의계약으로 처분할 수 있고, 주택을 소유한 경우 도시정비법 제48조 제2항에 따라 신축 주택을 분양받는 방식으로 이를 처분할 수 있다. 어느 쪽에 의하든 국가 또는 지방자치단체

---

57) 이러한 처분관계는 매각이나 양여로 볼 수 없고 국유재산법상 신탁, 위탁, 민간참여에 의한 개발이나 현물출자의 요건에 해당한다고 볼 수도 없다(국유재산법 제57조 내지 제65조, 공유재산법 제42조 내지 제43조의4 참조).

58) 국유재산법 시행령 제57조 제2항은 유사한 재산의 교환으로 토지를 토지와 교환하는 경우, 건물을 건물과 교환하는 경우, 양쪽 또는 어느 한 쪽의 재산에 건물이 있는 토지인 경우 주된 재산(그 재산의 가액이 전체 재산가액의 2분의 1 이상인 재산)이 서로 일치하는 경우로 한정하고 있다.

는 사업시행계획인가 단계에서 관할청과 해당 국·공유지의 처분에 관하여 협의하여야 하므로, 주택을 분양받을 것인지 또는 사업시행자 등에게 처분할 것인지는 늦어도 사업시행계획 인가 단계에서 결정된다고 볼 수 있을 것이다.[59] 주택을 분양받는 대신 사업시행계획인가 단계에서 국가·지방자치단체가 기존 주택을 사업시행자에게 매도하고 사업시행자로부터 신축 주택을 공급받거나 기존 주택을 신축 주택과 교환하는 내용의 부담을 설정하는 방식도 가능할 것이다.

(2) 조합원으로서의 일반적인 의결권 인정 여부

위에서 본 바와 같이 도시정비법은 제19조 제1항에서 정비사업의 조합원은 토지등소유자로 한다고만 규정하고 있을 뿐이고 국가·지방자치단체의 조합원으로서의 자격을 부인하는 명문의 규정이 없다. 오히려 도시정비법 제48조 제2항 제7호는 국가·지방자치단체가 주택소유자로서 조합으로부터 주택을 분양받을 수 있음을 규정하고 있다. 그렇다면 국가·지방자치단체가 국·공유지 소유자로서 조합설립에 대한 동의 여부의 의사를 표시할 자격이 있을 뿐만 아니라 총회에 의결권을 행사하는 등 조합원으로서의 기타의 권한을 행사할 수도 있다고 보는 것이 도시정비법의 논리적 해석이라 볼 수도 있을 것이다. 그런데, 국가·지방자치단체에게 조합원으로서의 권리·의무를 일반적으로 인정하는 것은 아래와 같은 문제가 있다.

재건축·재개발사업에서 토지등소유자는 조합설립에 대한 동의여부를 결정할 뿐만 아니라 조합원으로서 총회에 출석하고 발언할 권리가 있으며 총회에서 임원의 선임, 시공자·설계자·정비사업전문관리업자의 선정, 정관의 변경, 자금의 차입과 상환 등 사업의 진행 및 조합과 조합원의 운명에 관계되는 다양한 사안에 관한 의결권을 행사한다. 그런데

59) 어느 방식을 취하든 국·공유부동산의 평가 기준시점은 사업시행인가 고시일로서 동일하다(법 제48조 제1항 제4호, 제66조 제5항).

재개발사업[60]에서 국가·지방자치단체가 주택 이외의 부동산을 소유하고 있어 분양권을 행사할 가능성이 없는 경우에도 사업시행자 등과의 매매계약에 따라 소유권을 상실하기 전까지 조합원으로서 의결권 등을 행사할 수 있도록 허용하는 것은 국가·지방자치단체의 재산권 보장에 불필요한 것이다. 이 경우 국가·지방자치단체는 재개발조합이나 사업 자체와는 직접적인 관계가 없으므로, 정비예정구역 및 정비구역 지정 단계와 사업시행계획인가 단계에서 협의권, 의견제출권을 행사하는 것만으로도 그 재산권을 보호하기에 충분하기 때문이다. 재개발사업이 성공적으로 진행되는 것이 결과적으로 매매대금을 확보하기 위해 필요한 것이라 하더라도 이것은 관할청이나 국가, 정비구역 지정권자의 감독업무 수행을 통해서 해결할 문제이다. 이 경우 실무상 국가·지방자치단체가 조합원으로서의 자격이 있다고 인식되는 것 같지도 않다.

재건축사업이나 재개발사업에서 국가·지방자치단체가 주택소유자로서 주택을 분양받을 수 있는 경우에도 문제는 여전히 존재한다. 주택소유자가 국가 또는 사업의 관할청이나 정비구역 지정권자가 속한 지방자치단체라면 이들은 조합원인 동시에 해당 재건축·재개발사업을 감독하는 위치에 있게 되는데, 국가 등이 재산상의 이익을 위하여 감독권을 제대로 행사하지 못하거나 반대로 총회에서의 발언권이나 표결권 행사를 통하여 감독권의 범위를 넘어서는 부당한 압력을 행사하려 할 위험성을 배제할 수 없기 때문이다. 물론 국가·지방자치단체에게는 소유면적과 무관하게 1인의 조합원 지위만 인정되겠지만 실제로는 위와 같은 이중의 지위 때문에 조합의 의사결정 과정에서 산술적인 지위 이상의 영향력을 미칠 수 있다. 따라서 관할청이나 정비구역 지정권자가 속한 지방자치단체가 아닌 제3의 지방자치단체가 정비구역 내에 주택을 소유하는 경우가 아니라면 관리처분을 통해 주택을 분양받을 수 있다 하더라도 조

60) 재건축사업의 경우 단독주택 재건축인지 여부를 불문하고 토지만 소유한 자에게는 조합원의 자격이 인정되지 않으므로 논의에서 제외하였다.

합원으로 의결권을 행사하는 것은 매우 부적절하다고 볼 수 있다.

Ⅳ. 국가·지방자치단체의 조합설립 동의권

1. 대법원 판결에 따른 동의권의 인정

처음에 제기한 세 가지 문제로 다시 돌아와 보자. 첫째, 국가·지방자치단체가 부동산 소유자로서 조합설립에 대한 동의의사를 표시할 자격이 있는가? 둘째, 국가·지방자치단체가 여러 건의 부동산을 소유·관리하는 경우 관리청의 수에 관계없이 국가나 해당 지방자치단체를 1인으로 계산하여야 하는가? 셋째, 일반 사인과 달리 국가·지방자치단체의 동의의사를 추정할 수 있는가?

(1) 동의권 인정 여부 및 동의자의 수

대법원은 첫 번째 문제에 관하여 국가나 지방자치단체도 국·공유 부동산의 소유자로서 도시정비법 제16조 제3항의 '토지 또는 건축물 소유자'에 해당한다고 보았다. 도시정비법이 '토지등소유자' 또는 '토지 또는 건축물 소유자'라고만 규정하고 국가나 지방자치단체를 제외하는 명문의 규정을 두고 있지 않은 점, 그리고 이 사건 조합설립인가 이후인 2010. 7. 15. 도시정비법 시행령 개정으로 조합설립 동의자 수의 산정에 있어서 "국유지·공유지에 대해서는 그 재산관리청을 토지등소유자로 산정할 것"이라는 내용이 신설된 점을 고려하면, 국가·지방자치단체가 조합설립 동의에 있어서 '토지등소유자' 또는 '토지 또는 건축물 소유자'에 해당하지 않는다고 해석하기는 어려울 것이다. 대법원은 두 번째 문제에 관하여 "1인이 다수 필지의 토지 또는 다수의 건축물을 소유하고 있는 경우 필지나 건축물의 수에 관계없이 토지등소유자를 1인으로 산정"하도록 한 도시정비법 시행령 제28조 제1항 제2호 (나)목에 따라 토지 또는 건축물 소유자를 국가 또는 지방자치단체 1인으로 보아야 한다고 보았다. 다만, 대법원은 "여러 필지의 국 · 공유지에 대하여 소관 관리청이 다른 경우에 관한 특별한 예외 규정"이 없다는 점을 위와 같은 해석의 근거로 명시하여 개정 시행령이 적용되는 경우 소유자수 산정이 달라질 수 있음을 시사하였다.[61] 이 또한 첫 번째 문제에 대하여 '예'라고 대답하는 이상 자연스러운 해석이라고 할 것이다.

(2) 동의방법에 있어서 특수성 인정

마지막 문제에 관하여 대법원 다수의견은 도시정비법에서 ① 국토해양부장관이나 시·도지사 등에게 정비기본계획 및 정비구역 지정 등 정비사업에 관여할 권한과 역할을 부여하고, 기본계획 수립 단계에서 관계 행정기관의 장에게 협의 권한을 보장하고 있는 점, ② 재건축사업에 제공되는 국·공유지에 관한 법률관계에 대하여 특별 규정을 두어 관리청이 정비사업의 시행을 적극적으로 지원할 의무를 부여하는 한편 사전협의 권한을 보장하고 있는 점, ③ 일반적으로 동의는 인감도장을 이용한 서면 동의에 의하도록 하고, 인감증명서를 첨부하도록 규정하면서도, 이러한 형식을 갖출 수 없는 국가나 지방자치단체의 동의방법을 별도로 규정하고 있지 않은 점을 근거로 국가나 지방자치단체의 경우에는 동의의 의사가 반드시 서면으로 표시될 필요가 없다고 보았다. 나아가 대법원은 조합설립인가청이 속한 지방자치단체는 조합설립인가처분을 통하여 조합설립에 동의한 것으로 볼 수 있고, 국가나 정비구역 지정권자가 대표자로 있는 지방자치단체도 조합설립인가에 이르기까지의 과정에서 반대의사를 표시하였다고 볼 특별한 사정이 없는 한 조합설립에

61) 대법원은 이후 개정 도시정비법 시행령 규정이 적용되는 사안에서 관리청 별로 토지등소유자 수를 산정하여야 함을 전제로 판단하였다(대법원 2014. 5. 29. 선고 2012두11041 판결).

동의한 것으로 볼 수 있다고 판단하였다. 대법원의 위와 같은 판단은 국가나 지방자치단체가 동의 의사를 명시하기가 쉽지 않은 현실을 고려한 것이고,[62] 종래에 이미 그와 같은 판단을 한 판례가 존재하는 상황에서 이미 조합설립인가를 받아 진행 중인 재건축·재개발사업을 원점으로 되돌림에 따르는 사회적 파장과 부작용을 최소화하는 것이라는 측면에서 이해될 수 있다.[63]

2. 조합설립 동의권 인정에 따른 문제

이 사건 조합설립인가처분 당시의 도시정비법령 내용과 그 이후의 개정과정을 감안하면 대법원 다수의견과 같이 국가·지방자치단체에 조합설립에 대한 동의의사를 표시할 자격을 인정할 수밖에 없다. 그러나 재건축·재개발사업에 있어서 국가·지방자치단체가 가지는 지위와 권한의 특수성을 고려하면, 국가·지방자치단체에 조합설립 동의권을 전면적으로 인정하는 것은 문제가 있다.

먼저, 국가·지방자치단체가 주택 이외의 부동산만을 소유하는 경우 도시정비법 제65조 및 제66조만으로도 그 재산권 보호에 충분하다. 토지를 조합(사업시행자) 또는 점유자 등에게 처분하는 방법이 도시정비법에 법정되어 있거나 사업시행계획인가에 앞서 관할청과의 협의를 통

---

62) 제1심과 원심 법원이 이를 지적하고 있다.

63) 정비구역 안에 국·공유부동산이 포함될 경우의 동의율 산정방식으로, 다수의견과 같이 국·공유부동산이 포함된 전체 부동산을 기준으로 하되 특별한 사정이 없는 한 국가와 지방자치단체의 동의를 추정하는 방법, 국·공유부동산을 제외한 나머지 부동산을 기준으로 동의자와 동의면적의 비율을 계산하는 방법, 국·공유부동산이 포함된 전체 부동산을 기준으로 하되 명시적 동의가 없는 한 국가나 지방자치단체의 동의가 없었다고 보는 방법의 세 가지를 생각할 수 있다. 이 중에서 이미 설립된 조합에게 가장 유리한 것은 대법원 다수의견이 택한 기준이다. 이 사건에서도 정비구역 내 국공유지의 비율이 16%에 달하였기 때문에 다수의견에 따르지 않고서는 토지면적의 3분의 2 이상이라는 요건이 충족될 수 없는 상황이었다.

해 결정될 것이기 때문이다. 이 사건과 같은 단독주택 재건축사업에서는 토지소유자가 조합원이 될 가능성이 원천봉쇄되어 있기 때문에 더더욱 그러하다. 대법원 다수의견이 국가와 지방자치단체도 일반적인 토지 또는 건축물 소유자와 마찬가지로 동의율 산정에 포함되는 소유자라 보면서도 특별한 사정이 없는 한 이들의 동의가 추정된다고 결론을 내렸다는 점은 사실은 국가와 지방자치단체로부터 조합설립 동의를 받는 것이 불필요함을 보여주는 것이다.

국가·지방자치단체가 주택소유자로서 관리처분계획에 따라 주택을 분양받을 수 있는 경우에도 도시정비법상의 협의권, 의견제출권을 행사함으로서 일정 부분 재산권을 보장받을 수 있다. 게다가 재건축·재개발사업의 감독권이 있는 국가·지방자치단체에 조합설립 동의권을 인정하는 것은 의결권 등 조합원으로서의 일반적인 지위를 인정할 때와 동일한 문제가 있다. 매우 이례적인 경우를 가정하는 것이기는 하지만, 국가나 지방자치단체가 조합설립인가 이전부터 적극적으로 개입하여 조합설립을 저지하거나 조합설립을 유도하는 상황이 발생할 수도 있다. 조합설립 동의는 동의자의 수와 동의하는 토지면적의 비율 모두를 계산하도록 되어 있는데, 정비구역에서 국·공유지가 차지하는 면적의 비율이 높은 경우 국가 또는 지방자치단체가 이른바 캐스팅보트를 쥐게 될 수 있기 때문이다.

3. 동의방법에 있어서 특수성을 인정함에 따른 문제

조합설립 동의방법에 있어서 특수성을 인정한 대법원 다수의견은 그 현실적 필요성은 인정되지만 해석론의 관점에서도 문제가 있다. 도시정비법에서 동의의 내용을 구체적으로 특정한 서면 동의에 의하도록 명시[64]한 취지가 토지등소유자의 동의 여부와 동의의 내용을 명확히 하기 위한 것이라는 점을 고려하면 명문의 규정이 없음에도 국가·지방자치단체라는 이유로 동의의 방식을 명시한 도시정비법 제17조의 적용을 배제할 수 있다고 보는 것은 반대의견이 지적한 바와 같이 문리해석에 반하는 것이다. 오히려 반대의견이 지적하는 바와 같이 인감도장이나 인감증명서를 갖출 수 없는 국가나 지방자치단체의 동의방법에 대하여 규정하지 않는 법률의 공백을 보충하여 적절한 서면동의의 방법을 제시하는 것이 바람직하다.[65] 이 사건에서 국가와 서울특별시의 동의의사를 추정하기도 어렵다. 정비기본계획은 정비사업의 기본방향을 정하고 정비예정구역을 정하는 것에 불과하고 정비구역의 지정도 어떤 사람들이 주축이 되어 어떠한 내용의 사업을 진행하여 어느 정도의 비용이 들 것인지 등의 동의의 내용을 결정하는 것이 아니기 때문이다. "국가나 지방자치단체가 조합설립단계에서 명시적으로 반대의 의사표시를 하지 않았다고 하더라도 이는 조합설립에 당연히 동의한다는 내심의 의사를 가지고 있기 때문이 아니라, 나머지 토지등소유자만으로 동의 요건을 충족하면 특별히 반대하지 않고 그들의 의사에 따르겠다는 정도로 해석할 수 있을 뿐"이라는 반대의견의 지적이 오히려 실제 의사에 부합하는 것이라 하겠다.

4. 입법론적 제언

요컨대, 국가·지방자치단체에 토지등소유자로서 조합설립에 동의할 수 있는 지위를 인정하면서도 관할청이나 정비구역 지정권자가 속한 지방자치단체나 국가의 동의를 추정하는 대법원 다수의견은 법적 안정성의 측면에서 불가피한 측면이 있으나, 현실적으로나 법해석에 있어서 문제가 있다. 그리고 이러한 문제는 도시정비법령의 개정을 통해서 해

64) 도시정비법 제16조 제5항, 제17조 제1항, 도시정비법 시행령 제26조 제2항.

65) 반대의견은 비법인사단인 조합의 동의에 교인 총회의 과반수 결의를 요구한 대법원 2001. 6. 15. 선고 99두5566 판결을 흠결 보충의 예로 들고 있다.

결할 수밖에 없다. 감독권이 없는 지방자치단체가 주택을 소유하는 경우를 제외하면 국가·지방자치단체에 조합설립 동의권을 인정하는 것이 불필요하거나 부적절하다는 것이 재건축·재개발사업에 있어서 국가·지방자치단체가 가지는 지위를 분석한 결론이므로, 원칙적으로 국가·지방자치단체를 조합설립 동의율 산정의 전제가 되는 토지등소유자에서 제외하고 감독권이 없는 지방자치단체에 대하여만 동의권을 인정하는 방식으로 도시정비법을 개정하는 것이 바람직하다.[66] 이는 추진위원회 구성에 있어서의 동의율 산정에 있어서도 마찬가지이며, 사업시행계획·관리처분계획 등 조합의 의사결정을 위한 총회결의에 있어서도 마찬가지 방식으로 국가·지방자치단체의 의결권을 제한할 필요가 있다.

한편, 해당 재건축·재개발사업에 대한 감독권이 없는 지방자치단체가 정비구역 안에 주택을 소유하는 경우라면 도시정비법 제48조 제2항에 따라 수분양권이 인정되므로 지방자치단체에게 조합설립 동의권이나 조합원으로서의 전반적인 권리를 인정할 필요가 있겠으나, 이 경우에도 정비구역 지정이나 사업시행계획 인가에 앞서 의견을 제시하거나 협의할 권한이 지방자치단체에게 인정되는 이상 관리처분계획에 따른 분양받을 권리를 인정하는 것이 바람직한가에 대하여는 추가의 검토가 필요할 것이다.

Ⅴ. 결론

대상판결은 국가·지방자치단체도 부동산소유자로서 재건축·재개

66) 김종보, 전연규, 새로운 재건축·재개발이야기 Ⅰ－상권, 116면 참조(정비계획 수립단계에서 국·공유재산 관리청의 의견을 듣도록 한 도시정비법 제4조 제10항의 신설을 이유로 국·공유지 면적과 관리청을 토지등소유자 수 산정에서 제외하는 입법론을 제시하고 있다).

발조합의 설립에 동의할 자격이 있음을 전제로, 국가·지방자치단체의 동의 의사는 도시정비법에도 불구하고 서면에 의할 필요가 없으며, 재건축·재개발사업의 관할청 또는 해당 정비구역 지정권자가 속한 지방자치단체나 국가가 동의권자인 경우에는 반대의 의사표시가 없는 한 동의의사가 추정된다는 일반론을 제시하였다. 도시정비법상 국가·지방자치단체의 동의권을 배제하는 명문의 규정이 없고, 비록 이 사건에 적용되지 않으나 2010년 개정된 도시정비법 시행령에서 동의권을 전제로 한 규정을 신설한 이상 적어도 해석론으로는 동의권을 인정할 수밖에 없다. 또한 국가·지방자치단체의 동의권을 인정하는 이상 재건축·재개발사업에 대한 감독권이 있는 국가나 지방자치단체의 동의의사를 사실상 추정할 현실적 필요성도 인정할 수 있다.

그러나 국가·지방자치단체가 주택 이외의 부동산만을 소유하는 경우에는 조합원으로서의 수분양권이 인정되지 않고 해당 부동산을 조합이나 점유자에게 처분할 수밖에 없기 때문에 도시정비법에 따른 의견제시권이나 협의권을 인정하는 것만으로도 그 재산권을 충분히 보호할 수 있다. 특히 이 사건에서와 같이 국가·지방자치단체에게 조합설립 동의권만 있을 뿐 조합원으로서의 지위가 인정되지 않아 해당 부동산을 조합에 매도할 수밖에 없는 경우는 더더욱 그러하다. 한편, 국가나 감독권이 있는 지방자치단체가 토지등소유자인 경우 조합설립 동의권이나 조합원으로서의 의결권을 인정하게 되면 이해상반되는 이중의 지위를 동시에 가짐에 따른 여러 가지 문제점이 발생할 수 있다. 즉 이 경우에는 국가·지방자치단체에 조합설립에 대한 동의권을 인정하는 것은 불필요하거나 부적절하므로, 도시정비법 개정을 통해 동의권을 제한할 필요가 있다.

대상판결은 재건축·재개발사업에 있어서 국가·지방자치단체가 감독권자로서, 그리고 부동산소유자로서 이중적 지위를 가질 때의 문제점을 드러내 준다는 점에서 의의가 있다. 재건축사업·재개발사업에서 국가·지방자치단체에게 부동산소유자로서 조합원으로서의 지위를 인정할 것인지, 인정한다면 그 한계를 어디까지로 볼 것인지에 대한 추가적인 연구가 필요하며, 그 연구결과를 도시정비법령에 반영할 필요가 있다.

참고문헌

1. 단행본

김종보, 전연규, 새로운 재건축·재개발이야기 I －상권, 도시와미래, 2010.

김종보, 전연규, 새로운 재건축·재개발이야기 I －하권, 도시와미래, 2010.

송현진, 유동규, 재개발 · 재건축 이론과 실무, 진원사, 2013.

이영동, 재개발·재건축조합의 설립과 설립무효, 사법논집 제49집, 2009.

이우재, 도시 및 주거환경정비법(상), 진원사, 2009.

서울행정법원 실무연구회, 행정소송의 이론과 실무, 사법발전재단, 2014.

서울특별시 2020 도시및주거환경정비기본계획 보고서, 2014.

2. 논문

강정규, 김광춘, “도시 및 주거환경정비법상 단독주택 재건축 사업의 개선 방안에 관한 연구: 포항시 사례를 중심으로”, 토지공법연구 제38집, 2007.

권순형, 백성준, “주택재개발사업과 단독주택 재건축사업의 물리적 특성 비교연구”, 주택연구 제20권 제3호, 2012.

김경란, “도시 및 주거환경정비법(2005. 3. 18. 법률 제7392호로 개정되기 전의 것) 제65조 제2항에서 정하는 ‘사업시행자에게 무상으로 양도되는 국가 또는 지방자치단체 소유의 정비기반시설’의 의미”, 대법원 판례해설 제78호, 2009.

김선희, “도시정비법상 추진위원회와 관련한 제반 법률문제”, 사법 제23호, 2013.

김재광, “행정법상 집중효제도의 검토”, 토지공법연구 제9호, 2000.

김종보, 정비기반시설에 대한 유상매입부관의 공정력과 한계, 행정판례연구 제14권 제2호, 2009.

김종보, 윤지은, 정비기반시설의 무상양도, 중앙법학 제9집 제2호, 2007.
김중권, "조합설립인가취소판결에 따른 추진위원회의 법적 지위에 관한 소고", 공법학연구 제15권 제4호, 2014.
김진우, "주택재개발사업지구 내 국·공유지처리방안에 관한 연구: 수원시 주택재개발정비사업 사례를 중심으로", 집합건물법학 제12집, 2013.
류철호, "법령상 협의규정에 관한 검토", (순간)법제 제569호, 2005.
배병호, "재개발조합설립인가 등에 관한 소송방법", 행정판례연구 제17권 제1호, 2013.
이승훈, "조합설립추진위원회 설립승인 무효확인", 행정판례연구 제18권 제2호, 2014.
장재일, "국공유지 무상양도를 활용한 재개발사업의 공공지원 방안", 부동산학연구 제18집 제1호, 2012.
정태용, "인·허가의제제도에 관한 고찰", (순간)법제 제530호, 2002.
조성제, "행정법상 협의제도에 관한 고찰: 군사기지 및 군사시설보호법상 협의를 중심으로", 강원법학 제40권, 2013.
황태윤, "정비사업조합 설립추진위원회를 둘러싼 몇 가지 쟁점에 관한 연구", 전북대학교 법학연구 제42집, 2014.

국문초록

도시정비법에서 국가와 지방자치단체는 도시 및 주거환경정비의 기본방침 수립권자, 정비예정구역이나 정비구역의 지정권자 또는 재건축·재개발사업의 관할청으로서 재건축·재개발사업의 각 단계에서 직간접적으로 감독권을 행사한다. 이것이 재건축·재개발사업에서 나타나는 국가와 지방자치단체의 주된 지위이다. 그런데 국가·지방자치단체가 정비구역에 정비기반시설이나 기타의 부동산을 소유하는 경우 국가·지방자치단체는 감독권을 행사하는 행정주체인 동시에 부동산 소유자로서 재산권을 행사하는 이중의 지위에 있게 된다. 도시정비법은 정비기반시설의 경우 일정한 범위 내에서 사업시행자에게 무상양도 되도록 강제하고, 기타의 부동산의 경우에도 수의계약으로 사업시행자나 점유자 등에게 처분할 수 있도록 특별규정을 두고 있다. 이와 관련하여 국·공유부동산의 관리청은 사업시행계획인가 시에 관할청에 정비기반시설의 귀속에 관한 의견을 제시하거나 기타 부동산의 처분에 관하여 협의하게 된다. 그 밖에 국가·지방자치단체가 조합원으로서 주택을 분양받을 수 있는지가 문제되는데, 관계법령을 종합하면 그러한 가능성은 국가·지방자치단체가 주택을 소유한 경우에만 인정될 수 있다고 보아야 할 것이다.

대법원은 국가·지방자치단체도 부동산소유자로서 재건축·재개발조합의 설립에 동의할 자격이 있음을 전제로, 국가·지방자치단체의 동의 의사는 도시정비법에도 불구하고 서면에 의할 필요가 없으며, 재건축·재개발사업의 관할청이나 해당 정비구역 지정권자가 속한 지방자치단체가 동의권자인 경우와 국가가 동의권자인 경우에는 동의의사가 추정된다고 해석하고 있다. 그러나 국가·지방자치단체가 재건축·재개발사업에서 갖는 위와 같은 지위를 고려하면, 감독권이 없는 지방자치단체가 관리처분계획에 따라 부동산을 분양받을 수 있는 경우에만 동의권을 부여하는 방식으로 법령을 개정할 필요가 있다. 나아가 국가와 지방자치단체에 조합원의 지위를 인정할 필요성이 있는지 여부나 그 범위에 대한 연구와 그에 따른 법령개정이 필요하다.

주제어: 조합설립 동의, 단독주택재건축, 정비기반시설, 협의, 국·공유부동산

Abstract

State and Local Governments as real estate owners and their consent to the establishment of reconstruction/redevelopment association

Hyun Jung Park*

The Act on the Maintenance and Improvement of Urban Areas and Dwelling Conditions for Residents(hereinafter the "Act") stipulates that the establishment of a recontruction/redevelopment association is subject to consents of a qualified majority of real setate owners. The Act does not state clearly whether the State and local governments, if they own real estate in the project area, are also entitled to give consent to this establishment or not, but a recent revision on the Presidential Decree of the Act indicates that they are. The Supreme Court ruled in 2014 that if the owner is the State or a local government, its consent does not have to be a written one and that this consent can be presumed unless the government states otherwise. The Supreme Court's interpretation, despite its virtue of preserving stability of numerous reconstruction/redevelopment projects already in full swing, seems nevertheless in disaccord with the Act which specifies that the owner's consent must be in writing.

Granting a right to consent to the State and local governments has its own problems. Excepting rare cases where a local government owns property outside its territorial jurisdiction, State and local governments

* Associate Professor, Hanyang School of Law

have the authority to supervise the projects either directly or indirectly. If they have other privileges acknowledged to private owners such as right to consent to the establishment of the association and to vote in the general assembly as its member, this double role as a supervisor−cum−member of the supervised could cause some serious conflict of interests. Also, they have right to consult the governing authority before setting up the rearrangement zone and also before authorizing the project implementation plan, which provides enough protection for their property, unless they own a house and thus have a chance to apply for the parcel−out process. It is therefore advisable that the Act be amended to limit the right to consent of the State or local governments to the cases where it is necessary for the protection of their property and where the problem of conflict of interests does not arise.

KeyWords: housing reconstruction project, housing redevelopment project, reconstruction/redevelopment association, consent of the owners, government as owners

투고일: 2015. 11. 25.
심사일: 2015. 12. 15.
게재확정일: 2015. 12. 17.

憲法裁判

出入國管理法에 따라 “保護된 者”에 대한 拘束適否審制度와 立法形成 / 裵柄皓

出入國管理法에 따라 "保護된 者"에 대한 拘束適否審制度와 立法形成

裵柄皓*

대상결정: 헌법재판소 2014.8.28.선고 2012헌마686
(인신보호법 제2조 제1항 위헌확인)

Ⅰ. 사실관계와 결정요지

1. 사실관계

청구인A, B는 중국 국적, 청구인 C는 베트남 국적의 외국인으로, 청구인 A는 2012.7.12. 간이귀화신청에 대한 심사를 받던 중 강제퇴거사유가 있다는 의심이 발생하여 출입국관리공무원에 의해 보호되어 조사를 받은 후 2012. 7. 13. 강제퇴거명령을 받고 2013. 3. 8. 중국으로

* 성균관대 법학전문대학원 교수

송환되었고, 청구인B는 2012. 5. 17. 불법체류를 이유로 출입국관리공무원에 의해 보호되어 조사를 받은 후 2012. 5. 21. 강제퇴거명령을 받아 2012. 6. 25. 중국으로 송환되었으며, 청구인 C는 2012. 5. 29. 불법체류를 이유로 출입국관리공무원에 의해 보호되어 조사를 받은 후 2012. 5. 30. 강제퇴거명령을 받아 2012. 6. 22. 베트남으로 송환되었다.

청구인들은 법원에 인신보호법에 따른 구제청구를 하고자 하였으나, 인신보호법 제2조 제1항 단서가 "출입국관리법에 따라 보호된 자"를 구제청구를 할 수 있는 피수용자의 범위에서 제외하고 있어 청구인들의 신체의 자유 및 평등권을 침해한다며, 2012. 8. 3. 위 조항의 위헌확인을 구하는 이 사건 헌법소원심판을 청구하였다.

2. 청구인들의 주장요지

헌법 제12조 제6항은 "누구든지 체포 또는 구속을 당한 때에는 적부의 심사를 법원에 청구할 권리를 가진다."고 규정하고 있다. 그런데 심판대상조항은 출입국관리법에 의하여 보호된 외국인을 인신보호법상 구제청구를 할 수 있는 피수용자의 범위에서 제외함으로써 인신보호법에 따른 보호의 적부를 다툴 기회를 배제하고 있어 청구인들의 신체의 자유를 침해한다.

또한, 심판대상조항은 합리적인 이유 없이 출입국관리법에 의해 보호된 사람을 국가, 지방자치단체, 공법인 또는 개인, 민간단체 등이 운영하는 시설에 수용·보호 또는 감금되어 있는 사람들과 차별하는 것으로, 청구인들의 평등권을 침해한다.

3. 심판대상

이 사건 심판대상은 인신보호법(2007. 12. 21. 법률 제8724호로 제정된 것) 제2조 제1항 단서 중 "「출입국관리법」에 따라 보호된 자는 제외한다." 부분이 청구인들의 기본권을 침해하는지 여부이다.

심판대상조항인 인신보호법(2007. 12. 21. 법률 제8724호로 제정된 것) 제2조 제1항은 다음과 같다.

제2조(정의) ① 이 법에서 "피수용자"란 자유로운 의사에 반하여 국가, 지방자치단체, 공법인 또는 개인, 민간단체 등이 운영하는 의료시설·복지시설·수용시설·보호시설(이하 "수용시설"이라 한다)에 수용·보호 또는 감금되어 있는 자를 말한다. 다만, 형사절차에 따라 체포·구속된 자, 수형자 및 「출입국관리법」에 따라 보호된 자는 제외한다.

4. 헌법재판소의 결정

가. 헌법재판소 결정의 요지

헌법재판소는 청구인들의 심판청구를 기각하면서, 인신보호법의 제정 경위 및 인신보호법상 구제청구를 설명하고 출입국관리법에 의하여 보호된 외국인을 인신보호법상 구제청구를 할 수 있는 피수용자의 범위에서 제외하는 부분이 헌법 제12조 제6항의 신체의 자유 침해와 평등권 침해가 되지 아니한다고 판시하고 있다.

입법자는 헌법 제12조 제6항의 위임에 따라 출입국관리법에 근거하여 보호된 청구인들에게 전반적인 법체계를 통하여 보호 자체에 대한 적법 여부를 법원에 심사청구할 수 있는 기회를 최소한 1회 이상 제공하여야 한다고 전제한 후 심판대상조항이 헌법 제12조 제6항에 반하여 청구인들의 신체의 자유를 침해하는지 여부를 판단하면서 심사기준으로 광범위한 입법형성권과 입법과정에서의 다양한 선택을 강조하고 있다. 출입국관리법상 보호에 대하여 행정소송을 통한 구제의 길이 열려있어 전반적인 법체계를 통하여 당사자가 체포·구속의 당부를 사법부에 의해 판단받을 수 있는 기회가 보장되어 있고, 출입국관리법에 보호의 목적상 한계 및 시간적 한계를 준수하기 위한 엄격한 사전적 절차규정 및 법무부장관에 대한 이의신청이라는 사후적 보호수단들이 마련되어 행정소송이나 집행정지신청이 가지고 있는 한계를 충분히 보완하고 있으며, 이러한 입법자의 판단이 현저하게 자의적이라거나 재량범위를 벗어난 것이라고 볼 수도 없는 이상, 심판대상조항이 헌법 제12조 제6항의 요청을 외면한 것으로서 신체의 자유를 침해하는 것이라고 할 수 없다.

심판대상조항은, 출입국관리법상 보호가 외국인의 강제퇴거사유의 존부 심사 및 강제퇴거명령의 집행확보라는 행정목적을 담보하고 이를 효율적으로 집행하기 위한 것으로 신체의 자유 제한 자체를 목적으로 하는 형사절차상의 인신구속 또는 여타의 행정상의 인신구속과는 그 목적이나 성질이 다르다는 점 및 출입국관리보호법이 보호라는 인신구속의 적법성을 담보하기 위한 엄격한 사전절차와 사후적 구제수단을 충분히 마련하고 있어 위법하게 수용되어 적절한 구제절차를 갖지 아니한 피수용자의 기본권을 보호하고자 하는 인신보호법의 보호범위에 출입국관리법에 따라 보호된 자를 포함시킬 실익이 크지 아니한 점 등을 고려할 때, 합리적 이유가 있으므로 청구인들의 평등권을 침해하지 아니한다.

나. 헌법재판소 결정의 주요 원문

(1) 심판대상조항이 청구인들의 신체의 자유를 침해하는지 여부

(가) 헌법 제12조 제6항의 의미

헌법 제12조에 규정된 신체의 자유가 수사기관 뿐만 아니라 일반 행정기관을 비롯한 다른 국가기관 등에 의하여도 직접 제한될 수 있음을 고려할 때, 헌법 제12조 제6항의 “체포 또는 구속” 역시 포괄적인 개념으로 해석해야 한다. 따라서 헌법 제12조 제6항은 모든 형태의 공권력행사기관이 체포 또는 구속의 방법으로 신체의 자유를 제한하는 사안에 대해 적용된다(헌재 2004. 3. 25. 2002헌바104 참조).

또한, 헌법 제12조 제6항은 당사자가 체포·구속된 원인관계 등에 대한 최종적인 사법적 판단절차와는 별도로 체포·구속 자체에 대한 적법 여부를 법원에 심사청구할 수 있는 절차를 헌법적 차원에서 보장하는 규정이므로, 입법자는 전반적인 법체계를 통하여 관련자에게 그 구체적인 절차적 권리를 제대로 행사할 수 있는 기회를 최소한 1회 이상 제공하여야 할 의무를 가진다(헌재 2004. 3. 25. 2002헌바104 참조).

따라서 입법자는 헌법 제12조 제6항의 위임에 따라 출입국관리법 제51조 제2항 및 제63조 제1항에 근거하여 보호된 청구인들에게 전반적인 법체계를 통하여 보호 자체에 대한 적법 여부를 법원에 심사청구할 수 있는 기회를 최소한 1회 이상 제공하여야 한다.

(나) 심판대상조항이 헌법 제12조 제6항에 반하여 청구인들의 신체의 자유를 침해하는지 여부

① 심사기준

헌법 제12조 제6항은 입법자에게 행정상의 체포·구속에 대하여도 체포·구속된 원인관계 등에 대한 최종적인 사법적 판단절차와는 별도로 체포·구속 자체에 대한 적법 여부를 법원에 심사청구할 수 있는 절차를 마련할 것을 명하고 있으나, 이것이 반드시 형사절차에 의한 체포·구속과 동일한 절차를 마련하여야 함을 의미하지는 아니하며, 입법자는 이와 같은 절차를 구체화함에 있어 상대적으로 광범위한 입법형성권을 가지고 그 입법과정에서 법률의 구체적 내용, 명칭 등에 관련하여 다양한 선택을 할 수 있다(헌재 2004. 3. 25. 2002헌바104 참조).

또한, 출입국관리법상 보호는 내·외국인의 출입국과 외국인의 체류를 적절하게 통제·조정함으로써 국가의 이익과 안전을 도모하는 국가행정인 출입국관리행정의 일환으로 외국인의 체류자격의 심사 및 체류자격 없는 외국인의 강제퇴거절차의 집행을 위하여 이루어지는 것인바, 출입국관리행정 중 이와 같이 체류자격의 심사 및 퇴거 집행 등의 구체적 절차에 관한 사항은 광범위한 정책재량의 영역에 있다(헌재 2005. 3. 31. 2003헌마87; 헌재 2014. 4. 24. 2011헌마474등 참조).

이처럼 체류자격의 심사 및 퇴거의 집행이라는 출입국관리행정의

구체적 절차를 형성함에 있어 헌법 제12조 제6항의 요청을 어떠한 방식으로 구체화할 것인지에 대해 입법자가 광범위한 재량을 가지고 있는 이상, 그 내용이 현저하게 불합리하지 아니하다면 이를 헌법에 위반된다고 할 수 없다.”

② 신체의 자유 침해 여부

출입국관리법의 보호는 “출입국관리공무원이 제46조 제1항 각 호에 따른 강제퇴거 대상에 해당된다고 의심할 만한 상당한 이유가 있는 사람을 출국시키기 위하여 외국인보호실, 외국인보호소 또는 그 밖에 법무부장관이 지정하는 장소에 인치하고 수용하는 집행활동”이다(출입국관리법 제2조 제11호). 이러한 출입국관리법상의 보호는 크게 ‘강제퇴거의 심사를 위한 보호’와 ‘강제퇴거의 집행을 위한 보호’로 구분할 수 있다.

먼저 ‘강제퇴거의 심사를 위한 보호’는 외국인이 출입국관리법 제46조 제1항 각 호의 사유에 해당된다고 의심할 만한 상당한 이유가 있고 도주의 우려가 있는 경우 강제퇴거대상자에 해당하는지 조사하기 위한 것이다(출입국관리법 제51조). 이 때 보호기간은 10일 이내로 하되, 다만 부득이한 사유가 있으면 지방출입국·외국인관서의 장의 허가를 받아 10일을 초과하지 아니하는 범위에서 한 차례만 연장할 수 있다(제52조 제1항). 지방출입국·외국인관서의 장은 심사 결과 용의자가 출입국관리법 제46조 제1항 각 호의 어느 하나에 해당하지 아니한다고 인정하면 지체 없이 용의자에게 그 뜻을 알려야 하고, 용의자가 보호되어 있으면 즉시 보호를 해제하여야 한다(제59조 제1항).

외국인에 대하여 강제퇴거대상자에 해당되는지 여부를 조사하여 심사한 결과, 강제퇴거대상자에 해당된다고 인정되면 지방출입국·외국인관서의 장은 강제퇴거명령을 할 수 있고, 출입국관리공무원은 강제퇴거명령을 집행하게 된다(출입국관리법 제59조 제2항). 다만, 여권 미소지 또는 교통편 미확보 등의 사유로 해당 외국인을 즉시 대한민국 밖으로 송환할 수 없으면 송환할 수 있을 때까지 보호시설에 해당 외국인을 보호할 수 있는데, 이것이 '강제퇴거의 집행을 위한 보호'이다(제63조 제1항). 지방출입국·외국인관서의 장은 강제퇴거의 집행을 위한 보호의 기간이 3개월이 넘는 경우에는 3개월마다 미리 법무부장관의 승인을 받아야 하고, 만약 승인을 받지 못하면 지체 없이 보호를 해제하여야 한다(제63조 제2항).

이처럼 출입국관리법상 보호는 강제퇴거사유의 심사 또는 강제퇴거의 집행확보 이외의 다른 목적을 위해서는 이루어질 수 없다는 명확한 목적상의 한계 및 일단 적법하게 보호명령이 발하여진 경우에도 심사를 위해 필요한 최소한의 기간 또는 송환이 가능할 때까지 필요한 최소한의 기간 동안에만 당사자를 보호할 수 있고 다른 목적을 위하여 보호기간을 연장할 수 없다는 시간적 한계를 가지는 일시적 강제이다(대법원 2001. 10. 26. 선고 99다68829 판결 참조).

출입국관리법상 '강제퇴거의 심사를 위한 보호'나 '강제퇴거의 집행을 위한 보호'의 적법 여부에 대해 직접 사법부의 판단을 받을 수 있는 규정은 없으나, 당사자는 각 보호의 원인이 되는 강제퇴거명령에 대하여 취소소송을 제기함으로써 그 원인관계를 다툴 수 있을 뿐 아니라, 보호명령 자체의 취소를 구하는 행정소송이나 그 집행의 정지를 구하는 집행정지신청을 할 수 있는바, 이러한 행정소송이나 집행정지신청을 통해 출입국관리법상 보호의 적법 여부를 다툴 수 있는 이상 헌법 제12조 제6항이 요구하는 체포·구속 자체에 대한 적법 여부를 법원에 심사청구할 수 있는 절차가 없다고 할 수 없다.

이와 같은 행정소송절차를 통한 구제에는 제소기간의 제한, 신속한 판단의 어려움 등 권리구제의 한계가 있을 수 있으나, 당사자는 행정소송법 제23조에 규정된 집행정지를 통해 즉각적이고 효율적인 구제를 받을 수 있다. 또한, 인신보호법상 구제절차에서는 구제청구일부터 2주일 정도 후에 심문기일이 열리고 통상 2개월 내지 4개월의 심리기간이 소요되므로, 행정소송절차를 통한 구제가 인신보호법에 따른 구제와 비교하여 결코 미흡하다고 할 수 없다.

다만, 행정소송이나 집행정지신청이 허용된다는 것만으로 모든 사안에서 입법자가 헌법 제12조 제6항의 요청을 실현하였다고 단정할 수는 없으며, 개개의 사안에서 관련 법률이 체포·구속의 절차적 정당성을 담보하고 당사자가 부당한 체포·구속으로부터 벗어날 수 있는 절차를 충분히 마련하고 있는지, 이러한 절차들이 행정소송절차를 통한 구제수단의 한계를 실효적으로 보완하고 있는지 등에 따라 헌법 제12조 제6항의 위배여부가 달리 판단될 수 있다.

그런데 출입국관리법은 보호의 목적상 한계 및 시간적 한계를 준수하기 위하여 앞서 살펴본 보호기간의 제한(출입국관리법 제52조, 제63조 제2항)과 함께, 보호명령서를 집행할 때는 외국인에게 반드시 그 보호명령서를 보여주도록 하고(제53조, 제63조 제6항), 3일 이내에 국내에 있는 보호대상자의 법정대리인 등에게 보호의 일시·장소 및 이유의 서면통지를 하여야 한다는(제54조, 제63조 제6항) 등의 엄격한 사전적 절차규정을 마련하고 있다. 또한, 보호에 대하여 이의가 있는 경우에는 보호명령서에 따라 보호된 외국인이나 그의 법정대리인 등이 지방출입국·외국인관서의 장을 거쳐 법무부장관에게 보호에 대한 이의신청을 할 수 있고(제55조 제1항, 제63조 제6항), 법무부장관은 위 신청에 따라 지체 없이 관계 서류를 심사하여 결정으로 기각하거나 보호해제를 명하여야 하고, 이 때 필요하면 이해관계인의 진술을 들을 수 있도록 하고 있는 등(제55조, 제63조 제6항), 보호가 그 목적상의 한계 및 시간적 한계를 벗어난 경우에 당사자가 즉시 그 상황에서 벗어날 수 있도록 하는 실효적인 사후적 구제절차 역시 마련하고 있다. 즉, 출입국관리법은 보호의 적법성을 담보하기 위한 사전적 절차와 부당한 보호에서 벗어날 수 있는 사후적 구제수단을 촘촘하게 마련함으로써, 행정소송절차를 통한 구제가 가지는 한계를 충분히 보완하고 있는 것이다.

이처럼 출입국관리법상 보호에 대하여 행정소송을 통한 구제의 길이 열려있어 전반적인 법체계를 통하여 당사자가 체포·구속의 당부를 사법부에 의해 판단받을 수 있는 기회가 보장되어 있고, 출입국관리법이 보호의 목적상 한계 및 시간적 한계를 준수하기 위한 엄격한 사전적 절차규정 및 법무부장관에 대한 이의신청이라는 사후적 보호수단들이 마련되어 행정소송이나 집행정지신청이 가지고 있는 한계를 충분히 보완하고 있으며, 이러한 입법자의 판단이 현저하게 자의적이라거나 재량범위를 벗어난 것이라고 볼 수도 없는 이상, 심판대상조항이 헌법 제12조 제6항의 요청을 외면한 것으로서 신체의 자유를 침해하는 것이라고 할 수 없다.

(2) 심판대상조항이 청구인들의 평등권을 침해하는지 여부

인신보호법은 위법한 행정처분 또는 사인에 의한 시설에의 수용으로 인하여 부당하게 인신의 자유를 제한당하고 있는 개인에 대한 구제절차를 마련하여 국민의 기본권을 보호하는 것을 목적으로 하고(인신보호법 제1조), 인신보호법상 구제청구도 피수용자에 대한 수용이 위법하게 개시되거나 적법하게 수용된 후 그 사유가 소멸되었음에도 불구하고 계속 수용되어 있는 때 할 수 있는 것으로(제3조), 적절한 구제절차가 마련되지 아니한 위법한 수용을 그 대상으로 하고 있다.

심판대상조항이 출입국관리법에 따라 보호된 사람을 인신보호법에 따라 구제청구를 할 수 있는 피수용자의 범위에서 제외한 것은, 출입국관리법상 보호가 외국인의 강제퇴거사유의 존부 심사 및 강제퇴거명령의 집행확보라는 행정목적을 담보하고 이를 효율적으로 집행하기 위해 행해지는 것으로 신체의 자유 제한 자체를 목적으로 하는 형사절차상의 인신구속 또는 여타의 행정상의 인신구속과는 그 목적이나 성질이 다르다는 점 및 앞서 살펴본 바와 같이 출입국관리보호법이 보호라는 인신구속의 적법성을 담보하기 위한 엄격한 사전절차와 사후적 구제수단을 충분히 마련하고 있는 이상, 위법하게 수용되어 적절한 구제절차를 갖

지 아니한 피수용자의 기본권을 보호하고자 하는 인신보호법의 보호범위에 출입국관리법에 따라 보호된 자를 포함시킬 실익이 크지 아니한 점을 고려한 것이며, 여기에는 합리적 이유가 있다고 보인다. 따라서 심판대상조항은 청구인들의 평등권을 침해하지 아니한다.

Ⅱ. 판례 연구

1. 문제의 제기

헌법 제12조 제6항에 근거한 인신보호법의 제정과정은 간단하지 않았고 제정된 후에도 비판적인 견해가 적지 않다. 헌법재판소가 2004년 3월 25일 형사소송법 제214조의2 제1항 위헌소원 사건에서 헌법 제12조 제6항에 근거한 체포·구속에 관한 적부심제도의 일반법을 제정할 필요가 있다는 결정을 한 후, 적부심과 관련된 사회적 문제가 발생하자 이를 해결하기 위하여 의원입법안으로 제안되었다가 법제사법위원장의 대안으로 수정되어 가결된 것이다. 2007년 12월 제정된 인신보호법은 모든 불법 부당한 체포·구속으로부터 신체의 자유를 보장하는 인신보장체계의 완성이라는 견해도 있다.[1] 그러한 입장에서 인신보호법 제2조 제1항의 예외사유가 만들어진 과정을 분석하면서 현행법을 비판하는 주장[2]도 있다. 특히 헌법 제12조 제6항이 "누구든지 체포 또는 구속을 당한 때에는 적부의 심사를 법원에 청구할 권리를 가진다."고 규정하고 있는데, 외국인이 대상인 "출입국관리법에 따라 보호된 자"를 제외하는 것

---

1) 김학성, "인신보호법에 대한 비판적 고찰", 강원법학, 제44권, 2015.2. 38면.
2) 심희기, "인신보호법이 나아가야 할 방향", 저스티스, 제122호, 한국법학원, 2011.2. 15면.; 신권철, "현행 인신보호법의 문제점과 개선방안", 사법논집, 제50집, 2010. 343면.

은 위헌이라는 견해가 많다[3]. 대상판결이 선고된 후 헌법재판소의 결정이 이론적으로나 논리적으로 잘못되었다고 보기 어렵지만 감동을 주지 못한다고 하면서 입법재량의 한계를 벗어난 것으로 보아 입법개선촉구결정을 하지 않은 것을 아쉬워하는 견해[4]도 있다.

인신보호법 제2조 제1항에서 "피수용자"를 "자유로운 의사에 반하여 국가, 지방자치단체, 공법인 또는 개인, 민간단체 등이 운영하는 의료시설·복지시설·수용시설·보호시설(이하 "수용시설"이라 한다)에 수용·보호 또는 감금되어 있는 자를 말한다."고 정의하면서 "다만, 형사절차에 따라 체포·구속된 자, 수형자 및 「출입국관리법」에 따라 보호된 자는 제외한다."고 규정한 것에 대하여 헌법재판소는 위헌이 아니라고 선언하였다.

헌법재판소는 인신보호법의 제정 경위 및 인신보호법상 구제청구절차를 분석하면서 '출입국관리법에 따라 보호된 자' 부분은 헌법 제12조 제6항이 요구하는 절차에 관한 입법형성권의 범위 내이므로 신체의 자유를 침해하는 것이 아니고 다른 인신보호법이 적용되는 피수용자들과 구분하는 것아 합리적이므로 평등의 원칙 위배도 아니라고 하였다.

인신보호법의 제정안에서부터 대안으로 제시된 수정안이 의결될 때까지의 회의록을 보면 법제사법위원회 소속의원들이 나경원의원의 인신보호법 제정안을 그다지 탐탐하게 느끼지 않았던 것으로 보이고, 특히 법무부는 기존의 개별 규정과 형법관련 규정으로 해결할 수 있는 것이라고 하면서 반대하였고 특히 미국과 일본에서도 많이 활용되지 않는

3) 하명호, 신체의 자유와 인신보호절차, 고려대학교출판부, 2012. 243면; 정형근, "인신보호법제에 관한 연구", 인권과 정의, 제390호, 대한변호사협회,2009.2. 93면; 심희기, 앞의 글, 14면; 신권철, 앞의 글, 354면; 홍례원, "강제퇴거처분 취소소송의 위법성 판단기준", 사법논집, 제51집, 2010. 605면.; 법관유보를 두지 아니한 출입국관리법 제52조의 보호제도는 적법절차원칙에 위반된다는 견해가 있다. 공진성, "출입국관리법상 '보호' 및 '강제퇴거'와 외국인의 기본권보호", 공법학연구 제14권 제1호, 2013. 234면.

4) 김학성, 앞의 글, 45~46면

다는 주장을 하였다. 그러다가 인신보호법의 제정에 합의하게 되자 법무부는 피구금자(제정안) 또는 피수용자(수정안)의 범위에 관한 논의에서 애당초 출입국관리법에 따른 보호는 제외되어야 한다고 강력하게 제안하였고 그것이 법안 심의 과정에서 수용되어 수정안으로 만들어졌다.[5] 그렇다면 인신보호법의 적용 영역에서 「출입국관리법」에 따라 보호된 자에 대한 적부심제도는 분리된 것으로 별도의 영역이라고 보아야 할 것이다. 왜냐하면 인신보호법 제2조 제1항에서 피수용자의 개념에 출입국관리법에 따라 보호된 자를 포함시키려면 적어도 출입국관리법상의 보호와 보호통지 및 이의신청 등의 절차와 인신보호법상의 구제절차의 조정이 필요하기 때문이다. 조정을 하려면 인신보호법 심리과정에서 출입국관리법 개정안도 함께 심의하였어야 하나 전혀 그러지 않았던 것이다.[6] 이러한 입장에서 보면 청구인들의 심판취지는 출입국관리법 관련 조항이 헌법 제12조 제6항에 위반된다는 것을 확인하는 것이다.

출입국관리법 관련 규정이 헌법 제12조 제6항에 위반되는지를 살피려면 출입국관리법의 연혁과 목적을 검토하지 않을 수 없다. 국제화·세계화시대에 강조되는 출입국관리법에 따라 보호된 자의 인권보호와 함께 현재의 이민상황을 바탕으로 한 외국인정책 등을 검토해야 할 것이다. 외국인 노동자들을 비롯한 다양한 형태의 주거자격을 가진 외국인이 한국에서 거주하려는 경향이 강해질수록 그리고 불법체류자가 늘어날수록 외국인의 인권보장문제와 정부의 외국인정책의 방향의 조화를 이끌어내는 것이 쉽지는 않을 것이다. 재한외국인 처우기본법 제5조에 따른 2013~2017 제2차 외국인정책 기본계획은 제1차 외국인 정책 기본계획[7]을 평가한 후 세계인과 더불어 성장하는 활기찬 대한민국이라는

---

5) 국회사무처, 제268회 국회법제사법위원회회의록(법안심사제2소위원회)제2호(2008.6.18.). 13면.

6) 법제사법위원회 수석전문위원, 인신보호법안(나경원의원 대표발의) 검토보고, 2005.4., 법제사법위원회,인신보호법안 심사보고서,2007.11.; 국회사무처, 제268회 국회법제사법위원회회의록(법안심사제2소위원회)제2호(2008.6.18.).

비전아래 개방, 통합, 인권, 안전, 협력의 정책목표와 19개의 부속 중점과제를 설정하였다.[8] 세계화시대를 맞아 본격적인 다민족 다문화사회로 나아가야 한다는 주장도 있으나, 신중한 검토가 필요하다고 할 것이다. 단일민족의 신화와 오랜 기간 유지된 단일국가의 역사를 존중하는 입장에서 제정된 헌법[9]을 가진 국가에서 민족의 정체성을 포기하려면 헌법제정과 같은 토론이 있어야 할 것이다. 아니면 적어도 민족이나 민족을 바탕으로 한 국가 또는 종족 간의 분쟁이 지구상에서 더 이상 발생하지 않는다는 보장이 필요하다고 할 것이다. 제3세계(비동맹중립주의)의 기수라고 불리던 유고슬라비아의 티토대통령 사후 벌어진 유고슬라비아의 비극이나 아프리카에서 벌어진 종족간의 분쟁을 볼 때 설사 외국인의 이주가 필요한 부분이 있더라도 이민정책과 불법체류외국인정책은 신중히 결정해야 할 것이다. 국내 거주이전의 자유를 넘어 이제는 자유로운 의사에 따라 국외로 나가 살 수 있는 시대가 되었다고 하지만 외국인은 원칙적으로 거주·이전의 자유의 주체는 아니다.[10] 각 국에서는 출입국관리법 등을 통하여 외국인에 대한 거주 · 이전의 자유를 특별히 제한하고 있다. 광복 이후 "이민송출국"의 위치에서 1980년대 말 이후 "이민유입국"으로 바뀌면서 출입국관리법도 많이 개정되었다. 유엔(UN) 산하 국제이주기구(IOM)에 의하면 전 세계 인구의 약 3%에 해당하는 2억 1천만 명 이상이 이주민이며 이 중 2~3천만 명의 불법이주자와 1천 5백만 명의 난민이 존재하는 것으로 추정하고 있다. 우리나라에서는 2012

7) 외국인과 함께 하는 세계 일류국가를 비전으로 제시하고 적극적인 이민 허용을 통한 국가경쟁력 강화, 질 높은 사회통합, 질서있는 이민행정구현, 외국인 인권옹호라는 4대 정책 목표를 가지고 있었다.

8) 외국인정책위원회, 2013~2017 제2차 외국인정책 기본계획. 22면.

9) 오동석, "이민법제의 헌법적 평가와 재구조화", IOM인민정책연구원, 2011.7면; 이에 대해 외국인을 포함한 인민이란 단어가 국민으로 바뀐 제헌 헌법 제정 과정을 설명하면서 외국인도 모든 기본권의 주체라는 주장의 소개가 있으나 당시의 상황에 비추어 볼 때 타당하지 않은 것으로 보인다. 공진성, 앞의 글, 227~229면.

10) 성낙인, 헌법학, 법문사,2014, 1234면; 한수웅, 헌법학, 법문사, 2015.658면.

년12월31일 현재 168,315명의 불법체류외국인들이 있고, 이는 전체 국내 체류 외국인의 13.4%에 해당하며, 90일 이상 장기체류 외국인만 고려했을 때는 16.8%로 아직 불법체류자의 절대수가 그리 크지 않으므로 내국인의 고용환경을 왜곡시키거나 사회적 물의를 일으킬 수준은 아니다. 그러나 이는 고용허가제의 도입과 자진신고를 통한 재입국허용과 같이 체류자격의 완화에 기인한 것이므로 계속적인 외국인 유입의 증가에 따른 이주자공동체 형성의 초기 단계에서 불법체류자의 장기체류화는 이민관리의 통제 범위를 어렵게 할 수 있으므로 결코 간단한 사안은 아니라고 할 것이다.[11)]

현재와 같은 이민유입을 전혀 상상하지 못한 헌법 아래에서 주요국의 이민정책추진과 이민법을 연구하고 정책개발을 하는 단계[12)]의 우리 사회는 외국인의 불법체류문제를 보다 신중히 접근해야 할 것이다. 그러한 입장에서 국회의 인신보호법 입법과정에서 출입국관리법 관련 조항의 개정은 애당초 고려되지 않았다는 것과 대상 조항이 추가되는 과정을 살펴보고 출입국관리법에 따른 보호 관련 조항과 인신보호법 제정 당시의 입법자의 입법형성권 행사를 검토하면서 대상결정을 평가하고자 한다.

2. 인신보호법 제정과정과 '출입국관리법에 따라 보호된 자'의 포함 문제

인신보호법 제정안은 2005년 1월 31일 발의되어 2005년 2월1일 법제사법위원회에 회부되어 2005년 4월 19일 상정되어 법안심사제2소위

11) 이상림 · 정영탁, "불법체류자 현황분석 및 관리정책 연구", IOM인민정책연구원, 2012. 1~2면.

12) 우기붕, 이민행정·법제에 관한 국제적 비교연구, 법학박사학위논문(동아대학교), 2011.; 김환학 외, "주요국가의 이민정책 추진체계 및 이민법", IOM인민정책연구원, 2012.

원회에 회부되었다가 2007년 11월 법제사법위원장이 수정안을 제출하여 2007년 11월 수정의결 되었고, 출입국관리법은 1963년 3월 제정되어 시행되면서 현재까지 많이 개정되어 왔고 인신보호법 제정 이후에도 13회나 일부 개정되었다. 먼저 출입국관리법의 연혁과 2005년 인신보호법 제정안이 발의되어 심의할 당시의 출입국관리법 관련 조항을 알아보기로 한다.

가. 출입국관리법의 연혁과 2005년 인신보호법 제정안 발의 당시 출입국관리법 관련 조항

(1) 출입국관리법의 연혁

출입국관리법은 1963.3.5. 제정되고 당일부터 시행되면서 1949.11.17. 제정되어 그 때까지 시행되던 외국인의 입국·출국과 등록에 관한 법률은 폐지되었다. 출입국관리법 제1조(목적)는 "이 법은 대한민국에 입국하거나 대한민국에서 출국하는 모든 대한민국 국민(선원을 제외한다. 이하 국민이라 한다)과 외국인의 출입국의 공정한 관리와 대한민국에 체류하는 외국인의 거주 및 등록에 관하여 규정함을 목적으로 한다."으로 규정되어 있다. 제26조[13]에서 강제퇴거를 규정하고 있다.

---

13) 제26조 (강제퇴거) ① 법무부장관은 다음 각호의 1에 해당하는 외국인을 국외로 강제퇴거시킬 수 있다.

1. 제7조 또는 제11조의 규정에 위반하여 입국한 자
2. 입국후에 제9조 각호의 1에 해당하는 사유가 발견되거나 발생된 자
3. 제13조 내지 제18조의 규정에 위반하여 상륙한 자
4. 제20조 내지 제22조의 규정에 위반한 자
5. 제23조 또는 제25조의 규정에 위반한 사실이 있는 자
6. 대한민국의 법률에 의하여 금고이상의 형을 받고 석방된 자
7. 대한민국안에서 정당활동에 가담하거나 이를 조종한 자
8. 제13조 내지 제18조의 규정에 의하여 상륙한 외국인으로서 출입국관리관이 과한 제한에 위반한 자

② 전항의 규정에 의하여 강제퇴거의 명령을 받은 자의 수용 및 절차에 관하여 필요한 사항은 각령으로 정한다.

그 후 1967.3.3.과 1977.12.31. 및 1983.12.31.을 거쳐 1992.12.8. 전부 개정되었고 현재까지 10 여 차례 이상 일부 개정되어 왔다. 1992.12.8. 전부 개정한 이유는 산업발전과 국제화 추세에 따라 출입국자가 급증하고, 국내임금수준의 상승에 따라 외국인 불법취업자가 계속 증가되고 있는 등 체류외국인의 활동이 복잡·다양화되고 있는 현실에 효과적으로 대응하기 위하여 출입국심사 및 체류관리제도를 합리적으로 개선하고, 외국인불법 체류를 억제할 수 있도록 현행규정상의 미비점을 보완하려는 것이었다. 그 중 인신보호와 직접 관련되는 것으로 출입거부자, 조건부입국허가자 또는 출국명령을 받은 자로서 도주하거나 도주할 우려가 있는 자에 대하여는 출입국관리사무소 또는 출입국관리사무소출장소에 설치되어 있는 외국인보호실에 일시 보호할 수 있도록 근거규정을 마련한 것을 들 수 있다.

(2) 2005년 인신보호법 제정안 발의와 당시 출입국관리법[14]의 관련 조항에 대한 개정문제

당시 출입국관리법의 제1조(목적)은 대한민국에 입국하거나 대한민국으로부터 출국하는 모든 국민 및 외국인의 출입국관리와 대한민국에 체류하는 외국인의 체류관리 및 난민의 인정절차 등에 관한 사항을 규정하는 것으로 "제6장 강제퇴거등"은 제1절 강제퇴거의 대상자(제46조), 제2절 조사(47조~50조), 제3절 보호(51조~57조), 제4절 심사 및 이의신청(제58조~61조), 제5절 강제퇴거명령서의 집행(62조~64조), 제6절 보호의 일시해제(제65조~66조), 제7절 출국권고등(제67조~68조)으로 구성되어 있다. 강제퇴거 관련 규정은 제46조부터 제68조까지 상당한 분량으로 보완되어 왔다. 그러한 상황에서 인신보호법의 관련규정을 적용하려 하였다면 출입국관리법에 따라 보호된 체류외국인의 구제절차의 정비를 위하여 출입국관리법의 제6장의 적용에 관한 부분을 함께 심리하여야 하

14) 2005.3.24.일부개정, 2005.9.25.시행.

고 그러기 위해서는 인신보호법 제정과 함께 출입국관리법의 일부 개정안도 발의·심의되어야 했으나 그러하지 않았다. 인신보호법의 제정안을 심리한 법제사법위원회 법안심사제2소위원회 위원도 인신보호법 제정 자체에 대해 의문을 제기하였으므로 출입국관리법을 처음부터 논의할 분위기도 아니었던 것이었다.[15] 법무부 입장에서는 불법체류자 문제는 행정소송으로 다툴 수 있는데 행정소송에서 기각된 사람이 강제퇴거를 연장하기 위하여 인신보호법상 제도를 이용하면 중복적인 구제절차로 문제가 된다는 것을 들어 반대하였다.[16]

나. 인신보호법 제안 이유와 출입국관리법에 따라 보호된 자의 포함여부

(1) 인신보호법 제안이유와 배경

인신보호법(나경원 의원등 49인)의 제안이유의 요지는 다음과 같다. 신체의 자유는 모든 사회적, 경제적, 정신적 자유의 근간이 되는 것으로서 인간의 존엄과 민주주의의 존립을 위한 최소한의 조건이 되는 것으로 우리헌법 제12조 제6항은 '누구든지 체포 또는 구속을 당한 경우에는 적부의 심사를 법원에 청구할 권리가 있다'고 규정하고 있다. 위 헌법규정의 '체포, 구속'이라고 함은 단순히 형사절차에 의한 구속 뿐 아니라, 모든 형태의 공권력에 의한 체포, 구속(예컨대, 부랑인의 보호, 정신의료기관의 수용, 가정폭력피해자의 보호 등), 개인에 의한 수용시설에의 구금(예컨대, 지체장애인들을 불법으로 구금하여 구걸행위를 시킨다든지, 지난 98년 불법감금, 폭행 등 원생에 대한 인권유린행위가 외부로 알려져 사회문제가 된 충남 연기군 '양지마을'사건 등)을 포함한다고 봄이 타당하고 헌법재판소도 단순히 형사절차에 의한 체포, 구속 이외의 위와 같은 체포, 구속에 대한 구

15) 국회사무처, 제268회 국회법제사법위원회회의록(법안심사제2소위원회)제2호(2008.6.18.).3.5면.
16) 위의 글, 5, 7~8면.

제절차를 법률이 규정하도록 하고 판시하고 있다.[17] 그러나 형사소송법에만 체포, 구금된 피의자에 대한 구속의 당부를 심사받는 구제절차를 두고 있으므로 행정력, 개인에 의한 구금에 대한 구제절차의 흠결은 중대한 인권침해를 발생시킨다고 볼 수 있고, 행정력, 개인의 수용시설에 의한 구금에 대하여 즉시 이의하여 바로 그 구금상태로부터 벗어날 수 있는 절차를 만들지 않는다면, 억울하게 정신병자로 몰려 장기간 사회로부터 격리되는 사안, 부당하게 부랑자, 윤락녀로 몰려 보호시설에 수용되는 사안, 지력이 부족하여 사인에 의하여 무인섬의 어부, 앵벌이로 부려지는 사안에서 그 당사자들의 인간으로서의 기본권인 신체의 자유는 보장될 길이 없다. 따라서 본 법안은 모든 인신의 자유를 구금하는 사안에 대한 기본법을 제정함으로써, 구금된 당사자 및 기타 특수관계인의 청구에 의하여 위와 같은 구금상태의 적부를 법원에 판단 받게 하여 즉시 위와 같은 부당하고 불법한 구금상태로부터 벗어날 수 있는 권리를 갖게 하고자 한다.

인신보호법의 제정 배경으로 당시 인권유린 사건의 충격과 함께 인신자유를 위한 기본법이 필요하다는 학계의 지적[18] 및 앞에서 본 구속적부심이 제기된 사건의 담당검사가 전격적으로 기소한 사건에 관한 헌법재판소의 결정과 그 해설[19] 등을 들 수 있다.

(2) 피구금자(제정안) 또는 피수용자(수정안)의 범위

제정안 제2조 제1항에서 피구금자는 ① 적법한 절차에 의하지 아니하고 유치장 또는 구치소에 구금된 자와 ② 부당한 행정처분에 의하여 아동복지법에 의한 시설, 장애인복지법에 의한 장애인생활시설, 정신

17) 헌재 2004.3.25. 2002헌바104결정.

18) 이영란, "구속적부심사제도에 관한 연구", 법학박사학위논문(서울대학교), 1987,341면.: 하명호, "행정상 인신구속과 구속적부심사제도의 도입에 관하여", 헌법논총 제16집, 2005.616~618면.

19) 김시철, "형사소송법 제214조의2 제1항 위헌소원", 헌법재판소결정해설집 2004. 142~147면.

보건법에 의한 시설, 사회복지사업법 제34조 제1,2항에 의한 사회복지시설, 노인복지법에 의한 요양시설 등에 수용된 자 및 ③ 사인이 운영하고 있는 사설시설에 불법·부당하게 수용된 자로 규정하였다. 그리고 구제청구를 규정한 제3조 제1항 단서에서 형사소송법 제201조 또는 214의2조에 따른 피의자 등은 제외하였다. 제정안에서 거론하고 있는 아동복지법, 장애인복지법 등 사회복지사업법에서 규정하고 있는 여러 가지 사회복지관련 법과 보호관찰등에 관한 법률에는 출입국관리법에서 규정하고 있는 보호,[20] 보호의 통지,[21] 보호에 대한 이의신청,[22] 심사후의

---

20) 第51조 (보호) ① 출입국관리공무원은 외국인이 제46조제1항 각호의 1에 해당된다고 의심할 만한 상당한 이유가 있고 도주하거나 도주할 염려가 있는 경우 사무소장·출장소장 또는 외국인보호소장으로부터 보호명령서를 발부받아 그 외국인을 보호할 수 있다.
② 제1항의 규정에 의한 보호명령서의 발부를 신청할 때에는 보호의 필요성을 인정할 수 있는 자료를 첨부하여 제출하여야 한다.
③ 출입국관리공무원은 외국인이 제46조제1항 각호의 1에 해당된다고 의심할 만한 상당한 이유가 있고 도주하거나 도주할 염려가 있는 경우 긴급을 요하여 사무소장·출장소장 또는 외국인보호소장으로부터 보호명령서를 발부받을 여유가 없는 때에는 그 취지를 알리고 출입국관리공무원의 명의로 긴급보호서를 발부하여 그 외국인을 보호할 수 있다.
④ 출입국관리공무원은 제3항의 규정에 의하여 그 외국인을 보호한 경우 48시간 이내에 보호명령서를 발부받아 그 외국인에게 이를 내보여야 하며, 이를 발부받지 못한 때에는 즉시 보호를 해제하여야 한다.

21) 第54조(보호의 통지) 출입국관리공무원은 용의자를 보호한 때에는 국내에 있는 그의 법정대리인·배우자·직계친족·형제자매·가족·변호인(이하 “법정대리인등”이라 한다) 또는 용의자가 지정하는 자에게 3일 이내에 보호의 일시·장소 및 이유를 서면으로 통지하여야 한다. 다만, 법정대리인등이 없거나 용의자가 통지받을 자를 지정하지 아니할 때에는 그 사유를 서면으로 기재하고 통지를 하지 아니할 수 있다.

22) 第55조(보호에 대한 이의신청) ① 보호명령서에 의하여 보호된 자 또는 그의 법정대리인등은 사무소장·출장소장 또는 외국인보호소장을 거쳐 법무부장관에게 보호에 대한 이의신청을 할 수 있다.
② 법무부장관은 제1항의 규정에 의한 이의신청을 받은 경우 지체 없이 관계서류를 심사하여 그 신청이 이유 없다고 인정될 때에는 결정으로 이를 기각하고, 이유 있다고 인정될 때에는 결정으로 보호된 자의 보호해제를 명하여야 한다.

절차[23] 및 이의신청절차[24] 등과 같은 구제절차가 제대로 규정되어 있지 않았으므로 인신보호법의 구제절차가 필요하다고 할 수 있다.

그러다가 2007년 11월 법제사법위원장이 제안한 수정안으로 바뀌면서 제1조(목적)의 "이 법은 위법·부당한 법집행 또는 행정조치 등에 의해 부당하게 인신의 자유를 제한당하고 있는 개인의 구제절차를 마련함으로써 헌법이 보장하고 있는 국민의 기본권을 보호하는 것을 목적으로 한다." 중 밑줄 친 부분을 " 위법한 행정처분 또는 사인에 의한 시설에의 수용으로 인하여"로 변경하고, 피수용자의 정의를 포괄적으로 규정하면서 "다만 형사절차에 의한 체포·구금된 자, 수형자 및 출입국관

---

③ 법무부장관은 제2항의 규정에 의한 결정을 함에 앞서 필요한 때에는 관계인의 진술을 들을 수 있다.

23) 제59조(심사후의 절차) ①사무소장·출장소장 또는 외국인보호소장은 심사의 결과 용의자가 제46조제1항 각호의 1에 해당하지 아니한다고 인정할 때에는 지체없이 용의자에게 그 뜻을 알려야 하고, 용의자가 보호되어 있는 때에는 즉시 보호를 해제하여야 한다.

② 사무소장·출장소장 또는 외국인보호소장은 심사의 결과 용의자가 제46조제1항 각호의 1에 해당 한다고 인정될 때에는 강제퇴거명령서를 발부할 수 있다.

③ 사무소장·출장소장 또는 외국인보호소장은 강제퇴거명령서를 발부하는 경우 그 용의자에 대하여 법무부장관에게 이의신청을 할 수 있음을 알려야 한다.

24) 제60조(이의신청) ① 용의자가 강제퇴거명령에 대하여 이의신청을 하고자 할 때에는 강제퇴거명령서를 받은 날부터 7일 이내에 사무소장·출장소장 또는 외국인보호소장을 거쳐 법무부장관에게 이의신청서를 제출하여야 한다.

② 사무소장·출장소장 또는 외국인보호소장은 제1항의 규정에 의한 이의신청서를 접수한 때에는 심사결정서 및 조사기록을 첨부하여 법무부장관에게 제출하여야 한다.

③ 법무부장관은 제1항 및 제2항의 규정에 의한 이의신청서등을 접수한 때에는 이의신청이 이유있는지의 여부를 심사결정하여 그 뜻을 사무소장·출장소장 또는 외국인보호소장에게 통지하여야 한다.

④ 사무소장·출장소장 또는 외국인보호소장은 법무부장관으로부터 이의신청이 이유있다는 결정의 통지를 받은 때에는 지체 없이 용의자에게 그 뜻을 알리고, 용의자가 보호되어 있는 때에는 즉시 그 보호를 해제하여야 한다.

⑤ 사무소장·출장소장 또는 외국인보호소장은 법무부장관으로부터 이의신청이 이유 없다는 결정의 통지를 받은 때에는 지체 없이 용의자에게 그 뜻을 알려야 한다.

리법에 의하여 보호된 자는 피수용자의 범위에서 제외한다."고 하였다. 즉 인신보호법을 제정하면서 체포·구속에 따른 적부심사제도의 영역을 나누어 출입국관리법에 따른 보호 문제는 출입국관리법에 맡긴 것이다.

다. 입법재량 문제

앞에서 본바와 같이 인신보호법 제2조 제1항 단서에 "출입국관리법에 따라 보호된 자"가 포함된 것은 입법자들의 심의과정에서 결정된 것으로 입법행위인 것이다. 국회가 통일된 인신보호법으로 모든 것을 포함하는 방법을 채택하거나 아니면 한정된 적용 범위의 인신보호법을 제정하면서 일부는 기존의 출입국관리법에 맡기는 것을 채택하느냐는 입법자의 (선택)재량이라고 할 것이다[25]. 따라서 심판대상의 실체는 출입국관리법의 관련 조항들이 헌법 제12조 제6항에 위반하는 것인지 여부이다.

3. 출입국관리법의 구제절차와 헌법 제12조제6항

청구인은 인신보호법에 출입국관리법에 따라 보호된 자를 제외시킨 것이 헌법 제12조 제6항의 구속적부심제도에 위반한다는 것이고, 헌법재판소는 인신보호법상의 구제절차와 출입국관리법(2014.3.18.법률 제12421호로 개정된 것)상의 구제절차를 비교하면서 출입국관리법의 관련 조항은 입법자의 입법형성권 범위 내에 해당하는 것으로 헌법 제12조제6항에 위반하지 않는다고 판시하였다. 이를 위하여 헌법 제12조 제6항의 의미를 살펴보고, 헌법상 청구권에 대한 입법자의 입법형성권과 그 범위 그리고 비판적인 견해를 검토하면서 대상결정의 타당성을 평가하

---

25) 헌재 2002.10.31.,2001헌바40. "헌법 제107조 제3항의 의미를 판단하면서 행정심판을 행정소송의 전심절차로 할 것인가 아니면 임의절차로 할 것인가의 문제를 비롯하여 행정심판절차의 구체적 형성을 입법자에게 맡기면서…"라고 판시하고 있다.

고자 한다.

가. 헌법 제12조 제6항의 의미

(1) 헌법재판소의 관련 선례

헌법재판소는 헌법 제12조 제6항의 의미를 나경원의원의 인신보호법안 제안이유에서 언급되었던 선례 결정문에서 상세히 검토하였다. 구속된 피의자가 적부심사청구를 행사한 이후 검사가 같은 날 전격기소를 하여 위 구속적부심사가 기각되자 청구인은 구속적부심사청구자격을 피의자로 한정한 형사소송법 제214의2 제1항[26]이 헌법 제12조 제6항에 위반되고 그 위헌여부가 위 구속적부심사청구사건에 대한 재판의 전제가 된다고 주장하면서 위헌제청신청을 하였다. 그러나 청구인에 대한 형사본안사건을 심리하던 수소법원에서 보석결정을 하여 청구인을 석방한 다음 위 적부심사청구 및 위헌제청신청을 함께 기각하였다. 그러자 청구인은 헌법소원심판을 청구하였고 헌법재판소는 법원으로부터 구속의 헌법적 정당성에 대하여 실질적 심사를 받고자 하는 청구인의 절차적 기회를 제한하는 형사소송법 제214조의2 제1항이 헌법에 불합치한다는 결정을 한 사건[27][28]에서 헌법 제12조 제6항의 의미를 다음과 같이 판시하였다.[29]

첫째, 우리 헌법 제12조에 규정된 '신체의 자유'는 수사기관 뿐만 아니라 일반 행정기관을 비롯한 다른 국가기관 등에 의하여도 직접 제한될 수 있으므로, 헌법 제12조 소정의 '체포·구속' 역시 포괄적인 개념

---

26) 체포영장 또는 구속영장에 의하여 체포 또는 구속된 피의자 또는 그 변호인, 법정대리이니, 직계친족, 형제자매, 호주, 가족이나 동거인 또는 고용주는 관할법원에 체포 또는 구속의 적부심사를 청구할 수 있다.

27) 2004.3.25.선고 2002헌바104 결정(형사소송법 제214조의2 제1항 위헌소원).

28) 위 결정 이후 2005.10.16. 형사소송법 제214조의2 제5항이 개정되어 청구인의 경우에도 이제는 구속적부심이 가능하게 되었다.

29) 위 결정에 대한 해설은 김시철, 앞의 글, 참조.

으로 해석해야 한다. 따라서 최소한 모든 형태의 공권력행사기관이 '체포' 또는 '구속'의 방법으로 '신체의 자유'를 제한하는 사안에 대하여는 헌법 제12조 제6항이 적용된다고 보아야 한다.

둘째, 우리 헌법 제27조 제1항, 제101조 제1항, 제103조 등 사법권 행사에 관련된 헌법 규정에 근거하여 공권력행사기관 등이 체포 · 구속의 방법으로 '신체의 자유'를 제한하는 사안에 관련하여 그 원인관계의 정당성에 다툼이 있는 경우 법원이 최종적인 사법적 판단을 하게 된다. 그런데 법치국가의 원칙에 비추어 볼 때, 예컨대 위와 같은 원인관계의 정당성을 부인하는 취지의 판결이 확정된 경우, 구속주체인 국가기관 등이 당사자의 '신체의 자유'에 대한 제한을 더 이상 유지할 수 없음은 너무나 당연하기 때문에, 이러한 일반적인 사법적 절차에 따라서 피구속자의 '신체의 자유'를 회복시키기 위하여 우리 헌법제정권자가 헌법 제12조 제6항을 별도로 규정하였다고 보기는 어렵다. 따라서 헌법 제12조 제6항은 당사자가 체포 · 구속된 원인관계 등에 대한 최종적인 사법적 판단절차와는 별도로 체포 · 구속 자체에 대한 적부 여부를 법원에 심사청구할 수 있는 절차(Collateral Review)를 헌법적 차원에서 보장하는 규정으로 봄이 상당하다.

셋째, 우리 헌법의 연혁 등에 비추어 볼 때, 헌법 제12조 제6항에 규정된 '적부'는 당해 체포·구속 자체의 '헌법적 정당성 여부'로 해석함이 상당하므로, 결국 당사자의 청구에 따라서 법원이 당해 체포·구속 자체의 '헌법적 정당성'을 심사함과 동시에 만일 이러한 정당성이 인정되지 아니하면 이를 이유로 하여 법원이 그 당사자를 석방하도록 결정할 수 있는 제도가 법률에 규정되어야만 헌법에서 요구하는 입법형성의무가 제대로 이행된 것으로 볼 수 있다(우리 헌법은 이러한 측면에서 모든 유형의 '자유박탈의 허용과 계속'에 대하여 판사가 전적으로 결정하도록 하되, 피구속자에게 헌법적 차원에서 위와 같은 절차개시권을 보장하지 아니한 독일 기본법과는 구조적으로 상당한 차이가 있다).

넷째, 헌법 제12조 제6항에 입법형식 등에 대한 특별한 제한이 설정되어 있지 아니한 이상, 입법자는 미군정법령 제176호 제17조 내지 제18조와 같이 전반적인 영역에 대하여 적용되는 일반법의 형식을 선택할 수도 있고(Civil Action의 성격을 가진 미국식 인신보호영장제도의 형식을 전반적으로 수용한 일본의 인신보호법 등 참조), 형사소송법과 같은 개별 법률을 통하여 한정적인 영역에만 적용되는 체포·구속적부심사제도를 규정할 수도 있는데, 위와 같은 개별규정 등이 헌법적 요구사항을 충족시키는 이상 최소한 그 적용영역에 대하여는 입법형성의무가 제대로 이행되었다고 보아야 한다. 다만 헌법 제12조 제6항에는 당사자의 '법관 대면기회'가 명시적으로 규정되어 있지 아니하므로 모든 당사자(피체포자·구속자)에게 '법관 대면기회'를 보장하는 것이 그 본질적 내용에 포함된다고 보기 어렵고, 따라서 피고인에게 당해 구속 자체의 헌법적 정당성에 관하여 법원으로부터 심사받을 수 있는 구속취소청구권을 인정하고 있는 형사소송법 제93조의 경우도 그 적용영역에 대하여는 헌법 제12조 제6항이 요구하는 최소한도의 요건을 충족시킨 것으로 볼 수 있다.

(2) 헌법재판소는 대상판결에서도 헌법 제12조 제6항은 모든 형태의 공권력행사기관이 체포 또는 구속의 방법으로 신체의 자유를 제한하는 사안에 대해 적용되고, 당사자가 체포·구속된 원인관계 등에 대한 최종적인 사법적 판단절차와는 별도로 체포·구속 자체에 대한 적법 여부를 법원에 심사청구할 수 있는 절차를 헌법적 차원에서 보장하는 규정이므로, 입법자는 전반적인 법체계를 통하여 관련자에게 그 구체적인 절차적 권리를 제대로 행사할 수 있는 기회를 최소한 1회 이상 제공하여야 할 의무를 가진다고 판시하였다.

따라서 입법자는 출입국관리법 제51조 제2항[30] 및 제63조 제1항[31]

30) 제51조(보호) ① 출입국관리공무원은 외국인이 제46조제1항 각 호의 어느 하나에 해당된다고 의심할 만한 상당한 이유가 있고 도주하거나 도주할 염려가 있으면 지

등에 근거하여 보호된 청구인들이 전반적인 법체계를 통하여 보호 자체에 대한 적법 여부를 최소한 1회 이상 법원에 심사청구할 수 있도록 하여야 한다.

나. 헌법 제12조 제6항의 위임에 대한 입법자의 입법형성권과 헌법재판소의 위헌판단

(1) 입법자의 입법형성권

헌법은 국가권력의 존재근거이며 동시에 활동의 근거이다. 헌법의 특성으로 거론되는 최고규범성, 정치규범성, 조직규범성, 생활규범성 및 권력의 제한규범성 등은 국민의 기본권실현과 제한에 다각도로 작용한다. 헌법기관으로 입법권을 부여받은 국회는 헌법의 한계 내에서 입법권을 행사한다. 그 경우에 헌법이 행위규범으로 가능하나 헌법의 개방성으로 인하여 정치적 행위에 대하여 정확한 헌법적 기준을 제시하지 않는다. 국회는 헌법에서 위임한 범위 내에서 의회주의의 이념과 절차에 따라 국민적 합의를 추구하면서 입법권을 행사한다. 그러기 때문에 어떤 문제에 대한 국회의 결정이 반드시 하나인 경우는 드물고, 모든 국민을 만족시키는 결론을 도출하는 것은 대단히 어렵다. 경우에 따라서는 법률이 도출하고자 하는 직접적 효과가 미흡할 것을 알면서도 이해관계를 가진 일부 국민들이 방향전환을 준비할 수 있도록 하는 법률을 제정할 수 있다.

민주적 정당성을 가진 국회의 입법은 다양한 규범적 요소들과 사실

방출입국·외국인관서의 장으로부터 보호명령서를 발급받아 그 외국인을 보호할 수 있다.

② 제1항에 따른 보호명령서의 발급을 신청할 때에는 보호의 필요성을 인정할 수 있는 자료를 첨부하여 제출하여야 한다.

31) 第63조(강제퇴거명령을 받은 사람의 보호 및 보호해제) ① 지방출입국·외국인관서의 장은 강제퇴거명령을 받은 사람을 여권 미소지 또는 교통편 미확보 등의 사유로 즉시 대한민국 밖으로 송환할 수 없으면 송환할 수 있을 때까지 그를 보호시설에 보호할 수 있다.

적 요소들을 종합적으로 고려하므로 광범위한 형성의 자유를 가진다.[32] 입법자의 입법은 정치의 장인 국회에서 결정하는 정치적 행위로서의 성격도 강하다. 정치적 행위라는 의미는 여러 규범적 요소와 사실적 요소들을 종합적으로 고려하여 도출할 수 있는 다양한 선택 중 하나를 선택하는 것으로 원칙적으로 주권자인 국민에 의하여 평가될 것이다. 국회는 적법하게 만들어진 기존의 법률의 효력이 미약하거나 입법환경의 변화 등을 이유로 폐기하거나 개정할 수 있다. 보다 좋은 입법을 위하여 입법영향평가제도를 도입하고 실시하는 것도 시행착오를 예방하고 좋은 법률을 계속 유지하기 위한 노력의 일환이다. 입법형성권은 사회적 기본권, 정치적 기본권, 청구권적 기본권은 물론 자유권적 기본권에서도 부여된다.

(2) 입법형성권의 범위

(가) 헌법상 국민의 기본권의 규율방식에 따라 자유권과 사회적 기본권 및 정치권 그리고 청구권으로 나눌 수 있다. 자유권은 그 실현을 위하여 입법형성이 반드시 필요한 것은 아니다.[33] 그러나 국가안전보장·질서유지 또는 공공복리를 위하여 필요한 경우에 한하여 법률로써 제한할 수 있다. 자유권의 경우 확보된 자유영역에 대한 제한의 의미를 지니는 것이 보통이므로 "기본권 제한적 법률유보"로 이해된다. 자유권의 제한의 영역에서도 입법자에게 광범위한 형성의 영역이 있다. 헌법재판소는 외국기술사의 국내기술사 필기시험 면제거부 위헌확인사건[34]에서 자격요건을 설정하는 것은 입법재량이라고 하였다.

"전문적 지식과 기술을 가져야만 직업을 원활히 수행할 수 있다고 판단되는 직업에 대해 실시되고 있는 자격제도는 헌법상 보장된 직업선

32) 박찬권, "헌법재판에서 입법형성의 범위에 관한 고찰", 헌법학연구 제20권제2호, 2014.239면.

33) 김하열, "법률에 의한 기본권의 형성과 위헌심사", 고려법학 제67호, 2012.37면.

34) 헌재 2012.4.24.2010헌마649결정.

택의 자유를 공익목적을 위하여 국회가 제정한 법률로써 전면적으로 금지시켜 놓은 다음 일정한 자격을 갖춘 자에 한하여 직업선택의 자유를 회복시켜 주는 것이다(헌재 2001. 9. 27. 2000헌마152, 판례집 13－2, 338, 344; 헌재 2008. 11. 27. 2007헌마389, 판례집 20－2하, 422, 434 참조). 따라서 입법자는 실질적으로 당해 직업의 업무를 원활히 수행하는 데 충분한 능력과 지식 등을 갖춘 것으로 인정되는 사람이면 모두에게 자격을 부여하여야 하는 것이 원칙이다. 그러나 이러한 자격제도를 시행함에 있어 각각의 직업에 어떤 자격요건을 설정할 것인가는 입법자의 재량사항으로 보아야 한다. 이 사건 기술사제도는 자격제도의 하나이고 입법자에게는 그 자격요건을 업무의 내용과 제반여건 등을 종합적으로 고려하여 재량에 따라 정할 수 있는 입법형성권이 인정되므로 이 사건 개정규칙조항 및 이 사건 개정법률조항이 청구인의 직업의 자유를 침해하는지 여부는 입법자가 기술사 자격요건을 정함에 있어 입법형성권을 자의적으로 행사하여 합리적인 입법한계를 일탈하였는지 여부를 살피면 족하다고 할 것이다."

(나) 이에 반해 기본권 형성적 법률유보의 형태가 있는데 이는 기본권 실현적·행사절차적 법률유보와 기본권 강화 내지 보장적 법률유보로 나누어진다.[35] 전자는 재산권의 내용, 손실보상의 방법과 내용, 선거권, 공무담임권, 청권권, 형사보상청구권, 국가배상청구권, 교육의 자주성 · 전문성 · 정치적 중립성 및 대학의 자율성, 국가유공자 등의 우선적 근로권, 범죄피해자의 구조청구권, 형사피해자의 공판진술권, 생활무능력자의 보호청구권, 환경권 등을 들 수 있고, 후자는 국선변호안의 도움을 받을 권리, 저작자 · 발명가 · 과학기술자와 예술가의 권리, 재산권 제한과 보상의 법률유보, 정당한 재판을 받을 권리, 민간인에 대한 군사재

35) 허영, 한국헌법론, 박영사, 2015. 302~303면.

판의 특례, 교육제도의 법률유보, 근로조건의 법정주의 등을 들 수 있다. 이와 달리 기본권형성적 법률유보를 기본권형성적 법률유보와 기본권구체화적 법률유보로 구분하는 견해도 있다.[36] 사회권에 규정된 법률유보는 대체로 전자에 해당하고, 재산권·참정권·청구권·절차권적 기본권에 규정된 법률유보는 후자라 한다. 헌법재판소는 구분하지 않고 기본권형성적 법률유보라 부르고 있다.[37]

헌법재판소는 공직선거법 제56조 제1항 후문 등 위헌확인사건[38]에서 "예비후보자 등록 시 납부하여야 할 기탁금의 액수를 어느 정도로 할 것인지, 기탁금제도의 실효성을 확보하기 위해 기탁금을 국고에 귀속시키는 요건을 어떻게 정할 것인지의 문제는 우리의 선거문화, 정치풍토, 국민경제적 여건, 그리고 국민의 법감정 등 여러 가지 요소를 종합적으로 고려하여 입법자가 정책적으로 결정할 사항이라 할 것이나, 기탁금제도의 목적에 비추어 다음과 같은 원칙에 따라야 한다. 우선, 기탁금액이 지나치게 과다하거나 기탁금 반환의 요건이 너무 엄격하여 당선가능성이 있는 자로 하여금 예비후보자로 등록도 하지 못하게 한다면 경제적 능력이 부족한 자의 공무담임권 등이 침해될 수 있으므로, 기탁금액 및 그 반환 요건은 기탁금제도에 의하여 달성하려는 공익목적과 그로 인한 기본권 제한 사이에 균형과 조화를 이루도록 적정하게 책정되어야 하는 헌법적 한계가 있다{헌재 2003. 8. 21. 2001헌마687·691(병합), 판례집 15-2, 214, 223 참조}. 그러나 기탁금의 액수가 너무 적거나 기탁금 반환조건이 매우 용이하여 실제로 예비후보자들이 기탁금을 납부하는 것에 대하여 아무런 부담도 느끼지 않는다면, 이는 기탁금제도에 의하여 달성하려는 입법목적에 전혀 기여할 수 없게 된다. 따라서 기탁금의 액수는 예비후보자의 난립을 방지하고 선거의 신뢰성과 선거

36) 홍성방, 헌법학(상),박영사, 2010.406면.
37) 헌재 1993.7.29.92헌바20결정; 헌재 1993.3.11.92헌마48결정.
38) 헌재 2010.12.28. 2010헌마79결정.

운동의 성실성을 담보할 정도에 이르는 수준의 금액이어야 하는데, 이에 관하여 분명하고 일의적인 기준을 제시하기 어렵지만 적어도 우리사회의 근간을 이루는 평균적인 생활인이 그의 소득조건에서 입후보하는데 어느 정도 부담을 느껴 입후보할 것인지의 여부를 신중하고 진지하게 고려할 정도의 수준에는 머물러야 하고, 불성실한 예비후보자에게는 실질적인 제재효과가 미칠 수 있는 정도에 이르러야 할 것이며, 기탁금 반환조건도 기탁금제도의 실효성을 확보할 수 있는 정도라야 한다."고 판시하였다.

(3) 헌법재판소의 입법형성권에 대한 통제와 심사기준

입법권자의 입법에 대한 통제를 위하여 우리나라는 헌법재판소제도를 도입하였고 많은 판례를 통하여 입법통제의 기준을 형성하고 있다. 정치규범인 헌법의 해석을 통해서 이루어지는 헌법재판은 정치생활과 밀접한 관련을 가지므로 정치적으로 민감한 정책입법의 경우에는 사회적 주목의 대상이 되고 그 재판결과의 영향도 대단히 크다.[39] 헌법재판소에 대한 전체적인 평가가 나쁘지 않아 정치권에서도 사안에 따라서는 헌법재판소의 결정을 기다릴 정도로 신뢰를 쌓아가고 있다. 그 신뢰는 헌법재판의 기준과 한계의 정립에 근거하므로 이에 관한 논의를 살펴보기로 한다.

헌법재판소의 규범통제의 유일한 심사기준은 헌법규범이므로 법률의 위헌심사를 위한 헌법적 기준이 존재하는 범위 내에서 규범통제가 이루어지므로 헌법규범의 규율의 정도에 따라 결정되고 경우에 따라서는 헌법해석을 통하여 결정된다고 할 것이다.[40] 헌법재판소는 자유권과

---

39) 허영, "헌법재판과 입법", 헌법논총, 제19집, 헌법재판소,2008.25면.

40) 한수웅, "규범통제제도의 형성과 발전", 헌법논총, 제19집, 헌법재판소,2008.335면.; 정태호, "미국과 독일의 규범통제에서의 심사도구 비교", 헌법실무연구 제2권, 박영사,2001. 464면. 해당 헌법규범의 규율밀도(실체법적 관점)와 헌법재판에게 부여된 기능(기능법적 관점)을 강조하고 있다.

입법자에 의한 구체적 형성을 필요로 하는 청구권적 기본권, 참정권, 사회적 기본권 등을 구분하여 후자의 경우에는 자유권과 비교하여 광범위한 입법형성권을 부여하고 있다. 유사한 평가로서 자유권제한입법에 대한 위헌심사기준으로는 과잉금지원칙이, 사회적 기본권에 대해서는 최소보장원칙(과소금지원칙)이 각 적용되고 평등권에 대해서는 이중심사기준, 즉 경우에 따라 엄격한 심사로서 비례성원칙이 적용되기도 하고 완화된 심사로서 자의금지원칙이 적용되며 참정권과 청구권적 기본권의 경우에는 과잉금지원칙을 적용하거나 입법형성권을 넓게 인정하여 그 한계를 넘었는지를 느슨하게 심사하는 것을 드는 견해를 들 수 있다.[41]

법률에 의한 기본권의 형성과 제한에 관하여 헌법 제37조 제2항이 적용되는가에 대하여 논란이 있다. 헌법 제37조 제2항의 "국민의 모든 자유와 권리는 … 공공복리를 위하여 필요한 경우에 한하여 법률로써 제한할 수 있으며…"라는 규정은 기본권 제한의 근거규범이자 한계규범이다. 자유권의 경우 헌법해석에 의해 확정되는 기본권의 내용(보호범위, 보호영역)을 법률이 제약, 감축한다면 이를 제한이라고 인정할 수 있으므로 헌법 제37조제2항이 적용된다.[42] 참정권이나 청구권과 같이 입법작용에 의해 기본권의 내용이 형성되는 경우 기본권 제한의 개념을 인정할 수 있는가에 관하여 견해가 나누어지고 있다. 종래의 다수 견해는 헌법 제37조 제2항이 규정된 위치와 법문에 근거하여 모든 기본권에 당연히 적용되는 것으로 이해하여 왔다.[43] 이에 대해 위 다수의 견해는 헌법 제37조 제2항의 문리적 해석과 체계적 해석에 반한다는 견해가 있다.[44] 필요한 경우에 한하여 법률로써 제한할 수 있는 기본권인 자유권만이 헌법 제37조 제2항의 과잉금지원칙이 적용된다는 것이 문리적 해

41) 김하열, 앞의 글,36면.

42) 한수웅, 앞의 글, 337면; 김하열, 위의 글, 45면.

43) 계희열, 헌법학(중), 박영사, 2007.132면.; 권영성, 헌법학원론, 법문사, 2006, 348면; 김철수, 헌법학개론, 박영사, 343면;김하열, 위의 글, 47면,;성낙인, 앞의 책, 937면

44) 한수웅, 앞의 글, 339면,

석이고 체계적으로 보더라도 "모든 국민은 … 자유를 가진다."고 하여 아무런 법률유보가 없는 자유권과 달리 개별기본권마다 법률이 정하는 바에 의하여 권리를 가지는 형성적 법률유보적 기본권의 경우에는 적용되지 않는다는 것이다. 그리고 평등권의 경우에 원래 과잉금지원칙이 아니라 자의금지원칙이라는 다른 심사기준이 적용되는 것을 들고 있다. 입법자에 의한 구체적인 형성을 필요로 하는 기본권의 경우 제기되는 헌법적 문제는 '입법자의 규율이 과잉제한인지'의 문제가 아니라 '입법자가 형성권을 제대로 행사하였는지'의 문제 즉 '헌법이 기본권을 보장한 기본정신'과 '이와 상충하는 법익'과의 법익교량의 문제라는 입장이다.[45] 이에 대하여 참정권 · 청구권의 경우 입법권에 의한 기본권형성은 제한의 성질도 가지고 있다는 반론이 있다. 재판청구권의 경우 상법 제376조에서 주주, 이사, 감사에게 주주총회결의취소의 소를 제기할 수 있게 하는 것은 재판청구권의 실현을 위한 형성이지만, 주주 아닌 회사직원에게는 장애로서 제한이 된다는 것이다.[46] 헌법재판소는 많은 경우 헌법 제37조제2항의 내용인 과잉금지원칙이 자유권은 물론 다른 기본권의 제한입법에도 적용된다는 입장이다.

재판청구권에 관한 헌법재판소의 판례를 보면 과잉금지심사를 한 사례와 입법형성권존중 또는 합리성 심사를 한 사례로 분류할 수 있다.[47] 변호사보수를 소송비용에 산입하여 패소한 당사자의 부담으로 한 것이 청구인의 재판청구권을 침해하는 것인가의 사건[48]에서 "소송수행을 위하여 지출한 비용 중에서 어느 범위의 것을 소송비용으로 하여 패소한 당사자에게 부담시킬 것인가, 특히 변호사보수를 소송비용에 산입하여 패소한 당사자로부터 이를 상환받을 수 있게 할 것인지는 국가의 재정규모, 국민의 권리의식과 경제적·사회적 여건, 소송실무에 있어 변

---

45) 한수웅, 위의 글, 355면.
46) 김하열, 앞의 글, 48면.
47) 김하열, 위의 글, 54~57면,
48) 헌재 2002.4.25.2001헌바20결정.

호사대리의 정도 및 변호사강제주의를 채택하였는지 여부 등을 고려하여 국민의 효율적인 권리보호와 소송제도의 적정하고 합리적인 운영이 가능하도록 입법자가 법률로 정할 성질의 것이다."고 한 후 "변호사보수를 소송비용에 산입하여 패소한 당사자의 부담으로 한 구 민사소송법 제99조의2 제1항은 … 입법목적이 정당하고, … 방법의 적정성도 인정된다. 또한 … 피해의 최소성과 법익의 균형성도 갖추고 있다."고 판시하였다.

입법권형성 또는 합리성심사를 한 사례로 검사작성의 피의자신문조서에 대한 증거능력의 인정요건을 정한 형사소송법 규정이 공정한 재판을 받을 권리를 침해하는지 여부에 대한 사건[49]에서 "재판청구권과 같은 절차적 기본권은 원칙적으로 제도적 보장의 성격이 강하기 때문에, 자유권적 기본권 등 다른 기본권의 경우와 비교하여 볼 때 상대적으로 광범위한 입법형성권이 인정되므로, 관련 법률에 대한 위헌심사기준은 합리성원칙 내지 자의금지원칙이 적용된다."고 한 후 "피고인이 검사작성 피의자신문조서에 대하여 내용을 부인하는 경우에도 성립의 진정과 특신상태의 존재를 요건으로 하여 그 증거능력을 인정하는 이 사건 법률조항 단서 역시 적법절차에 의한 실체적 진실의 발견과 신속한 재판을 위한 것으로서 그 목적의 정당성이 인정되고, 법원으로 하여금 특신상태의 존재 여부를 심사하게 한 후 그 존재가 인정되는 경우에만 증거능력을 부여함으로써 그 적용범위를 목적달성에 필요한 범위내로 한정하고 있으므로, 그 내용에 있어서 합리성과 정당성을 갖춘 규정이라고 할 것이다. 결국, 이 사건 법률조항은 입법자의 입법형성의 범위를 벗어난 것이어서 그로 말미암아 피고인의 공정한 재판을 받을 권리 등을 침해한다고 볼 수 없으므로 헌법에 위반되지 아니한다."고 판

49) 헌재2005.5.25.2003헌가7결정; 같은 기준이 적용된 사례로 헌재2009.11.26. 2008헌바25결정(자유심증주의 원칙 규정); 헌재 2009.2.26.2007헌바8결정(사법보좌관에 의한 소송비용액 확정절차 규정);헌재 2997.10.30.97헌바37결정(심리불속행제도)

시하였다.

(4) 헌법 제12조 제6항의 체포 · 구속 적부심사제도와 출입국관리법의 보호 관련 절차

(가) 헌법의 위임에 의한 법률형성

'누구든지 체포 또는 구속을 당한 때에는 적부의 심사를 법원에 청구할 권리를 가진다.'는 헌법 제12조 제6항의 위임에 따라 입법자는 출입국관리법에 따라 보호된 자가 그 적부의 심사를 법원에 청구할 수 있도록 하는 구체적인 입법형성을 해야 할 것이다. 인신보호법 제2조제1항 단서의 위헌성을 주장하는 측에서는 인신보호법과 달리 출입국관리법상 '강제퇴거의 심사를 위한 보호'나 '강제퇴거의 집행을 위한 보호'의 적법여부에 대해 직접 사법부의 판단을 받을 수 있는 규정이 없다는 것이다. 인신보호법에서는 당해 피수용자 또는 수용시설의 주소, 거소 또는 현재지를 관할하는 지방법원 또는 지원에 구제를 청구할 수 있는데, 출입국관리법에서는 그러한 절차가 없다는 것이다. 구속적부심제도는 재판청구권의 일종이고, 재판청구권은 법적 분쟁의 해결을 가능하게 하는 적어도 한 번의 권리구제절차가 개설될 것을 요청할 뿐만 아니라 그를 넘어서 소송절차의 형성에 있어서 '실효성있는 권리보호'를 제공하기 위하여 그에 필요한 절차적 요건을 갖추어야 할 것이다.[50]'효과적인 권리보호의 요청'은 권리구제절차를 입법자가 구체적으로 형성함에 있어서 중요한 기준임과 동시에 입법형성권의 한계를 의미한다.

(나) 위헌주장의 근거

위헌주장의 논거를 살펴보면, 출입국관리법에 의한 피수용자는 수용될 당시 법관의 관여도 없었고, 인신구제청구를 할 수 없을 뿐 아니라 행정쟁송절차를 통한 구제는 신속한 구제를 생명으로 하는 인신보호제도와 부합하지 않는다는 견해[51], 형식적으로 조사절차와 심사절차가 분

---

50) 한수웅, 앞의 글, 359면.
51) 정형근, 앞의 글, 93~94, 101면.

리되고 보호명령서의 발부주체와 집행기관이 분리되어 있으나 실상은 출입국관리사무소내 하급자와 상급자 관계로 사실상 동일한 주체이며, 제54조(보호의 통지)에 외국인을 보호하기 전에 변호인 선임권을 고지하는 내용이 없어 절차상 하자가 있고, 기존의 구제제도인 행정쟁송을 통한 권리구제는 불복제기기간의 제한을 받고, 행정쟁송절차로는 신속한 권리구제가 어렵고 또한 원고적격을 갖는 외국인이 행정쟁송절차를 제기하기가 현실적으로 어려움이 있으며 보호명령에 대한 집행정지의 인용이 어렵고, 출입국관리법상 이의신청제도의 결정기관이 행정기관이고 법원이 아니므로 문제가 있다는 주장[52], 출입국관리법에 의한 수용이 다른 수용과 비교하여 볼 때 성격이 다르다고 볼 여지가 없는 것은 아니나 그들에게 일률적으로 인신보호청구를 배제한 것은 문제가 있고 남용의 우려가 없다고 보여 지고, 실제로 남용이 나타나면 그 때 해결방안을 찾아도 될 정도라는 견해,[53] 연혁적으로나 기능적으로 국가기관의 불법적 감금행위에 대한 법원의 통제라는 입장에서 출입국관리법에 의해 보호된 자를 제외하는 것은 특정행정기관의 일정한 수용행위에 대해서는 사법기관에 의한 심사를 받지 않겠다는 의사를 표현한 것이고 이는 국가기관의 권한 행사에 대한 견제와 균형이라는 권력분립의 제도적 목표나 이를 통한 인권의 보장이라는 궁극적 목표에 어긋나는 것이며, 국가의 다른 수용행위와 특별한 차이를 둘 수 없다는 문제를 견해,[54] 출입국관리법체계는 영장주의를 채택하고 있지 않으며 적부심 적용의 배제로 절차의 운용이 위헌이며 이유제시와 의견 제출의 기회를 누락하고 있고 강제퇴거처분이 위법한 신병확보 상태에서의 조사의 위법성과 강제퇴거처분 이후의 장기간 보호의 문제 등을 실무례와 함께 제시하는 견

52) 하명호, "외국인 보호 및 강제퇴거절차의 구제절차에 대한 공법적 고찰", 고려법학 제52호, 2008. 202~205면.
53) 김학성, 앞의 글, 43~45면.
54) 신권철, 앞의 글, 373~374면.

해[55], 출입국관리법 제51조에 근거한 사전 및 사후 보호명령서의 발급주체는 법관이 되어야 하므로 적법절차의 위반이라는 견해[56] 등이 있다.

(다) 헌법재판소의 기각이유

앞에서 본 바와 같이 대상판결은 출입국관리법상 보호는 출입국관리행정의 일환으로 이루어지나 이는 광범위한 정책재량의 영역에 있고, 입법자는 헌법 제12조 제6항에 따른 구체적 절차 형성에 있어 광범위한 재량을 가지고 그 내용이 현저하게 불합리하지 않으면 위헌이 아니라고 한 후, 출입국관리법상 보호의 적법여부에 대해 직접 사법부의 판단을 받을 수 있는 규정은 없으나 강제퇴거명령이나 보호명령에 대한 취소소송 제기나 그 집행의 정지신청을 통하여 적법 여부를 다툴 수 있으므로 헌법 제12조 제6항을 충족시키고 행정소송절차를 통한 구제가 인신보호법에 따른 구제와 비교하여 결코 미흡하다고 할 수 없다. 그리고 행정소송절차를 통한 구제수단의 한계를 실효적으로 보완하는 절차를 출입국관리법의 관련조항에서 충분히 마련하고 있음을 인정하면서 신체의 자유를 침해하지 않는다고 판시하였다. 평등권도 침해하지 않는다고 판시하였다.

(라) 검토

헌법재판소는 강제퇴거명령이나 보호명령 자체에 대한 행정소송과 집행정지신청으로 처분의 적법성을 다툴 수 있으므로 수용당시의 법관의 관여를 대신하는 것으로 평가하고 신속성의 문제도 문제될 것이 아니라고 판단하였다. 법원실무자들의 논문에서 보면 외국인의 인권보호를 위하여 적극적인 자세로 업무를 수행하고 있음을 알 수 있다. 출입국관리법 제51조의 보호 요건은 외국인이 제46조 제1항 각 호의 어느 하나에 해당한다고 의심할 만한 상당한 이유의 존재와 도주하거나 도주할 염려인바, 그 업무의 특성을 인정하지 않을 수 없다. 그러므로 보호의

---

55) 홍례원, 앞의 글,605~618면.

56) 공진성, 앞의 글, 234면.

결정에 법원이 처음부터 관여하지 않는 것으로 한 것도 입법형성권 영역으로 보아야 한다. 법무부장관에 대한 보호에 대한 이의신청의 결과와 행정소송 등을 통한 취소의 결과를 분석하여 외국인의 인권을 위한 제도변화를 할 수 있을 것이다. 계속적인 외국인 유입의 증가에 따른 이주자공동체 형성의 초기 단계에서 불법체류자의 장기체류화를 우려하는 입장에서는 불법체류자에 대하여 신속한 대응을 할 수 밖에 없다.

청구인 A는 2012.7.13.강제퇴거명령을 받고 약 8개월간 거주하다가 2013.3.8. 중국에 송환되었고, 청구인B는 2012.5.17. 보호되어 강제퇴거명령을 받은 후 1개월 8일간 있다가 2012.6.25. 중국으로 송환되고, 청구인C는 2012.5.29. 보호되어 조사 받은 후 강제퇴거명령을 받은 후 24일 정도 있다가 2012.6.22. 베트남으로 송환되었다. 그 기간 동안 이의신청이나 행정소송을 제기하여 집행정지신청을 할 수 있다.

인신보호법 제정과정에서 많은 논의 끝에 출입국관리법에 따라 보호된 자가 제외되었지만 외국인 정책의 변화에 따라 입법자는 다른 내용으로 개정할 수 있다. 그 결정도 입법형성권의 영역이라고 할 것이다.

4. 이 사건 대상 결정에 대한 평가

헌법재판소는 2004년 3월 25일 형사소송법 제214조의2 제1항에 대한 헌법소원사건에서 헌법 제12조 제6항에 근거한 체포·구속에 관한 적부심제도에 관한 일반법의 제정 필요성을 언급하였다. 일반법으로서 모든 행정력에 의한 체포의 적부를 법원이 직접 판단하여야 하므로 출입국관리법에 따라 보호된 자도 포함되는 것으로 이해되었다. 그러나 국회에서 인신보호법을 제정하는 과정에서 논의 끝에 출입국관리법의 특성을 존중하기로 하여 출입국관리법에 따른 보호를 예외로 하는 인신보호법을 제정하였다. 그 입법에 대하여 외국인인 청구인들이 헌법 제11조의 평등권과 제12조의 신체의 자유를 침해하므로 헌법에 위반된다는 이 사건 헌법소원심판청구를 하자 헌법재판소는 위에서 본 바와 같이 종래의 법률에 대한 위헌 판단 기준에 따라 대상조항이 위헌이 아니라고 결정하였다. 광범위한 재량을 가진 입법형성권의 범위 내로서 신체의 자유를 침해하지 않고 평등권에도 위배되지 않는다고 결정하였다.

국회회의록에 나타난 바와 같이 발의된 인신보호법 제정안을 논의하면서 나타난 문제 제기를 거쳐 국회법제사법위원장의 수정안이 제출되어 통과되는 국회의 입법과정을 보면 이 사건 심판대상이 어렵게 제정된 것을 알 수 있다. 위 대상조항에 대한 비판적인 견해가 있고, 이 사건 대상 결정에 대해서도 비판적인 시각도 있다. 그러나 국회에서 충분한 논의를 거치면서 수정안을 제안하여 합의에 의하여 통과시킨 법률에 대하여 위헌결정을 하는 것은 신중할 필요가 있다. 법률의 합헌성 추정의 원칙은 국회의 입법부로서 기능을 존중하는 것이다. 명백한 절차의 하자가 아니라면 국회의 입법형성권은 우선 존중되어야 한다. 이 사건과 같이 출입국관리법상 불법체류와 관련된 외국인을 대상으로 하는 것으로 외국인 정책을 이유로 반대의견이 개진되고 그것이 입법에 반영된 것이라면 입법재량의 문제를 신중하게 접근할 필요가 있다. 국내에 거주하면서 인신보호 문제가 발생하여 불법적인 구금상태에서 자유로운 상태로 옮기는 내국인과 불법체류자로 출입국관리법에 따라 국내에 거주할 권리가 없어 보호된 외국인과 획일적인 평등권을 논하는 것이 적절하지 않다고 할 것이다. 또 우리 헌법에서 불법체류자의 국내 거주를 위한 보호 심사가 국민의 신체의 자유와 같은 정도라고 보기도 어렵다고 할 것이다. 출입국관리법상 보호명령서 발급주체와 집행주체 그리고 이의신청 판단자도 결국 법원이 아닌 행정부라는 동일주체이므로 문제가 있다고 하나 이도 행정소송을 통하여 법원의 판단을 받을 수 있고 기간 등 실제적인 효과의 차이가 크지 않으므로 국회의 대상조항에 관한 입법형성권을 헌법에 반한다고 하기는 어렵다고 할 것이다. 국가기관의 권한 행사에 대한 견제와 균형이라는 권력분립의 제도적 목표나 이를 통한 인권의 보장이라는 궁극적 목표에 어긋난다는 주장은 복잡한 문제를 안고 있는 외국인정책의 경우에 적절한 것은 아닌 것으로 평가된다. 출입국관리법의 보호 제도는 일반 행정기관에 의한 체포·구속과 다른 목적을 가지고 있는 점과 불법체류외국인에 대한 특별한 대응이 필요한 점 등을 고려하면 헌법재판소의 결정은 타당하다고 할 것이다.

참고문헌

계희열, 헌법학(중), 박영사, 2007.
권영성, 헌법학원론, 법문사, 2005.
김철수, 헌법학개론, 박영사, 2006.
성낙인, 헌법학, 법문사, 2014.
정기선 엮음, 한국이민정책의 이해, 백산서당, 2011
하명호, 신체의 자유와 인신보호절차, 고려대학교출판부, 2012.
한수웅, 헌법학, 법문사, 2015.
허영, 한국헌법론, 박영사, 2015.
홍성방, 헌법학(상),박영사, 2010.

우기붕, 이민행정·법제에 관한 국제적 비교연구, 법학박사학위논문(동아대학교),2011.

공진성, "출입국관리법상 '보호' 및 '강제퇴거'와 외국인의 기본권보호", 공법학연구 제14권 제1호, 2013.
김시철, "형사소송법 제214조의2 제1항 위헌소원", 헌법재판소결정해설집 2004.
김하열, "법률에 의한 기본권의 형성과 위헌심사", 고려법학 제67호, 2012.
김학성, "인신보호법에 대한 비판적 고찰", 강원법학, 제44권, 2015.2.
김환학, "이민행정법의 구축을 위한 시론", 행정법연구, 제32호, 2012.4.
박찬권, "헌법재판에서 입법형성의 범위에 관한 고찰", 헌법학연구 제20권 제2호, 2014.
방승주, "독일 연방헌법재판소의 입법자에 대한 통제의 범위와 강도", 헌법논총, 제7집, 헌법재판소, 1996.

방승주, "헌법재판소의 입법자에 대한 통제의 범위와 강도", 공법연구 제37집제2호,2008.

신권철, "현행 인신보호법의 문제점과 개선방안", 사법논집, 제50집, 2010.

심희기, "인신보호법이 나아가야 할 방향", 저스티스, 제122호, 한국법학원, 2011.2.

안성경, "독일의 이민법에 관한 연구", 유럽헌법연구, 제2호, 2007.

이우영, "미국인신보호영장제도분석", 공법연구, 제35집제4호, 2007.

이현석, "외국인에게 인신보호법상 구제청구권이 인정되는지 여부와 공항내 송환대기실 수용의 적법여부", 사법 31호, 사법발전재단, 2015.3.

정태호, "미국과 독일의 규범통제에서의 심사도구 비교", 헌법실무연구 제2권, 박영사,2001.

정형근, "인신보호법제에 관한 연구", 인권과 정의 제390호, 대한변호사협회,2009.2.

표명환, "독일기본법상의 기본권제한의 구조와 체계에 관한 고찰-우리헌법과의 비교를 중심으로-", 공법학연구 제14권 제4호, 2013.

홍례원, "강제퇴거처분 취소소송의 위법성 판단기준", 사법논집, 제51집, 2010.

하명호, "행정상 인신구속과 구속적부심사제도의 도입에 관하여", 헌법논총 제16집, 2005.

하명호, "외국인 보호 및 강제퇴거절차의 구제절차에 대한 공법적 고찰", 고려법학 제52호, 2008.

한수웅, "규범통제제도의 형성과 발전", 헌법논총, 제19집, 헌법재판소,2008.

허영, "헌법재판과 입법", 헌법논총, 제19집, 헌법재판소,2008.

김원숙, "우리나라 이민정책의 역사적 전개에 관한 고찰", IOM인민정책연구원, 2012.

김환학 외, "주요국가의 이민정책 추진체계 및 이민법", IOM인민정책연구원, 2012.

신지원, "이민정책의 이론적 기초와 방향성 연구", IOM인민정책연구원, 2011.
오동석, "이민법제의 헌법적 평가와 재구조화", IOM인민정책연구원, 2011.
이상림 · 정영탁, "불법체류자 현황분석 및 관리정책 연구", IOM인민정책연구원, 2012.

(사)한국이민학회, 2012 해외 각국의 이민정책 추진체계 연구, 법무부 출입국 · 외국인정책본부.
외국인정책위원회, 2013~2017 제2차 외국인정책 기본계획.

국문초록

헌법재판소는 2004년 3월 25일 형사소송법 제214조의2 제1항에 대한 헌법소원사건에서 헌법 제12조 제6항에 근거한 체포·구속에 관한 적부심제도에 관한 일반법의 제정 필요성을 언급하였다. 일반법으로서 모든 행정력에 의한 체포의 적부를 법원이 직접 판단하여야 하므로 출입국관리법에 따라 보호된 자도 포함되는 것으로 이해되었다. 그러나 국회에서 인신보호법을 제정하는 과정에서 논의 끝에 출입국관리법의 특성을 존중하기로 하여 출입국관리법에 따른 보호를 예외로 하는 인신보호법을 제정하였다. 그 입법에 대하여 외국인인 청구인들이 헌법 제11조의 평등권과 제12조의 신체의 자유를 침해하므로 헌법에 위반된다는 이 사건 헌법소원심판청구를 하자 헌법재판소는 위에서 본 바와 같이 종래의 법률에 대한 위헌 판단 기준에 따라 대상조항이 위헌이 아니라고 결정하였다. 광범위한 재량을 가진 입법형성권의 범위 내로서 신체의 자유를 침해하지 않고 평등권에도 위배되지 않는다고 결정하였다.

국회회의록에 나타난 바와 같이 발의된 인신보호법 제정안을 논의하면서 나타난 문제 제기를 거쳐 국회법제사법위원장의 수정안이 제출되어 통과되는 국회의 입법과정을 보면 이 사건 심판대상이 어렵게 제정된 것을 알 수 있다. 위 대상조항에 대한 비판적인 견해가 있고, 이 사건 대상 결정에 대해서도 비판적인 시각도 있다. 그러나 국회에서 충분한 논의를 거치면서 수정안을 제안하여 합의에 의하여 통과시킨 법률에 대하여 위헌결정을 하는 것은 신중할 필요가 있다. 법률의 합헌성 추정의 원칙은 국회의 입법부로서 기능을 존중하는 것이다. 명백한 절차의 하자가 아니라면 국회의 입법형성권은 우선 존중되어야 한다. 이 사건과 같이 출입국관리법상 불법체류와 관련된 외국인을 대상으로 하는 것으로 외국인 정책을 이유로 반대의견이 개진되고 그것이 입법에 반영된 것이라면 입법재량의 문제를 신중하게 접근할 필요가 있다. 국내에 거주하면서 인신보호 문제가 발생하여 불법적인 구금상태에서 자유로운 상태로 옮기는 내국인과 불법체류자로 출입국관리법에 따라 국내에 거주할 권리가 없어 보호된 외국인과 획일적인 평등권을 논하는 것이 적절하지 않다고 할 것이다. 또 우리 헌법에서 불법체류자의 국내 거주를 위한 보호 심사가 국민의 신체의 자유와 같은 정도라고 보기도 어렵다고 할 것이다. 출입국관리법상 보호명령서 발급주체와 집행주체 그리고 이의신청 판단자도 결국 법원이 아닌 행정부라는 동일주체이므로 문제가 있다고 하나 이도 행정소송을 통하여 법원의 판단을 받을 수 있고 기간 등 실제적인 효과의 차이가 크지 않다면 국회의 대상조항에 관한 입법형성권을 헌법에 반한다고 하기는 어렵다고 할 것이다. 국가기관의 권한 행사에 대한 견제와 균형이라는 권력분립의 제도적 목표나 이를 통한 인권의 보장이라는 궁극적 목표에 어긋난다는 주장은 복잡한 문제를 안고 있는 외국인정책의 경우에 적절한 것은 아닌 것으로 평가된다. 출입국관리법의 보호 제도는 일반 행정기관에 의한 체포·구속과 다른 목적을 가지고 있는 점과 불법체류외국인에 대한 특별한 대응이 필요한 점 등을 고려하면 헌법재판소의 결정은 타당하다고 할 것이다.

주제어: 인신보호법, 출입국관리법, 구속적부심, 평등권, 신체의 자유, 입법재량

Abstract

Review on legality of confinement for the person subject to Immigration Control Act and legislation The Constitutional Court Decision No.2012 hunma 686 dated August. 28. 2014

prof. Dr. Bae, Byung Ho*

The Constitutional Court mentioned the needs of Habeas Corpus Act based on the Constitution Article 12 Paragraph 6 in the constitutional petition on the Article 214−2 Paragraph 6 of Criminal Procedure Act on March, 25, 2004 . Habeas Corpus Act as a general law is expected to contain the review on the legality of confinement for the person subject to Immigration Control Act. But after the debate on the making of Habeas Corpus Act, law makers legislated for the account of special character of Immigration Control Act that Habeas Corpus Act has exceptional clause with the review on the legality of confinement for the person subject to Immigration Control Act. Claimants issued the constitutional petition on the Article 2 Paragraph 1 of Immigration Control Act for the violation of personal liberty and the equal right in Constitution. But the Constitutional Court denied the constitutional petition by the standard of judgement of unconstitutionality.

In the minutes of National Assembly of that exceptional clause we

* Sungkyunkwan University Law School

can find the content of the initial bill and understand the process of the amendment of that bill was very hard. Now there are many critical opinions on this exceptional clause of Immigration Control Act and this decision of the Constitutional Court. But I agree

this decision of the Constitutional Court on the exceptional clause of Immigration Control Act. Because the legislative discretion of National Assembly should be respected. Especially sincere and serious discussion of the Lawmakers on the issue has given the authority of the lawmaking. The Constitutional Court Decision has explained many reasons of constitutionality. Illegal alien problem is not easy. Their human rights are respectable and valuable, but should not be protected blindly. Generally speaking the national politics on illegal alien problem belongs to the discretional realm. So the decision of the Constitutional Court on the exceptional clause of Immigration Control Act should be supported.

Keywords: Habeas Corpus Act, Immigration Control Act, Review on legality of confinement, personal liberty, the equal right, legislative discretion

투고일: 2015. 11. 25.
심사일: 2015. 12. 15.
게재확정일: 2015. 12. 17.

外國判例 및 外國法制 研究

最近(2014/2015) 美國 行政判例의 動向 및 分析 研究 / 金聲培

日本의 最近(2014) 行政判例의 動向 및 分析 / 咸仁善

2014年 프랑스 行政判例의 動向 硏究 / 吳丞奎

國家의 宗敎的·倫理的 中立性과 倫理科目 編成 要求權 / 桂仁國

最近(2014/2015) 美國 行政判例의 動向 및 分析 硏究*

金聲培**

I. 개설

2014년에서 2015년 연방대법원의 회기동안 미국연방대법원은 74건의 사건을 처리하여 예년과 유사한 사건처리수[1])를 나타내었다. 그중 19건이 별개의견도 없는 만장일치판결[2])이었으나 5대4사건[3])도 18건이

* 본 논문은 2015년 행정판례연구회 송년학술대회에서 발제한 본인의 논문을 수정·보완한 논문임을 밝힙니다.

** 국민대학교 법과대학 교수

1) 김성배, 최근(2012/2013) 미국 행정판례의 동향 및 분석 연구, 행정판례연구 제18권 2호, 행정판례연구회, 2013, 335-336면. 2012년 회기에는 79건을 처리함; 김성배, 최근(2013-2014) 미국 행정판례의 동향 및 분석 연구, 행정판례연구 제19권 2호, 2014, 229-230면. 2013년 회기에는 75건의 사건을 처리함.

2) 예, Lopez v. Smith, 574 U.S. ___

3) 예, Dart Cherokee Basin Operating Co. v. Owens, 574 U.S. ___, Yates v. United States, 574 U.S. ___, Armstrong v. Exceptional Child Center, Inc., 575 U.S. ___, United States v. Kwai Fun Wong, 575 U.S. ___, Williams-Yulee v. Florida Bar, 575 U.S. ___, Comptroller of Treasury of Md. v. Wynne, 575 U.S. ___, Zivotofsky v. Kerry, 576 U.S. ___, Kerry v. Din, Walker v. Texas Div., Sons of Confederate Veterans, Inc., 576 U.S. ___576 U.S. ___, Davis v. Ayala, 576 U.S. ___, Brumfield v. Cain, 576 U.S. ___, Kingsley v. Hendrickson, 576 U.S. Los Angeles v. Patel, 576

나 존재하였다.[4] 동 회기동안 연방대법원은 낙태와 임신중절에서 용도구역지정(zoning) 및 도시계획(planning)에 이르는 다양한 사회적 이슈에 관한 판결을 하였다. 미국 내에서 가장 이슈가 되었던 사건들을 소개하면 아래와 같다. 미국의 정치권을 뜨겁게 다루었던 소위 오바마케어로 불리던 법률에 관한 최종적 대법원판결이 나왔다. King v. Burwell사건은[5] 환자보호및적정의료비법(the Patient Protection and Affordable Care Act: ACA 이하 적정의료비법)과 관련한 사건으로서 주정부가 주민을 위한 온라인 보험구매사이트를 개설하지 않은 경우 연방정부가 개설한 온라인 보험구매사이트에서 보험을 구매한 주민에게 연방정부의 보조금지급이 유효한지가 다루어진 사건이다. 미국사회의 여전히 뜨거운 논란이 되는 동성결혼에 관한 Obergefell v. Hodges사건[6]이 있었다. 본 판결은 5대4 판결로 연방대법원은 동성커플도 결혼할 기본권(fundamental right)을 가지고 있으며, 주정부는 자신의 주지역이외에서 행하여진 법적으로 유효한 동성결혼을 반드시 인정해야 한다고 판결하였다. 미국에서는 권력분립사건으로 분류되지만, 우리 관점에서는 전형적인 행정사건인 Michigan v. E.P.A.[7]판결이 있었다. 본 판결에서 대법원은 발전산업에

U.S. ______,
Texas Dept. of Housing and Community Affairs v. Inclusive Communities Project, Inc., 576 U.S. ___, Obergefell v. Hodges, 576 U.S. ___, Michigan v. EPA, 576 U.S. ___, Arizona State Legislature v. Arizona Independent Redistricting Comm'n, 576 U.S. ___ Glossip v. Gross, 576 U.S. ___.

4) 찬성율이 가장 높았던 대법관은 Breyer대법관으로 91.7%의 다수의견게진율을 나타낸 반면에, Thomas대법관은 59.5%의 다수의견게진율을 보였다. 의견을 가장 많이 게진한 대법관은 Thomas대법관으로 37건의 의견을 게진한 반면에 Kagan대법관은 11건의 의견을 게진하는데 그쳤다. 대법원으로 1986년 임명되어가장 오래 대법관생활을 한 Scalia대법관은 28건의 의견을 게진하고 그중 13ㄱ건이 반대의견을 피력한 것으로 68.9% 다수의견게진율을 나타냈으며, 대법원장인 Roberts는 14건의 의견을 게진하였고 다수의견찬성율은 78.4%를 나타냈다.

5) 2015 WL 2473448 (U.S. 2015)

6) 2015 WL 2473451 (U.S. 2015)

7) 2015 WL 2473453 (U.S. 2015)

서 배출하는 유해한 대기오염물질을 규제할 것인지를 결정하는 과정에 미국 환경청(EPA)이 규제비용과 효과를 분석하는 규제영향평가를 부실하게 했다고 판단하였다. 미국에서 크게 이슈가 된 공법사건에는 역차별(the affirmative action policies)에 관한 소송이 있었다. 연방대법원은 오스틴소재 텍사스대학교의 역차별정책에 대해 문제를 제시하는 사건에서 2번이나 상고요청을 받아들였다. Fisher v. University of Texas at Austin[8]사건에서 텍사스 오스틴대학에서 학부학생의 경우 일정한 인종비율을 유지하는 정책을 지지한 연방 제5고등법원의 판례가 평등권조항의 해석에 오류가 있지 않다고 판결하였다. 미국에서 이슈가 되었던 사건중에서 공법영역의 사건은 위에서 소개한 사건들이었지만, 행정법적 쟁점을 다룬 다른 사건들을 다음 절에서 간략히 소개하고 우리나라에 시사점이 될 수 있는 판례나 재미있는 쟁점을 다룬 사건들을 그 다음 장에서 보다 상세히 소개하고자 한다.

II. 주요한 행정법분야 사건들

1. 오바마케어관련사건

(1) 오바마케어법과 행정청의 행정입법

소위 오바마케어에 관한 사건인 King v. Burwell[9]판결은 6대3사건으로 Robert대법관이 판결문을 작성하였다. 환자보호및적정의료비법(ACA)은 주민들이 주정부가 연방법에 따라 마련한 온라인상 보험구매사이트에서 보험을 구매한 경우 세금공제혜택을 제공하는데, 주정부가 보험구매사이트를 마련하지 않은 경우 당해 주의 주민은 연방의 보험구매

---

8) 2015 WL 629286 (U.S. 2015)

9) 2015 WL 2473448 (U.S. 2015)

사이트에서 구매할 수 있었다. 미국 국세청은 법률에는 명시되어 있지는 않았지만 자체 행정입법을 통해서 연방보험구매사이트에서 구매한 경우에 세금공제해택을 제공하도록 하였다. 본 사건은 국세청의 행정입법을 유효한 것으로 판단하였지만, 연방대법원은 Chevron존중[10])을 적용해서 국세청의 행정입법이 적법한 것이라고 판단한 것은 아니었다.

(2) 인권과 오바마케어 그리고 종교

Zubik v. Burwell사건에서[11]) 연방 대법원은 연방 제3고등법원이 Geneva College v. Secretary U.S. Dept. of Health and Human Services판결에 대해서 상고를 받아 들이지 않았다. 사인이 설립하고 이윤을 추가하지 않는 대학교(a private, nonprofit college)이면서 가톨릭교회에 의해서 운영되는 대학은 환자보호및적정의료비법(ACA)상 의무적으로 제공하라고 규정한 임신중절 및 피임에 대한 의료보험적용을 연방정부가 강제할 수 없도록 금지청구를 하였는데 이를 지방법원은 인용하였지만 연방 고등법원은 지방법원판결을 파기했고 연방대법원은 상고를 허용하지 않았다.

---

10) Chevron존중은 이미 국내에 많은 학자들이 소개하고 있으며, 대표적 논문으로 정하명, 미국 행정법상 행정부의 법률해석에 관한 사법심사의 범위, 공법학연구 제8권 2호, 한국비교공법학회, 2007, 419면 이하 "Burger 연방대법원장은 Ins v. Chadha판결에서 헌법에서 연방권한을 입법권, 행정권, 사법권으로 분리한 것은 각부 자신에게 부여된 권한의 수행에 최선을 다하도록 한 것이라고 하면서 특히 비록 바람직한 목적들을 달성하기 위해서도 분리된 각 부가 주어진 권한의 외부의 한계를 벗어나려고 하는 줄기찬 고유의 압력은 반드시 저지되어야 한다."고 강조하여 삼권분립의 원칙의 엄격한 적용을 주장하였다.", 근래의 분석으로는 허성욱, 행정재량에 대한 사법심사기준에 관한 소고, 공법연구, 제1\41집 제3호, 2013, 527면 참조. "쉐브론 원칙은 일차적으로는 행정청의 법률해석을 둘러싼 재량권 행사에 대한 사법심사기준의 문제를 다루고 있지만, 종국에는 국가공동체의 공적인 의사결정을 사법부와 행정부 중 어느 부문에서 담당하는 것이 더 바람직한 것인가에 관한 가치판단의 문제를 내포하고 있는 중요한 원칙이다."

11) 2015 WL 3947586 (U.S. 2015)

2. 개별행정법의 규정해석관련 사건

(1) 이민관련사건

Torres v. Lynch사건은[12] 이민국적법(the Immigration and Nationality Act: INA) § 1101(a)(43)[13]상 주법에는 주간통상에 대한 규정이 없지만 연방법은 주간통상요소가 포함되어 있는 경우, 특정한 연방법에 명시되어 있는 법위반을 근거한 주법의 위반이 가중처벌되는 중죄(aggravated felony)를 구성할 수 있는지 여부가 쟁점이 된 사건이다. 또 다른 주요한 이민사건이었던 Kerry v. Din사건[14]은 미국시민권자의 남편이 이민비자를 제출하였지만 파키스탄 이스라마베드소재 미국 대사관에서 거절된다. 대법원은 가사 미국시민권자인 부인은 남편의 이민비자신청거절의 이유를 알아야 할 적법절차상의 권리가 있다고 하더라도 대사관 직원은 남편이 미국입국이 거절되는 테러활동에 관련되어서 이민국적법 § 1182(a)(3)(B)[15]에 의해 미국입국이 거절된다는 설명을 들었을 때 적법절차권리가 충족되었다고 판단하였다.[16]

(2) 공무원의 비밀폭로와 공익신고자보호의 관계

Department of Homeland Sec. v. MacLean사건[17]은 연방 항공보안관이 한 신문기자에게 항공기납치경고가 발령되었음에도 불구하고 예산상의 이유로 항공보안관에 대해서 일정한 철야근무를 중단하라고 규정한 교통안전청의(Transportation Security Administration: TSA) 지침을 공개한 것이 연방 내부고발자보호법(the Whistleblower Protection Act: WPA)

12) 2015 WL 2473479 (U.S. 2015)
13) 8 U.S.C.A. § 1101(a)(43)
14) 135 S. Ct. 2128 (2015)
15) 8 U.S.C.A. § 1182(a)(3)(B)
16) Kerry v. Din, 135 S. Ct. 2128 (2015)
17) 135 S. Ct. 913, 190 L. Ed. 2d 771, 39 I.E.R. Cas. (BNA) 945 (2015)

이 규정한 "법률이 특별하게 금지하고 있는" 것에 해당하지 않는다고 내부고발한 항공보안관을 국토안보부의 부령을 위반하여 비밀사항을 공개했다고 해임한 것은 위법하다고 연방 대법원은 7대 2로서 결정한 사건이다.[18)]

3. 행정주체, 행정보조인 등의 구별과 효력

(1) 행정권한을 행사하는 협회의 조치와 독점금지관련 사건

North Carolina State Bd. of Dental Examiners v. F.T.C.사건[19)]은 민간단체인 주의 치과의사면허위원회의 활동이 독점금지예외활동인지가 쟁점이 된 사건인데, 연방대법원은 6대3 판결로 노스캘롤라이나주 치과의사면허위원회는 민간협회이지만 만약 주정부에 의해 협회의 활동이 통제되고 감독된다면 치과의사협회의 치과진료행위설정은 주정부의 활동으로써 독점금지예외사유에 해당하지만, 본 사건에서는 그렇지 않다고 판단하였다. 즉 치과의사면허위원회의 조치(본 사건에서는 치과의사협회는 미백치료와 치아스켈링은 치과진료행위로서 치과의사만이 할 수 있는 의료행위라고 규정하고 단속하고자 하였다)는 미국 독점금지법인 Sherman Act의 규정이 적용되어야 한다고 판단하였다.

(2) 행정보조인 또는 위탁업체의 스팸문자발송

Campbell-Ewald Co. v. Gomez사건은 미국 해군이 모병을 의뢰한 전문모병업체를 상대로 한 집단적 징벌적 손해배상소송이 제기된 사건인데 2차적인 주권면책(derivative sovereign immunity)의 범위가 문제된 사건이었다.[20)] 본 사건에서 원고들은 모병업체가 미디어를 통한 해군모

---

18) Department of Homeland Sec. v. MacLean, 135 S. Ct. 913, 190 L. Ed. 2d 771, 39 I.E.R. Cas. (BNA) 945 (2015)

19) 35 S. Ct. 1101, 191 L. Ed. 2d 35, 2015-1 Trade Cas. (CCH) ¶ 79072 (2015)

병프로그램의 일환으로 통신소비자보호법(Telephone Consumer Protection Act: TCPA)를 위반하여 원고들의 휴대폰에 원치 않는 문자 메세지를 제3자에게 전송하도록 하였다고 소송을 제기하였고 연방대법원은 상고를 허용하였지만 아직 최종 판결은 하지 않았다.

4. 행정청의 면허관련사건

(1) 자동차번호판과 표현의 자유관련사건

Walker v. Texas Div., Sons of Confederate Veterans, Inc.사건[21]에서 텍사스주 자동차번호판에 적용되는 개별디자인은 정부표현(government speech)이므로 남북전쟁당시 남부연합기를 사용하려고 자동차번호판디자인을 신청한 것을 거부한 것은 헌법상 표현의 자유침해가 아니라고 판단하였다. Berger v. American Civil Liberties Union of North Carolina사건[22]에서 연방 제4고등법원은 노스캘로라이나주의 개별번호판프로그램이 "생명을 선택하라(Choose Life)"라는 번호판 디자인은 수용하였지만 "개인의 선택권우선(낙태찬성의 의미)"(pro-choice)이라는 디자인은 거절한 것은 순수한 정부표현(government speech)이 아니라 개인의 표현의 자유를 침해한 것이며 수정헌법 제1조가 금지하는 신념에 근거한 차별(viewpoint discrimination)이라서 허용되지 않는다고 판단하였지만 연방대법원은 Walker사건을 인용하면서 연방고등법원의 판결을 파기하였다.

(2) 관광가이드면허와 표현의 자유

Kagan v. City of New Orleans, La.사건에서[23] 제5연방고등법원은

20) Campbell-Ewald Co. v. Gomez, 135 S. Ct. 2311 (2015)
21) 135 S. Ct. 2239 (2015)
22) 2015 WL 2473457 (U.S. 2015)
23) 753 F.3d 560 (5th Cir. 2014)

뉴올리언스시가 시 조례로서 도시의 명소, 역사적 건물, 공원 등을 유료로 관광가이드를 제공하는 자에 대해서 시의 관광가이드면허를 획득하도록 한 것에 대해서 수정헌법 제1조를 위반했다고 주장한 원고의 청구를 기각하였고 연방대법원도 본 사건에 대해서 상고를 허가하지 않았다[24]

5. 행정결정과 평등권

(1) 선거구획정과 평등권

Harris v. Arizona Independent Redistricting Com'n사건[25]에서 연방대법원은 비록 선거구획정이 선거권법의 사전승인을 얻을 목적으로 마련된 것이라고 하더라도 공화당성향에 가까운 지역은 과도한 선거인으로 구성되고 민주당성향에 가까운 선거구는 과소 선거인들로 구성되었다면 애리조나 주의 선구구재설정독립위원회(Arizona's independent redistricting commission)가 평등권을 위반했다는 원고 측 주장을 받아들이지 아니하였다.

(2) 역외소득과세와 이중과세

Comptroller of Treasury of Maryland v. Wynne사건[26]에서 대법원은 개별주의 주민이 해당 주외에서 올린 개인 소득에 대해서도 소득세를 과세하는 메릴랜드 주 세법에 대해서 묵시적인 주간통상조항(the dormant Commerce Clause)을 위반하였다고 판단하였다. 왜냐면, 메릴랜드 주법은 메릴랜드주 이외에서 얻은 소득에 대해서 차별적으로 이중과세를 할 가능성이 존재하게 됨으로써 메릴랜드주법은 주간통상을 통해

24) Kagan v. City of New Orleans, La., 135 S. Ct. 1403, 191 L. Ed. 2d 361 (2015)
25) 2015 WL 2473529 (U.S. 2015)
26) 135 S. Ct. 1787 (2015)

서 경제활동을 하는 것이 아니라 메릴랜드주내에서 경제활동을 하게 할 중대한 원인이 될 수 있어서 마치 주경계밖의 경제활동에 대해서는 관세를 메기는 것과 같은 경제적 효과를 가지고 있다고 연방대법원 판단하였다.[27]

6. 행정심판의 효력과 기판력(상표권분쟁사건)

이전 판결에 배치되는 주장금지원칙(기판력: collateral estoppel) 혹은 상표법의 맥락에서 쟁점구속효(issue preclusion)가 문제된 B & B Hardware, Inc. v. Hargis Industries, Inc.사건에서 연방대법원은 7대2로서 제8 연방고등법원의 판결[28]을 파기하고 돌려보냈다. 본 사건에서 대법원은 쟁점구속력의 다른 요소를 충족하는 한, 상표권분쟁심판원의 심판례에서 사용되는 적용례가 지방법원에서 다루었던 사건과 실제로 같은 쟁점이라면, 쟁점구속력은 상표권분쟁심판원의 심결에도 적용되어야 한다고 판결하였다.[29]

7. 수용권(Eminent Domain)과 도시계획관련사건

(1) 판매금지처분과 수용

Horne v. Department of Agriculture사건[30]은 농림부의 건포도용 포도가격안정화조치와 관련된 사건이다. 농림부는 캘리포니아의 건포도 생산자에 대해서 시장안정화조치(California Raisin Marketing Order)를 내

27) Comptroller of Treasury of Maryland v. Wynne, 135 S. Ct. 1787 (2015)
28) B &B Hardware, Inc. v. Hargis Industries, Inc., 716 F.3d 1020, 106 U.S.P.Q.2d 1660, 91 A.L.R. Fed. 2d 771 (8th Cir. 2013)
29) B &B Hardware, Inc. v. Hargis Industries, Inc., 135 S. Ct. 1293, 191 L. Ed. 2d 222, 113 U.S.P.Q.2d 2045 (2015)
30) 2015 WL 2473384 (U.S. 2015)

렸는데 본 조치에 따르면, 건포도용 포도생산자는 대가 없이 매년 일정한 비율의 포도를 분리해서 정부를 위해서 따로 보관할 의무를 지게 되었다. 정부는 건포도시장의 안정화를 위해서 분리된 포도를 판매할 수도, 분배할 수도 있고 시장안정화에 가장 적절하다고 판단되는 방식으로 폐기처분할 수도 있었다. 정부가 시장등에 판매하는 경우 판매비용을 제외한 이윤이 존재하면 포도재배자에게 재분배하지만, 포도재배자이며 중간판매상이기도 한 농부가 본 가격안정화조치는 물리적 수용에 해당하며 적정한 보상이 없었으므로 위헌적 수용이라고 주장하였다. 원심인 제9고등법원[31]은 본 조치는 물리적 수용이 아니라 규제적 수용에 해당하고 토지에 대한 수용이 아니라 동산에 대한 규제적 수용이므로 토지에 대한 물리적 수용에 비하여 보호강도가 높지 않다고 판단하면서 본 조치는 위헌적 수용이 아니라고 판단하였지만, 대법원은 원심을 파기하였다. 즉, 대법원은 가격안정화조치는 일응 재산권에 대한 물리적 수용에 해당하며 헌법상 정당한 보상이 요구된다고 판단하였다.

(2) 용도구역제와 도시계획관련사건

애리조나 주 한 지방자치단체의 광고조례(sign ordinance)는 정치적 광고, 사상적 광고 그리고 종교·자선·지역행사와 같은 일정한 행사와 관련된 광고에 대한 광고크기, 광고기간, 광고위치에 대해 각각 다른 규제를 가하고 있었다. Reed v. Town of Gilbert, Ariz.사건에 대해 연방대법원[32]은 이런 광고규제는 내용에 따른 표현의 자유(a content-based regulation of speech)제한이며 엄격심사의 원칙기준을 통과하지 못하여 위헌이라고 판단하면서 제9고등법원[33]의 판결을 파기 환송하였다.

---

31) 750 F.3d 1128 (9th Cir. 2014)
32) Reed v. Town of Gilbert, Ariz., 135 S. Ct. 2218 (2015)
33) Reed v. Town of Gilbert, Ariz., 707 F.3d 1057 (9th Cir. 2013)

8. 환경분야 및 보건분야사건

(1) 규제권한발동과 규제비용

Michigan v. E.P.A.사건은[34] 발전소에서 배출되는 유해대기물질에 대해 규제권한을 발동할지를 결정함에 있어서 EPA가 청정대기법조항을 해석하면서 당해 조항에서는 비용효과분석을 요구하지 않는다고 해석하면서 비용효과분석을 하였지만 규제권한 발동을 결정함에 있어서는 고려요소로 사용하지 않은 것이 법위반인지여부가 쟁점이 된 사건이었다. DC고등법원[35]에서는 EPA의 의견을 존중하여 청정대기법상 해당조항이 비용효과분석을 요구하지 않는다고 판단하였지만, 연방대법원은 규제가 적절하고 필요한지(appropriate and necessary)를 판단하라고 명시한 법문에는 비용을 고려하라는 취지도 포함한다고 해석하면서 EPA의 비용효과분석자료를 사용하지 않은 것은 위법한 것이라고 판단하여 원심을 파기하였다.

(2) 2중자료제출과 연방법우선의 원칙

Gobeille v. Liberty Mut. Ins. Co.사건에서[36] 연방대법원은 제2고등법원의 의견대립이 존재한 판결[37]에 대해서 상고를 허용하였다. 버먼트주의 주법과 행정입법은 건강보험료납입자와 보험회사에게 건강보험료 지급청구 데이터를 주정부에 제출하도록 하였는데 쟁점은 연방법인 근로자퇴직소득보장법(the Employee Retirement Income Security Act: ERISA)이 제출하도록 하고 이미 규정하고 있는 자료도 주정부에 제출하도록 되어 있었다는 것이다. 연방 대법원은 근로자퇴직소득보장법상의 자료제출규

34) 2015 WL 2473453 (U.S. 2015)

35) White Stallion Energy Center, LLC v. E.P.A., 748 F.3d 1222, 78 Env't. Rep. Cas. (BNA) 1757 (D.C. Cir. 2014)

36) 2015 WL 2473478 (U.S. 2015)

37) Gobeille v. Liberty Mut. Ins. Co., 2015 WL 2473478 (U.S. 2015)

정은 있을 수 있는 주정부의 자료제출요구나 성가신 자료제출요구에 대해서 면제하는 역할이 있다고 판단하였기에 주법에서 연방법에서 이미 제출하도록 한 자료를 다시 주정부에 제출하도록 한 것은 연방법에 저촉될 수 있으므로 무효로 판단하였다.

(3) 수질법과 주사이의 물분쟁관련

Kansas v. Nebraska사건에서[38] 주와 주사이의 분쟁에 대한 원심관할권을 가진 연방대법원은 네브래스카주가 the Republican River Basin으로부터 물공급배분 한계를 의도적으로 초과하여 용수사용을 하여 캔자스 주에게 손해를 끼친 사건에서, 캔자스 주가 입은 3백 7십만 달러의 손해에 대한 배상(compensatory damages)과 함께 네브래스카주가 얻은 이익을 상환하는 의미로 180만 달러를 추가적으로 지급하도록 판결하였다.

III. 주요 쟁점사건분석

1. David KING v. Sylvia BURWELL(Secretary of Health and Human Services)[39]

1) 사건개요와 소송경과

본 사건은 전 국민 의료보험을 마련하여 의료보험개혁을 하려는 오바마대통령의 핵심공약사업(소위 오바마케어)에 대해서 제동을 걸기 위해 제기된 사건이다. 본 사건의 상고인들(원고)은 버지니아주 주민으로서 포괄의료보험을 구매하는 것을 원하지 않는 주민이었다. 상고인들은 환자보호및적정의료비법(ACA 이하 적정의료비법)의 규정과 달리 미국 국세

38) 135 S. Ct. 1042, 191 L. Ed. 2d 1 (2015)

39) King v. Burwell, 135 S. Ct. 2480, 192 L. Ed. 2d 483 (2015)

청이 최종적 행정입법을 통해서 주정부가 인터넷상의 보험구매사이트와 구매가능한 장소를 개설하지 않는 경우에 연방정부가 개설한 거래소(exchanges)[40]에서 구매한 주민에 대해서도 주정부가 개설한 거래소에서 구매한 경우와 마찬가지로 세금공제혜택을 주기로 한 것에 대해서 이의를 제기한 사건이었다.

미국 연방법인 적정의료비법(ACA)는 개인건강보험시장에서 보장을 확대하기 위한 일련의 개혁안을 채택하였는데, 먼저 본 법은 건강보험을 판매하는 보험회사가 보험료산정을 할 때 가입예정자의 건강상태를 고려하지 못하도록 하고[41] 둘째, 동법은 사인들이 건강보험을 계속 유지하거나 미 국세청에 비용을 지불할 것을 규정하고 있었다. 마지막으로 동법은 일정한 사람들에게 세금공제(tax credits)혜택을 제공하여 건강보험료가 적절수준이 유지될 수 있도록 하였다. 적정의료비법은 개인에게 건강보험유지의무 혹은 미국세청에 비용을 납부할 의무를 규정하였지만 보험료가 개인 소득(individual's income)의 8%를 초과하는 경우에는 보험가입의무 등이 면제되었다.[42] 또한 동법은 가계소득이 연방 최저생계비 기준 100%에서 400%구간에 해당하는 개인들에게는 세금환급을 해주어서 보험료가 적정수준을 유지할 수 있도록 하였다.[43]

동법은 3가지 핵심사항이외에, 개별 주정부가 건강보험거래소("Exchange")를 개설하도록 하였다. 동법은 개별주에게 주정부가 개설한 건강보험거래소를 설치한 기회를 먼저 부여 하였지만 만약 주정부가 건강보험거래소를 개설하지 않는 경우에는 연방정부가 그런 건강보험거래소("such Exchange")를 개설하도록 하였다.[44] 이와 관련하여 동법은 세금공제혜택은 모든 적용대상이되는 납세자(any "applicable taxpayer")에게

40) 일반인들이 건강보험을 구매할 수 있는 시장 혹은 온라인 구매 사이트를 의미함
41) 42 U.S.C. §§ 300gg, 300gg-1
42) 26 U.S.C. § 5000 A
43) § 36B
44) 42 U.S.C. §§ 18031,18041.

제공된다고 규정하고 있지만[45] 동법의 다른 규정은 납세자가 주정부가 42 U.S.C. § 18031에 의해서 개설한 보험거래소("an Exchange established by the State under [42 U.S.C. § 18031]")를 통해서 보험에 가입한 경우로 한정하고 있었다.[46] 이에 대해서 미 국세청은 행정입법(regulation)을 통해서 법률상의 "보험거래소"("an Exchange")를 해석하면서[47] 이때의 보험거래소는 주정부가 설립하고 운영하던지 연방보건복지부가 설립하고 운영하던지 상관없이 모든 보험거래소를 의미하는 것으로 해석하였다.[48]

본 소송을 제기한 상고인들은 버지니아주에 거주하는 자들[49]인데, 버지니아주는 주정부에서 개설한 보험거래소가 없고 연방정부가 개설한 보험거래소가 있었다. 상고인들 건강보험가입을 원하지 않았다. 이들은 버지니아에 있는 연방 보험거래소는 42 U.S.C. § 18031에 의해서 주정부가 개설한 보험거래소에 해당하지 않는다고 생각했으며, 그래서 그들은 자신들은 세금환급을 받아서는 안 된다고 주장하였다. 이들은 세금환급을 받지 않으면 건강보험료가 자신의 소득의 8%를 초과하기 때문에 자신들은 건강보험의무가입자에서 제외된다고 주장하였다. 그런데, 연방 국세청의 행정입법 때문에, 자신들이 세금환급을 받을 수 있게 되었고 세금환급을 받게 되면 건강보험료가 자신의 소득의 8% 미만이 되기 때문에 자신들은 건강보험의무가입자가 된다고 주장하였다.

원고들은 국세청의 행정입법에 대해서 연방지방법원에 소송을 제기하였지만 연방지방법원은 적정의료비법의 관련 규정은 애매하지 않으며, 연방정부가 개설한 보험거래소에서 건강보험을 구매한 주민들에게도 세금환급을 주는 것이라고 원고패소판결을 하였다. 연방 제4고등법원은 동

45) 26 U.S.C. § 36B(a)
46) §§ 36B(b)–(c).
47) 26 CFR § 1.36B-2
48) 45 CFR § 155.20.
49) 4명의 개인들이 소송을 제기하였다.

법의 관련규정은 애매하다고 판단하고, 그래서 Chevron판결[50]의 원칙에 따라 국세청의 해석을 존중해야 한다고 1심판결을 지지하였다.

2) 주문과 쟁점

(1) 대법원의 판결

본 사건은 6대 3판결이었고 대법원은 2가지 쟁점에 대해서 판단하였다. 다수의견은 Roberts대법관이 작성하였다. 동 사건에서 대법원은 국세청의 적정의료비법(ACA)에 대한 국세청의 해석에 관해서 Chevron 존중을 적용하지는 않았지만, 1심과 연방고등법원과 마찬가지로 적정의료비법의 해석상 연방정부가 마련한 거래소에서도 의료보험을 구매한 경우에도 세금공제해택을 주어야 한다고 판단하였다. Scalia대법관이 작성한 반대의견에는 Thomas대법관과 Alito대법관이 동조하였다. 주문은 "Section 36B의 세금환급은 연방정부가 개설한 보험거래소를 가지고 있는 주의 주민에게도 적용된다."이었다.

(2) 판결의 쟁점과 쟁점조문

적정의료비법상 제공되는 세금공제혜택이 주정부가 마련한 보험거래소에서 건강보험을 구매한 주민에게만 제공되는지 아니면 주정부가 보험거래소를 개설하지 않아서 연방정부가 직접 개설한 보험거래소에서 건강보험을 구매한 주민에게도 적용되는지가 쟁점이었다.

> (2) Premium assistance amount.－－The premium assistance amount determined under this subsection with respect to any coverage month is the amount equal to the lesser of－－
> (A) the monthly premiums for such month … of the taxpayer

50) Chevron, U.S.A. Inc. v. Natural Resources Defense Council, Inc., 467 U.S. 837, 104 S.Ct. 2778, 81 L.Ed.2d 694

and which were enrolled in through **an Exchange established by the State** under 13111 of the Patient Protection and Affordable Care Act, or

3) 판결의 이유

다수의견을 작성한 Roberts대법원장은 적정의료비법(ACA)의 출발 배경을 실패한 미국의 의료보험제도를 개혁하기 위한 역사의 산물로 보았다. 1990년대에 미국의 다수의 주들은 모든 주민들에게 의료보험혜택을 주기 위해서 ① 질병여부와 상관없이 누구나 보험에 가입할 수 있도록 하고 ② 유사한 사람에 대해서는 동일한 보험료가 적용될 수 있도록 하는 의료보험개혁안을 마련하였다. 그런데 당초 의도와 달리 주민들은 질병에 걸린 후에도 보험에 들 수 있게 됨으로서 평소에는 건강보험에 가입하지 않고 있다고 질병이 발생한 후에야 보험에 가입하는 현상이 발생하게 되었다. 그러자 보험회사들은 보험료를 상승시킬 수밖에 없었고 보험료가 인상되자 가입자들이 탈퇴하기 시작하였다.[51] 그런데 2006년 메사추세스주에서 위에서 언급한 두가지 조건(①②)을 다 만족시키면서도 이전의 실패를 반복하지 않을 수 있는 제도를 고안하였다. 이는 주민들에게 건강보험 가입을 의무화하고, 세금공제혜택을 부여하여 건강보험이 적정한 가격을 유지하도록 하는 것이었다. 메사추세스 주의 보험개혁은 3가지 핵심사항(보험시장규제, 가입보장, 세금공제혜택)을 담고 있었고 메사추세스주의 보험가입율이 상승하게 되었다.

법원이 행정청의 법률해석을 분석하는 경우에, 연방 대법원은 Chevron판결에서 도출된 2단계구조[52]를 자주 적용한다. 그런데 본사건

51) 그래서 일반서민들은 건강보험에 가입하기 힘들 정도로 건강보험료가 인상되었다.
52) Chevron, 467 U.S. 837, 104 S.Ct. 2778, 81 L.Ed.2d 694. Chevron존중이외에도

의 경우 연방 대법원은 하급심과 달리 본 사건은 Chevron원칙을 적용할 수 있는 사건이 아니라고 판단하였다. 이런 결정에 이른 이유는 세금공제해택은 동법의 추구하는 핵심 개혁중의 하나이며, 세금공제해택이 연방정부가 개설한 보험거래소에도 적용되는지 여부는 정치적·경제적으로 중요한 문제이기 때문에, 만약 의회가 이런 중요한 문제를 행정청이 결정하도록 하였다면, 반드시 명시적으로 행정청에게 위임을 하여 결정하도록 하였을 것이라고 판단한 것이다. 그런데 국세청은 건강보호제도를 설계하는 정책결정에 대한 전문성이 없는 행정기관이므로 연방의회는 국세청에게 연방거래소를 통한 보험구매에 대해서도 세금공제해택을 줄 것인지를 결정할 수 있는 권한을 위임하지 않았을 것이라고 판단하였다.

다수의견은 Chevron존중을 적용할 사건이 아니므로, 본 사건에서 법원의 역할은 Section 36B의 올바른 해석이 무엇인지를 결정하는 것으로 보았다. 다수의견은 법률규정이 평의하다면(plain), 법원은 반드시 그 문구(terms)에 따라서 해석적용해야 하지만, 법률해석은 특정 단어의 의미나 법률용어가 애매한 한 경우에는 특정 단어나 문구의 의미는 당해 법률의 체계와 조문들과의 관계속에서 해석되어야 분명해 진다고 하였다. 즉, 대법원은 FDA v. Brown & Williamson Tobacco Corp.사건을 인용하면서 법조문이 명확한 지를 결정함에 있어서 법원은 그 단어를 당해 법률의 전체적인 체계와 목적을 고려하여 당해 법률에서 그 단어가 어떤 의미로 사용되었는지를 판단[53]하여야 한다고 보았다.

Skdmore존중(323 U.S. 134, 1944.)이라는 것이 존재하였는데, 국내에 소개한 문헌으로는 황의관, 미국사법부의 행정청 법률해석에 대한 사법적 존중에 관한 연구, 미국헌법연구 제24집 제1호, 2013, 미국헌법학회, 2013, 399면 이하, "구체적인 사건에서 [행정청의 법률해석에 관한] 그러한 판단의 무게는, 만일 지배적인 설득력을 가진 것이 없다면, 행정청이 고려한 증거의 철저함, 행정청 논증의 유효성, 행정청이 예전에 선언한 해석 및 사후의 선언과의 일치성, 그리고 모든 설득력을 가질 수 있는 요소들에 따라 결정될 것이다." 앞의 글, 406면.

53) FDA v. Brown & Williamson Tobacco Corp., 529 U.S. 120, 133, 120 S.Ct. 1291, 146

다수의견은 쟁점이 된 "42 U.S.C. § 18031에 의해서 주가 설립한 보험거래소"라는 문구를 해석하면서 본 문구가 애매한 것으로 판단한 것은 적절하다고 판단하였다. 다수의견은 본 법문구는 주정부가 설립한 주설립보험거래소에 한정되는 것으로도 해석될 수도 있으며, 세금공제혜택을 주는 목적으로는 주정부설립 혹은 연방정부설립등 설립주체와 상관없이 모든 보험거래소를 의미하는 것으로 해석될 수도 있다고 판단하였다. 만약 주정부가 보험거래소를 설립하라는 Section 18031의 행정지도(the directive)를 따르지 않기로 하였다면, 동법규정에 따라 연방 보건복지부장관(the Secretary of Health and Human Services)은 그런 보험거래소("such Exchange")를 설립해야 하였다.[54] 동법은 그런 보험거래소("such Exchange")라는 단어를 사용하고 있으므로, 동규정에 의하면 주정부가 설립한 거래소와 연방정부가 설립한 거래소는 반드시 동일한 것이어야 한다. 그런데 만약 세금공제해택이 주정부가 설립한 거래소를 통한 보험구매에만 적용된다면, 주정부가 설립한 거래소를 통한 보험구매에 대해서만 당해 주민에게 수천억 달러를 지원해 주어서 건강보험이 보다 저렴해 지게 되어서 주정부설립 거래소와 연방정부설립 거래소는 본질적으로 다른 것이 된다는 점을 다수의견은 지적하고 있다. 또한 다수의견은 모든 거래소에서 세금공제해택 등의 정보를 제공하도록 한 Section 18031(i)(3)(B)[55]과 같은 동법의 다른 조문들과의 관계에서 보면, 만약 연방정부가 설립한 거래소에는 세금공제해택이 적용되지 않는다고 해석하면 법률체계상 이상하게 된다는 점도 지적하고 있다. 만약 의회가 세금공제해택이 주설립거래소와 연방설립거래소에 모두 적용되는 것으로 해석하면 주정부가 설립한("established by the State")이라는 법

L.Ed.2d 121.Pp.2488-2489.

54) § 18041

55) 동조는 모든 거래소(all Exchanges)는 적절하고 편파적이지 않는 건강보험정보를 제공할 것을 의무지고 있으며 그 중에서는 section 36B상의 세금공제해택이 적용된다는 것도 포함되어 있었다.

문구는 필요없는 사족들이 된다는 주장은 설득력이 약하다고 다수의견은 판단하였다.

다수의견은 Lamie v. United States Trustee사건[56]을 인용하면서, 법조문해석에서 문구가 사족(superfluous)이 되는 현상을 되도록 피하려는 동법원의 접근법은 절대적인 것은 아니라고 하였다. 또한 다수의견은 섬세하지 못한 법률조문(inartful drafting)의 제정예가 발견되는 적정의료비법의 경우에는 동법상 조문의 정당한 해석을 도출함에 있어서 법격언을 엄격하게 적용하는 방법은 유용한 방법이 아니라고 판단하였다. 다수의견은 Utility Air Regulatory Group v. EPA사건을 인용하면서,[57] 법률해석의 기본적인 법원칙(fundamental canon)은 그 단어를 당해 법률전체의 구조와 체계를 고려하면서 법조문의 문맥을 통해서 특정단어를 해석해야 한다는 것이라는 것을 법원은 염두에 두고 최선을 다해야 한다는 점을 지적하고 있다.

문맥(the text)이 애매한 경우에는, 법원은 반드시 보다 더 확장된 구조적 측면에서 Section 36B의 가능한 해석들이 다른 조문의 해석과 양립할 수 있는 것인지 즉 다른 조문과 충돌될 수 있는 것인지를 반드시 확인해야 한다고 보았다. 그런데, 본 법률의 제정취지와 목적을 살펴보면, 상고자의 주장은 연방거래소가 설치된 주의 보험시장을 불환정하게 할 수도 있으며, 의회가 그 동안의 실패를 통해서 피하고자 한 언발에 오줌누기("death spirals")상황을 재현하게 되기 때문에 동 법원은 그런 해석을 채택할 수 없다고 다수의견은 판단하였다. 상고자의 법률해석에 따르면, 동법의 주요한 3가지 개혁방안중 하나인 세금공제해택이 적용되지 않을 것이기 때문에 상고자들도 알고 있듯이 연방설립 보험거래소가 있는 주에서는 동법이 작동하지 않을 것이라는 점을 다수의견은 지적하고 있다. 또한 상고자의 해석을 따르면 않은 개인들은 세금공제해

56) 540 U.S. 526, 536, 124 S.Ct. 1023, 157 L.Ed.2d 1024

57) 573 U.S. ―, ―, 134 S.Ct. 2427, 2441, 189 L.Ed.2d 372

택을 받지 못하게 되고 의무가입면제를 받기 때문에 동법의 두 번째 개혁방안인 보장요건도 적절히 작동하지 않게 된다는 점도 다수의견은 지적하였다. 만약 상고자의 주장이 옳다고 한다면, 연방정부설립보험거래소가 설치된 주에는 3가지 개혁방안중 오직 한 가지 개혁방안만이 적용되게 되며, 세금공제혜택이 없다는 점과 보험가입의무가 없다는 점이 결합하면 그 주의 건강보험시장이 공멸하는 결과로 이어질 것라는 점도 다수의견은 지적하였다. 즉, 의회가 의료보험개혁법안을 제정하면서 보험시장이 공멸하는 방식으로 운영되는 것을 의도하였다는 주장은 설득력이 약하다고 보았다. 의회가 무조건적 가입과 보험료를 일정하게 하도록 하는 정책은 모든 주에 해당하도록 하였지만, 이런 개혁방안들은 보험가입의무와 세금공제혜택과 결합한 경우에만 작동하는 것이라는 점도 다수의견은 고려하였다. 즉, 다수의견은 이런 정책적 고려를 결합하여 동법을 제정한 의회의 의도는 쟁점이 된 법조문을 해석함에 있어서 모든 주에 설치된 보험거래소에 적용되는 것으로 해석해야 한다는 결론에 이르게 되었다.[58]

다수의견은 Section 36B조 자체만으로 보아도 세금공제혜택이 주정부설립보험거래소에 국한되지 않는다고 보았다. Section36B(a)는 적용대상이 되는 모든 납세자("applicable taxpayer")에게 세금공제해택을 주고 있고 Section 36B(c)(1)은 적용대상이 되는 모든 납세자를 가계소득이 연방빈곤기준(Federal Poverty line)의 100%에서 400% 사이의 납세자로 정의하고 있어서 소득수준이 위 규정에서 설정한 수준에 있는 모든 납세자는 세금공제해택을 받을 수 있는 것으로 해석된다는 점을 다수의견은 지적하고 있다. 그런데, 상고자들은 Section 36B(a)와 Section 36B(c)(1)의 혜택규정이 주립거래소가 설치되지 않아서 연방거래소가 설립된 주에 거주하는 주민에게는 공수표가 된다고 주장하고 있다고 다

58) King v. Burwell, 135 S.Ct. 2480, 2492 - 2495. (2015)

수의견은 보았다. 즉, 상고자의 주장에 따르면, 연방거래소가 설립된 주에 거주하는 세금공제혜택을 받을 수 있는 소득수준에 있는 납세자들은 세금공제혜택을 받을 수는 있지만 두 개의 조문이 충돌하게 되므로 세금공제혜택이 "영"이 된다고 주장하는 것으로 판단하였다. 그런데 다수의견은 Whitman v. American Trucking Assns., Inc.사건[59]을 인용하면서 의회는 어떤 법률에 의해 창설되는 정책목표나 규제제도의 핵심사항을 애매한 용어나 부수적인 조항들로 변경하지 않는다는 점을 지적하였다.[60]

다수의견도 상고자의 문언해석주장(plain−meaning arguments)은 설득력이 강하다는 점은 인정하였다. 그렇지만 다수의 의견은 법률의 문맥과 구조를 종합할 때 Section 36B의 세금공제혜택은 동법에 의해 설립된 모든 거래소에 적용된다고 결론내리는 것이 타당하다고 판단하였다. 주립거래소가 잘 작동하기 위해서 세금공제혜택이 필요하듯이 연방거래소가 잘 작동하기 위해서는 세금공제해택이 필요하고, 연방 의회가 동법을 제정하면서 피하려고 했던 그런 의료보험파국사태를 피하려면 모든 거래소에 세금공제혜택을 부여해야 한다고 다수의견은 판단하였다.[61]

4) 반대의견

Scalia대법관은 다수의견에 반대하는 의견을 작성하였고 반대의견에는 Alito대법관, Thomas대법관이 동조하였다. Scalia대법관은 "주정부가 설립한 거래소"를 "주정부가 설립하거나 연방정부가 설립한 거래소"로 해석하는 다수의견은 21면에 달하는 합리적 근거를 제시하고자 하였으나 제시된 의견들은 여전히 설득력이 없다고 보았다. Scalia대법관은

59) 531 U.S. 457, 121 S.Ct. 903, 149 L.Ed.2d 1
60) King v. Burwell, 135 S.Ct. 2480, 2494 - 2495.
61) King v. Burwell, 135 S.Ct. 2480, 2495 - 2496.

본 사건의 쟁점은 연방 보건복지부장관이 개설한 보험거래소에서 보험을 구매한 주민에게 세금공제혜택을 부여하는 것이 올바른 법률해석인지여부라고 하면서, 법조문상 세금공제혜택을 받기 위해서는 주정부가 설립한 거래소("Exchange established by the State.")에서 보험을 구매해야 한다는 점은 명확하다고 판단하였다. 즉, 연방 보건복지부장관이 개설한 거래소는 주가 개설한 거래소가 아니므로, 연방 보건복지부장관이 개설한 보험거래소에서 보험에 가입한 주민들은 금전지원을 받을 수 없는 것이 명확하다고 보았다.

Scalia대법관은 Lynch v. Alworth-Stephens Co사건[62]을 인용하면서 비록 긴급성이 있는 난해한 사건이 존재하고 독창적이고 학문적 예리함과 설득력 강한 지성이 지적 호기심과 협소하고 숨겨진 의미를 탐구하면서 발견되어진다고 하더라도 일반적이고 명백하고 합리적인 법조문의 의미는 항상 우선되어야 한다고 주장하였다. Scalia 대법관은 주가 설립한 거래소로 규정한 § 36B를 해석하면서 연방정부 또는 주정부가 설립한 거래소로 해석하는 것이 가장 자연스러운 해석이라고 주장하는 다수의견은 부끄러운 일이라고 주장하였다.

Scalia대법관도 진정한 해석은 조문을 독립해서 해석하거나 단어를 분리해서 해석하는 것이 아니라 당해 법률전체를 고려하면서 하여야 한다는 다수의견에 완전히 동의한다고 하였다. 하지만 Scalia대법관은 언제나 문맥(context)이 문제라고 하였다. Scalia대법관은 문맥이 왜 문제가 되는지를 망각해서는 안 된다고 하면서 문맥은 법률의 용어들을 이해하는 도구이지 법관이 법률조문을 개정(rewriting)하는 이유가 되어서는 안 된다는 점을 강조하였다. 또한 Scalia대법관은 Pensacola Telegraph Co. v. Western Union Telegraph Co.판결[63]을 인용하면서 법조문을 다시 쓰는 것이 아니라 법조문을 이해하려는 법관의 노력은 입법자가 자연스

62) 267 U.S. 364, 370, 45 S.Ct. 274, 69 L.Ed. 660 (1925)
63) 96 U.S. 1, 12, 24 L.Ed. 708 (1878).

럽고 일상적인 주의를 기우려서 단어들을 사용했다는 가정에서 출발해야 한다고 하였다. 일상적인 용어해석인 항상 우선하는 것은 아니지만 쟁점이 된 조문해석이 자연스런 해석이 아닐수록 더 강력한 정당성과 더 설득력 있는 문맥상의 증거가 필요하다는 점을 Scalia대법관은 강조하였다. 그러면서 Scalia대법관은 주가 설립한 거래소라는 법문구를 주가 설립한 거래소 또는 연방정부가 설립한 거래소라고 해석하는 것은 부자연스러운 해석도 넘어서는 해석이라고 보았다.

Scalia대법관은 Montclair v. Ramsdell판결[64]을 인용하면서 다수의견은 "가능하다면, 모든 법률의 어휘와 절에 효력을 부여하라"는 기본원칙을 심각하게 위반하는 해석이라고 보았다. 본 사건의 쟁점에 대한 주장들을 검토할 때, 어떤 용어를 해석하면서 법률의 다른 부분과 같은 의미를 부여하는 것과 의미를 전혀 부여하지 않는 것은 구별[65]되어야 한다고 Scalia대법관은 주장하였다. 그리고 Scalia대법관은 다수의견의 해석은 단순히 “주에 의한”이란 문구에 중복효과(a duplicative effect)를 부여하는 것이 아니라 다수견해는 “주에 의한”이란 문구에 어떤 효력도 부여하지 않는 결과를 초래한다고 보면서 Marbury v. Madison판결[66]을 인용하면서 입법자는 법문장에 사용된 용어가 어떤 효과도 갖지 않도록 입법하지는 않는다는 점을 강조하였다.

또한 Scalia대법관은 Kloeckner v. Solis판결[67]을 인용하면서 법률의 제정목적과 의도는 애매한 조문의 의미를 확실히 해주는 범위 내에서만 의미가 있다고 주장하면서, 어떤 누가 쟁점이 된 § 36B가 애매하다고 할 수 있냐고 반문하였다. 주정부가 보험거래소를 개설하지 않아서 연방정부가 보험거래소를 개설한 경우에는 건강보험제도가 공멸할 것이라는 다수견해는 잘못이라고 보았다. 만약 이런 것이 사실이라면

---

64) 107 U.S. 147, 152, 2 S.Ct. 391, 27 L.Ed. 431 (1883).
65) Marbury v. Madison, 1 Cranch 137, 174, 2 L.Ed. 60 (1803)
66) 1 Cranch 137, 174, 2 L.Ed. 60 (1803).
67) 568 U.S. ——, ——, n. 4, 133 S.Ct. 596, 607, n. 4, 184 L.Ed.2d 433 (2012).

주정부는 법을 개정하여 자신이 보험거래소를 개설하지 않냐고 반문하면서 Scalia대법관은 다수의견에 대해서 제기되는 최악의 평판은 당 법원의 논리는 스스로 자멸하는 논리를 기반하고 있다는 것이라고 주장하였다.

또한 Scalia대법관은 다수의견은 판사들이 법률적 기술의 흠결로 보이는 것을 바로잡기 위한 해석상의 오류라면 어떤 것이건 인내하여야만 한다고 하는 철학을 반영한 결과로 평가하면서 이러한 가치관은 헌법이 열거되어있는 "입법권"을 의회에 부여하기로 한 미국 국민들의 결정을 무시하는 것이라고 주장하였다. Scalia대법관은 국민과 법원이 모두 입법과 법률 수정에 책임을 지는 것이나, 국민들이 의회를 만들었지, 법원이 의회를 만든 것이 아니라는 점을 지적하면서 대법원은 오직 사법적 권한만을 행사하는 것이고, 의회에서 제정한 법률에 대하여 선언할 수 있을 따름이라는 점을 강조하면서 또한 판사의 직무는 조문을 적용하는 것이지 조문을 개선하는 것이 아니라는 Pavelic & LeFlore v. Marvel Entertainment Group, Div. of Cadence Industries Corp판결[68]을 인용하면서, 판사들이 실질적으로 효력 없는 법률을 고칠 수 있는 특권을 갖지 않았다고 주장하였다.

마지막으로 Scalia대법관은 다수의견이 행한 법률 해석상의 해석의 한계를 넘은 해석이고 소송당사자들에게 끊임없이 인용될 것이며, 정직한 법률가들에게 혼동을 줄 것이라고 예견하였고 본 사건은 미국 연방대법원이 일부 법률을 다른 법률에 비해서 중요하게 생각하고 그런 관점을 관철하기 위해서 어떤 일도 할 수 있다는 불편한 진실을 널리 전파시키는 일을 할 것이라고 예견하였다.

(5) 시사점

본 사건은 오바마대통령의 핵심 공약사업중 하나인 오바마케어에

---

68) 493 U.S. 120, 126, 110 S.Ct. 456, 107 L.Ed.2d 438 (1989).

대한 소송전의 결말이었다. 정치적으로는 오바마대통령의 개혁안이 오랜 진통 끝에 상원과 하원을 통과했지만, 소송전으로 이어져서 결국 대법원에서 개혁안의 운명이 결정되게 되었다. 본 사건을 정치적으로 해석하면, 오바마대통령의 승리로 표현할 수 있지만 행정법학적 관점에서 보면 법원의 법해석권의 범위가 지나치게 확장되고 있다는 우려를 나을 수 있는 판결이었다. 명문의 법률규정이 "주정부가 설립한 보험거래소를 통해서 보험을 구매한 자"에게 한정하여 세금공제혜택을 부여한 것과 달리 1심판결과 2심판결은 Chevron원칙을 적용하여 법률규정이 모호함으로 행정청의 판단(여기서는 국세청의 법규명령)을 존중하는 것으로 판정하였다.

다만, 대법원은 행정청에 의한 법률의 확장해석을 견제하려는 의도가 반영되어서, 본 사건에서는 Chevron원칙을 적용하지는 않았다.

다수의견은 쟁점이 된 법률규정이 모호하다고 판단하였고, 그래서 주정부가 설립한 거래소만 해당된다고 해석될 수도 있고, 주정부 또는 연방정부가 설립한 거래소가 모두 포함될 수도 있다고 보았으며, 법조문의 해석에서 있어서 다른 조문과의 관계와 법률제정의 목적등을 종합해서 해석해야 한다고 보았다. 그래서 다수의견은 Chevron원칙을 적용하여 국세청의 법규명령의 합법성을 인정한 것이 아지만, 법규명령에 대한 사법심사결과와 국세청의 법규명령과 동일한 결론에 이르게 된다.

본 사건에서는 다수견해는 당해 법률의 제정목적과 의회의 의도를 강조하고 동일 법률내에서 다른 조문과의 연관성과 해석의 자연스러움을 강조하였는데, 우리의 경우에는 비록 구체적인 법률효과는 없지만 입법형식으로 제1조의 목적조항을 두고 있으므로 법조문의 구체적 해석이 분쟁이 되는 경우 목적조항의 적절한 활용과 등대역할을 기대할 수 있을 것이다.

다만, Scalia대법관이 경계하듯이 법관은 입법자가 아니라 법적 분쟁을 해결하기 위해서 입법자가 제정한 법률을 해석하는 것이지, 법률을 재개정하거나 입법을 보충하여 법을 작성하는 자가 아니라는 점은 유념해야 할 것이다.

2. Thomas E. PEREZ, Secretary of Labor v. MORTGAGE BANKERS ASSOCIATION[69)]

1) 사건의 개요

본 사건은 부동산금융거래산업협회(이하 동 협회)가 연방 노동부(Department of Labor), 장관, 노동부의 임금 및 근로시간과의 과장대리(Deputy Administrator of DOL's Wage and Hour Division)를 상대로 소송을 제기한 사건이다. 동 협회는 담보대출담당직원은 공정노동기준법(Fair Labor Standards Act: FLSA)상 초과근무와 최소임금에 적용대상이 되지 않는다는 이전의 행정입법을 변경하는 해석규칙(Administrator's Interpretation: AI)을 발하면서 DC 고등법원판결에서 도출된 Paralyzed Veterans원칙[70)]을 적용하지 않고 행정절차법상의 입법예고와 의견제출절차(notice-and-comment)를 거치지 않아서 행정절차법을 위반하였다는 이유로 소송을 제기하였다.

2) 사건의 경과

1심 재판을 담당한 연방 D.C지방법원은 피고측의 주장을 받아 들여서 일부쟁점에 대해서 약식판결(partial summary judgment)을 하였고 동 협회가 항고하였으며 연방 DC고등법원은 원심판결을 파기하였는데, 대법원은 상고를 받아들였다.

---

69) Perez v. Mortgage Bankers Ass'n, 135 S. Ct. 1199

70) Paralyzed Veterans원칙은 행정청이 이전에 채택했던 해석과 상당히 차이나는 새로운 해석을 채택하려고 한다면, 행정청은 반드시 입법예고절차와 의견제출절차를 거쳐야 한다는 것이다.

3) 주문

판결문은 Sotomayor대법관이 작성하였는데 주문은 "Paralyzed Veterans판결[71]원칙은 연방행정절차법규정에 배치되며, Paralyzed Veterans판결원칙은 폐기한다."이었다.

4) 관련법률과 연방행정절차법상 행정입법의 구분

연방행정절차법은 연방 행정청(federal administrative agencies)이 행정입법절차에 사용해야 할 절차를 규정하고 있고 행정입법절차(rule making)를 행정입법을 형성하거나 개정하거나, 폐지하는 절차로 규정[72]하고 있다. 행정절차법은 행정입법을 두 개의 형태로 구분하고 있는데, ① 입법예고절차와 의견제출절차를 거쳐서 제정[73]되어서 법적 강제력과 효력("force and effect of law")을 가지는 법규명령("legislative rules")이 존재[74]하고 이와 반대로 ② 행정청의 법률해석 및 행정청의 소관 법규의 해석방향에 대해서 일반인에게 조언하기 위해서 발령되는 법률해석행정규칙(Interpretive rules)이 존재한다.[75] 법령행석규칙은 행정입법예고절차와 의견제출절차가 요구되지 않으며 법규성을 가지고 있지 않는다. 즉 미국의 법령해석행정규칙은 비법규적행정입법으로 우리나라의 행정규칙의 일종이다.

> (b) General notice of proposed rule making shall be

71) Paralyzed Veterans of America v. D.C. Arena L.P., 117 F.3d 579, Alaska Professional Hunters Ass'n, Inc. v. F.A.A., 177 F.3d 1030.
72) 5 U.S.C. § 551(5)
73) §§ 553(b),(c)
74) Chrysler Corp. v. Brown, 441 U.S. 281, 302-303, 99 S.Ct. 1705, 60 L.Ed.2d 208
75) Shalala v. Guernsey Memorial Hospital, 514 U.S. 87, 99, 115 S.Ct. 1232, 131 L.Ed.2d 106

> published in the Federal Register, unless persons subject thereto are named and either personally served or otherwise have actual notice thereof in accordance with law. The notice shall include-- …
>
> Except when notice or hearing is required by statute, this subsection does not apply--
>
> (A) to interpretative rules, general statements of policy, or rules of agency organization, procedure, or practice; or …

5) 사건의 전개와 판결이유

(1) 사건의 전개

1999년과 2001년 노동부 임금 및 근로시간과는 담보대출담당자는 1938년 공정노동기준법상의 초과근무수당지급 면제대상에 해당하지 않는다는 서면(letters)을 발표하였고 2004년 노동부는 초과근무수당지급면제대상에 대한 새로운 행정입법(regulations)을 제정하였다. 그러자 담보대출자협회(Mortgage Bankers Association: MBA)는 담보대출담당자에게 적용되는 개정된 행정입법에 대한 새로운 해석을 요구하였고, 2006년 노동부의 임금 및 근로시간과는 담보대출담당자는 2004년 행정입법하에서는 면제대상에 해당한다는 서면을 발표하였다. 그런데 2010년 노동부는 다시 한 번 면제대상해석을 변경하였다. 2010년 노동부가 면제대상해석을 변경할 때는 입법예고절차나 의견제출절차를 거치지 않았지만 노동부는 담보대출담당자가 면제대상에 해당한다는 2006년 의견서(opinion letter)를 철회하고 담보대출담당자는 면제대상이 아니라는 해석을 발표하였다.

이에 대해서 협회는 노동부의 해석(the Administrator's Interpretation)

은 연방고등법원 판결인 Paralyzed Veterans of Am. v. D.C. Arena L.P. 사건[76]에서 도출된 원칙에 절차적으로 반하는 해석이라고 소송을 제기하였다.

연방지방법원은 노동부측의 주장을 받아 들여, 약식판결절차를 허용했지만 연방 DC고등법원은 행정청이 이전에 채택했던 해석과 상당히 차이나는 새로운 해석을 채택하려고 한다면, 행정청은 반드시 입법예고절차와 의견제출절차를 거쳐야 한다는 Paralyzed Veterans원칙을 적용하여 1심판결을 파기한 사건이고 본 사건에 대해서 연방대법원이 상고를 허가한 것이다.

(2) 판결이유

대법원은 고등법원의 Paralyzed Veterans원칙은 연방 행정절차법의 명시적인 법조문과 문맥에 반하고 행정절차법이 요구하는 최대한의 절차를 넘어서는 절차적 부담을 부당하게 행정청에게 부가하는 판결로 보았다.

판결문은 Sotomayor 대법관이 작성하였고 Roberts 대법원장, Kennedy 대법관, Ginsburg 대법관, Breyer 대법관, Kagan 대법관이 동조하였고 Alito 대법관은 별개의견을 제시하였고 Scalia 대법관과 Thomas 대법관도 별개의견을 제시하였다.

행정절차법은 해석규칙의 경우 입법예고절차와 의견제출절차를 거치지 않는 행정입법으로 분류하고 있는데 Paralyzed Veterans원칙은 이에 반한다고 대법원은 판단하였다. DC 고등법원의 행정절차법 해석은 다른 목적을 가진 행정절차법 §§ 1와 4조를 융합해서 해석한 것으로 대법원은 판단하였다. 즉 행정절차법 Section 1은 행정청이 행정입법을 개정, 폐지 할 때는 행정입법을 제정할 당시에 이용했던 동일한 절차를 이용하도록 하고[77] 있지만 Section 1은 행정입법을 할 때 어떤 절차를 이

76) 117 F.3d 579

77) 5 U.S.C. § 551(5)

용해야 하는지 규정하고 있지는 않고 있다는 점을 대법원은 지적하였다. 그런데 행정절차법 § 4는 특별히 해석규칙의 경우에는 입법예고절차와 의견수렴절차를 면제하고 있어서 절차면제자체가 § 4의 존재 목적이라고 대법원은 판단하였다.[78] 그래서 대법원은 행정청은 해석규칙을 마련할 때는 입법예고절차와 의견수렴절차를 거칠 필요가 없기에 행정청이 해석규칙을 개정하거나 폐지할 때 예고절차나 의견수렴절차를 거칠 필요가 없다고 판단하였다.[79]

행정절차법에 대한 이런 해석이 행정법영역에서 대법원이 오랫동안 유지했던 판결원칙과도 조화된다고 대법원은 판단하였다. F.C.C. v. Fox Television Stations, Inc판결[80]을 인용하면서 이런 해석이 행정절차법은 행정기관의 행정작용의 절차상 문제에 대해서 전면적으로 사법심사(full extent of judicial authority)를 허용하고 있다고 판단해온 대법원의 판결과도 일치한다고 보았다.

대법원은 행정절차법상 행정입법절차규정들은 예외가 존재하지 않는다고 보았고, Vermont Yankee Nuclear Power Corp. v. Natural Resources Defense Council, Inc판결을 인용하면서 행정절차법 § 4는 행정입법절차를 거치는 행정청에게 법원이 부가할 수 있는 최대한의 기준을 설정한 것으로 대법원은 해석하였다.[81] 행정청이 소관 행정입법의 해석을 변경할 때 입법예고절차와 의견제출절차를 거치도록 강제하면, Paralyzed Veterans판결을 통해 법원은 의회가 설정한 기준과는 충돌하는 법관이 만들 절차적 권리를 창설하게 된다고 대법원은 판시하였

78) Perez v. Mortgage Bankers Ass'n, 135 S. Ct. 1199, 1201, 191 L. Ed. 2d 186 (2015)
79) 135 S. Ct. 1199, 1206-1207.
80) F.C.C. v. Fox Television Stations, Inc., 556 U.S. 502, 513, 129 S.Ct. 1800, 173 L.Ed.2d 738
81) Vermont Yankee Nuclear Power Corp. v. Natural Resources Defense Council, Inc., 435 U.S. 519, 524, 98 S.Ct. 1197, 55 L.Ed.2d 460.

다.[82]

대법원은 Paralyzed Veterans원칙을 지지하는 동 협회의 주장도 설득력이 없다고 판단하였다.[83] 동 협회는 이전의 해석을 중대하게 변경하는 행정입법에 대한 행정청의 해석은 당해 행정입법을 개정하는 효과를 가진다고 주장하였다. 그런데 대법원은 동 협회의 이런 주장은 일반적인 단어의 의미와 상충된다고 판단하였다. 즉 개정("amend")과 해석("interpret")은 다른 단어적 의미를 가지고 있다고 대법원은 판단한 것이다. 또한 대법원은 해석규칙은 법적 강제력이 없다고 한 오랜 대법원의 판결과도 동 협회의 주장은 비치된다고 판단하였다. 대법원은 Paralyzed Veterans원칙이 제한적으로만 사용된다는 주장에서 보아도 동 협회의 주장은 이상하다고 판단하였다. 동 협회는 변경되는 해석에 대한 그들의 주장이 왜 첫 번째 변경의 경우(면제대상이 아니라고 했다가 면제대상으로 변경한 것)에는 적용되어서는 안 되는지를 설명하지 못한다는 점[84]도 지적하였다.[85]

동 협회는 Paralyzed Veterans원칙이 행정절차법의 입법목적인 절차적 공정성을 강조하는 역할을 하다고 주장하였지만 대법원은 이런 주장을 받아들이지 않았다. 대법원은 행정절차법은 행정청을 구속하는 다양한 통제장치를 마련함으로써 입법예고절차와 의견제출절차를 거치지 않은 행정결정을 통해서 규제대상이 되는 사인에게 행정결정과정에서 이미 충분한 보호장치를 제공하고 있다고 판단하였다. 더구나, 의회는 규제대상 사인들이 이전 행정청의 해석을 신뢰하는 경우에는, 규제대상이 되는 사인들이 법적인 책임을 져야 한다면, 경과규정등 안전장치규

82) 135 S. Ct. 1199, 1206 - 1207.

83) 135 S. Ct. 1199, 1207-1210.

84) Christensen v. Harris County, 529 U.S. 576, 120 S.Ct. 1655, 146 L.Ed.2d 621; Shalala v. Guernsey Memorial Hospital, 514 U.S. 87, 115 S.Ct. 1232, 131 L.Ed.2d 106, distinguished.

85) 135 S. Ct. 1199, 1207-1209.

정(safe-harbor provisions)을 마련[86]할 수도 있다고 대법원은 판단하였다.[87]

동 협회는 2010년 노동부의 해석이 법규명령으로 분류되어야 한다는 주장을 하지 않았다. 그래서 대법원은 처음부터 본 소송은 노동부의 해석이 해석규칙이라는 전제에서 출발하고 있다는 점을 지적하였다. 연방 지방법원도 연방고등법원도 이런 쟁점을 다루지 않았으며, 동 협회는 대법원의 심리가 시작할 때 이런 쟁점을 제기하지도 않았다는 점을 지적하였다.

(3) 별개의견

가. Alito대법관의 별개의견

Alito대법관은 Paralyzed Veterans of America v. D.C. Arena L.P. 판결[88]에서 도출된 원칙이 행정절차법에 위배된다는 점에는 동의하였다. 그런데 Paralyzed Veterans원칙이 생긴 이유는 행정청의 권한이 비약적으로 증대하는 것에 대한 공감이 가는 우려 때문이라는 점도 지적하였다. 행정권의 비대현상은 ① 의회가 광범위한 입법권한을 행정청에 위임하고 있고 ② 법규명령과 해석규칙사이의 불분명한 경계를 행정청이 부당하게 오용하고 있으며, ③ 일반적인 경우 행정청이 제정한 불분명한 행정입법에 대해서는 제정청의 해석을 반드시 존중해야 한다는 대법원의 판결이 결합하여 발생한 결과라는 점을 지적하고 있다. Alito대법관은 Seminole Rock존중의 원칙에 대한 의문[89]을 면밀하게 검토하고

86) 예를 들면, 29 U.S.C. §§ 259(a),(b)(1).

87) 135 S. Ct. 1199, 1208-1209.

88) 117 F.3d 579 (C.A.D.C.1997)

89) Christopher v. SmithKline Beecham Corp., 567 U.S. ——, —— - ——, 132 S.Ct. 2156, 2168-2169, 183 L.Ed.2d 153 (2012) (citing,inter alia, Manning, Constitutional Structure and Judicial Deference to Agency Interpretations of Agency Rules, 96 Colum. L.Rev. 612 (1996)). 본 사건은 제약회사 영업직사원이 초과근무수당의 지급대상이 되는지가 다투어진 사건이었다. Alito대법관이 작성한 다수견해는 제약회사의 영업사원은 노동부의 행정입법상 초과근무수당제외직인 외근영업사원

반박할 기회를 기다린다는 점도 밝히고 있다.

나. Scalia대법관의 별개의견

Scalia대법관도 판결과 주문에 이르게 된 모든 이유에 대해서도 동의하였다. 그런데, Scalia대법관은 판결문 1207면에서 해석규칙을 발령하는데 더 엄격한 제한들을 부가하는 비용과 이로 얻는 효과를 의회가 비교교량하면서 의회가 판단한 균형점이라고 본 행정작용을 옹호하는 결과물을 동대법원이 마련한 것에는 동의하지 못한다고 하였다. 만약 본 사건을 독립적으로 관찰하면 본 법원이 선택한 서술은 아주 정확하지만 행정청의 결정을 존중하는 대법원의 판결과 결합하면, 오늘의 판결은 의회가 행정절차법을 제정할 당시에 선택한 권한과 절차사이의 규형과 상당히 다른 결과를 초래한다고 Scalia대법관은 지적하였다. Scalia대법관은 United States v. Morton Salt Co.판결을[90] 인용하면서 연방행정절차법은 행정관료의 열정으로 인해서 공직을 창설한 법률에서는 고려하지 않은 상태를 초래할 수 있어서 이를 견제하기 위한 행정절차가 급속도로 팽창하는 것을 경계하기 위해서 마련되었다는 점을 지적하였다.

행정절차법은 입법예고절차와 의견제출절차를 요구하면서 행정입법절차를 과도하게 하는 것을 경계하는 역할을 수행하고 있다고 Scalia대법관은 언급하였다. 행정청이 행정입법을 하기 전에 행정청은 일반적으로 행정입법안을 대중에게 공지하여야 하며, 법안의 결점에 대한 의견을 제출하도록 하고, 행정청은 일반인의 주장을 숙고하고 검토하고 그 행정입법의 기초와 목적에 관한 설명서에서 최종 행정입법을 설명해야 한다는 점을 지적하였다.[91] 그런데, 행정절차법 § 553(b)(A)은 해석규칙의 경우 그런 절차적 요구를 면제하였다는 점을 Scalia대법관은 상

(outside salesmen)에 해당한다고 판단하였다. 쟁점이 된 행정입법조문 29 CFR §541.500 defined 'outside salesman' as 'any employee' whose duty was 'making sales' under §203(k) which said that included 'any sale, exchange, contract to sell'

90) 338 U.S. 632, 644, 70 S.Ct. 357, 94 L.Ed. 401 (1950).

91) 5 U.S.C. § 553(b)-(c)

기시켰다. 해석규칙의 경우 입법예고절차와 의견제출절차를 거치지 않도록 하였지만, 행정절차법 § 706은 사법심사를 하는 법원은 헌법과 법률 규정을 해석하고 행정행위의 조건과 행정행위의 의미를 결정하도록 하였다는 점도 Scalia대법관은 지적하였다. DC 고등법원의 경우에는 단순히 행정절차법의 규정을 무시하는 것보다 더 심각한 잘못을 저지르게 되는 대법원의 결정에 배치되는 판결을 해야 해서 불가능하였지만, 대법원의 경우에는 자신의 판결을 파기할 수 있으므로 하나의 해결책이 가능하다고 Scalia대법관은 생각하였다.

Scalia대법관은 Chevron원칙이 행정절차법과 잘 조화되지 않지만, 형식적 법률의 모호성이 행정부에 의해서 합리적으로 해결될 것으로 기대되는 경우, 행정청의 행정작용에 대한 사법심사의 오랜 전통과는 Chevron원칙이 부합[92]하였다고 평가하였다. Scalia대법관은 자신이 입안한 행정입법에 대한 행정청의 해석을 사법부가 존중한 경우는 없다고 주장하였다. Scalia대법관은 입법자에게 모호한 법을 수정할 권한을 주지 않은 수많은 합당한 이유가 존재하고 어떤 것이 애매한 것인지를 판단할 권한을 주지 않는 무수한 정당한 이유가 존재한다고 주장하다.[93] Scalia대법관은 Auer원칙을 보충하기 위해서 행정절차법을 재개정하는 것도 아니라 Auer원칙을 포기하고 행정절차법이 규정한 바와 같이 행정절차법을 적용함으로써 행정청이 자신의 행정입법을 해석하는 경우에 행정절차법이 당초 의도한 균형점을 회복하고자 한다고 하였다.[94] 즉

92) United States v. Mead Corp., 533 U.S. 218, 243, 121 S.Ct. 2164, 150 L.Ed.2d 292 (2001)

93) 참조 Decker v. Northwest Environmental Defense Center, 568 U.S. ──, ── - ──, 133 S.Ct. 1326, 1339-1342, 185 L.Ed.2d 447 (2013)

94) 김성배, 최근(2012/2013) 미국 행정판례의 동향 및 분석 연구, 행정판례연구 18집 제2호, 2013, 346-347면 참조 "Auer존중의 공식은 행정청의 자체행정입법에 대한 해석이 "명백히 잘못되었거나 당해 행정입법과 모순되는 것이 아니라면("plainly erroneous or inconsistent with the regulation.")" 행정청의 해석을 유효한 것으로 법원은 적용한다는 것이다. 물론 행정청의 행정입법해석이 가장 적절한 해석(the

Scalia대법관은 행정청은 자신의 행정입법을 입법예고절차나 의견제출절차를 거칠 수도 있고 생략할 수도 있지만, 법원은 행정청에 어떠한 존중도 주지 않은 체, 그 해석이 옳은지를 판단해야 할 것이라고 주장하였다.[95]

6) 시사점

우리와 달리 행정절차를 통해서 행정청을 통제하려는 절차적 정당성이 강조되는 미국에서는 행정절차법은 팽창하는 행정절차를 통한 통제의 상한선을 마련하였다는 사실은 무척이나 낯선 주장이다. 하지만, 행정절차를 통한 행정청의 통제는 적정선을 유지해야 한다는 것과 법률규정과 배치되어서는 안된다는 원칙은 미국과 우리나라에 동일하게 적용될 것이다. 즉, 행정절차를 통한 통제는 행정문화와 행정절차법의 준수정도에 맞추어 사법해석이 달라질 수 있을 것이다. 우리의 경우에는 행정절차를 통한 행정작용의 통제가 미국의 수준에 이르지 못 하였으므로 보다 엄격하게 행정절차를 요구하고 분쟁이 된 사례에서 행정절차위반을 이유로 행정작용의 위법성을 적극적으로 인정할 필요가 있다.

본 사건에서 대법원에서는 본격적으로 다루어지지는 않았지만, 법규명령(legislative rule)과 행정규칙(None-legislative rule)의 관계는 미국 행정법학계의 난재중의 하나이며, 확고한 구별기준과 판단기준을 대법원은 아직까지 제시하고 있지는 않고 있다. 본 사건에서는 원고가 해석규칙에 대해서 법규명령이라고 주장하지 않았기 때문에 법규성심사를 하지 않았지만, 오히려 원고가 쟁점이 된 해석규칙은 사실상 법규성을 지니고 있어서 법규명령이라고 주장하고, 법규명령의 경우에는 입법예

---

fairest reading)과 다른 경우는 당해 행정입법과 모순되는 해석이라고 Scalia 대법관은 보았다." Scalia대법관은 계속해서 행정입법의 당해 행정기관의 해석에 대해서는 사법부는 존중해서는 안 된다는 견해를 밝히고 있다.

95) Perez v. Mortgage Bankers Ass'n, 135 S. Ct. 1199, 1213, 191 L. Ed. 2d 186 (2015)

고절차와 의견수렴절차를 거쳐야 했는데, 이를 거치지 않은 노동부의 행정입법변경은 위법하다고 주장했다면 다른 결론이 나올 수도 있었던 사건이다.96)

본 사건은 미국 행정법학에서 가장 많이 인용되고 가장 중요한 판례인 Chevron존중원칙의 축소적용의 시도로 볼 수 있는 판결이다. 별개의견에서 Scalia대법관은 Chevron존중과 행정절차법을 조화하는 판결이 행정청의 권한을 과도하게 확장시키고 사법심사의 정도를 축소시킬 수도 있다는 점을 암시하고 있으며, 이런 우려들은 입법자가 제정한 형식적 법률에 대한 행정청의 행정입법을 통한 해석과 행정청 자신이 제정한 법규명령의 모호한 규정을 제정주체인 행정청이 해석하는 경우를 분리하고자 하고 있다. 즉, Scalia대법관의 경우 Auer존중의 경우에는 대법원이 명시적으로 본 원칙을 폐지하여야 한다고 기회가 있을 때마다 주장하고 있다.

Scalia대법관의 입장은 행정청의 권한확장을 경계해야 하지만, 사법부의 지나친 권한확장도 경계해야 한다는 기본입장을 표명하고 있으며, 또한 사법부는 정치적 이해관계와 관계없이 법이론과 선례를 적절히 활용하여 예측가능성을 보장해야 한다는 입장을 보여주고 있다.

본 사건은 KING사건(오바마케어)과 달리 다수의견도 행정청을 통제해야할 필요성이 존재하여 행정절차를 강조해야 할 경우라도 법원은 입법자가 아니므로 행정절차법규정에 충실해야 한다는 입장을 보인 사건이다. 다수견해와 별개의견 모두, 행정청의 비법규적 행정규칙을 통한 국민의 권리제한과 의무부과의 문제점을 인식하고 있었지만, 그런 현상

---

96) 다수의견은 마지막에 "동 협회는 2010년 노동부의 해석이 법규명령으로 분류되어야 한다는 주장을 하지 않았다. 그래서 대법원은 처음부터 본 소송은 노동부의 해석이 해석규칙이라는 전제에서 출발하고 있다는 점을 지적하였다. 연방 지방법원도 연방고등법원도 이런 쟁점을 다루지 않았으며, 동 협회는 대법원의 심리가 시작할 때 이런 쟁점을 제기하지도 않았다"는 점을 지적하고 있는 것으로 추론할 수 있다.

에 대한 기본적인 대응은 의회가 담당해야 한다는 생각을 가지고 있었으며, 비법규적 행정규칙으로의 도피현상은 행정청에 대한 사법부의 과도한 존중이 결합하여서 발생하는 문제라는 점도 인식하고 있다.

법규명령과 행정규칙의 본래적 구분이 흐트러지고 변형적 행정규칙이 등장하게 되어서 실질은 행정규칙에 의한 행정권의 발동이 만연하고 있는 우리나라에서는 행정청의 행정입법절차의 통제필요성이 더 클 것이다. 그런데 우리의 경우에는 각종 고시나 공문서와 지침서의 경우에는 공적 통제범위의 사각지대에 놓여 있는 경우가 존재하는데, 변형적 행정규칙에 대한 사법심사가 행정규칙형식으로 이루어진 규제에 법규적 효력을 인정하려는 목적이 아니라 궁극적으로는 국민의 권리를 보장하는 방향에서 진행되어야 할 것이며, 근본적인 해결방안은 사법부가 아니라 입법부에서 이루어져야 할 것이다.

3. MICHIGAN v. EPA[97)]

1) 사건의 배경과 쟁점법률

미시간주등 주정부(23개의 주정부), 산업계, 노동계, 그리고 환경단체들은 연방 환경청(EPA)이 발전소에서 배출하는 유해대기물질에 대한 규제기준을 최종결정한 행정입법에 대해 사법심사를 청구한 사건이다.

청정대기법(the Clean Air Act)은 정제소나 공장등과 일정한 고정오염원으로 발생되는 유해 대기오염물질을 규제할 권한을 EPA에게 부여하였고[98)] EPA는 위 규정에 따라 발전소의 대기오염물질배출을 규제할 수 있다. 그런데 이런 규제는 동법 § 7412(n)(1)(A)[99)]에 따라 발전소의

97) Michigan v. E.P.A., 135 S. Ct. 2699, 192 L. Ed. 2d 674 (2015)

98) 42 U.S.C. § 7412

99) (n) Other provisions (1) Electric utility steam generating units (A) The Administrator shall perform a study of the hazards to public health reasonably anticipated to occur as a result of emissions by electric utility steam generating units of pollutants listed under subsection (b) of this section after imposition of the requirements of

대기오염배출로 인하여 공중보건과 시민의 건강에 악영향을 미치는지 조사한 후 그런 규제가 적절하고 필요하다고("regulation is appropriate and necessary") 판단되는 경우에만 대기오염물질배출을 규제할 수 있다. 그런데 EPA는 발전소의 대기오염물질배출이 공중건강과 환경에 위해를 가하고 있으며 발전소의 대기오염물질저감은 가능하기 때문에서 발전소에 대한 대기오염물질규제는 적절("appropriate")하다고 결론을 내렸다. 청정대기법상의 다른 규정상의 규제를 적용한다고 해도 지금의 위해(risks)를 제거할 수 없기 때문에 EPA는 발전소에 대한 대기오염물질배출규제는 필요한 것("necessary")으로 결론 내렸다. EPA는 발전소규제결정을 내리면서 규제비용을 고려해 달라는 요구를 수용하지 않았다. 그런데 EPA는 발전소규제비용은 연간 96억 달러에 이를 것으로 추산하였지만 본 규제를 통해서 유해대기물질의 저감으로 얻는 효용은 연간 4백만 달러내지 6백만 달러로 추산하였다.

> … The Administrator shall regulate electric utility steam generating units under this section, <u>if the Administrator finds such regulation is appropriate and necessary after considering the results of the study required by this subparagraph.</u>

2) 사건의 경과

DC 연방고등법원은 규제비용을 고려해 달라는 원고들의 청구를 받

---

this chapter. The Administrator shall report the results of this study to the Congress within 3 years after November 15, 1990. The Administrator shall develop and describe in the Administrator's report to Congress alternative control strategies for emissions which may warrant regulation under this section. The Administrator shall regulate electric utility steam generating units under this section, <u>if the Administrator finds such regulation is appropriate and necessary after considering the results of the study required by this subparagraph</u>>

아들이지 않은 EPA의 결정은 정당하다고 사건을 기각[100]하였고 원고들이 대법원에 상고하였고 연방대법원이 상고를 받아들였다.

3) 판결의 주문 (5대4 판결)

Scalia대법관이 판결문을 작성하였는데, 판결은 EPA는 발전소를 규제하기로 결정할 당시에 유해대기오염물질규제결정은 비용과는 상관없다는 불합리적인(unreasonably) 판단을 하였다고 보았다.

4) 판결의 이유

(1) 다수의견

다수의견은 Scalia대법관이 작성하였고 Roberts대법원장, Kennedy대법관, Thomas대법관, Alito대법관이 동조를 하였으며, Kagan대법관은 반대의견을 작성하였고 반대의견에는 Ginsburg대법관, Breyer대법관과 Sotomayor대법관이 동조하였다.

가. 동 사건에서 다수의견은 Motor Vehicle Mfrs. Assn. of United States, Inc. v. State Farm Mut. Automobile Ins. Co.사건[101]을 인용하면서 행정청의 행정작용(agency action)이 관련된 요소들을 고려하지 않고 내려진 행정작용이라면 그 행정작용은 위법한 행정작용이 된다고 설시하였다. 비록 행정청의 소관법률의 조문이 불명확한 경우에는 행정청의 합리적 해석·해결방안을 법원이 수용할 것을 요구하는 Chevron존중[102]의 원칙이 적용된다고 하더라도 EPA가 발전소의 대기오염물질배출을 규제하는 것이 적절한 규제권한 행사인지를 판단함에 있어서 규제

100) 748 F.3d 1222

101) 463 U.S. 29, 43, 103 S.Ct. 2856, 77 L.Ed.2d 443.

102) Chevron U.S.A. Inc. v. Natural Resources Defense Council, Inc., 467 U.S. 837, 104 S.Ct. 2778, 81 L.Ed.2d 694.

비용은 관련요소가 아니라고 판단한 것은 합리적 해석의 범위를 넘은 것이라고 다수의견은 판단하였다.[103)]

나. 적절하고 필요한("Appropriate and necessary")은 폭넓은 개념(a capacious phrase)이라고 다수의견은 판단하였다. 청정대기법의 제정된 배경과 관련 행정법규가 설립된 절차를 고려해서 자연스럽게 "적절하고 필요한"이란 문구를 해석하면 "적절하고 필요한"이란 문구는 비용고려도 포함하는 용어라고 대법원은 판단하였다. 즉, 대법원은 가사 적절함을 따지지 않더라도 어떤 정책을 집행함에 있어서 규제비용이 수억 달러에 이르지만 대중의 건강과 환경에 발생하는 이득은 겨우 몇 달러에 진하지 않는 경우가 합리적이라고 할 수 없다고 판단한 것이다. 또한 대법원은 청정대기법의 쟁점된 조문을 문맥에 따라 해석하게 되면 이런 결론과 같은 해석에 이르게 된다고 보았다. Section 7412(n)(1)은 EPA에게 규제비용우려를 반영한 조사 등 3가지 부분의 조사를 수행하도록 하고 있으며[104)] 본 사건에서 EPA도 쟁정이 된 "적절하고 필요한"이란 문구를 3가지 연구조사를 바탕으로 해석해야 한다는 점에는 동의한 것을 대법원은 지적하고 있다.[105)]

다. 대법원은 다른 조문에는 명시적으로 비용고려를 언급하지만 본 조문은 비용을 언급하지 않았다는 EPA의 반박증거와 주장은 설득력이 약하다고 판단하였다. 청정대기법의 다른 조문에서 명시적으로 비용을 언급한 조문들은 쟁점이 된 본 조문이 비용고려를 하지 않아도 된다는 것이 아니라, § 7412(n)(1)(A)상의 적절함이라 용어는 폭넓은 개념이고 다양한 관련 요소들의 고려를 포함하는 것이며 관련 요소들중에는 규제

103) 135 S. Ct. 2699, 2706 - 2707.
104) § 7412(n)(1)(B)
105) 135 S. Ct. 2699, 2707-2708.

비용고려도 포함된다고 다수의견은 판단하였다. 다수의견은 청정대기법이 명시적으로 EPA에게 비용을 포함하지 않고 재량적 요소에 기초하여 규제할 권한을 부여한 경우, 묵시적으로 비용고려를 허용하는 것으로 해석해서는 안 된다고 한 Whitman v. American Trucking Assns., Inc. 판결[106]과 본 사건을 구별하면서 American Trucking Assns.판결의 원칙은 본 사건과는 관련이 없다고 하였다. 더구나, EPA는 규제권한발동시가 아니라 실제 발전소의 대기오염배출규제를 실제로 얼마나 할지 결정하는 단계에서 비용고려를 할 수 있다고 주장하였지만, 나중에 발전소의 대기오염물질배출을 얼마나 규제할 것인지 판단하는 단계에서 규제비용을 고려할 가능성이 존재한다는 것과 지금 규제비용검토를 했는지 여부와는 무관한 것으로 다수의견은 판단하였다. 다수견해는 청정대기법은 발전소이외의 고정오염원에 대한 규제결정을 할 때는 비용은 고려요소가 아니라고 규정했지만, 발전소에 대해서는 별도의 규정이 존재한다는 점은 발전소는 다른 고정오염원과 달리 취급하는 의도를 가지고 있다는 점도 지적하였다.[107]

라. 결론적으로 다수의견은 EPA가 발전소에 대한 대기오염물질규제를 결정하면서 그 규제가 적정하고 필요한지 결정하기 전에 규제비용을 포함하여 비용을 고려해야 했다고 판단하였다. 하지만, 다수견해도 합리적인 해석범위에 있는 한, 비용검토와 이에 대한 판단은 EPA가 하는 것이라고 하였다.[108] 즉 다수견해도 EPA가 규제비용을 검토하였음에도 불구하고 발전소의 대기오염물질배출을 규제하기로 결정한다면 그것이 합리적 범위 내라면 존중하겠다는 태도를 밝힌 것이다.

106) 121 S.Ct. 903, 149 L.Ed.2d 1
107) 135 S. Ct. 2699, 2708-2710.
108) 135 S. Ct. 2699, 2710-2711.

(2) 소수의견

Kagan대법관은 반대의견을 작성하였고 반대의견에는 Ginsburg대법관, Breyer대법관과 Sotomayor대법관이 동조하였다.

소수의견은 다수의견과 달리 EPA는 신중하게 비용 등을 고려하여 석유발전소가 대기규제절차를 따를 수 있도록 배출한도를 정했다고 판단하였다. 처음에, EPA는 발전소의 유해물질 대기배출기준을 정할 때 발전소들이 발생시키는 해로움을 기반으로 규제가 "적절하고 필요"하다는 결정을 내렸고 향후 발전소 배출한도를 결정할 때 규제비용을 고려한 적절한 배출기준을 마련할 것이라고 설명한 점을 소수의견은 지적하고 있다. 또한 EPA는 기술과 다른 구조등 원가구조에 상당한 영향을 미치는 특징을 기반으로 발전소를 몇몇 그룹으로 나누었으며 각 그룹별로 개별그룹내에서 가장 잘 운영되는 발전소에 의해 달성된 배출기준이 다른 발전소에 의해서도 달성될 수 있도록 할 계획이란 점도 소수의견은 지적하고 있다. 즉, 소수의견은 이미 EPA가 규제결정을 함에 있어서 규제비용을 철저하게 고려하고 있다고 판단한 것이다.

소수의견을 작성한 Kagan대법관도 EPA가 비용을 고려할 의향이 전혀 없었다면 발전소의 유해대기오염물질배출규제는 비합리적이라는 것에는 동의한다고 하였다. 하지만, Kagan대법관은 주어진 사실관계에서 보면, EPA는 충분히 규제비용을 고려해서 발전소의 대기오염물질배출규제를 결정한 것이라고 판단한 것이다.

Kagan대법관은 행정청이 소관법률에 규정된 “적절한(appropriate)” 등 불확정개념에 기초하여 이를 해석하거나 확정하는 행정입법을 마련할 수 있음에도 불구하고 다수의견은 본 판결에서는 EPA는 동일한 작용을 할 수 없다고 결정하는 것이므로 헌법제정자인 의회가 법원과 행정부사이의 권력분배한 것과 상충된다고 판단하고 있다. 또한 Kagan대법관은 EPA는 규제결정과정의 특정 단계에서 규제비용을 분석하는 것이 적절하지 않다고 판단하였고 만약 규제비용을 모든 규제정책결정과정에서 고려해야 한다면 비용염려에 함몰될 것이라는 점도 지적하였다.

Kagan대법관도 다수의견이 제시하듯이 청정대기법은 1990년 개정되면서 수은등의 배출규제권한과 발전소규제권한이 다른 조문에 근거한 것을 인정하고 있다.[109] Kagan대법관은 1990년의 이런 개정은 산성비의 원인이 되는 발전소의 대기오염물질배출 등에 대해서 의회가 이전의 대기오염물질과 분리하여 규제제도를 마련한 것이라고 판단하였다. 그래서 동법에서의회는 EPA에 "공공보건에 합리적으로 기대되는 위험에 대한 연구를 수행"하도록 의무를 부과하였고 그 연구를 통해서 EPA는 발전소의 대기오염물빌배출이 산성비의 원인중 하나가 된다는 사실을 발견한 점도 지적하고였다.[110] 이에 따라 EPA는 다른 모든 고정오염원에 하는 것과 같이 발전소를 규제하기로 결정한 것이라고 Kagan대법관은 판단하였다. 발전소에 대한 대기오염물질을 규제함에 있어서 EPA는 다른 규제의 예와 마찬가지로 ① 발전소들을 카테고리 별로 나누고 각각의 다른 그룹들을 위한 최저기준을 설정하고 ② 최저기준을 넘어선 규제를 할 것인지 여부를 결정하고 ③ 행정명령에 의해 요구된 비용이익분석을 실시함으로써 발전소를 규제한다고 판단하였다. 그리고 Kagan대법관은 1998년 의회에 제출된 발전소의 대기오염물질연구는 수은에 초점을 맞추고 있었는데 수인이 아이들과 임신부에게 상당한 이상현상을 발현시킨다는 점을 보고했다는 점을 지적하고 있다. 이런 여러가지 연구들을 통해서 EPA는 2000년에 발전소의 수은배출과 다른 대기오염물질 배출을 규제하는 것이 "적절하고 필요하다"고 판단한 것이라고 Kagan대법관은 판단하고 있다.

Kagan대법관도 단순히 이런 연구만을 바탕으로 EPA가 규제를 결정했다면 규제비용을 고려하지 않았다는 다수의견에 동조했을 수도 있

109) § 7412(n)(1)(A)

110) 135 S. Ct. 2699, 2714-2717.

다고 하였지만, Industrial Union Dept., AFL-CIO v. American Petroleum Institute사건[111])을 인용하면서, 비용은 거의 모든 것과 관련이 되고 규제정책수립시의 아주 중요한 판단요인 중에 하나이며 만일 의회가 비용을 고려하지 않도록 법률을 제정하지 않았다면, EPA가 경제적 요소를 정책결정과정에서 고려하지 않았다면 불합리한 기준설정을 한 것이라고 Kagan대법관도 설시하면서, EPA 모든 행정작용에 이전에 정식의 비용편익 분석(formal cost-benefit analysis)을 해야 하는 것은 아니라는 점도 지적하였다. 그런데, 증거에서 보듯이 배출한계에 대한 결정은 여전히 몇 년이 걸리고 배출한계결정을 하면서 EPA는비용에 대한 고려를 명시적으로 포함하고 있는 점을 Kagan대법관은 지적하고 있다. EPA가 행정입법을 통하여 구체적인 배출기준을 마련할 때 규제비용이 적게 발생하는 해결책을 채택하는 방식이라고 설명한 점을 들어서, EPA가 발전소에 대한 대기오염물질배출규제결정을 할 당시에 비용고려를 전혀 하지 않은 것이 아니라고 Kagan대법관은 판단하였다.

5) 시사점

본 사건은 표면적으로 보면, EPA가 패소한 사건으로 분류할 수 있지만 종국에는 EPA가 당초 의도한 바와 같이 발전소에 대한 대기오염배출물규제를 성공적으로 할 수 있다는 결론이 도출되는 사건이다. 즉, 다수의견의 마지막 부분에 EPA가 규제비용을 고려하면 그 고려가 적정했는지에 대해서는 사법부가 존중할 것이라는 힌트를 남겼기 때문이다.[112])

결국, 본 사건에서 EPA의 당초 대기오염물질규제결정이 규제비용 검토를 하지 않아서 위법하다고 했지만, 본 판결이후에 EPA는 동일한

111) 448 U.S. 607, 670, 100 S.Ct. 2844, 65 L.Ed.2d 1010 (1980)

112) "EPA가 규제비용을 검토하였음에도 불구하고 발전소의 대기오염물질배출을 규제하기로 결정한다면 그 것이 합리적 범위 내라면 존중하겠다."

기준으로 비용고려절차를 거친 후, 동일한 규제결정을 내린다면 이는 합법적이라는 것이 대법원의 판단이다. 시각에 따라서는 무용한 판결이라고 볼 수도 있지만, 절차의 중요성이 강조되어 온 미국사회에서는 당연한 판결이라고 볼 수도 있다.

절차위반의 경우에는 다시 절차를 거치면 동일한 결론에 이르게 되는 경우에는 절차위반을 이유로 실체적 효력을 부인하는 것은 소송경제상 합리적이지 않다는 주장이 존재하지만, 절차를 통한 행정의 통제가 필요한 우리의 경우에는 시사하는 바가 많은 사건이다.

또한 미국에서는 기존의 환경관련판례에서 적지 않은 경우에 환경문제에 대해서는 비용이 전혀 문제되지 않는 경우가 있다고 한 판례와는 구별되어야 할 것이다. 예를 들면, 발암물질규제에 대해서는 천문학적 대체 비용이 들더라도 EPA는 규제권한을 발동해야 한다는 것이다.

본 사건에서 쟁점이 된 "적절하고 필요한" 경우라면, 우리 법제의 해석상 불확정개념에 해당하는 경우인데 통상은 대법원이 Chevron존중을 적용하여 EPA의 해석을 존중하였을 수도 있지만 오히려 대법원은 "적절한"의 의미를 EPA의 해석과 달리 규제비용이 포함되는 것으로 판단한 것은 미국에서도 법률규정에 대한 행정청의 해석에 대해서 Chevron존중을 적용하지 않는 경우도 종종 있다는 것을 보여준다.

본 사건에서는 EPA는 실제로는 규제비용을 검토했지만 발전소의 대기오염물질배출결정을 할 때는 규제비용을 고려할 필요가 없어서 규제비용이 배출규제결정의 고려요소가 아니라고 주장하였지만, 다수의견과 소수의견 모두 "비용"은 모든 경우에 관련되는 요소가 된다는 점을 밝히고 있다.

환경보호와 산업계의 성장의 균형을 찾아야 하는 현대 사회에서 무조건적인 환경보호를 주장하는 환경론자도 존재하지만, 결국 환경보호와 경제성장은 조화를 이루어야 하고 조화점을 찾는 한 요소로서 규제비용을 고려해야 할 것이 시사점이다. 또한 본 사건은 규제비용을 고려해야 한다는 절차적 통제를 대법원이 엄격히 수행하였지만, 비용검토라는 절차를 반영하였다면 그 비용검토결과가 합리적이라면 대법원은 절차를 거친 행정청의 판단을 존중하겠다는 균형적인 판결이라는 점에서 시사점을 찾을 수 있을 것이다.

IV. 마무리

2014년에서 2015년 연방대법원의 회기동안 미국연방대법원은 74건의 사건을 처리하여 예년과 유사한 사건처리수를 나타내었다. 그중 19건이 별개의견도 없는 만장일치판결이었으나 5대4사건도 18건이나 존재하였다. 동 회기동안 연방대법원은 낙태와 임신중절에서 용도구역지정(zoning) 및 도시계획(planning)에 이르는 다양한 사회적 이슈에 관한 판결을 하였다. 미국의 정치권을 뜨겁게 다루었던 소위 오바마케어로 불리던 법률에 관한 최종적 대법원판결이 나왔다. King v. Burwell사건은 환자보호및적정의료비법(the Patient Protection and Affordable Care Act: ACA 이하 적정의료비법)과 관련한 사건으로서 주정부가 주민을 위한 온라인 보험구매사이트를 개설하지 않은 경우 연방정부가 개설한 온라인 보험구매사이트에서 보험을 구매한 주민에게 연방정부의 보조금지급이 유효한지가 다루어진 사건이다. Michigan v. E.P.A.[113]판결이 있었다. 본 판결에서 대법원은 발전산업에서 배출하는 유해한 대기오염물질을 규제할 것인지를 결정하는 과정에 미국 환경청(EPA)이 규제비용과 효과를 분석하는 규제영향평가를 부실하게 했다고 판단하였다. Perez v. Mortgage Bankers Ass'n사건에서 대법원은 고등법원의 Paralyzed Veterans원칙은 연방 행정절차법의 명시적인 법조문과 문맥에 반하고

113) 2015 WL 2473453 (U.S. 2015)

행정절차법이 요구하는 최대한의 절차를 넘어서는 절차적 부담을 부당하게 행정청에게 부가하는 판결로 보았다. 올해의 연방대법원의 행정판례는 입법권, 행정권 그리고 사법권의 견제와 균형을 찾아가는 과정들을 나타내는 판례들이다. 입법권이 비대해지거나 행정권이 비대해지는 것에 대한 경계뿐만 아니라 사법권의 비대로 인한 사법부에 의한 법률창조를 경계하려는 입장은 우리에게도 시사하는 바가 크며, 행정청을 통제하는 방법으로 절차적 통제를 강요하거나 약화하는 등 사안에 따라서 절차적 통제의 중요성을 적절히 활용하는 미국식 행정법학의 움직임도 우리가 눈여겨보아야 할 점이다.

참고문헌

김성배, 최근(2012/2013) 미국 행정판례의 동향 및 분석 연구, 행정판례연구 제18권 2호, 행정판례연구회, 2013.

김성배, 최근(2013-2014) 미국 행정판례의 동향 및 분석 연구, 행정판례연구 제19권 2호, 2014.

정하명, 미국 행정법상 행정부의 법률해석에 관한 사법심사의 범위, 공법학연구 제8권 2호, 한국비교공법학회, 2007.

황의관, 미국사법부의 행정청 법률해석에 대한 사법적 존중에 관한 연구, 미국헌법연구 제24집 제1호, 2013.

허성욱, 행정재량에 대한 사법심사기준에 관한 소고, 공법연구, 제141집 제3호, 2013.

대상판례

B &B Hardware, Inc. v. Hargis Industries, Inc., 135 S. Ct. 1293 (2015)

Torres v. Lynch, 2015 WL 2473479 (U.S. 2015)

Department of Homeland Sec. v. MacLean, 135 S. Ct. 913 (2015)

Harris v. Arizona Independent Redistricting Com'n, 2015 WL 2473529 (U.S. 2015)

Horne v. Department of Agriculture, 2015 WL 2473384 (U.S. 2015)

Gobeille v. Liberty Mut. Ins. Co., 2015 WL 2473478 (U.S. 2015)

Kansas v. Nebraska 135 S. Ct. 1042 (2015)

Kagan v. City of New Orleans, La., 753 F.3d 560 (5th Cir. 2014)

King v. Burwell, 135 S.Ct. 2480, 2015 WL 2473448 (U.S. 2015)

Michigan v. E.P.A., 135 S. Ct. 2699, 192 L. Ed. 2d 674 (2015)

North Carolina State Bd. of Dental Examiners v. F.T.C., 35 S. Ct. 1101 (2015)

Perez v. Mortgage Bankers Ass'n, 135 S. Ct. 1199 (2015)

Reed v. Town of Gilbert, Ariz., 135 S. Ct. 2218 (2015)

Walker v. Texas Div., Sons of Confederate Veterans, Inc. 135 S. Ct. 2239 (2015)

Zubik v. Burwell, 2015 WL 3947586 (U.S. 2015)

국문초록

2014년에서 2015년 연방대법원의 회기동안 미국연방대법원은 74건의 사건을 처리하여 예년과 유사한 사건처리수를 나타내었다. 그중 19건이 별개의견도 없는 만장일치판결이었으나 5대4사건도 18건이나 존재하였다. 동 회기동안 연방대법원은 낙태와 임신중절에서 용도구역지정(zoning) 및 도시계획(planning)에 이르는 다양한 사회적 이슈에 관한 판결을 하였다. 미국의 정치권을 뜨겁게 다루었던 소위 오바바케어로 불리던 법률에 관한 최종적 대법원판결이 나왔다. King v. Burwell사건은 환자보호및적정의료비법(the Patient Protection and Affordable Care Act: ACA 이하 적정의료비법)과 관련한 사건으로서 주정부가 주민을 위한 온라인 보험구매사이트를 개설하지 않은 경우 연방정부가 개설한 온라인 보험구매사이트에서 보험을 구매한 주민에게 연방정부의 보조금지급이 유효한지가 다루어진 사건이다. Michigan v. E.P.A.[114]판결이 있었다. 본 판결에서 대법원은 발전산업에서 배출하는 유해한 대기오염물질을 규제할 것인지를 결정하는 과정에 미국환경청(EPA)이 규제비용과 효과를 분석하는 규제영향평가를 부실하게 했다고 판단하였다. Perez v. Mortgage Bankers Ass'n사건에서 대법원은 고등법원의 Paralyzed Veterans원칙은 연방 행정절차법의 명시적인 법조문과 문맥에 반하고 행정절차법이 요구하는 최대한의 절차를 넘어서는 절차적 부담을 부당하게 행정청에게 부가하는 판결로 보았다. 올해의 연방대법원의 행정판례는 입법권, 행정권 그리고 사법권의 견제와 균형을 찾아가는 과정들을 나타내는 판례들이다. 입법권이 비대해지거나 행정권이 비대해지는 것에 대한 경계뿐만 아니라 사법권의 비대로 인한 사법부에 의한 법률창조를 경계하려는 입장은 우리에게도 시사하는 바가 크며, 행정청을 통제하는 방법으로 절차적 통제를 강요하거나 약화하는 등 사안에 따라서 절차적 통제

114) 2015 WL 2473453 (U.S. 2015)

의 중요성을 적절히 활용하는 미국식 행정법학의 움직임도 우리가 눈여겨 보아야 할 점이다.

주제어: 연방 대법원, Chevron존중, 미국 행정판례,
King v. Burwell사건, Perez v. Mortgage Bankers Ass'n사건,
Michigan v. E.P.A.사건, 오바마케어

Abstract

Analyses of Important Administrative Cases in 2014 Term of the U.S. Supreme Court

Kim, Sung-Bae*

The United States Supreme Court, in its 2014 to 2015 term, addressed many diverse issues, ranging from abortion and birth control to zoning and planning. Decisions of note included the holdings in King v. Burwell, that the Patient Protection and Affordable Care Act (ACA) authorized federal subsidies for health insurance purchased on exchanges established by the federal government for States that have not established their own exchanges. The Court deemed the question too important to apply Chevron deference. But the Court did not explain in any detail why not. The case thus sets new precedent for the Court to rigorously review agency rulemaking in certain policy areas, without specifically delineating those areas. In the long run, this could represent a shift of power away from the executive and in favor of the courts on agency action. In Perez v. Mortgage Bankers Ass'n, National trade association for real estate finance industry brought action against Department of Labor (DOL), seeking declaratory and injunctive relief on its claim that Deputy Administrator violated Administrative Procedure Act's notice-and-comment requirement by issuing an Administrator's Interpretation withdrawing a prior opinion letter that

* Kookmin University College of Law Professor of Law

concluded that mortgage–loan officers fell within administrative exemption from Fair Labor Standards Act's overtime and minimum wage requirements. Michigan v. E.P.A., holding that the Environmental Protection Agency unreasonably refused to consider costs in determining whether it is "appropriate and necessary" to regulate hazardous air pollutants emitted by electric utilities. Although the holding in Michigan v. EPA quite clearly goes against the Agency, the broader significance of the case is probably very limited. The case likely only represents a temporary diversion for the Agency in arriving at exactly the same decision. This article notes the issues that were addressed by the United States Supreme Court in its 2014 to 2015 term.

Keywords: Supreme Court, Chevron, Administrative Case, King v. Burwell, Perez v. Mortgage Bankers Ass'n, Michigan v. E.P.A., Obama Care

투고일: 2015. 11. 25.
심사일: 2015. 12. 15.
게재확정일: 2015. 12. 17.

日本의 最近(2014) 行政判例의 動向 및 分析

咸仁善*

Ⅰ. 일본의 최근 행정판례의 동향

1. 사법통계

현재까지 공식 집계된 일본 사법통계에 의하면, 2014년도에는 최고재판소의 경우 신수(新受)건수 1,172건, 처리(旣濟)건수 1,208건, 미제건수 441건이며, 고등재판소는 신수건수 4,537건, 처리건수 4,157건, 미제건수 1,588건이고, 지방재판소는 신수건수 4,498건, 처리건수 4,528건, 미제건수 3,274건이었다. 이들 각급 재판소의 신수건수의 추이는 아래

* 전남대학교 법학전문대학원 교수

표와 같지만, 전년도와 비교할 때, 최고재판소의 경우에는 약간 감소하였지만, 고등재판소의 경우에는 다소 증가하였으며, 지방재판소는 약간 감소하였음을 알 수 있다.

일본 재판소의 최근 10년간(2005-2014) 행정사건 신수(新受) 건수의 추이[1)]

	최고재판소	고등재판소	지방재판소
2014	1,172	4,537	4,498
2013	1,263	4,072	4,524
2012	1,021	3,706	4,783
2011	1,031	3,384	4,382
2010	1,112	3,390	4,173
2009	991	3,334	3,821
2008	1,018	3,222	4,056
2007	932	3,033	4,112
2006	908	3,015	3,927
2005	983	3,436	3,473

2. 일본 행정판례의 동향 개관

우선 2014년 한 해 동안 나온 일본 행정판례 가운데 하급심판결을 포함하여 중요하다고 생각되는 것을 중심으로 하여 일별하도록 한다.[2)]

첫째로, 행정작용과 관련하여, 일본 아츠기기지(厚木基地)의 주변주민들이 동 기지에서 이·착륙하는 항공기가 내는 소음에 의해 신체적·정신적 피해를 받았다고 주장하여 동 기지에서의 항공기의 운항의 금지

1) http://www.courts.go.jp/app/files/toukei/890/007890.pdf(2015.12.14. 방문)

2) 이하는 2014判例回顧と展望 (行政法), 法律時報 87巻 6号(2015.5), 30－50쪽 ; 平成26年度 重要判例解説, ジュリスト1479호(2015.4), 32－60쪽을 주로 참조하였다.

를 청구한 사안에서, 자위대기의 운항에 관한 방위대신의 권한의 행사(자위대기에 대한 기지 離 · 發着命令)를 '공권력의 행사'로서 처분이라고 파악하면서도, 사실행위로서의 자위대기의 운항이 매일 이루어지고 있기 때문에 발생하는 소음에 의한 피해의 구제를 구하는 원고의 금지소송을 일부 인용한 하급심판결[3)]이 있다. 그리고, 외국인의 생활보호와 관련하여, 외국인은 행정청의 통달(행정규칙)에 근거하는 행정조치에 의해 사실상의 보호의 대상으로 될 수 있음에 그치고, 생활보호법에 근거하는 보호의 대상으로 되는 것은 아니며, 동법에 근거하는 수급권을 가지지 않는다고 한 최고재판소 판결[4)]이 있다. 또한, 택시사업을 운영하는 피항소인(원고)이 항소인(피고, 국가)에 대해, 중부운수국장이 한 일반승용여객자동차운송사업에서의 지정지역과 승무거리의 최고한도를 정한 공시의 취소 등을 청구한 사안에서, 지방운수국장이 한 당해 교통권내에 영업소를 가지는 택시사업자는 그 영업소에 속하는 운전수를 승무거리의 최고한도로 정한 거리를 넘어서 승무시켜서는 안 된다는 취지를 정한 공시는 당해 교통권내에서 영업소를 가지는 불특정다수의 택시사업자에게 적용되는 것이며, 입법행위로서의 성질을 가지는 것이기 때문에 항고소송의 대상으로 되는 행정처분에는 해당하지 않는다고 판단한 하급심판결[5)]이 있다.

한편, 행정지도와 관련하여, 생활보호법에 근거한 보호를 받고 있던 원고(상고인)가 처분청으로부터 동법에 근거한 지도 또는 지시에 따르지 않았다고 하여, 보호의 폐지결정을 받았던바, 이러한 위법한 처분으로 손해를 입었다고 하여 국가배상청구를 한 사안에서, 항소심이 본건 폐지결정은 위법하지 않다고 하여 원고의 청구를 기각한 데 대하여, 최고재판소[6)]는 동법에 근거한 지도 또는 지시의 내용이 객관적으로 실

3) 横浜地判 平成26.5.21., LEX/DB25446437.

4) 最判 平成26.7.18., 判例地方自治 386호, 78쪽. 주요 행정판례의 [판례 1] 참조.

5) 名古屋高判 平成26.5.30, 判例時報 2241호, 24쪽.

6) 最判 平成26.10.23., 判例地方自治 389호, 51쪽.

현불가능 또는 현저하게 실현곤란한 경우에는 당해 지도 또는 지시에 따르지 않았음을 이유로 이루어진 본건 폐지결정은 위법하게 된다고 하여 파기환송한 사례가 있다.

둘째로, 행정절차 및 정보공개와 관련하여, 최고재판소[7]는 도망범죄인인도법에 근거한 도망범죄인의 인도명령에 대해 행정절차법 3장(불이익처분)의 규정의 적용제외에 의해 새롭게 변명의 기회를 부여하지 않은 것이 일본국헌법 31조(적정절차)에 반하지 않는다고 하였다. 또한, 이유제시와 관련하여, 서면에 의해 이유를 제시하는 경우에는 어떠한 사실관계에 근거하여 어떠한 법규를 적용하여 당해 신청이 거부되었는지를 신청자가 그 기재 자체로부터 알 수 있어야 하고, 단지 거부의 근거가 되는 규정을 나타낸 것만으로는 그 적용의 기초로 된 사실관계를 당연히 알 수 있지 않는 한 이유의 제시로서는 불충분하다고 하여, 법령의 특정조문에 해당하는 행위가 있기 때문에 범죄피해자급부금을 지급하지 않기로 하였다는 이유제시에 대하여, 이것은 피해자가 한 어떠한 행위가 법정의 특정조문에 해당한다고 판단되었는지 그 사실관계가 명백하지 않고 행정절차법의 취지에 합치하지 않는다고 한 하급심판결[8]이 있다.

정보공개와 관련하여, 오키나와반환협정의 체결에 이르는 일본과 미국 간의 교섭(반환에 따르는 재정부담 등 관련)에 관한 행정문서의 공개가 청구된 것에 대해 재무대신과 외무대신이 개시를 거부한 개시청구거부처분취소등청구사건에서 최고재판소[9]는 행정기관이 문서를 보유하고 있다는 사실에 대한 주장·입증책임은 원고가 지며, 행정기관이 문서를 보유하였음이 입증되었다고 하더라도, 결정시에 행정기관이 문서를 보유하고 있음을 직접 입증할 수 없을 때에 이것을 추인할 수 있는지 여

7) 最決 平成26.8.19., 判例タイムズ 1406号, 50쪽. 주요 행정판례의 [판례 4] 참조.
8) 福岡地判 平成26.1.21., 判例地方自治 389호, 78쪽.
9) 最判 平成26.7.14., 判例タイムズ 1407호, 52쪽. 주요 행정판례의 [판례 3] 참조.

부에 대해, 문서의 내용이나 성질, 그 작성 또는 취득의 경위와 상기 결정시까지의 기간 등에 응해 개별·구체적으로 검토하여야 하는바, 본건의 경우에는 이러한 점들에 비추어 볼 때, 결정시에 문서가 보유되었다고 추인할 수 없다고 판시하였다.

셋째로, 실효성 확보와 관련하여, 지방자치단체의 관련조례에 근거하여 시장이 지정한 금연지구 내에서 흡연을 한 원고에 대한 과료처분 취소청구사건에서 1심판결[10]은 흡연금지구역으로 인식하지 못하고 흡연한 자가 과료처분을 받더라도 조례가 목적으로 하는 억지효과는 기대할 수 없기 때문에 과료처분을 하기 위해서는 위반에 대해서 적어도 과실이 있었을 것이 필요한데 원고에게는 과실이 인정되지 않는다고 한데 대하여, 항소심판결[11]은 과료를 과함에는 위반자에게 적어도 과실이 필요하며, 노상에서 흡연하는 자에게는 그 장소가 흡연금지인지 여부에 대하여 충분히 주의해서 확인할 의무가 있다고 하여, 주의를 해태하지 않았다면 위반한 장소에서 노상흡연이 금지되어 있음을 충분히 인식할 수 있었기 때문에 과실이 있었다고 판단하였다.

넷째로, 국가배상청구와 관련하여, 최고재판소[12]는 석면공장에서의 석면관련질환의 발생을 방지하기 위하여 노동기준법에 근거하는 성령의 제정권한을 노동대신(당시)이 행사하지 않은 것이 위법하다고 하였다. 한편, 석면관련 하급심판결[13]로서는, 건설작업종사자가 제기한 국가배상청구사건에서 사용자에 대해 노동자의 방진마스크 착용을 벌칙으로 의무부과함과 함께 석면함유 건재의 경고표시와 건축작업현장에서의 경

---

10) 横浜地判 平成26.1.22., 判例時報 2223호, 20쪽.

11) 東京高判 平成26.6.26., 判例時報 2233호, 103쪽.

12) 最判 平成26.10.9., 判例タイムズ 1408호, 44쪽 ; 最判 平成26.10.9., 判例タイムズ 1408호, 32쪽. 주요 행정판례의 [판례 5] 참조.

13) 福岡地判 平成26.11.7., LEX/DB25505227.

고표시의 내용으로서 석면관련질환의 구체적인 내용·증상 등의 기재, 방진마스크를 착용할 필요가 있다는 취지의 기재를 의무부과하여야 했다고 하여 배상청구를 인정한 사례가 있다. 그밖에도, 이슬람교도인 원고들이 경시청 등의 행정기관이 개인정보보호 관련법령에 위반하여 개인정보를 수집, 보관 및 이용하고, 정보관리상의 주의의무위반으로 개인정보를 인터넷상에 유출시켰으며, 적절한 확대방지조치를 취하지 않았다고 하여, 국가배상을 청구한 사안에서, 인터넷에 이슬람교도의 개인정보가 유포된 것은 경시총감에게 감독상의 책임이 있으며, 도쿄도에 손해배상의무가 있다고 인정한 하급심판결[14]이 있다.

다섯째로, 행정소송과 관련하여, 산업폐기물처분장과 관련된 처분의 취소소송에서 주변주민의 원고적격에 대해, 하급심판결들이 처분장으로부터 유해물질의 대기로의 飛散, 오염수의 유출의 유무 및 정도를 인정하기에 충분한 증거가 없다고 하여 원고적격을 부정한 것을, 최고재판소[15]는 원고들이 처분장의 중심지로부터 1.8km의 범위 내에 거주하며, 그 거주지는 환경영향조사보고서에서의 조사대상지역에 포함된다는 점 등을 들어 원고적격을 인정하였다.

또한, 일반폐기물수집운반처분업의 허가갱신처분에 대해서 기존업자가 취소소송등을 제기한 사안에서, 최고재판소[16]는 근거법률인 폐기물처리법이 허가업자의 난립 등에 의해 사업의 적정한 운영을 해치지 않도록 일반폐기물처리업의 수급조정을 하도록 규정하고 있는 점 등을 들어, 원고적격을 인정하였다.

14) 東京地判 平成26.1.15., 判例時報 2215호, 30쪽.
15) 最判 平成26.7.29., 判例タイムズ 1409호, 114쪽.
16) 最判 平成26.1.28., 判例タイムズ 1399호, 78쪽.

Ⅱ. 주요 행정판례의 분석

1. 생활보호개시결정의무이행등청구사건[17)]

〈사실관계〉

X(원고, 항소인, 피상고인)는 영주자의 재류자격을 가지고 있는 중국적의 외국인이다. X는 일본에서 출생하여(1932년 5월생) 성장하였으며, 중국에는 한 번도 가본 적도 없고 중국어도 하지 못한다. 그동안, 일본에서 취업하여 세금 등도 납부하고 일본에서 생활하여 왔다.

그런데, 2006년 4월경 X의 허락도 받지 않고 갑자기 시동생 A가 이사하여 왔다(X의 남편은 영주자의 재류자격으로 중국적을 가지고 있으며, 치매로 병원에 입원중이다.). A의 폭언과 폭력에 의해 X는 쫓겨나게 되었고, 2008년 9월부터 의사의 선의에 의해 병원에 입원하게 되었다. X는 동년 12월 15일에 오이타시(大分市) 복지사무소장 B에게 생활보호신청을 하였다. B는 X 및 남편 명의의 예금잔고가 상당액이 있다는 이유로 X에 대해 생활보호신청각하처분(이하 '본건 각하처분')을 하였다. 이에 대해, X는 2009년 2월 6일에 오이타현지사에게 본건 각하처분을 취소하고 생활보호개시결정을 구하는 취지의 심사청구를 하였다. 그러나, 오이타현지사는 동년 3월 17일에 본건 심사청구를 각하하는 재결을 하였다. 따라서, X는 생활보호신청각하처분의 취소 및 생활보호개시결정의 의무이행청구를 오이타시(大分市) Y를 상대로 하여 소를 제기하였다. 한편, X는 별도의 생활보호신청에 근거하여 생활보호를 받고 있다.

이에 대해, 1심은 외국인에 대한 생활보호의 실시는 생활보호법을 직접 적용하는 것이 아닌 임의의 행정조치로서 행하여진 것이며, 그 법

---

17) 最判 平成26.7.18., 判例地方自治 386호, 78쪽.

적 성질은 증여라고 하여 각하하였다. 원심은 일정한 범위의 외국인에게도 생활보호법의 준용에 의해 동법상의 대우를 받을 지위가 법적으로 보호된다고 하여, 생활보호법에 의한 보호신청각하처분의 취소를 인용하였다. 이에 대해, Y가 상고하였다.

〈판결요지〉 : 파기자판(상고인 패소부분을 파기하고, 피상고인의 항소를 기각한다.)

구 생활보호법은 적용의 대상에 대해 '국민'인지 여부를 구별하지 않았지만, 현행 생활보호법은 '국민'이라고 규정하고 있으며, 여기에 외국인은 포함되지 않는다. 현재에 이르기 까지, 동법의 적용을 받는 자의 범위를 일정한 범위의 외국인에게까지 확대하는 법개정은 이루어지지 않았고, 동법을 외국인에게 준용하는 취지의 법령도 존재하지 않는다. 그러므로, 동법이 일정한 범위의 외국인에게 적용·준용된다고 해석할 근거는 없다.

또한, 행정청의 통달에 근거하는 행정조치로서 일정한 범위의 외국인에 대하여 생활보호가 사실상 실시되어 왔다고 하더라도, 그에 의해 입법조치를 거치지 않고 동법이 일정한 범위의 외국인에게 적용·준용되는 것으로 해석할 여지는 없다. 이것은 난민조약 등에 가입한 당시의 경위를 감안하더라도 변함이 없다. 동 통달은 사실상의 보호를 행하는 행정조치로서 당분간 일본국민에 대한 동법에 근거하는 보호의 결정 실시와 동일한 절차에 의해 필요하다고 인정하는 보호를 행할 것을 규정한 것에 지나지 않는다.

이상에 의하면, 외국인은 행정청의 통달 등에 근거하는 행정조치에 의해 사실상의 보호의 대상으로 될 수 있음에 그치고, 동법에 근거하는 수급권을 가지지 않는 자라고 하여야 한다.

〈본 판결의 해설〉

생활보호법은 수급자의 대상을 국민으로 한정하는 한편, 행정통지('생활에 곤궁한 외국인에 대한 생활보호의 조치에 대하여' 1954년 5월 8일 후생성사회국장통지)에 근거하여 동법을 준용하여, 외국인에게도 일본인과 동등한 기준 및 내용으로 생활보호조치를 하여왔다. 그런데, 본 사건에서 외국인이 동법의 적용대상으로 되는지 여부가 다투어지게 되었다.

판례는 생활보호를 지급받고 있는 외국인이 법령이 규정하는 의무에 복종하는 것을 인정하면서도 법령의 적용대상임을 부정하여 왔다. 또한 불법체류 외국인이나 유학생에 대해서도 법적용을 부정하고 있다[18]. 본건은 종래부터 법령의 준용의 대상으로 되어 온 영주외국인에 대해서도 법적 보호의 대상으로 되지 않음을 명확히 한 것으로, 지금까지의 판례·행정해석을 답습한 것이라고 할 수 있다[19].

외국인의 기본권주체성에 대해서는 '국민'이라는 문언에도 불구하고, 그 권리의 성질에 의해 결정된다고 하는 성질설이 일본의 통설 · 판례로 되어 있다. 사회권에 대해서는 원칙적으로 국적국에 의해 보장되어야 하며, 판례상으로도 일본국민을 외국인 보다 우대하는 것도 허용된다고 하여, 광범한 입법재량을 인정하고 있다[20]. 다만, 재일한국인 등 영주외국인의 역사적 경위나 생활실태를 감안하여, 생활보호법상의 문언은 '국민'이라고 하고 있지만, 행정실무상 외국인에게도 보호를 해온 것이다. 이러한 상황에서 원심은 영주외국인이나 특별영주자 등 일정한 범위의 외국인도 생활보호법의 준용에 의한 '법적 보호'의 대상이라고 하는 획기적인 판단을 한 것이었다. 이에 대해, 본 판결은 생활보호법의 적용 · 준용의 가능성을 부정하고, 외국인에의 생활보호조치는 통달에

---

18) 最判 平成13.9.25, 判例時報 1768호, 47쪽.
19) 渡辺豊, 永住外国人に対する生活保護法の適用, 新 · 判例解説Watch 16호, 324쪽.
20) 斎藤一久, 生活保護法に基づく外国人の生存権保障, 法学セミナー 718호, 100쪽.

근거한 행정조치에 의해 ‘사실상의 보호’의 대상으로 될 수 있음에 그치고, 생활보호법에 근거한 수급권을 가지지 않는다고 판시한 것이다.[21]

2. 고정자산세등부과처분취소청구사건[22]

〈사실관계〉

X(원고·항소인·피상고인)는 2009년 12월 7일에 사이타마현(埼玉県) 사카도시(坂戸市) 내에 본건가옥을 신축하고 그 소유권을 취득하였다. 본건가옥은 2010년 10월 8일 소유자를 X로 하고, 등기원인을 ‘2009년 12월 7일 신축’이라고 하는 표제등기가 이루어졌다.

사카도시장은 2010년 12월 1일 본건가옥에 대해 2010년도의 가옥과세대장에 소유자를 X, 건축년월일을 2009년 12월로 하는 등의 필요사항의 등록을 하고, 같은 날 X에 대해 본건가옥과 관련한 2010년도의 고정자산세 및 도시계획세(이하 ‘고정자산세등’)의 부과결정처분(이하 ‘본건처분’)을 하였다. X는 본건처분의 취소를 구하여 불복신청(행정심판)을 거쳐 소를 제기하였다.

1심은 X의 청구를 기각하였다. 그러나, 원심은 지방세법상의 가옥의 ‘소유자’란 당해 가옥에 대해 등기부 또는 가옥보충과세대장에 소유자로서 등기 또는 등록되어 있는 자를 말한다고 하고, 상기의 요건의 충족 유무는 부과기일인 1월 1일에 판단되어야 한다고 판시하여, 본건처분은 위법하다고 하여 X의 청구를 인용하였다.

---

21) 이러한 최고재판소의 입장에 대해서는 생활보호법상의 적용대상인 ‘국민’에는 ‘일본에 거주하는 모든 사람’이라고 하여 비판하는 견해로서, 瀬戸久夫, 外国人の生活保護訴訟 外国人は日本社会の構成員ではないのか(特集] 最高裁判決2014 弁護士が語る), 法学セミナー 721호, 21쪽.

22) 最判 平成26.9.25., 民集 68권7호, 722쪽.

〈판결요지〉 : 파기자판(원심판결을 파기하고, 피상고인의 항소를 기각한다.)

법은 고정자산세의 납세의무의 귀속에 대해, 고정자산의 소유라고 하는 개념을 기초로 한 다음, 이것을 확정하기 위한 과세기술상의 규율로서 등기부 또는 보충과세대장에 소유자로서 등기 또는 등록되어 있는 자가 고정자산세의 납세의무를 지는 것으로 규정하고 있는 한편, 그 등기 또는 등록이 되어야 할 시기에 대해 특별히 규정을 두고 있지 않은 것으로부터 하면, 그 등기 또는 등록은 부과기일의 시점에서 구비되어 있을 것을 요하는 것이 아니라고 해석된다.

그리고, 부과기일의 시점에서 미등기 및 미등록의 토지나 가옥 또는 미등록의 상각자산에 관하여, 법은 당해 부과기일과 관련되는 연도 중에 소유자가 고정자산세의 납세의무를 지는 부족세액의 존재를 전제로 하는 규정을 두고 있고, 또한 부과기일의 시점에서 미등기의 토지 또는 가옥에 대해 부과기일 후에 보충과세대장에 등록해서 당해 연도의 고정자산세를 부과하고, 부과기일의 시점에서 미등록의 상각자산에 대해 부과기일 후에 상각자산과세대장에 등록해서 당해 연도의 고정자산세를 부과하는 것을 제도로서 예정하고 있다고 해석되는 점 등을 감안하면, 토지 또는 가옥과 관련되는 고정자산세의 납세의무의 귀속을 확정하는 등기 또는 등록이 이루어져야 할 시기에 대해 상기와 같이 해석하는 것은 관련된 법의 제 규정이나 제 제도와의 정합성의 관점에서 상당하다고 할 수 있다.

이상으로부터, 토지 또는 가옥에 대해, 부과기일의 시점에서 등기부 또는 보충과세대장에 등기 또는 등록이 되어 있지 않은 경우에, 부과결정처분시까지 부과기일 현재의 소유자로서 등기 또는 등록되어 있는 자는 당해 부과기일과 관련되는 연도에서의 고정자산세의 납세의무를 지는 것으로 해석하는 것이 상당하다.

〈본 판결의 해설〉

본건의 쟁점은 부과기일 현재에 가옥과세대장 등에 등록되어 있지 않은 신축가옥에 대해 부과기일 후에 당해 대장에 등록한 다음, 당해 과세연도의 고정자산세등의 부과결정처분을 소급적으로 하는 것이 적법한지 여부이다.

일본 지방세법에 의하면, 고정자산세에서의 과세요건의 충족의 유무를 판정하는 기준시로서 1월1일을 부과기일로 규정하고, 고정자산세의 납세의무자는 고정자산의 소유자이며, 여기서의 소유자란 토지 또는 가옥에 대해서는 등기부나 토지보충과세대장 또는 가옥보충과세대장(이하 '등기부등')에 소유자로서 등기 또는 등록되어 있는 자를 말한다. 이것은 대량으로 존재하는 고정자산에 대해, 지방자치단체(시·정·촌)가 그 진정한 소유자를 일일이 정확하게 파악하는 것이 사실상 곤란하기 때문에, 과세상의 기술적 고려로부터 설정된 것이다. 이처럼, 단지 토지 또는 가옥의 소유자가 아니라 하더라도, 소유자로서 등기부등에 등기 또는 등록되어 있는 것이 고정자산세의 납세의무자로서의 요건으로 되어 있기 때문에 여러 가지 법적 문제가 발생하고 있다[23].

본건 사안에서 문제로 되는 것은 부과기일 전에 신축되었지만, 부과기일의 시점에서 등기부등에 등기 또는 등록되어 있지 않은 가옥이 부과기일 후에 등기 또는 등록된 경우에, 그 가옥의 부과기일 현재의 소유자로서 등기 또는 등록된 자가 그 연도의 고정자산세의 납세의무자로 되는지 여부이다. 행정실무는 적극설에 따라 과세가 이루어지고 있다.

그러나, 부과기일 시점에서 토지 또는 가옥이 등기부등에 등기 또는 등록되어 있는 경우와 마찬가지로 생각한다면, 부과기일 시점에서

23) 渋谷雅弘, 賦課期日において課税台帳に登録されていない家屋に係る固定資産税の納税義務, ジュリスト 1480호, 10쪽.

등기부등에 등기 또는 등록이 되지 않은 토지 또는 가옥에 대해서 부과기일 후에 등기 또는 등록이 되고, 그에 의해 부과기일 현재의 소유자로서 등기 또는 등록된 자가 있다고 하더라도, 그 자가 새롭게 납세의무자로 되지 않는다고 해석하는 것이 자연스럽다고 생각될 수도 있다.

그러나, 부과기일 시점에서 토지 또는 가옥이 등기부등에 등기 또는 등록되어 있지 않은 경우에는 부과기일 후의 등기 또는 등록에 의해 부과기일 현재의 소유자로서 등기 또는 등록된 자를 납세의무자로 하지 않으면, 지방자치단체는 고정자산세의 부과를 할 수 없게 될 것이다. 즉, 과세관청은 미등기의 신축가옥에 대해 부과기일까지 가옥보충과세대장에 등록되지 않으면 그 연도의 고정자산세를 부과할 수 없게 된다. 이것은 동일한 상황에 있는 가옥에 대해 등록되어서 고정자산세가 부과되는 것과 그렇지 않은 것이 발생할 가능성이 있고, 과세의 공평이라는 관점에서도 문제가 될 것이다. 또한, 신축가옥에 대해 등기를 하지 않는 것이 납세의무자에게 유리하다는 것이 되기 때문에 부동산등기제도의 운용상으로도 문제가 될 것이다[24].

최고재판소는 이러한 사정을 고려하여 종래부터의 과세실무를 지지하여 판단한 것으로 보이며, 그 결론은 수긍할 수 있다고 생각한다. 그러나, 이러한 판례의 입장에 대해서는 국세통칙법이 납세의무의 '성립'과 '확정'을 구별하고 있는 점을 들어, 부과기일의 도래에 의해 추상적 납세의무가 '성립'하고, 과세관청의 부과·징수에 의해 구체적 납세의무가 '확정'된다는 관점에서, 본 판결은 추상적 납세의무가 성립하고 있지 않은 납세의무자에 대해 소급적으로 구체적 납세의무를 확정시키는 결과를 가져온 것으로 수긍할 수 없다는 견해[25]도 있다.

---

24) 渋谷雅弘, 전게평석, 11쪽.

25) 高野幸大, 〔平成２６年度重要判例解説〕賦課期日に未登記の新築家屋の所有者として賦課決定処分時に登記されている者への固定資産税の課税の可否, ジュリスト 1479호, 216쪽.

3. 문서불개시결정처분취소등청구사건[26)]

〈사실관계〉

X들은 '류큐제도(琉球諸島) 및 다이토제도(大東諸島)에 관한 일본국과 아메리카합중국 간의 협정'(이하 '오키나와반환협정')의 체결에 이르기까지의 일본정부와 미국정부 간의 교섭(이하 '본건교섭')에서 일본이 미국에 대해 오키나와반환협정에서 규정한 내용을 초과하는 재정부담등을 국민에게 알리지 않은 채 행하는 취지의 합의(이른바 '밀약')가 있었다고 하여, 외무대신 및 재무대신에 대해 「행정기관이 보유하는 정보의 공개에 관한 법률」(이하 '정보공개법')에 근거하여, 밀약을 나타내는 행정문서 및 그것과 관련된 행정문서(이하 '본건문서')의 개시를 청구하였다. 이에 대해 외무대신 및 재무대신은 모든 행정문서에 대해서 보유하고 있지 않음(부존재)을 이유로 하는 각 불개시결정(이하 '본건처분')을 하였다. 그래서 X들은 국가(피고)에 대해 본건처분의 취소 및 본건문서의 개시결정의 의무이행을 청구함과 아울러, 본건처분에 의해 정신적 손해를 입었다고 주장하여, 국가배상법 1조 1항에 근거하여 손해배상을 청구하였다. 한편, 밀약을 나타내는 행정문서에 대해서는 미국 국립공문서관에서 공개되어 X들은 그 사본을 본건 개시청구서에 첨부하였었다.

1심은 본건문서의 불개시결정을 취소하여 개시를 명하고 국가배상청구도 인정하였지만, 원심은 1심판결을 취소하였다. 원심은 외무성과 대장성이 종래 본건문서를 보유하였다는 사실을 인정하면서도, 민주당 정권하에서의 외무대신 및 재무대신의 지시 하에 상세한 조사가 실시되었지만 본건문서가 발견되지 않았던 점, 두 성(省) 모두 종래 본건문서를 은닉했었기 때문에 통상의 문서와는 다른 관리방식을 취하여, 정보

26) 最判 平成26.7.14., 判例タイムズ 1407호, 52쪽.

공개법 제정에 의해 개시되는 것을 막기 위해 비밀리에 폐기 등이 이루어졌을 가능성이 높은 점 등으로부터 현재도 본건문서를 보유하고 있다고 추인하는 것을 방해하는 특별한 사정이 있다고 하여, 취소청구를 기각하고 의무이행청구는 각하하였다.

〈판결요지〉 : 기각

1. 정보공개법에서 행정문서란 행정기관의 직원이 직무상 작성하거나 취득한 문서, 도화 및 전자적 기록으로 행정기관의 직원이 조직적으로 이용하는 것으로서, 그 행정기관이 보유하고 있는 것을 말하는바, 행정문서의 개시를 청구하는 권리의 내용은 동법에 의해 구체적으로 규정된 것이며, 행정기관의 장에 대한 개시청구는 그 행정기관이 보유하는 행정문서를 대상으로 하는 것으로 되어 있다. 따라서, 행정기관이 행정문서를 보유하고 있는 것이 그 개시청구권의 성립요건으로 되어 있는 것으로부터 개시청구의 대상으로 된 행정문서를 행정기관이 보유하고 있지 않음을 이유로 하는 불개시결정의 취소소송에서는 그 취소를 구하는 자가 그 불개시결정시에 행정기관이 행정문서를 보유하였다는 사실에 대해 주장입증책임을 지는 것으로 해석하는 것이 상당하다.

2. 어떤 시점에서 행정기관의 직원이 행정문서를 작성하거나 취득한 것이 입증된 경우에 불개시결정시에도 행정기관이 그 행정문서를 보유하였었다는 사실을 직접 입증할 수 없을 때, 이것을 추인할 수 있는지 여부에 대해서는 행정문서의 내용이나 성질, 그 작성 또는 취득의 경위나 상기 결정시까지의 기간, 그 보관의 체제나 상황 등에 응하여, 그 가부를 개별·구체적으로 검토하여야 하는 것이며, 특히 타국과의 외교교섭과정에서 작성되는 행정문서에 관해서는 공표함으로써 타국과의 신뢰관계가 손상될 우려 또는 타국과의 교섭상 불이익을 입을 우려가 있는 것(정보공개법 5조 3호 참조) 등에 대해, 그 보관의 체제나 상황 등이 통상

과 다른 경우도 상정되는 것을 고려하여, 그 가부의 검토를 하여야 한다.

3. 본건 교섭과정에서 작성되었다고 하는 본건문서에 관해서는 그 개시청구의 내용으로 알 수 있는 본건문서의 내용이나 성질 및 그 작성의 경위나 본건 각 결정시까지에 경과한 年數에 더해, 외무성 및 재무성에서의 그 보관의 체제나 상황 등에 관한 조사의 결과 등, 원심이 적법하게 확정한 제 사정 하에서는 본건 교섭과정에서 상기 각 성의 직원에 의해 본건문서가 작성되었다고 하더라도, 여전히 본건 각 결정시에도 상기 각 성에 의해 본건문서가 보유되었다고 추인하기에는 부족하다고 하지 않을 수 없고, 그밖에 이를 인정하기에 충분한 사정도 찾아볼 수 없다.

〈본 판결의 해설〉

본건은 오키나와 반환에 즈음하여 미·일 정부 간에 합의된 이른바 '밀약'과 관련된 문서의 개시 등이 다투어진 사건으로서, 밀약이란 국가비밀에 대한 국민의 알권리의 보장과 정부의 설명책임이 문제가 되어 사회의 이목을 모았다. 본건 1심과 원심은 밀약문서가 작성된 것을 인정하였지만, 본건 처분시에 문서의 보유에 대해서 판단이 나뉘었다. 본 판결은 본건 처분시에 밀약문서가 보유되지 않았다고 하는 원심판결을 지지하였지만, 개시청구대상문서가 부존재한 경우의 주장·입증책임의 분배문제에 대해 최고재판소가 최초로 판단한 것으로 주목된다.

본 판결은 개시청구대상문서의 부존재를 이유로 하는 불개시결정의 취소소송에서 그 문서의 존재의 주장·입증책임은 취소소송의 원고가 지는 것임을 명백히 하고 있다. 문서의 부존재에 대해서는 '해석론상의 부존재'와 '물리적인 부존재'로 나눌 수 있다. 전자의 경우에는 개시청구대상문서가 물리적으로는 존재하고 있지만 해석상 존재하고 있지 않은 경우, 예컨대, 개시청구대상문서가 직원의 개인적 메모로서는 존재하고 있지만, 정보공개법상의 행정문서이기 위해서는 조직공용문서이어야 하는데, 직원의 개인적 메모는 조직공용문서에 해당하지 않는 경우를 말한다. 이 경우에는 그 문서를 행정기관이 보유하고 있기 때문에 행정기관이 조직공용문서인지 여부를 실제로 보고서 판단할 수 있기 때문에 주장·입증책임은 피고 행정측이 진다고 해석되어 있다[27]. 이에 대해, 후자의 경우에는 종래 하급심판례[28]에서는 민사소송의 통설적 견해인 법률요건분류설에 의하여, 문서의 존재는 당해 문서와 관련되는 개시청구권이 발생하기 위한 당연한 요건이라고 하여 원고가 주장·입증책임을 진다고 한다.[29]

본 판결은 문서 부존재의 경우의 주장·입증책임의 분배의 원칙을 나타냈지만, 이 원칙에 따르면 실제로 원고가 문서의 부존재를 증명하기란 용이하지 않다. 본건에서는 본건문서와 동일한 내용의 문서가 미국 국립공문서관에서 이미 공개되었기 때문에 외무성과 재무성이 본건문서를 과거의 어느 시점에서 보유하였었다는 사실이 인정되었고, 1심판결은 이러한 사실로부터 ① 원고인 개시청구자가 과거의 어느 시점에서 당해 행정기관의 직원이 직무상 작성 또는 취득하여 당해 행정기관이 그것을 보유하기에 이른 사실이 주장·입증된 경우에는, ② 그 상태가 그 후에도 계속되고 있다는 것이 사실상 추인되고, 피고가 당해 행정문서가 불개시결정시점까지 폐기·이관됨으로써 그 보유가 상실되었음을 주장·입증하지 않는 한 당해 행정기관은 불개시결정시점에서도 그

27) 佐伯彰洋, 沖縄返還「密約」文書の不存在を理由とする不開示決定の取消訴訟を棄却した事例, 新·判例解説Watch 16호, 46쪽; 藤原靜雄, 「密約」訴訟における主張立証責任の法理, 法律時報 87권 5호, 28쪽.

28) 東京地判 平成10.3.3., 判例タイムズ 1006호, 157쪽; 東京地判 平成12.4.27., 判例時報 1743호, 146쪽; 東京高判 平成19.12.20., 裁判所 website 등.

29) 藤原靜雄, 전게평석, 29쪽; 佐伯彰洋, 전게평석, 46쪽.

행정문서를 보유하였다고 추인된다고 하였다. 이에 대해, 항소심판결은 개시청구자에 의해 ①이 주장·입증된 경우에는 문서의 존재에 대해 추인이 작용함을 긍정하지만, 이는 사실상의 추인이며 입증책임이 전환되는 것은 아니라고 하였다. 이 점과 관련하여, 최고재판소는 추인에 의한 판단수법을 채용하는 것을 인정하는 점에서는 1심, 항소심과 동일하지만, ①의 사실로부터의 추인의 가부는 "당해 행정문서의 내용이나 성질, 그 작성 또는 취득의 경위나 결정시까지의 기간, 그 보관의 체제나 상황 등에 응해 그 가부를 개별 · 구체적으로 검토하여야 한다"고 하였다. 즉, 상고심판결은 추인의 판단에 있어서, 공개되면 타국과의 신뢰관계가 손상될 우려가 있는 외교문서에 대하여서는 그 보관의 체제나 상황 등이 통상과 다른 경우도 상정되는 것을 고려하여, 추인의 가부를 검토하여야 한다고 하였다. 원심판결이 판단한 바와 같이, 외교문서는 기밀성이 높은 행정문서이기 때문에 그 기밀성의 보호를 위하여 통상과 다른 방법으로 보존되고, 경우에 따라서는 폐기되는 것도 충분히 상정될 수 있기 때문에 용이하게 보유가 계속되고 있다고 추인해서는 안 된다는 것이다. 그래서, 1심판결에서는 외무성 및 재무성이 합리적이고 충분한 탐색을 하였다고 할 수 없다고 하여 본건문서의 보유가 상실되었다고 할 수 없다고 판단하였지만, 원심판결과 본 판결은 1심판결의 구두변론종결 후에 이루어진 외무성 및 재무성의 조사 결과를 망라적이고 철저한 것으로서 신용성이 높다고 인정한 다음, 본건문서를 보유하고 있지 않다고 한 외무성 및 재무성의 조사결과에 근거하여, '추인을 방해할 특별한 사정'이 있으며, 본건문서의 보유가 인정되지 않는다고 판단하였다.

본 사안은 원고가 미국 국립공문서관에서 이미 공개되어 있는 문서의 사본을 입수할 수 있었기 때문에 그 행정문서의 보유를 입증할 수 있었지만, 그러한 상황은 예외적이라고 할 수 있고, 일반적으로 원고가 행정문서의 존재를 입증하기는 용이하지 않다고 할 것이다.[30] 이러한 관점에서 일반적인 입증책임분배의 원칙을 그대로 적용하는 것이 타당한 것인지는 의문이라고 할 수 있다.[31)]

4. 도망범죄인인도명령과관련한특별항고사건[32)]

〈사실관계〉

X는 2008년 12월 한국 대법원으로부터 업무상횡령죄로 징역 3년 집행유예 4년의 확정판결을 받았다. 그 후, X는 일본으로 출국하였는데, 일본 체재 중인 2012년 11월에 대법원에 의해 집행유예선고가 취소되었다. 2013년 6월에 한국정부는 일본에 X의 인도청구를 하였고, 이에 따라 도쿄고등검찰청은 2014년 5월 21일에 도쿄고등재판소에 심사청구를 하였다. 심사청구에서 X는 ①본건에는 "인도를 당연히 거부해야 할 사유"(조약 3조)가 있다, ②본건에는 "인도를 재량에 의해 거부할 수 있는 사유"(조약 4조)가 있다는 등의 주장을 하였다. 그러나, 동년 7월 16일 도쿄고등재판소는 ①의 주장에는 이유가 없고, ②의 주장은 재판소의 심사대상이 아니라고 하여 X를 인도하라는 취지의 결정을 하였다.

동년 7월 25일 법무대신 Y는 도쿄고등검찰청에 대해 X를 한국에 인도할 것을 명하고, 그 취지를 X에게도 통지하였다. 그래서, X는 Y를 피고로 하여, 도쿄지방재판소에 본건 인도명령의 취소소송을 제기함과 동시에, 동 인도명령의 집행정지를 신청하였다. 도쿄지방재판소는 집행정지신청을 각하하였고, 도쿄고등재판소도 항고를 기각하였기 때문에, X가 최고재판소에 특별항고를 하였다.

---

30) 佐伯彰洋, 전게평석, 48쪽.
31) 藤原靜雄, 전게평석, 31쪽
32) 最決 平成26.8.19., 判例タイムズ 1406호, 50쪽.

[일본의 도망범죄인 인도 법제도 개관]

일본 도망범죄인인도법(逃亡犯罪人引渡法)은 청구국이 인도청구를 하면, 법무대신은 도쿄고등검찰청 검사장에 대해 인도청구사유의 존부에 대해 도쿄고등재판소에 심사청구를 할 것을 명한다. 그러면, 도쿄고등재판소가 심사의 결과, 범죄인을 인도하라는 취지의 결정을 하면, 법무대신은 인도가 상당한지를 판단한 다음, 인도를 명한다. 그리고, 동법의 처분에 대해서는 행정절차법 제3장[33]의 적용을 배제한다(법 35조 1항).

한편, 일한범죄인인도조약(日韓犯罪人引渡條約)은 2조에서 인도범죄를 규정한 다음, "인도를 당연히 거부하여야 할 사유"(3조)와 "인도를 재량에 의해 거부할 수 있는 사유"(4조)를 규정한다. 그리고, "인도를 재량에 의해 거부할 수 있는 사유"로서 범죄인의 "개인적인 사유를 고려하여, 인도하는 것이 인도주의에 반하는 경우" 등을 들고 있다.

〈결정요지〉 : 항고 기각

도망범죄인인도법에 근거하는 도망범죄인의 인도명령은 도쿄고등재판소에서 동법에 따라서 도망범죄인 및 이를 보좌하는 변호사에게 의견을 진술할 기회와 필요한 증인심문 등의 기회를 주고서 인도의 가부와 관련된 사법심사가 이루어지고, 이를 거친 다음에 인도를 할 수 있는 경우에 해당한다는 취지의 결정이 내려진 경우에, 이를 받아서 법무대신이 인도가 상당하다고 인정할 때에 상기 결정의 사법판단을 전제로 하는 행정처분으로서 발하는 것이다. 이러한 일련의 절차의 구조 등을 기초로 하여, 그 처분에 의해 제한을 받는 도망범죄인의 권리·이익의 내용, 성질, 제한의 정도, 그 처분에 의해 달성하고자 하는 공익의 내용, 정도, 긴급성 등을 종합교량하면, 동법 제35조 제1항의 규정이 동법 제

33) 행정절차법 제3장은 '불이익처분'이라는 제명으로 제12조부터 제31조까지 20개조에 걸쳐 규정하고 있다.

14조 제1항에 근거하는 도망범죄인의 인도명령에 대해 동법에 근거하는 다른 처분과 마찬가지로 행정절차법 제3장의 규정의 적용을 제외하고, 상기 명령의 발령절차에서 다시 당해 도망범죄인에게 변명의 기회를 부여하는 것으로는 하지 않는 것은 상기의 절차 전체로 보아서 도망범죄인의 절차보장을 결하는 것이라고는 할 수 없고, 헌법 제31조[34]의 법의에 반하는 것이라고 할 수 없다.

〈본 결정의 해설〉

도망범죄인인도법은 동법에 근거한 처분에 대해서는 행정절차법 제3장의 적용제외를 규정하고 있고, 따라서 동법에 의한 도망범죄인 인도명령에 대해서도 행정절차법이 규정하는 불이익처분에 대한 변명의 기회부여의 절차를 취할 필요가 없다. X는 이 점에 대해 일본국헌법 제31조에 위반하여 위헌이라는 주장을 하였다.

이에 대해, 본건 최고재판소결정은 도망범죄인 인도명령에 대해 동법에서 규정하는 "일련의 절차의 구조 등을 기초로 하여, 당해 처분에 의해 제한을 받는 도망범죄인의 권리이익의 내용, 성질, 제한의 정도, 당해 처분에 의해 달성하고자 하는 공익의 내용, 정도, 긴급성 등을 종합교량하면", "행정절차법 제3장의 규정의 적용을 제외하고, 상기 명령의 발령절차에서 다시 당해 도망범죄인에게 변명의 기회를 부여하는 것으로는 하지 않는 것은 상기의 절차 전체로부터 보아서 도망범죄인의 절차보장을 결하는 것이라고는 할 수 없고, 헌법 제31조의 법의에 반하는 것이라고 할 수 없다."고 하였다.

그런데, 위에서 '일련의 절차의 구조'는 도망범죄인을 인도할 수 있는 경우에 해당하는지 여부에 대한 도쿄고등재판소의 심사절차를 포함하는 것이고, 그 심사절차는 행정절차법이 규정하는 변명절차는 물론,

34) 일본국헌법 제31조 누구도 법률이 정하는 절차에 의하지 않으면, 그 생명 또는 자유를 박탈당하거나 또는 그밖의 형벌이 부과될 수 없다.

청문절차와 비교하더라도, ① 심사기관이 행정기관이 아니라 도쿄고등재판소인 점, ② 도망범죄인은 변호사의 보좌를 받을 수 있는 점, ③ 보좌하는 변호사에게 서류 기타 자료를 열람·등사할 권리가 보장되는 점, ④ 심문기일절차가 공개의 법정에서 이루어지는 점, ⑤ 도망범죄인 및 변호사에게 의견진술의 기회가 부여되어 있는 점, ⑥ 도쿄고등재판소가 심문기일에 증인 등을 심문할 때, 도망범죄인과 변호사는 입회하여, 재판장의 허가를 받아서 증인 등을 심문할 수 있는 점 등에 비추어 볼 때[35], 행정절차법이 상정하는 불이익처분에 대한 당사자의 의견청취절차에 비해 불충분한 절차적 보장이라고 할 수는 없을 것이다. 이러한 점들을 고려하면, 최고재판소결정은 수긍할 수 있을 것이다.

5. 오사카 센난(大阪泉南) 석면국가배상청구사건[36]

〈사실관계〉

본건은 오사카부 센난(大阪府泉南)지역에 존재했던 석면공장에서 작업하였던 전 종업원 또는 그 승계인(가족)과 인근주민인 X들이 국가(Y)에 의한 석면분진 규제가 불충분하였기 때문에 석면공장에서의 작업에 의해 석면폐, 폐암, 중피종(中皮腫) 등의 석면관련질환에 걸렸다고 주장하여, 국가배상법 1조 1항에 의한 국가배상을 청구한 사안들이다.

석면은 옛날부터 방직품 등에 널리 사용되었지만 1958년경에는 석면공장의 노동자들의 석면관련질환이 상당히 심각한 것으로 조사·보고되었다. 그래서, 1958년 5월 26일에 석면에 관한 작업을 포함하는 분진작업 등에 대하여 노동환경의 개선조치의 실시를 지시하는 通達(소화33

35) 石井昇, 逃亡犯罪人引渡命令と行政手続法第３章の適用除外, ジュリスト 1479号, 39쪽.

36) ①사건 : 最判 平成26.10.9., 判例タイムズ 1408호, 44쪽. ; ②사건 : 最判 平成26.10.9., 判例タイムズ 1408호, 32쪽.

년 통달)이 발령되었고, 노동성은 석면에 관련한 작업에 대해서는 국소배기장치를 설치하도록 행정지도를 하였지만, 그러한 장치의 설치는 별다른 진전을 보이지 않았다. 그 후, 노동대신은 1971년 4월 28일에 구 노동기준법의 위임에 근거하여 '특정화학물질등장해예방규칙'(구 특화칙)을 제정하였다. 동 규칙은 석면분진을 포함하는 유해한 분진의 발산원에 국소배기장치를 설치할 것을 사용자에게 의무부과하고, 사용자가 이에 위반한 경우에는 구 노동기준법 위반으로 벌칙을 부과하도록 하였다.

X들은 노동대신이 1958년경에는 구 노동기준법에 근거하는 성령제정권한을 행사하여 구 특화칙과 동일한 규제를 하였어야 했는데 하지 않은 것이 국가배상법 1조 1항의 위법에 해당한다고 하여 Y에 대해 국가배상청구를 한 것이다.

①사건 및 ②사건은 동일 변호인단에 의해 제기된 것으로서 제1심 판결은 일부인용, 일부기각으로 되었기 때문에 쌍방이 모두 항소를 하였고, ①사건의 항소심은 원고들의 청구를 모두 기각하는 판결을 한데 대하여, ②사건의 항소심은 석면관련질환에 걸린 전 종업원들인 원고들에 대해 각 손해의 2분의 1을 한도로 하여 Y가 손해배상책임을 진다고 판단하였다. 따라서, ①사건에서는 원고들이, ②사건에서는 피고가 상고하였다.

[사건의 경과 정리]

2006.5.26. : 1진소송(①사건) 제기(피해자수 26명)

2009.9.24. : 2진소송(②사건) 제기(피해자수 33명)

2010.5.19. : 1진소송 1심판결 - 원고 승소(위법시기 : 1960년 이후, 근린주민·가족의 피해는 부정), 석면피해에 관한 국가의 규제권한의 불행사의 위법을 인정한 최초의 판결

2011.8.25. : 1진소송 원심판결 - 원고 전면패소, 원고 상고

2012.3.28. : 2진소송 1심판결 - 원고 승소(위법시기 : 1950년 - 1971년), 원·피고 항소

2013.12.25. : 2진소송 원심판결 - 원고 승소(위법시기 : 1958년 - 2005년), 규제권한 불행사의 위법시기와 손해배상액도 확대되고, 공장 노동자뿐만 아니라 출입업자 종업원에게도 책임 인정

2014.10.9. : 1진 · 2진소송의 최고재판소판결 - 원고 승소(위법시기 : 1958년 - 1971년, 근린주민 · 가족의 피해는 부정)

〈판결요지〉

①사건 : 일부 파기환송, 일부기각

②사건 : 파기자판(일부 피상고인에 대한 패소를 파기, 그밖의 상고인에 대한 부분은 기각)

1. 국가 또는 공공단체의 공무원에 의한 규제권한의 불행사는 그 권한을 규정한 법령의 취지, 목적이나 그 권한 성질 등에 비추어 구체적 사정 하에서 그 불행사가 허용되는 한도를 일탈해서 현저하게 합리성을 결한다고 인정될 때는 그 불행사에 의해 피해를 받은 자와의 관계에서 국가배상법 1조 1항의 적용상 위법으로 되는 것이라고 해석함이 상당하다.

노동대신의 법률에 근거한 규제권한은 분진작업 등에 종사하는 노동자의 노동환경을 정비하고, 그 생명·신체에 대한 위해를 방지하여, 그 건강을 확보하는 것을 그 주요한 목적으로 하고, 가능한 한 신속하게 기술의 진보나 최신의 의학적 지견 등에 적합한 것으로 개정하여야 하고, 적시에 그리고 적절하게 행사되어야 한다.

2. 노동대신이 1958년 5월 26일에 구 노동기준법에 근거하는 성령 제정권한을 행사하여, 벌칙으로 석면공장에 국소배기장치를 설치할 것

을 의무부과하였어야 함에도 불구하고, 특정화학물질등장해예방규칙(특화칙)이 제정된 1971년 4월 28일까지 동법에 근거한 성령제정권한을 행사하지 않은 것은 동법의 취지, 목적이나 그 권한의 성질 등에 비추어, 현저하게 합리성을 결하는 것으로서, 국가배상법 1조 1항의 적용상 위법하다.

〈본 판결의 해설〉

본 판결은 석면피해와 관련하여, 최고재판소가 국가배상책임을 인정한 최초의 판례이다. 위 판시 1은 규제권한 불행사의 위법성의 판단기준에 대하여 판시한 것이고, 판시 2는 본건의 위법성 여부의 판단에 대한 것이라고 할 수 있다.[37] 국가의 규제권한 불행사가 국가배상법상의 위법으로 되는가와 관련하여, 일본의 학설·판례는 이른바 재량수축론과 재량권 소극적 남용론이 그 주류를 이루고 있다고 할 수 있다. 전자는 ① 국민의 생명 · 신체에 대한 침해의 위험성 및 절박성, ② 예견가능성, ③ 결과 회피가능성, ④ 보충성 등의 요건을 충족한 경우에는 행정청의 재량권이 수축하여 권한행사가 의무되고, 그 불행사가 위법으로 된다는 견해이며, 후자는 규제권한의 불행사가 재량의 범위를 일탈하여, 재량권의 남용에 해당하는 경우에는 권한의 불행사가 위법하게 된다는 견해이다.

이러한 규제권한 불행사의 위법성을 인정한 최고재판소의 리딩케이스로는 2004년의 치크호진폐소송(筑豊じん肺訴訟)판결[38]과 간사이미나마타병소송(関西水俣病訴訟)판결[39]을 들 수 있다. 이들 판례에 의하면, 규제권한의 불행사가 위법하게 되는 것은 "권한을 규정한 법령의 취지

37) 八木倫夫, 泉南アスベスト訴訟([特集] 最高裁判決２０１４ 弁護士が語る), 法学セミナー 721호, 27쪽.

38) 最判 平成16.4.27, 民集 58권 4호, 1032쪽.

39) 最判 平成16.10.15, 民集 58권 7호, 1802쪽.

등에 비추어, 허용되는 한도를 일탈하여 현저하게 합리성을 결한다고 인정되는 경우"라고 하고, 구체적인 위법성 판단에서는 ① 피침해이익의 중대성, 위험의 절박성, ② 예견가능성, ③ 결과회피가능성, ④ 실시된 조치의 합리성, ⑤ 규제권한 행사 이외의 수단에 의한 결과회피곤란성(피해자에 의한 결과회피가능성) 등이 고려되고 있다.[40] 위의 판지 1은 이들 판례의 일반적인 판단기준을 그대로 반영한 것이라고 할 수 있다[41]. 구체적으로는, 국소배기장치의 설치와 관련하여, ① 석면공장노동자의 석면관련질환의 실정이 상당히 심각하다는 점(피침해법익의 중대성), ② 1958년 전후의 조사·연구에 의해 관련 의학적 정보를 얻을 수 있었던 점(예견가능성), ③ 국소배기장치의 설치는 유효한 분진방지책인 점(회피가능성), ④ 통달에 의한 국소배기장치의 보급을 추진하였지만 석면공장에서의 분진대책이 진전되지 않았던 점(기대가능성) 등을 들어 1958년 이후의 행정입법제정권한의 불행사의 위법성을 인정하였다.[42] 본 판결 이후, 건축현장 등에서 석면관련 피해를 이유로 국가배상청구를 하는 사례가 증가하고 있다.[43]

6. 시의회의원정치윤리조례사건[44]

〈사실관계〉

Y시의회의원 X의 형이 대표로 있는 주식회사 A는 2008년 10월 입찰에 의해 Y시와의 사이에서 도로공사계약을 체결하였다. 의원 4명은 동년 11월 4일 X가 Y시의회의원정치윤리조례 4조 3항에 위반하였다고

---

40) 松本和彦, 泉南アスベスト事件最高裁判決の意義と問題点, 法律時報 87권 2호, 93쪽.

41) 한편, 본 판례와 2004년 두 판례 모두 '재량'이라는 용어를 사용하고 있지 않은 점이 주목된다.

42) 山下竜一, 泉南アスベスト国家賠償請求訴訟第一陣上告審判決, 法学セミナー 720호, 115쪽.

43) 産経新聞, 「国の不作為で石綿被害」 74歳男性が国を提訴 東京地裁, 2015.12.8

44) 最判 平成26.5.27, 判例タイムズ 1405호, 83쪽.

하여 심사청구를 하였다.

X는 조례 4조 등이 위헌 · 위법하다고 하여, 의장에 대해 심사회 설치 · 심사절차의 중지를, 심사청구인 4명에 대해 심사청구의 취하를, 정치윤리심사회의 위원장·위원들에 대해 심사절차의 중지를 청구함과 함께, 그들 전원에 대해 가령 조례 9조 2항 소정의 조치가 이루어진 경우 손해배상청구를 하겠다고 예고통지를 하였다. 이에 대해, 의회는 동년 12월 16일 사직권고결의를 하였다(제1사건).

정치윤리심사회는 X에 대해 조례 4조 3항에 위반하는 행위가 있다고 인정한 다음, 조례를 준수하게 하기 위한 경고를 발하는 취지의 결정을 하고, 의회는 2009년 3월 2일 X에 대해 본건조례의 규정을 준수하게 하기 위한 경고를 발하는 취지의 결의를 하였다(제2사건).

X는 조례가 헌법 22조 1항, 29조 1항, 15조 1항 등에 위반하여, 제1사건에 대해 사직권고결의는 위법하고, 제2사건에 대해 정치윤리심사회의 설치와 경고결의 등은 위법하여, 다대한 정신적 고통을 입었다고 해서 국가배상청구를 하였다.

1심법원은 청구를 모두 기각하였다. 그러나, 항소심은 제1사건의 손해배상청구는 이유가 없다고 하였지만, 제2사건에 대해 2촌등이내의 규제는 헌법상 보장된 경제활동의 자유 및 의원활동의 자유를 제한할 수 있는 합리성과 필요성이 인정되지 않고, 무효라고 인정되기 때문에 정치윤리심사회 설치, 경고결의 및 경고조치 등은 위법하다고 하여, 손해배상청구를 인정하였다.

[Y시의회의원정치윤리조례의 주요내용]

Y시의회가 2008년 3월 31일에 제정한 시의회의원정치윤리조례에 의하면, 의원, 그 배우자 또는 당해 의원의 2촌등 이내의 친족 또는 동

거의 가족이 경영하는 기업, 그리고 의원이 실질적으로 경영에 관여하는 기업은 지방자치법 92조의2[45]의 규정의 취지를 존중하여, 시의 공사 등의 청부계약, 하청공사 및 위탁계약을 사퇴하여야 하고, 이에 해당하는 의원은 시민에게 의혹이 들게 하지 않기 위하여 책임을 지고 관련사퇴서를 제출하도록 노력하여야 한다(4조 1항, 3항). 의원이 4조 등에 위반한 의심이 있다고 인정될 때는 의장에게 심사를 청구할 수 있고, 의장으로부터 심사를 부탁받은 정치윤리심사회는 이를 심사하여, 그 결과를 의장에게 보고하고, 의장은 위반행위가 있었다고 인정되는 의원에 대해 경고를 발하는 것, 의원의 사직권고를 하는 것 등의 조치를 강구할 수 있다(9조 2항).

〈판결요지〉 : 파기환송

1. 본건조례는 의원의 정치윤리에 관한 규율의 기본으로 되는 사항을 규정함으로써 의원의 정치윤리의 확립을 주권자인 시민에게 선언함으로써, 시민에게 신뢰받는 청정하고 민주적인 시정의 발전에 기여함을 목적으로 하고(1조), 의원은 시민 전체의 봉사자로서 스스로의 역할을 깊이 자각하여, 시민에 대해 항상 정치윤리에 관한 고결성을 나타내도록 노력함과 함께, 그 사명의 달성에 노력하여야 한다고 규정하고 있고(2조), 본건 규정에 의한 2촌등 규제의 목적은 의원의 직무집행의 공정을 확보함과 동시에 의원의 직무집행의 공정성에 대한 시민의 의혹과 불신을 초래하는 행위의 방지를 도모함으로써 의회의 공정한 운영과 시정에 대한 시민의 신뢰를 확보함에 있기 때문에, 규제의 목적은 정당한 것이라고 할 수 있다.

---

45) 일본 지방자치법 92조의2 보통지방공공단체의 의회의 의원은 당해 보통지방공공단체에 대해 청부를 하는 자 및 그 지배인 또는 주로 동일한 행위를 하는 법인의 무한책임사원, 이사, 집행역이나 감사역 또는 이들에 준하는 자, 지배인 및 청산인이 될 수 없다.

2. 의원이 실질적으로 경영하는 기업인데도 그 경영자를 명목상 2촌등 이내의 친족으로 하여 지방자치법 92조의2의 규제를 잠탈할 우려와, 의원이 2촌등 이내의 친족을 위하여 당해 친족이 경영하는 기업에 특별한 편의를 도모하여 의원의 직무집행의 공정이 해쳐질 우려가 있다. 또한 2촌등 이내 친족기업이 공사를 수주하는 것은 그 자체가 의원의 직무집행의 공정성에 대한 시민의 의혹과 불신을 초래하는 것이라고 할 수 있다. 의원의 당해 기업의 경영에의 실질적인 관여의 유무 등의 사정은 외부의 제3자에게 용이하게 파악될 수 없고, 그러한 사실관계의 입증이나 인정은 곤란을 수반하며, 이를 행할 수 없는 것도 상정되기 때문에 설령 상기와 같은 사정만을 규제의 요건으로 하면, 그 규제의 목적을 실현할 수 없는 결과를 초래하는 것으로 될 수도 있다. 다른 한편, 본건조례 4조 3항은 의원에 대해 2촌등 이내 친족기업의 사퇴서를 제출하도록 노력할 의무를 부과함에 그치고, 사퇴서의 실제의 제출까지 의무부과하는 것은 아니기 때문에, 그 의무는 의원 본인의 의사와 노력에 의해서만 이행할 수 있는 성질의 것이다. 또한, 의원이 이러한 의무를 이행하지 않은 경우에는 본건조례 소정의 절차를 거쳐서 경고와 사직권고 등의 조치를 받아서, 심사회의 정치적 입장에의 영향을 통하여 의원활동의 자유에 대한 사실상의 제약이 생길 수 있지만, 이것은 의원의 지위를 상실시키는 등의 법적 효과를 가지는 것은 아니다. 의회의 자율적인 규제에 대해서는 그 자주적인 판단이 존중되어야 하는 것으로 해석되는 것도 고려하면, 본건규정에 의한 2촌등 규제에 근거한 의원의 의원활동의 자유에 대한 제약은 정당한 목적을 달성하기 위한 수단으로서 필요하고 합리적인 범위의 것이라고 할 수 있다. 따라서, 2촌등 규제를 규정하는 본건 규정은 헌법 21조 1항[46]에 위반하는 것이 아니다.

46) 일본국헌법 21조 1항 집회, 결사 및 언론, 출판 기타의 표현의 자유는 이를 보장한다.

3. 2촌등 규제의 대상으로 되는 기업의 경제활동은 X의 공사와 관련되는 청부계약의 체결에 한정되는 바, 2촌등 이내 친족기업이라 하더라도 상기의 청부계약 등의 체결에 관련되는 입찰자격이 제한되는 것이 아니고, 본건조례상 2촌등 이내 친족기업은 상기의 청부계약 등을 사퇴하여야 한다고 되어 있지만, 제재를 부과한다고 해서 그 사퇴를 법적으로 강제하는 규정은 설정되어 있지 않고, 2촌등 이내 친족기업이 상기의 청부계약을 체결한 경우에도 당해 계약이 사법상 무효로 되는 것이 아닌 점 등의 사정을 고려하면, 본건 규정에 의한 2촌등 규제에 근거한 2촌등 이내 친족기업의 경제활동에 대한 제약은 정당한 목적을 달성하기 위한 수단으로서 필요성과 합리성이 결여된 것이라고 할 수 없고, 2촌등 규제를 규정한 시의회의 판단은 그 합리적인 재량의 범위를 초과하는 것이 아니다. 따라서, 2촌등 규제를 규정한 본건 규정은 헌법 22조 1항[47] 및 29조[48]에 위반하는 것이 아니다.

〈본 판결의 해설〉

일본 지방자치단체의 정치윤리조례는 1982년 시의회의원의 수뢰사건에서 유죄판결(집행유예)이 확정되었음에도 그대로 그 직을 유지하였기 때문에 시민운동으로 1983년 오사카부 사카이시(大阪府堺市)의 정치윤리조례가 제정된 것이 최초이다. 그 후, 1992년에 「정치윤리의확립을위한국회의원의자산등의공개등에관한법률」이 제정되었고, 동법에서는 지방자치단체에 대해서는 "조례가 정하는 바에 의해, 이 법률의 규정에 근거하는 국회의원의 자산등의 공개의 조치에 준하여 필요한 조치를 강구하는 것으로 한다"고 규정하였기 때문에, 지방자치단체의 정치윤리조

47) 일본국헌법 22조 1항 누구도 공공의 복지에 반하지 않는 한, 거주, 이전 및 직업선택의 자유를 가진다.

48) 일본국헌법 29조 1항 재산권은 이를 침해해서는 안 된다.
2항 재산권의 내용은 공공의 복지에 적합하도록 법률로 이를 정한다.
3항 사유재산은 정당한 보상 하에 이를 공공을 위하여 이용할 있다.

례가 전국 각지에서 제정되었다.

본건조례는 지방자치법 92조의2의 규정을 존중하여, 공사등의 청부계약의 사퇴를 2촌등이내 친족기업에까지 확대하고, 그 의원에 대해 기업의 사퇴서를 받아 제출할 노력의무를 부과하였다. 본 판결은 이러한 본건규제에 대해 그 규제의 목적이 정당하며, 그 목적을 달성하기 위한 수단으로서 필요하고 합리적인 범위의 것으로 헌법 22조 1항과 29조에 위반하지 않는다고 판시하였다. 그 논거로서, "지방자치법 92조의2의 규제의 잠탈이 이루어질 우려", "의원의 직무집행의 공정이 해쳐질 우려"와 같은 추상적 위험을 들고 있으며, 또한 본건규제가 "의회의 자율적 규제"로서 "합리적인 재량의 범위를 초과하는 것이 아니다"고 하고 있다. 그리고, 이러한 본건조례가 지방자치법 92조의2와 달리 본건규제 위반에 대해 의원의 사직이나 2촌등 이내의 친족기업의 입찰로부터의 제외를 법적으로 강제하고 있지 않다는 점을 강조하고 있음을 알 수 있다.[49]

이에 대해, 본건조례가 위헌이라고 판시한 원심은 "의원의 2촌등의 친족이 경영하는 기업이 체결한 계약을 모두 의원이 실질적으로 청구한 탈법행위라고 할 근거가 없다"고 하고, "의원이 실질적으로 경영에 관여하고 있지 않은 의원의 2촌등의 친족이 경영하는 기업이 보통지방공공단체와 청부계약을 하는 것 자체가 의원, 행정, 업자의 유착을 낳고, 정치부패의 원인으로 된다고 하는 경험칙은 인정될 수 없고, 그러한 사실을 인정할 증거도 없다"고 하였다.

이러한 원심의 판단과 최고재의 판단을 비교해 볼 때, 크게 두 가지 측면에서 입장이 갈림을 알 수 있다. 첫째로, 의원의 직무집행의 공정의 확보를 실질적으로 판단할 것인가(원심), 시민의 신뢰 등의 확보를

49) 上脇博之, 府中市議会議員政治倫理条例の２親等規制を合憲とした最高裁判決, 新・判例解説Watch 16호, 13쪽.

전제로 어디까지나 2촌등규제라고 하는 형식적인 외관을 중시할 것인가(상고심)이다. 즉, 원심판결이 2촌등규제를 의원이 실질적으로 경영하는 기업과 계약한 경우로 한정해석한다면 합리성 · 필요성이 긍정될 수 있다고 한데 대하여, 본 판결은 의원의 당해 기업의 경영에의 실질적인 관여의 유무 등의 사정은 외부의 제3자가 용이하게 파악할 수 있는 것이 아니기 때문에 그러한 사실관계의 입증이나 인정은 곤란을 수반하고, 만일 실질적인 관여만을 요건으로 한다면 규제의 목적을 달성할 수 없다고 하였다. 둘째로, 당해 규제에 의한 기본권 제약과 관련하여, 원심판결은 청부계약의 사퇴서 제출의 노력의무, 경고나 사직권고, 공보에 의한 심사결과 공표에 의해 의원의 지위를 상실시키는 것과 같은 강제력은 없다 할지라도 의원 활동의 자유의 제약은 있다고 하여, 간접적 제약에 의한 기본권 침해를 논하고 있지만, 본판결은 사실상의 제약이 발생할 수 있음에 지나지 않는다고 하였다[50].

본건조례가 지방자치법 92조의2의 규정의 취지를 존중한다면, 의원 본인이 경영하고 있는 기업에 한정하지 않는다고 하더라도, 의원이 실질적으로 경영에 관여하는 기업이나 그 배우자 또는 동거의 가족이 경영하는 기업으로 확대하는 것은 수긍할 수 있다고 할지라도, 의원이 실질적으로 경영하고 있다고 단정할 수 없는 "2촌등 이내의 친족(인척을 포함)이 경영하는 기업"에까지 확대하는 것은 본건규제의 목적과 수단의 비례성에 반하지 않는가 하는 의문이 든다. 또한, 이러한 본건규제가 의원의 의원활동의 자유 제약과 관련하여 사실상 영향을 미치고 있는 데 대하여, 사실상의 제약에 불과하다고 하여 기본권의 침해가능성을 부정하는 것에도 의문이 없지 아니하다.

50) 斎藤一久, 市議会議員政治倫理条例における２親等規制の合憲性, 法学セミナー 715호, 146쪽.

Ⅲ. 마치며

이상으로 일본의 최근(2014년) 행정판례를 살펴본 결과, 다음과 같이 그 특징을 정리할 수 있다고 생각한다.

첫째로, 일본 최고재판소가 일본이 세계2차대전 패전 전의 특수한 상황을 고려하지 않고, 중국적의 외국인에 대해 원심이 생활보호법상의 법적 지위를 인정한 것에 대해 사실상의 보호의 대상으로 될 수 있음에 그친다고 하여 파기한 것은 시대적 특수상황을 고려하지 않고 지나치게 엄격한 해석을 한 것이 아닌가하는 생각이 든다.

둘째로, 이른바 오키나와반환'밀약'문서 정보공개소송에서 일본 최고재판소가 본건문서와 동일한 내용의 문서가 미국 국립공문서관에서 이미 공개되었기 때문에 외무성과 재무성이 본건문서를 과거의 어느 시점에서 보유하였었다는 사실이 인정되었음에도 불구하고, 1심판결의 구두변론종결 후에 이루어진 외무성 및 재무성의 조사 결과를 망라적이고 철저한 것으로서 신용성이 높다고 인정하여, 본건문서를 보유하고 있지 않다고 한 외무성 및 재무성의 조사결과에 근거하여 그 보유가 추인되지 않는다고 판단한 것은 최고재판소의 판결에서 널리 나타나는 국가행정기관에 대한 과도한 신뢰가 여전히 작용하고 있다고 할 것이다.

셋째로, 석면피해 국가배상청구사건에서 행정입법권의 불행사가 그 권한을 규정한 법령의 취지, 목적이나 그 권한 성질 등에 비추어 구체적 사정 하에서 그 불행사가 허용되는 한도를 일탈해서 현저하게 합리성을 결한다고 인정될 때에는 위법성을 인정한 것은 지금까지 행정입법권에 광범위한 입법재량이 인정되어온 것에 비추어 볼 때, 주목할 만한 판결이라고 할 것이다.

참고문헌

2014判例回顧と展望（行政法），法律時報 87巻 6号(2015.5)
平成26年度　重要判例解説，ジュリスト1479호(2015.4)
渡辺豊，永住外国人に対する生活保護法の適用，新・判例解説Watch 16호
斎藤一久，生活保護法に基づく外国人の生存権保障，法学セミナー 718호
________，市議会議員政治倫理条例における2親等規制の合憲性，法学セミナー 715호
瀬戸久夫，外国人の生活保護訴訟 外国人は日本社会の構成員ではないのか([特集] 最高裁判決2014 弁護士が語る)，法学セミナー 721호
渋谷雅弘，賦課期日において課税台帳に登録されていない家屋に係る固定資産税の納税義務，ジュリスト 1480호
高野幸大，〔平成26年度重要判例解説〕賦課期日に未登記の新築家屋の所有者として賦課決定処分時に登記されている者への固定資産税の課税の可否，ジュリスト 1479호
佐伯彰洋，沖縄返還「密約」文書の不存在を理由とする不開示決定の取消訴訟を棄却した事例，新・判例解説Watch 16호
藤原静雄，「密約」訴訟における主張立証責任の法理，法律時報 87권 5호，
石井昇，逃亡犯罪人引渡命令と行政手続法第３章の適用除外，ジュリスト 1479号
八木倫夫，泉南アスベスト訴訟([特集] 最高裁判決2014 弁護士が語る)，法学セミナー 721호
松本和彦，泉南アスベスト事件最高裁判決の意義と問題点，法律時報 87권 2호
山下竜一，泉南アスベスト国家賠償請求訴訟第一陣上告審判決，法学セミナー 720호
上脇博之，府中市議会議員政治倫理条例の２親等規制を合憲とした最高裁判

決, 新・判例解説Watch 16호
産経新聞,「国の不作為で石綿被害」74歳男性が国を提訴 東京地裁, 2015.12.8

국문초록

먼저, 일본 각급 재판소의 신수건수의 추이를 전년도인 2013년도와 비교할 때, 최고재판소와 지방재판소의 경우에는 약간 감소하였지만, 고등재판소는 다소 증가하였음을 알 수 있다. 그러나, 10년간을 통시적으로 살펴보면, 우상향 경향을 보이고 있다고 할 수 있다.

다음으로, 일본의 최근(2014년) 행정판례의 주요한 특징을 정리하면 다음과 같다.

첫째로, 일본 최고재판소가 일본이 세계2차대전 패전 전의 특수한 상황을 고려하지 않고, 중국적의 외국인에 대해 원심이 생활보호법상의 법적 지위를 인정한 것에 대해 사실상의 보호의 대상으로 될 수 있음에 그친다고 하여 파기한 것은 시대적 특수상황을 고려하지 않고 지나치게 엄격한 해석을 한 것이 아닌가하는 생각이 든다.

둘째로, 이른바 오키나와반환'밀약'문서 정보공개소송에서 일본 최고재판소가 본건문서와 동일한 내용의 문서가 미국 국립공문서관에서 이미 공개되었기 때문에 외무성과 재무성이 본건문서를 과거의 어느 시점에서 보유하였었다는 사실이 인정되었음에도 불구하고, 1심판결의 구두변론종결 후에 이루어진 외무성 및 재무성의 조사 결과를 망라적이고 철저한 것으로서 신용성이 높다고 인정하여, 본건문서를 보유하고 있지 않다고 한 외무성 및 재무성의 조사결과에 근거하여 그 보유가 추인되지 않는다고 판단한 것은 최고재판소의 판결에서 널리 나타나는 국가행정기관에 대한 과도한 신뢰가 여전히 작용하고 있다고 할 것이다.

셋째로, 석면피해 국가배상청구사건에서 행정입법권의 불행사가 그 권한을 규정한 법령의 취지, 목적이나 그 권한 성질 등에 비추어 구체적 사정하에서 그 불행사가 허용되는 한도를 일탈해서 현저하게 합리성을 결한다고 인정될 때에는 위법성을 인정한 것은 지금까지 행정입법권에 광범위한 입법재량이 인정되어온 것에 비추어 볼 때, 주목할 만한 판결이라고 할 것이다.

주제어: 일본행정판례, 오사카 센난, 국가배상청구, 금지소송, 석면피해, 오키나와반환밀약

Abstract

The trend and analysis of the recent (2014) Administrative Cases in Japan

Ham In-Seon*

The number of newly applied cases in Japanese Supreme Court and District Courts is lower than that of last year, but higher in High Court. The trend in the number of newly applied cases in Japanese Courts is appearing upward.

With respect to the administrative action, residents surrounding the Japanese Athgi Base argued that they were damaged physically and psychologically by the noise of the military aircraft. Japanese District Court has recognized the claims of the plaintiffs. And, the plaintiffs in the Osaka Senannan Asbestos Damages Cases argued that the inaction of administrative regulatory powers was deemed illegal. The Japanese Supreme Court stated that the inaction of administrative powers was illegal.

keywords: Japanese Administrative Cases, Osaka Sennan, State damages, Injunction, Asbestos Damages, Return Okinawa secret agreement

---

* Professor of Chonnam National University Law School

투고일: 2015. 11. 25.
심사일: 2015. 12. 15.
게재확정일: 2015. 12. 17.

2014年 프랑스 行政判例의 動向 研究

吳承奎*

Ⅰ. 머리말

프랑스 행정법원의 조직은 상고심[1]을 담당하는 최고행정법원인 꽁세이데따[2](Conseil d'État, 이하 "CE"라 한다)를 정점으로 하여, 항소심을 담당하는 8개의 행정항소법원[3](cour administrative d'appel, 이하 "CAA"라 한다)과 제1심법원격인 42개[4]의 지방행정법원[5](tribunal administratif, 이하 "TA"라 한다)으로 구성되어 있다. 프랑스 행정법원은 일반법원과 분리되어 독자적으로 조직되고 운영된다.[6] 행정법원 관할 사건은 국가, 지

* 법학박사, 중원대학교 법학과 조교수

1) 지방선거에 관한 소송에 대해서는 항소심의 역할을 한다. 특별히 중요한 사건, 예를 들어 국가법령에 대한 소송, 대통령이 임명하는 주요 공무원에 관한 소송, 광역선거와 유럽의회의원선거에 관한 소송에서는 1심의 역할을 한다.
2) 행정재판기관이기도 하지만, 입법의 심사기관 역할도 수행한다.
3) Bordeaux, Douai, Lyon, Marseille, Nancy, Nantes, Paris, Versaille 소재.
4) 본토에 31개, 해외영토에 11개가 있다.
5) 소송 대상인 처분을 행한 행정청의 소재지를 관할하는 법원에서 1심을 처리한다.
6) 법관 역시 별도로 선발한다. 프랑스의 대표적 엘리트코스인 국립행정학교(École nationale d'administration, ENA) 출신 중에서 선발하는 것이 일반적이다. 신분보장(inamobilité)을 통해 독립성을 확보하여 소신껏 일한다.

방자치단체, 독립행정청, 영조물법인 등 공권력주체로서의 공공단체의 행정행위(acte de l'administration)의 취소나 변경을 구하는 소송과 공권력의 행사로 인해 피해를 입은 사람에 대한 배상(indemnité)을 청구하는 소송이다.

행정사건의 동향에 관한 기본통계를 살펴보면, 2014년에 프랑스 행정법원은 총 23만 4백 77건의 판결을 선고하였다. TA는 188,295건(2013년 대비 2.8% 증가), CAA는 29,930건(2013년 대비 3.2% 증가), CE는 12,252건(2013년 대비 26.5% 증가)의 소송사건을 처리하였다.[7] 사건접수에서 판결까지 평균 소요기간[8]은 각각 10개월 1일(TA), 11개월 1일(CAA), 8개월(CE)로서 2004년 이후 10년 간 평균보다 각각 45%, 48%, 27.28% 단축되었다.[9] 이 글에서는 2014년도 프랑스 행정판례의 동향을 알아보고, 우리에게 유용한 시사점을 도출해 보고자 한다.

Ⅱ. 주요 판례 분석

2014년도 CE의 대표적인 판결 분야로는 공무원 징계, 행정계약, 공공의료, 전파수신료, 공물, 지방자치 구역 분할 등이다.

1. 공무원(fonctionnaire) 징계 관련 판결[10]

가. 사건 개요

우체국의 한 부서장이 여성 부원들과 가족처럼 스스럼없이 지내는

---

7) Conseil d'État, Le Conseil d'État et la justice administrative en 2014, 2015, p. 28.
8) *Ibid.*
9) 최근 프랑스 행정법원은 행정사건 처리의 효율성 제고를 위해 지속적으로 노력하여 소송에 소요되는 기간을 단축해나가고 있다. 오승규, "최근(2012년) 프랑스 행정판례의 동향 분석 연구", 행정판례연구 제18-2권, 473-474면 참조.
10) CE, 15 janvier 2014, *La Poste SA,* n° 362495, A.

것처럼 행동해오던 중, 특정 여성 부하직원에 대해 주목하면서 그 사람을 대상으로 성적 의미의 언행을 상대방의 거부에도 불구하고 10년 이상에 걸쳐 계속해옴에 따라 우체국에서 부서장에게 2년의 정직 처분의 징계를 내린 사안이다. 피처분자의 제소에 대해 1심은 원고 패소, 2심은 원고 승소의 판결을 내렸다.

나. 판결요지

직장 내 상사의 지위에 있는 사람 또는 직무상 근로조건 또는 승진에 영향력을 행사할 수 있는 사람이 상대방이 원하지 않는 상태에서 성적인 의미가 내포된 언행을 함으로써 위압적(intimidante), 적대적(hostile) 혹은 모욕적(offensante) 상황을 만들어 내는 것은 그의 존엄성(dignité)를 침해하는 것이다. 따라서 징계처분은 정당한 것이다.

다. 판결의 분석

CE는 직무 수행 중, 반복적이건 일시적이건, 성적 의미가 내포된 발언이나 행동이 일정 수위에 도달하면 성희롱(harcèlement sexuel)이 성립됨을 명확히 판시하였다.

「공무원의 권리와 의무에 관한 1983년 7월 13일자 법률(제83-634호)」 제6조에 따르면, 성희롱에 대해 거부의사를 표시하거나, 증언하거나, 쟁송을 제기했다고 해서 직무와 관련하여 어떠한 불이익도 받아서는 안 된다. 이 법의 해석상 직무상 영향력을 행사할 수 있는 사람이 상대방이 원하지 않는 상태에서 성적인 의미가 내포된 언행을 함으로써 위압적(intimidante), 적대적(hostile) 혹은 모욕적(offensante) 상황을 만들어 내는 것은 성희롱에 해당하고, 그에 따라 성희롱 행위를 한 공무원은 징계처분의 대상이 된다.

2. 행정계약(contrat administratif) 관련 판결[11)]

가. 사건 개요

Département du Tarn-et-Garonne 의회의 상임위원회는 의회의 장에게 의회 공무수행 차량의 장기임차 주문계약을 체결할 권한을 승인하였다. 이에 대해 한 의원이 의원으로서 자격으로 그리고 납세자로서의 지위에서 이 의결을 취소할 것을 청구하였다.

나. 판결요지

Département du Tarn-et-Garonne는 공공조달에서 지켜야 할 공고 의무와 경쟁입찰의무를 위반하였으므로 이 사건의 의결은 위법하다. 공공서비스를 수행하고 있는 공법인 또는 사적 단체는 이러한 사안에 관하여 제소할 수 있다. 계약에 관련된 다른 사항이 위법하다 하여 계약이 반드시 무효로 되어야 하는 것은 아니므로, 계약의 효력에 대해서는 법관이 개별적으로 판단할 문제이다.

다. 판결의 분석

공공서비스(service public) 수행을 목적으로 행정청에 의해 체결된 조약은 특수한 법원리에 의해 규율되는 행정계약이다. 이러한 계약과 관련된 소송은 행정법원의 관할이다. 이 판결에서 CE는 이 원칙을 다시금 확인하였다. 행정계약으로 인해 권익의 '침해를 당하거나 당할 우려가 있는(susceptible d'être lésé)' 제3자(tiers)는 직접 제소할 수 있고, 일정한 경우에는 계약에 관한 다툼을 할 수도 있다. 권익의 침해는 계약 자체로 인해 직접 발생할 수도 있고 그 체결이나 조항으로 인해 간접적으로 발생할 수도 있다. 제3자는 완전심리소송(recours de pleine juridiction)

---

11) CE, assemblée, 4 avril 2014, *Département du Tarn-et-Garonne*, n° 358994, A.

의 형식으로 계약이나 또는 개별조항의 효력(validité)을 다툴 수 있다. 그리고 이러한 소송은 일반인 제3자뿐만 아니라 지방의회의원, 지방자치단체연합체의 의결기관 구성원(menmbre de l'organe déliberant du groupement de collectivités territoriales), '도내 적법성통제를 담당하는 국가대표자(représentant de l'État dans le département dans l'exercice du contrôle de légalité)'에게도 원고적격이 주어진다. 원고는 행정재판법전(Code de justice administrative) L. 521-1조에 의거하여 계약의 집행정지(suspension de l'exécution)를 신청할 수 있다. 소송은 계약의 공시조치(mesure de publicité)가 있은 후 2개월 이내에 제기되어야 하며, 계약당사자의 선정(choix de contractant), 계약체결을 허용하는 의결(délibération autorisant la conclusion du contrat), 최종서명 결정(décision de signer)의 적법성(légalité)은 이 소송을 통해서만 다툴 수 있다. 다만 국가대표자, 즉 Préfet는 계약체결 전까지는 월권소송(recours pour l'excès de pouvoir)을 통해 위 적법성의 문제를 다툴 수 있다. 의원이나 프레페 등 기관들이 제기하는 소송에서는 그들이 수행하는 임무와 관련한 공익상의 모든 문제를 제기할 수 있는 반면에, 제3자는 침해된 권리와 직접 관련한 계약상의 흠(vice)만을 주장할 수 있을 뿐이다. 제3자의 소 제기 시 계약의 하자(irrégularité)에 대한 판단은 전적으로 법관의 몫이며 당사자의 주장에 국한되지 않고 그 하자의 중요성(importance)과 영향(conséquences)을 고려하여 판단한다. 계약의 법적 문제점을 검토한 후, 법관은 계약의 실행(exécution du contrat)이 가능한지 아니면 당사자에게 계약의 해지(résiliation)나 해제(résolution)가 아닌 다른 방법으로 계약을 조정(régularisation)시킬 것을 권고할 것인지를 결정하여야 한다. 도저히 실행 또는 조정하는 것이 불가능한 경우에는 공익에 지대한 해를 끼치지 않는 한, 계약의 해지, 전부 또는 일부의 취소를 선언할 수 있으며, 침해된 권리에 대한 손해배상(indemnisation du préjudice)을 명할 수도 있다. 법적 안정성을 위하여 새로운 법리는 이 사건 이후에만 적용하기로 한다.

3. 공공의료에서의 치료중단(interruption de traitement) 관련 판결12)

가. 사건 개요

교통사고로 심각한 뇌손상을 입은 나머지 전신이 마비되어 연명치료 중인 환자에 대하여 국립대학병원인 Centre hospitalier universitaire de Reims 소속 담당 의사가 심층 진단과 법에 정한 절차인 회의 등을 거쳐 인위적 영양·수분공급(alimentation et hydratation artificielles)을 중단하기로 결정한 사안으로, 환자 가족들은 이 결정을 취소해달라는 소송을 제기하였고 Chalons-en-Champagne 지방행정법원은 집행을 정지한 상태에서 재판을 진행하였다. 이에 대하여 병원 측은 집행정지결정의 취소와 아울러 원고의 청구를 기각해달라는 취지의 급속심리(référé)를 CE에 청구하였다.

나. 판결요지

심각한 뇌손상(lésion cérébrale grave)을 입은 상태로 의사표현을 못하고 인공적인 영양·수분 공급에 의존하여 생명을 유지하고 있는 환자의 치료를 중단하기로 한 공립병원 의사의 결정은 정당하다.

다. 판결의 분석

(1) 우선 절차상으로 '두개골외상과 뇌손상 환자 가족 협회 전국연합(Union nationale des associations de familles de traumatisés crâniens et de cérébro-lésés, UNAFTC)'의 소송참가(intervention)를 허용하였다.

(2) 그 다음으로 이 사안과 같은 급속심리 건에서의 재판부의 다음

12) CE, assemblée, 14 février et 24 juin 2014, Mme F...I... *et autres, n°s 375081, 375090, 375091.*

과 같은 권한을 확인하였다.

① 행정재판법전(Code de justice administrative) L. 521-2조에 의거하여 법원은 공공서비스를 수행하는 공법인이나 사법상 조직이 중대하고 명백하게 위법한 침해를 가할 가능성이 있는 기본권의 보호를 위해 필요한 조치를 명할 수 있다. 그리고 특수한 긴급성(urgence particulière)의 요청에 따라, 행정청(autorité administrative)이 야기할지도 모르는 중대하고 명백하게 위법한 기본권침해에 대비한 필요조치를 취할 수도 있다.

② 이러한 법리에 따라 법원은 단기간의 임시조치(mesure provisoire)를 명할 수 있다(행정재판법전 L. 511-1조).

③ 이 사건에서도 법원은 의사의 연명치료중단이라는 결정에 대해 그것이 생명에 대한 돌이킬 수 없는 침해를 가져올 수 있기 때문에, 보존조치로서의(à titre conservatoire) 집행정지를 명한 후 의학감정(expertise médicale) 등을 통해 본안에 대한 심리를 진행할 수 있다.

(3) 본안에 대한 판단

'환자의 권리와 생의 마감에 관한 2005년 4월 22일자 법률 제2005-370호'는 의사가 치료를 지속하는 것이 비상식적인 고집(obstination déraisonable)으로 여겨지는 무의미한 치료를 제한하거나 중단할 수 있는 요건을 규정하였다. 이 내용이 법전화된 공중보건법전 L. 1110-5조에 따르면, 모든 사람은 현재의 의학수준에서 적절한 진료를 받을 권리가 있는 반면에 기대 이상의 위험을 감수해서는 안 된다. 진료행위가 무용(inutile)하고 부적합(disproportionné)하며 인위적 연명(maintien artificiel de la vie) 정도의 의미밖에 없는 경우에는 중단되어야 하고 시도해서는 안 된다. 의료진은 이 경우에 죽음이 임박한 환자의 존엄성을 보장하고 고통을 완화하는 방식의 진료를 행하면서 삶의 질을 보장하기 위해 그가 사망할 때까지 존엄한 삶(vie digne)을 유지할 수 있도록 최선을 다해야 한다.

공중보건법전 L. 1110-4조에 따르면, 모든 사람은 자신의 건강에 관한 결정을 할 수 있는데, 환자가 '자신의 의사를 표시할 수 없는 상태(hors d'état d'exprimer sa volonté)'에 있다면 '치료 제한 또는 중단(limitation ou arrêt de traitement)'은 '합의체에서의 절차(procédure collégiale)'를 거쳐 가족 등의 의견을 들은 후에야 행해질 수 있다.

CE는 치료중단을 결정하기에 앞서 의사는 법률에 규정된 합의체에서의 절차를 거쳐야 한다고 확인하였다. 이 절차에서는 환자의 상태(état de patient), 고통(patient), 예후(pronostic clinique)와 같은 진료 상황, 본인과 가족의 의사 등 환자별 고유한 사항 전체를 검토한다.

이 사안에서 CE는 법률에 따른 요건이 충족되었다고 보았다. 그러나 환자의 의식회복불능 상태(état irréversible d'inconscience) 혹은 자율성 상실(perte d'autonomie)만으로는 이른바 비상식적인 고집을 규정지을 수 없고, 환자 개인별 상황의 특성(singularité)을 평가해야 한다고 판시하였다. CE는 이 사건 판단을 위하여 모든 의학적 검토 과정을 직접 행한 끝에 결론을 내렸다.

4. 이동전화의 전파사용료(redevance) 관련 판결[13)]

가. 사건 개요와 판결 요지

이동전화(téléphonie mobile) 사업자는 부여받은 주파수에 비례해서 사용료를 납부한다. 2G와 4G를 함께 사용하는 사업자에게 사용료를 인상하는 내용의 데크레를 CE가 취소하였다.

나. 판결의 분석

(1) CE는 전파사용료 자체나 그 인상을 문제 삼은 것이 아니다.

13) CE, 29 décembre 2014, *Société Bouygues Télécom, n° 368773.*

4G 전파사용에 따른 이익이 증가하였다면, 정부는 비례의 원칙에 어긋나지 않는 한 전파사용료를 인상할 수 있다. 그러나 이 사안에서, 4G 전파사용에 따른 이익을 평가하는 정부의 방식이 잘못되었다는 것이다.

(2) '공법인의 소유권 일반법전(Code général de la propriété des personnes publiques)' L. 2124-26조, L. 2125-1조, L. 2125-3조에 따르면, 라디오전자주파수(fréquences radioélectriques)를 허가보유자(titulaire d'autorisation)가 사용하는 것은 국유공물의 사적 점용(occupation privative du domaine public de l'État)에 해당하므로 이 사용에 따른 이득(avantage)을 고려하여 산정한 사용료(redevance)를 지불하게 된다. 마찬가지로 우편전자통신법전(Code des postes et des communications électroniques) L. 42-1조에 의거, 총리(Premier ministre)는 이동전화사업자(opérateur de téléphonie mobile)에게 부과하는 전파사용료의 액수를 결정할 수 있다.

(3) 공물 관리청(autorité getionnaire du domaine public)이 공물 사용료를 변경할 수 있지만, 그것은 오로지 새로운 상황(circonstances nouvelles)의 발생을 이유로 해야 하고 그 상황은 허가처분 이후에 발생한 것이어야 한다. 그리고 사용료의 변경은 기존 허가기간이 만료된 후 시행되어야 한다.

(4) 전파사용료의 인상은 새로운 환경 속에서 허가사업자의 이득상승(surcroît d'avantage)을 고려하여 결정되어야 한다. 이를 위한 평가는 객관적이고 투명하며 비차별적으로 이루어져야 한다.

(5) 사용료 인상에 대한 쟁송은 월권소송으로 진행된다. 법원은 이 금액이 사용상 이익과 비례하지 않게 잘못 책정되었는지 여부를 심사하여 위법성 판단을 하게 된다.

(6) 이 사건에서 총리는 Bouygues Télécom이 4G 표준을 사용함에 따라 누리는 이익을 높이 산정하여 15년간 1억 4천만 유로의 사용료를 부과하였으나, 법원은 이득과 비례성이 떨어진다고 보아 인상된 사용료 부과를 규정한 데크레를 취소하였다.

5. 공물(domaine public) 관련 판결[14)]

가. 사건 개요

Commune de Val-d'Isère는 공유지로서의 스키장 전체 운영을 위하여 개별 스키 트랙을 구성하는 조합 구역을 포함한 대규모 공사를 하도록 건축허가를 발부하였고, 이에 대하여 개별 구역의 주택조합들이 이를 취소해달라고 청구한 사안이다. 1심은 원고 패소, 2심은 원고 일부 승소로 결론이 났었다.

나. 판결 요지

공적 사용을 위해 할당되거나 공공서비스를 위해 관리되는 지방자치단체 소유물은 공물로서 특수한 규율을 받는다. 스키장(piste de ski) 운영이라는 공공서비스를 위해 제공된 스키 트랙은 공물의 일부가 된다. 스키 트랙의 지하(sous-sol) 역시 스키장의 관리를 위한 역할을 한다면 불가분종물(accessoire indissociable)로 본다.

다. 판결의 분석

(1) 스키장의 운영은 상공업적 공공서비스(service public industriel et commercial)이고, 개별 스키 트랙의 관리 역시 공공서비스 수행을 위해 필요하며 불가분적인 관련성을 가지고 있다. 이와 관련하여 지방자치단

14) CE, section, 28 avril 2014, *Commune de Val-d'Isère*, n° 349420.

체 소유의 공유지는 모두 공물로 취급되며 이 토지에 부속된 물건, 특히 트랙 역시 공물이며 지하공간 역시 마찬가지이다. 스키장 이용객의 입장에서는 전체 공간과 시설을 함께 이용할 수 있어야만 하기 때문이다.

(2) 문제된 건축허가의 대상 구역은 지방자치단체의 소유 공유지로서 저지대이며 좌식리프트(télésiège)의 출발점 설치를 위해 필요한 경영상 중요 지점이다. 이 구역은 공물과 밀접한 상호의존성을 가지고 있고, 스키장 운영이라는 공공서비스 경영과 근접성으로 인해 특수한 성격을 가지게 되었다.

(3) '공법인의 소유권 일반법전(Code général de la propriété des personnes publiques)' L. 2111-1조에 따르면, 공물은 직접 공용으로 사용되거나, 공공서비스에 배정됨으로써 공물에 속하게 된다. 공물의 일부를 구성하는 공법인 소유 재산은 불가분종물이 된다. 그 토지의 지하공간 역시 마찬가지이다.

(4) 공공서비스인 스키장 운영은 건축허가권을 갖고 있는 행정청의 허가에 따른다.

6. 지방의회 선거구 관련 판결[15)]

가. 사건 개요

2013년 5월 17일자 법률의 적용에 따라 2015년 3월 실시 예성인 도의회(conseil départemental)선거의 선거구(circonscription cantonale)를 새로이 획정해야 했다. 2014년에는 이 선거구재획정(redécoupage cantonal)에 대해 많은 소송이 제기되었는데, 인구 편차가 평균보다 26.01%, 29.27% 벗어난 선거구에 대해 문제가 된 사건이다.

Ners, Brignon, Cruviers-Lascours의 3개 기초자치단체(commune)은

15) CE, section, 5 novembre 2014, *Commune de Ners et autres*, n° 379843.

Gard도(département)의 지방의회선거구(canton)를 획정한 2014년 2월 24일자 데크레 제2014-232호를 취소해줄 것을 월권소송으로 청구하였다.

나. 판결 요지

선거구획정은 '본질적으로 인구비례(essentiellement démographiques)'에 기초하여 이루어져야 한다. 하지만 이것은 엄격하게 적용되는 것은 아니며, 선거구 평균 인구수 기준 20% 편차를 벗어나는 경우에도 자의적(arbitraire)이지 않다는 게 입증되면 허용된다. 또한 도서(insularité), 산악(montagne), 둘러싸임(enclavement) 등 지리적 특성을 고려하였거나 인구비례보다 더 중대한 공익에 의해 책정된 것이라면 예외가 인정된다.

다. 판결의 분석

이 사건에서 CE는 법률, 특히 지방자치단체일반법전(Code général des collectivités territoriales) 해석의 원칙을 명확히 하였다.

지방자치단체일반법전 L. 3113-2조 Ⅲ은 '헌법상 선거에서의 평등원칙(principe constitutionnel d'égalité des citoyens devant le suffrage)'의 보장을 위해 도의회 선거의 선거구획정은 인구에 비례하도록 원칙을 규정하고 있다. 즉 각 선거구는 본질적으로 인구에 기초하여 정해진다. 그 기준으로서 같은 도내에서 선거구 당 평균 인구수에 20%를 초과하거나 미달하지 않도록 하고 있다. 그러나 동조 Ⅳ에서는 인구기준에 대해 특수한 예외를 인정하고 있다. 평균적인 인구기준을 벗어나는 경우에도 지리적 요소나 긴요한 공익 등 특수 상황에 의한 필요성이 인정되면 예외를 인정하여 특수한 선거구를 허용하고 있다. 헌법재판소의 결정[16]에서도 도서지역(insularité), 산악지대(montagne), 둘러싸임(enclavement), 면적(superficie) 등 지리적 특성을 고려하였거나 인구비례보다 더 중대한

16) Cons. Const., déc., 16 mai 2013, n° 2013-667.

공익에 의해 책정된 것이라면 20%를 초과하거나 미달하더라도 예외로 인정해주고 있다.

이 사건에서 문제된 Le Vigan 선거구와 Grand Combe 선거구는 각각 26.01%와 29.27%만큼 평균인구수에 미달된다. 허용인구편차(disparité démographique admissible) 20%를 초과하였음은 물론이다. 이에 대하여 합당한 이유를 제시하여 예외로 인정받게 할 의무는 정부에 있다. 자의적인(caractère arbitraire) 선거구획정이 아니면 되기 때문에 그리 어렵지는 않은 문제이다. CE는 문제된 선거구는 예외 요건을 충족한다고 인정하였다.

Ⅲ. 맺음말

2014년도 역시 프랑스 행정판례의 특징은 사건처리의 신속화로 누적 사건의 감소 및 처리기간의 단축으로 요약할 수 있다. 지난 몇 년간의 개혁 작업이 결실을 보이고 있다고 할 수 있다. 국민과 소통하려는 노력도 상당하다. 자체 평가 역시 비판 견해를 가감 없이 담고 있는 것이 특징이며 우리도 받아들여야 할 점이라고 생각한다. 2000년대 들어 행정소송건수가 해마다 평균 6% 이상 증가하고 있기 때문에 법원의 사건처리의 신속화는 놓칠 수 없는 지속적 과제이다. 다만 소송사선처리가 빨라지면서 그 기대감으로 제소건수도 늘 수 있다는 점이 다소 아이러니하게 생각되어질 수 있다. 환경이나 도시계획 분야의 소송이 증가하는 것은 시대의 발전과 더불어 당연한 일이다. 또한 기술 발달에 따라 방송통신의 규제와 개인정보보호가 새로운 관심 주제 분야이다.

2014년도의 주요 판례로 꼽히는 분야는 공무원법, 행정계약, 공공의료, 공물, 지방자치법, 유럽인권협약의 규범 이행 등의 분야이다. 행정의 중점 관심사가 거대 담론보다는 생활행정으로 옮겨가고 있는 것으로 보이며, 우리에게도 점점 중요성이 커지고 있는 생활복지의 문제와 공공의료의 문제가 관심의 대상이 될 수밖에 없다. 그리고 우리나라에서는 그다지 큰 관심을 받지 못하고 있는 행정계약의 법리를 프랑스법을 참조하여 더 심화연구해야 할 필요가 있다고 본다. 프랑스 행정법의 법원(法源)으로서 국제법이 가지는 위상이 우리와는 다르기 때문에 프랑스 판례를 이해하는데 어려움이 있을 수도 있다. 유럽연합, 그 전신인 유럽공동체 그리고 멀리 거슬러 올라가서 베스트팔렌 조약에 이르기까지 유럽의 역사가 그 연유를 말해주기 때문에 그쪽에서 국제법을 자연스럽게 행정재판의 심사기준으로 삼는 것에 대해서는 새삼 이유를 따질 필요는 없다. 우리나라에서 인권이나 환경 문제는 헌법 문제로만 생각하기 쉬운데, 프랑스에서는 국제규범을 통해 당연히 개발사업이나 공공시설의 설치·운영에서 필수적으로 고려하게 되어 있고 자연히 그에 관한 기준들이 발달해 있는 것으로 보인다. 리스크나 손해배상 산정 등에서 사용되는 요소들도 참고할만하다. 마지막으로 프랑스 행정계약의 법리는 우리나라에서도 이제 깊이 논의되어야 할 단계에 왔다고 생각한다.

참고문헌

Conseil d'État, Le Conseil d'État et la justice administrative en 2014, 2015.

http://www.conseil-etat.fr/fr/base-de-jurisprudence (판례 검색)
http://legifrance.gouv.fr/initRechCodeArticle.do (법령 검색)

국문초록

프랑스 행정재판제도는 공권력주체의 특권과 국민의 권리 사이의 균형을 보장하는 역할을 하고 있다. 2014년도에도 역시 사건의 신속한 처리를 위해 노력하였다. 최고행정법원은 공무원의 징계사유로서 성희롱의 요건을 명확히 하였다. 행정계약의 제3자에게도 원고적격을 인정하였다. 존엄사인 연명치료중단의 가능성과 요건을 판단하였다. 공물의 사용료의 인상은 상황의 변화와 이득의 발생을 전제로 한다. 공공서비스의 원활한 수행을 위하여 종물의 개념을 활용하였다. 선거구획정도 우리와 마찬가지로 인구비례를 기준으로 하고 편차기준도 엄격하지만, 지역의 특성을 고려한 예외도 인정하고 있다. 행정법에 대한 국제규범의 영향력과 행정계약 법리는 특히 우리나라에서 깊이 참조할만한 주제이다.

주제어: 행정재판, 공무원, 행정계약, 공공서비스, 공물, 선거구

Abstract

Analysis on the trend and some leading cases of french administrative justice in 2014

Seung－Gyu OH*

The french administrative justice system ensures the balance between the prerogatives of the government and the rights of citizens. In 2014, they also tried to expedite the cases.

The Supreme Administrative Court clarified the requirements of sexual harassment as a disciplinary reasons of public officials. The Conseil d'État recognized to the 3rd parties of administrative contracts their standing to sue. It decided the possibility and requirements of death with dignity. To increase the fee for use of public domain, it needs the new circumstances and advantages. It was used the concept of accessory in order to ensure smooth conduct of public service. The criteria of redistricting is population ration like us and is strict for segment but thers are some exception admitted considering the local characteristics. Especially, the impact of international norm to administrative law and the administrative contract theory are remarkable issues to refer.

Key words: administrative justice, public officer, administrative contract, public service, public domain, electoral district

* Professor at Jungwon University

투고일: 2015. 11. 25.

심사일: 2015. 12. 15.

게재확정일: 2015. 12. 17.

國家의 宗敎的·倫理的 中立性과 倫理科目 編成 要求權

桂仁國*

대상판결: Urteil v. 6. April 2014 BVerwG 6 C 11. 13

I. 서론: 해외 행정판례 동향과 분석의 새로운 시도

외국의 판례를 소개하는 것은 일차적으로 해외 각국에서 발생하는 사건과 이에 적용되는 법제를 분석하고 해당 국가의 사법부가 어떤 법리를 통해 문제를 해결하였는지를 이해하는 데에 의미가 있다. 이를 통해 향후 국내에서도 발생할 수 있는 사건을 선제적으로 대응할 수도 있으며 표면적으로 이해되어온 해외 법제를 보다 심층적으로 분석할 수 있다. 또한, 각국의 법원이 수용하여 기반으로 삼고 있는 이론이나, 또는 판례를 통해 더욱 발전된 이론들을 연구하고 법해석방법을 검토함으로 학문 발전에도 기여할 수 있다. 이러한 미시적·거시적 비교법 연구를 동시에 진행하는 것은 그리 간단하지 않을 뿐만 아니라, 결국 어느

* 사법정책연구원 연구위원. 법학박사(Dr. jur.).

한 쪽에 더 큰 비중을 둘 수밖에 없는 경우가 빈번히 발생한다. 특히 연구방법에 있어 다양한 판례를 소개할 것인가 특정 판례를 주로 소개할 것인가에 따라 이 비중의 차이는 더욱 크게 부각될 것이다.

지난 2012년도와 2013년도 독일 행정판례 동향과 분석은 독일 연방행정법원의 판례를 가급적 다양하게 소개하여 이를 통해 사건 현황과 시사점을 포착하는 데에 집중하였고 여러 사건들을 조망해본다는 점에 의의를 둘 수 있었으나, 이론적 토대를 연구하는 데에는 다소 미흡한 부분이 있다고 평할 수 있을 것이다. 2014년도 독일 행정판례 동향과 분석은 반대로 특정 판례를 통해 기존 독일 연방행정법원 및 연방헌법재판소의 태도와 그 전개방향, 이론적 기반, 비교개념 등을 연구하는 방법을 택하였다. 물론 이러한 연구방법은 해당 국가의 사법부가 내리는 판결에 대한 전반적인 조망이 어렵고 연구자의 주관적 해석이나 관점이 개입하게 되어 연구범위가 축소, 제한될 수밖에 없다는 단점을 가지고 있다. 어떤 연구방법이 해외 행정판례 동향과 분석에 더 적절하다 보기는 힘들기 때문에, 향후 두 가지 방법을 적절히 병행할 필요가 있을 것이다.

본 연구는 독일 연방행정법원(Bundesverwaltungsgericht)의 2014년도 선고 판결 중 종교수업 대체과목으로서 윤리과목의 편성 요구권이 문제되었던 BVerwG 6 C 11. 13 판결을 대상으로 하였다. 먼저 위 판결에서 쟁점이 된 사실관계와 소송경과를 소개하고 이어서 독일 연방행정법원과 연방헌법재판소의 판례 변화를 통해 국가의 종교적 중립성에 대한 여러 모델들을 검토한다.[1] 동시에, 국가의 중립성이 하나의 법원칙으로 기능할 수 있는지 가능성을 모색하기 위하여 비교개념을 살펴본다. 다만, 해외 판례의 동향과 분석이라는 원래의 취지에 맞추어 본 연구는 주된 연구대상을 판례의 소개와 분석으로 하고 이와 관련된 기존의 논의

1) 특히 엄격한 정교분리의 원칙을 정하고 있는 국가와 비교가 요구되나 본고에서는 다루지 않는다.

는[2] 다소 제한적으로 이뤄질 것이다.

II. 대상판결

1. 사실관계

원고는 무교의 자녀 셋을 둔 단독친권자로, 2010년 2월 원고의 두 아들이 각각 K초등학교 4학년과 2학년이 되었고 2013년 여름 셋째 아들이 입학을 앞두고 있다. 원고의 자녀들은 모두 무교이나 K 초등학교에서는 종교 대체과목(Ersatzfach für Religion)이 따로 지정되어 있지 않았다. 이에 원고는 2010. 2. 1. 피고 바덴-뷔르템베르크(Baden-Württemberg) 주 문화부(Kulturministerium)[3]에 서신으로 원고에게는 자녀의 윤리-도덕에 대한 권리가 있으며, 윤리과목 미개설로 인해 자녀들이 세계관적 신조에 근거한 불이익을 받는 것은 헌법에 합치되지 않는다는 점을 들어, 초등학교 저학년을 위한 윤리과목을 편성해 줄 것을 요청하였다.

이에 대하여 피고 문화부는 2010. 2. 22 서신으로 다음과 같이 답하였다: 독일연방기본법 제7조 제3항 1문[4]과 바덴-뷔르템베르크 주 헌법 제17조 및 바덴-뷔르템베르크 주 학교법 제96조[5]에 의하여 종교

2) 종교의 자유와 종교적 중립성에 대한 국내 논의를 살펴보면 김상겸, "종교의 자유와 정교분리 원칙에 관한 연구", 공법연구 제35집 제2호 (2006); 김성배, "수용재결과 헌법상 정교분리의 원칙", 행정판례연구 제15권 제2호 (2010); 전훈, "종교적 중립성에 관한 고찰", 법학논고 제41집 (2013); 최윤철, 종교의 자유와 국가의 종교적 중립성, 공법연구 제32집 제3호 (2004), 한수웅, "교육의 자주성·전문성·중립성 및 교사의 교육의 자유", 저스티스 (2007. 12.) 외 다수가 있다.

3) 바덴-뷔르템베르크 주 문화·청소년·체육부 (Ministerium für Kultus, Jugend und Sport Baden-Württemberg)

4) Grundgesetz (GG)

Art. 7 (3) Der Religionsunterricht ist in den öffentlichen Schulen mit Ausnahme der bekenntnisfreien Schulen ordentliches Lehrfach.

교육은 모든 바덴-뷔르템베르크 주의 공립학교에서 정규 교과목이다. 그러므로 원칙적으로 모든 학생들이 종교과목 수업을 들어야 할 것이나, 종교가 없는 학생은 윤리 과목수업을 들어야 한다. 바덴-뷔르템베르크 주에서는 직업학교나 인문계 학교 등 학제에 따라 각각 8학년에서 10학년, 7학년에서 10학년, 혹은 8학년에서 11학년까지 윤리과목 수업이 진행된다. 원고가 요청하는 저학년의 윤리과목 수업은 따로 개설되지 않으나 윤리-도덕 교육은 학교 교육의 핵심적인 임무이므로 특정 과목을 넘어 전반적으로 이뤄진다.

원고는 피고의 답신 이후 2010. 4. 19. 현재 초등학생인 원고의 자녀를 위한 윤리과목의 편성을 요구하는 한편 대안으로 원고의 자녀들을 사설기관 무료 등록을 보장해줄 것을 요구하였다. 원심의 절차진행중 원고의 장남이 초등학교를 졸업하게 되자, 양 당사자는 이 점에 있어서는 본안 종료(Erledigung der Hauptsache)[6]를 선언하였으나, 원고는 새로이 그의 차남을 위하려 초등학교 1학기부터 윤리과목을 편성하도록 학교법 시행령을 개정할 의무가 피고에게 있음을 주장하였다.

2. 소송 경과

(1) Freiburg 행정법원 판결[7]

프라이부르크 행정법원은 2011. 9. 21. 본안에 대해 당사자의 본안 종료가 있었음을 확인하였으나, 그 외에 대하여는 청구를 기각하였다.

---

5) Schulgesetz für Baden-Württemberg (SchG)
§ 96 Grundsätze
(1) Der Religionsunterricht ist ordentliches Lehrfach an allen öffentlichen Schulen.

6) 독일 행정소송법 제161조 제2항의 본안종료(Erledigung der Hauptsache)는 당사자의 소송행위로 소송계속이 소멸하고 아직 확정되지 않은 판결이 소급적으로 사라진다.

7) VG Freiburg 21.09.2011 - 2 K 638/10

바덴-뷔르템베르크 주 교육법 제100a조 제1항에 의하면 종교과목 수업에 참여하지 않는 학생들에게는 윤리과목을 정규과목으로 편성하도록 되어있지만 동조 제3항은 윤리과목의 개설 시기를 각 학교별로 어느 학기에 시작할 것인지에 대해서는 문화부 장관이 시행령을 통해 정하도록 되어있다는 것이다.8) 2001. 7. 31. 발령한 시행령에서 문화부장관은 초등학교에서의 윤리과목 편성을 정한 바가 없으며 문화부장관이 윤리과목을 초등학교에서도 편성해야 할 의무는 헌법 규정의 해석에 의하여서도 도출될 수 없다고 보았다.

(2) Baden-Württemberg 주 행정법원

원고는 2011. 11. 14. 항소를 제기하면서, 원고의 장남은 초등학교를 졸업하였으나 여전히 차남이 초등학생이므로 확인의 이익이 존재함을 주장하였다. 항소심에서 원고는 기본법 제7조와 평등원칙의 위반을 주장하였다. 그러나 2013. 1. 23. 바덴-뷔르템베르크 주 행정법원은 원고의 주장을 이유없다고 보아 기각하였다.

1) 적법요건

바덴-뷔르템베르크 주 행정법원은9) 먼저, 문화부령의 개정을 목적으로 하는 원고의 확인청구에 대해서는 이를 적법하다고 보았다.

원고의 자가 초등학교에 있던 기간 동안 교육법 제100a조 제3항에 따라 법규명령을 발령할 피고의 의무를 확인하는 소는, 행정소송법 제

8) § 100a 윤리교육

(1) 종교수업에 참여하지 않는 학생들을 위해 윤리과목을 정규과목으로 편성한다.

(2) 윤리수업은 학생들의 책임 인식 및 가치 인식적 행동을 위한 교육에 기여한다. 윤리과목의 내용은 헌법과 제1조의 교육임무에서 규정하고 있는 바와 같이, 가치관과 일반적 윤리원칙을 목적으로 한다. 윤리교육은 이러한 관념과 원칙을 가르치며 철학적, 종교학적 문제제기를 열어주어야 한다.

(3) 문화부는 시행령을 통해서 학교의 종류 및 학기에 따라 어느 시점에 윤리과목 수업을 들어야 할 것인지에 대한 인적, 사실적 조건을 확정한다.

9) VGH Baden-Württemberg - Urteil Az. 9 S 2180/12.

43조 제1항에 따라 법률관계의 확인을 구하는 소로 허용된다. 과거의 법률관계를 대상으로 함에도 불구하고 원고에게는 확인의 이익이 존재한다. 원고의 장남은 이미 초등학교를 졸업했으나 차남과 취학을 앞두고 있는 삼남이 있기 때문에 소위 반복될 위험을 방지하기 위한 확인의 이익을 인정할 필요가 있다.

주 행정법원은 이 경우 확인소송(Feststellungsklage)이 적절한 소송유형이라고 보았다. 행정소송법 제47조의 규범통제의 경우에는 하위의 규범이 유효함을 확인하거나 적용가능성, 적용의무를 확인하는 것이 아니라 효력 없음, 즉, 무효임을 확인하는 것이기 때문이다. 한편, 행정소송법 제43조 제2항 1문의 규범발령에 대한 이행소송에 대해서는 규범제정권을 가진 기관의 결정에 자유에 대한 사법적 판단을 자제하는 것이 권력분립원칙을 위해 보다 적절하다고 여겨 확인소송보다 앞서 고려하였다.[10)]

2) 본안 판단

항소심에서 원고는 주 헌법이나 교육법에서 정한 바와 같이 윤리과목을 포함하여 포괄적인 교육의 임무가 초등학교에 있는 것이며, 이를 위하여 정규과목으로서 종교과목 수업의 형태와 같은 사회적 가치나 규범에 대한 교육이 필수적이라고 하였다. 또한 초등학교에서의 종교수업을 위한 지도이념들이나 교육목표는 윤리-도덕 교육을 위해서도 중요한 의미를 가지는 전문지식을 전달하는 것이며 다른 교과목에서 직접 이를 주제로 할 수는 없을 것이라고 보았다.

---

10) 권력분립원칙을 근거로 하여 이행소송보다 확인소송을 앞서 고려한 주 행정법원의 태도는 비판의 소지가 있다. 특히, 이 사건 상고심 판결에서는 확인소송을 정하는 근거에 있어 주 행정법원 판결과 달리 권력분립원칙에 대한 언급이 전혀 없었음을 볼 때 더욱 그러하다. 이행소송은 권력분립원칙에 배치되는 것이 아니라 오히려 권력분립원칙에 의하여 작동하는 것이기 때문이다(S. Detterbeck, Streitgegenstand und Entscheidungswirkung im Öffentlichen Recht, S. 155.).

또한 원고는, 학교가 윤리과목을 편성하고 개설해야 하는 이유로, 이러한 수업에 대해 종교단체(교회)가 어떤 특권을 가지고 있는 것은 아니며 오히려 정규과목으로서 종교수업의 유지를 통해 교회에게 이에 대한 의무가 이전되는 것처럼, 학교에서의 윤리-도덕교육을 위해서는 국가가 이를 수행해야 한다고 주장하였다. 그 근거로 종교교육의 역사나 Weimar 헌법에서도 나타나는 중립성은 현재의 기본법에서도 유지되는 것이라 하였다. 이에 대한 근거로, 바덴-뷔르템베르크 주 헌법 제12조 제1항에서 하나님에 대한 경외와 크리스트교적 이웃 사랑을 교육 목표로 정하고 있으며 동조 제2항은 종교단체를 명시적으로 종교교육의 수행자로 정하고 있는데, 만약 종교교육이 순수하게 교회 내적인 사안이었다면 이러한 규정들이 필요하지 않았다는 것이다. 그러므로 국가는 교회에 종교교육에 대한 임무를 위임한 것이며 각 주는 바덴-뷔르템베르크 주 헌법이 표명한 바와 같이 종교교육에 대한 국가적 이익 아래 있다. 이를 통해 신앙을 가지고 있는 초등학교 학생에게 특권이 주어진다면 이는 헌법에 부합하지 않게 되므로, 윤리과목의 교육은 종교교육과 병렬적으로 또는 보충적으로 이뤄져야 함이 자명하다는 것이다.

이러한 이유에서 원고는, 현 문화부령은 기본법 제7조와 평등원칙에 위배되는 것이며 피고에게 학교법 제100a조 제3항에 따라 새로이 법규명령을 발령할 의무가 있다고 주장하였다. 그러나 주 행정법원은 원고의 청구를 기각하였다.

(a) 윤리과목 편성 요구권의 존부

원고는 학교법 제100a조로부터 초등학교에 윤리과목을 편성해줄 것을 요구할 권리를 도출할 수 없다. 학교법 제100a조 제1항은 종교수업에 참석하지 않는 학생들을 위하여 윤리과목을 정규과목으로 편성할 것을, 제2항은 윤리교육의 내용적 측면을, 제3항은 문화부가 시행령을 통해서 학교의 종류 및 학기에 따라 어느 시점에 윤리과목 수업을 들어야 할 것인지에 정할 것을 각각 규정하고 있으나, 이 규정으로부터 부모에게 어떤 주관적 권리가 주어지는 것은 아니라고 보았다. 동조 제3항의 규정에서는 어떤 조건에서 윤리과목의 교육이 이뤄질 것인지를 확정하는 법률상의 임무가 발견될 뿐이다. 결국 학교법 제100a조는 단지 공익에 기여하는 규정일 뿐이고, 초등학교의 어떤 학기에 윤리교육을 실시할 것인지에 대해서는 문화부에게 행위여지가 주어진다.

원고가 주장하는 권리가 헌법상 직접 도출될 수 있는 권리인지에 대해서는 먼저 기본법 제7조 제1항이 문제된다. 기본법 제7조 제1항은 모든 학교제도를 국가의 감독 아래에 두고 있다. 이에 의하여 국가는 모든 국민들에게 능력에 따라 현대 사회에 적합한 교육기회를 제공하는 교육제도를 보장한다는 목적을 위해 학교에 대한 계획을 수립하고 조직을 확립한다. 국가의 형성영역에는 학교의 조직적 구성뿐만 아니라 교육과정의 내용적 확정 및 교육목표도 포함된다. 기본법 제7조가 정하고 있는 국가의 교육에 대한 임무는 각각의 어린이가 책임있는 사회의 구성원으로 양성한다는 것을 내용으로 하며[11] 세부적인 교육임무의 형성은 기본법 제30조 및 제70조 이하에 따라 각 주의 권한에 속한다.

이에 따라 바덴-뷔르템베르크 주 헌법 제12조와 학교법 제1조 제1항 및 제4조는 교육의 임무를 구체화하였다. 주 헌법 제12조 제1항에 따르면 신에 대한 경외심과 기독교적 이웃사랑의 정신에서는 형제애와 평화애를, 민족과 조국(또는 고향: Heimat)에 대한 사랑에서는 윤리적, 정치적 책임의식, 직업적, 사회적 훈련(연단: Bewährung), 그리고 자유민주주의적 사상을 갖도록 교육하여야 한다고 규정하고 있다. 제2항은 책임있는 교육 수행자를 국가만이 아니라 부모, 종교단체, 지방자치단체 및 각 주로 하여, 국가의 교육독점을 부정하는 헌법적 보장을 담고 있다.

---

11) BVerfGE 34, 165 (182); BVerfGE 47, 26 (71 f.).

그러나 기본법 제7조 제1항과 주 헌법 제12조 및 학교법 제1조에서 규정하는 국가의 교육임무는 객관적 법으로 이해되어야 한다. 기본권 제7조 제1항은 기본권이 아니라 조직규범이므로 이러한 임무를 수행하는 국가에 대한 어떤 주관적 권리는 기본법 제7조 제1항만으로는 도출할 수 없다.

또한 원고는 그의 헌법상 교육에 대한 기본권을 이유로 초등학교에서의 윤리과목 편성을 주장할 수 없다. 먼저 기본법 제2조 제1항의 일반적 인격권에서 위와 같은 교육에 대한 기본권을 도출해낼 수 있는 지 문제되는데, 과거 연방행정법원이 이를 긍정한 바는 있다.[12] 다만 국가의 확정권한에 따라 입법자에게는 광범위한 형성의 여지가 주어질 것이다. 이러한 교육에 대한 기본권의 보장을 통해 원고가 그의 주장을 직접 관철시킬 수 있을 것인지에 대해서는 부정적이다. 교육에 대한 기본권은 당사자, 특히 각각의 학생들에게 주어지는 것이지 부모에게 속하는 것이 아니기 때문이다.

한편, 원고는 기본법 제6조 제2항에서 자연적 권리로서 자녀의 부양과 교육에 대한 권리를 가지고 이는 세계관적-종교적 관점에 있어서도 동일하다. 그렇다면, 부모의 교육권과 종교의 자유로부터 부모가 자녀의 초등학교에서 윤리과목의 편성을 요구할 수 있는 권리가 있는지 문제된다. 그러나 이 경우에도 초등학교에서 윤리과목이 편성되지 않았다는 것이 부모의 종교적, 세계관적 관점에서의 교육에 대한 권리를 침해하는 것은 아니다. 오히려 원고는 국가의 간섭 없이 그의 자녀를 그의 바람에 따라 교육할 수 있는 것이다. 그렇다고 그 자녀를 강제로 종교수업에 참석시킴으로 기본권 제7조 제2항이 규정하고 있는 교육권자의 결정권을 침해하는 것도 아니다. 동 조항에 따라 허용되지 않는 것은 국가가 종교수업의 선택에 대한 적극적 또는 소극적 영향력을 미치는 경우

12) BVerwGE 47, 201 (206); 56, 155 (158).

이다.

기본법 제6조 제2항 1문과 제4항 제1항 및 제2항의 종교 및 세계관적 문제들을 포괄하는 부모의 교육권으로부터 특정한 과목의 편성을 요구할 권리가 바로 주어지는 것은 아니다. 기본법 제7조 제1항에 의한 국가의 학교에 대한 임무는 부모의 교육에 대해 열위에 놓여있는 것이 아니라 동등한 것이다. 부모의 권리나 학교의 교육임무 어디에도 절대적인 우위가 주어지지 않는다. 그러므로 학교는 원칙적으로 부모에게 구속받음 없이 교육의 목표를 추구할 수 있고 교육과정을 정할 수 있고 수업교재를 정할 수 있는 것이다.

(b) 종교교육에 대한 국가의 형성권한과 중립성

국가에게는 기본법 제7조 제1항에 따라 수업과목과 교육내용의 형성에 대한 권한이 주어지고 이에 따라 윤리과목의 편성을 위한 권한도 주어진다. 또한 국가는 신앙의 자유를 포괄적으로 보장하고 이를 통해 종교적인 세계관에 대해 중립성을 지닐 것을 의무로 하지만, 그렇다고 사회적 결합에서 기인하고 국가의 임무이행에 의존되는 문화적으로 전래되고 역사적인 바탕을 가진 가치 확신과 견해를 버릴 수 없다. 이러한 점에서 중요한 사상적 전통, 가치경험 및 행위모범을 계승하는 것이 국가에게 의미 없는 일일 수 없다. 특히 사회의 문화적 기초를 계승하고 발전시키는 학교 교육에 대해서는 더욱 그러하다.[13] 그러나 이로써 윤리교육의 목적이 이를 위해 별도로 편성된 과목에서 달성될 수 있을 것이라고 할 수는 없다. 이와 같은 과목의 편성에 앞서 학교교육에서 윤리적 문제를 다루지만 다른 과목과의 관련 하에, 부분적으로만 다룰 뿐이다.

기본법 제7조 제3항 1문과 2문, 주 헌법 제18조 제1항과 제2항은

13) BVerwGE 107, 75 (79).

공립학교에서의 종교수업이 종교와 무관한 학교를 제외하고는 정규교과목임을 규정하고 있다. 학교에 대한 국가의 감독권에도 불구하고 종교수업은 종교단체가 담당한다. 종교단체는 위 규정들에서 언급된 조건과 기준 하에서 국가에 대하여 해당 신앙의 내용에 맞는 종교교육을 편성해줄 것을 요구할 권리가 인정된다. 이는 종교단체가 가지는 종교의 자유를 적극적으로 실현하는 수단이다. 연방행정법원은 종교단체를 단일한 또는 여러 종교 교리를 가진 신자들이 공통의 신앙을 통해 주어진 임무를 다방면에서 이행하기 위해 통합된 단체로 이해하고 있다.[14)]

원고의 주장과는 달리, 그렇다고 해서 국가가 종교단체에게 윤리-도덕에 대한 교육의 임무를 완전히 넘겨준 것은 아니다. 오히려 기본법 제7조 제3항은 종교단체가 "국가적 영역"에서 그의 기본권을 수행할 수 있도록 하는 것이다. 이러한 점에서 기본법은 종교단체가 적법한 교육임무의 이행 안에서 정규과목으로서 종교를 가르칠 것이라고 믿고 있는 것이다. 교육의 임무는 국가에서 종교단체나 다른 주체로 이전되는 것이 아니라, 국가가 교육에 대한 독점을 가지고 있지 않다는 것을 의미한다. 국가는 비록 감독권을 가지고 있기는 해도 교육의 여러 주체 중 하나일 뿐이다.[15)]

종교수업은 다른 과목에 비해 특별한 지위를 가지고 있으며 이는 종교교육이 국가의 감독권을 침해하지 않는 범위에서 종교단체의 교리에 따라 행해진다는 기본법 제7조 제3항 2문의 합치명령(Übereinstimmungsgebot)에서 주어진다. 즉, 종교수업은 그 내용을 해당 종교의 교리원칙으로 하는 것이지, 종교의 초교파적인 비교, 단순한 도덕률이나 도의교육, 역사적 혹은 상대화된 종교학, 종교역사, 성서역사는 이에 해당되지 않는다. 이와 같이, 기본법이 종교교육을 공립학교의 정규과목으로 두었고 이에 따라 종교적 세계관의 교육이 이뤄짐에도 불

---

14) BVerwG 123, 49 (54).
15) BVerfGE 34, 165 (183).

구하고 바이마르 헌법 제137조 제7항과 현 기본법 및 주 헌법에 근거를 두고 있는 국가작용의 종교적, 세계관적 중립성 원칙은 원칙적으로 공립학교에서 종교적 세계관에 대한 수업을 할 가능성을 세계관적 단체에게도 허용하고 있다.16) 그렇기 때문에 개별적인 경우 종교와 세계관을 구별하기가 더욱 어려워질 수 있다. 물론 국가는 다양한 종교 및 세계관적 단체들의 평등원칙에 따른 행위를 주의하여야 하고 자신을 어떤 특정한 종교 및 세계관적 단체와 동일시해서는 안 된다.17)

기본법 제7조 제3항에서 헌법제정자는 종파적인 종교수업이나 세계관 수업이 무교 학교의 예외 하에서 공립학교의 정규과목이라는 것을 의식적으로 결정하였다. 또한, 국가에 명령되는 종교적-세계관적 중립성은 거리를 두고 국가와 교회를 엄격하게 분리하는 것이 아니라 개방적이고, 포괄적이며 모든 종파를 위한 신앙의 자유를 균등하게 진흥하는 태도로 이해할 수 있다. 기본법 제4조 제1항 및 제2항은 적극적인 의미에서, 신앙고백의 적극적 행동과 세계관적 종교영역에 대한 자치적 인격의 실현을 보호하는 영역을 요구한다.

결국, 원고는 기본법 제7조 제3항 1문과 2문 및 주 헌법 제18조 1문과 2문에 따라 초등학교에 윤리과목을 편성해줄 것을 요구할 수 없다. 윤리수업에 있어서는 종파관련적 종교 및 윤리교육이 아니라 종파중립적인 수업이 중요한 것이며 내용적으로 국가에 책임이 있는 수업이지 종교단체나 세계관적 단체의 책임이 아니다. 그러므로 원고가 어떤 세계관적 단체에 가입되어있는지와 그 일원으로서 그의 자녀를 위해 세계관적 수업의 편성을 요구할 수 있을 것인지는 여기에서 중요하지 않다.

---

16) 세계관적 단체(Weltanschauungsgemeinschaften)는 종교단체에 대비되는 단체로 주로 무교적, 비종교적 세계관의 보호를 위하여 조직된 법인이다. 대표적으로 Humanistischer Verband Deutschlands(HDV)와 같은 단체가 있으며 이들은 일정한 조건 하에서 공법인으로서의 지위를 가진다.

17) BVerfGE 108, 282 (299 f.).

(c) 평등원칙

끝으로 기본권 제3조 제3항 1문[18]의 평등원칙이 문제된다. 제3항은 입법자에게 주어지는 형성의 자유를 좁게 정하여, 동조 제1항이 규정하는 일반적 평등원칙을 더욱 강화하는 규정이다. 여기에서 명시적으로 신앙과 종교를 언급하고 있고 무교적 세계관에 대해서는 언급한 바가 없으나 역시 기본법 제3조 제3항 제1문의 특별한 차별금지에 포함된다고 본다.

위의 심사기준에 의하는 경우 윤리과목을 초등학교 1학년부터 편성하지 않은 것이 기본법 제3조 제3항 제1문을 침해한다고 보기 어렵다. 윤리과목의 수업이 7학년 내지 8학년부터 시작하기 때문에 그 동안 원고는 종교를 가진 자녀들이 1학년부터 종교수업에 참여하는 것에 비해, 그의 자녀를 위한 윤리-도덕 교육을 해주어야 할 부담을 안게 된다. 여기에서 윤리과목을 정규과목으로서 편성하는 것은 원고의 주장처럼 장점으로만 볼 수 없고 교육의무를 만드는 것이 되어 누군가에게는 단점이 될 수도 있다. 또한 기본법 제7조 제1항에 따라 국가가 교육임무를 실현함에 있어 가지는 형성의 여지를 벗어났다고 보기 어렵다.

(3) 연방행정법원

연방행정법원은 반복되는 위험의 측면에서 과거 사실에 대한 확인의 이익이 주어진다고 보았다(행정소송법 제43조 제1항). 그러나 본안에 있어서는 원심과 같이 원고의 주장은 이유가 없다고 보아 이를 기각하였다. 특히 중요한 점은, 연방행정법원이 종교적 중립성을 아래에서 다

---

18) 기본법 제3조
(3) 누구든지 성별, 가문, 종족, 언어, 고향과 출신, 신앙, 종교적 또는 정치적 견해 때문에 불이익을 받거나 특혜를 받지 아니한다. 누구든지 장애를 이유로 불이익을 받지 아니한다.

뤄지는 "비동일성 원칙"과 중립성 명령의 주관화, 그리고 "진흥적 중립성"으로 인식하였다는 것이다.

III. 국가의 종교적, 윤리적 중립성

1. 국가의 중립성: 통일적 법개념?

(1) 중립성 개념의 기원과 용법

1) 기원과 확장

중립성은 종종 독립성, 다양성, 비당파성, 공정성 등과 병렬적으로 사용된다. 종래 중립성 개념이 가장 직접적으로 논의된 영역은 대내적으로는 국가와 교회의 관계, 즉, 종교에 대한 국가의 중립성[19]과 대외적으로 국가 간의 중립정책이었으나 점차 국가 내의 질서관계(예를 들어 공무원의 중립성)를 위해 사용되고 국가와 사회영역(예를 들어 교육, 방송 등) 혹은 각 권한영역의 기능관계(예를 들어 사법부의 독립성과 중립성) 등으로 확장되어왔다.[20] 또한 중립성은 헌법상 민주주의 원리와도 밀접한 연관성이 있다. 헌법상 민주적 질서의 출발점은 인간의 인식에 대한 한계와 오류 가능성을 전제로 하기 때문에 민주적 질서는 특정의 종교적 내지 세계관적 지도표상에 구속되어서는 안 된다는 것이다.[21] 이러한 설명은 국가의 중립성에 대한 기본적 관념을 이해하는 데에는 도움이 되나 중립성 개념을 확실히 도출해내는 어떤 근본적 결정이나 학문적 해명이 되기는 힘들다.[22] 초창기 독일 연방헌법재판소 역시 중립성 개념을 "세

19) 같은 견해로는 S. Huster, Die ethische Neutralität des Staates, S. 12.
20) 기원에 대해서는 K. Schlaich, Neutralität als verfassungsrechtliches Prinzip, S. 26 ff.
21) K. Hesse, Grundzüge des Verfassungsrechts der Bundesrepublik Deutschland, 20. Aufl., Rn. 159.
22) S. Huster, Die ethische Neutralität des Staates, S. 12.

계관에 있어 중립적인 국가"라고 표현한 바는 있으나, 그 내용을 특정할 수도, 특정해서도 안 된다고 하였을 뿐이다.

2) 경제정책의 중립성 테제

중립성 개념의 용법 중 잘 알려진 것은 경제정책의 중립성이다. 소위 "경제정책의 중립성 테제(Die These von der wirtschaftspolitischen Neutralität)"란, 독일기본법으로부터 어떤 특정한 경제정책이나 경제 질서에 대한 확정을 도출할 수 없다는 독일연방헌법재판소 판례의 일관된 태도이다.[23] 즉, 법치국가적 원칙의 준수 하에서 입법자는 헌법적으로 정당한 경제정책 및 경제 질서를 정해야 하며,[24] 헌법으로부터 직접 도출되어지는 경제질서는 이에 따라 "중립적이고 개방적"이라는 것이다.[25]

일반적 행동의 자유권, 일반적 인격권, 직업의 자유, 재산권의 보장 등 기본법의 각 규정들은 독일 헌법이 자유 시장 경제적 관점에 기반하고 있음을 보여주나 동시에 기본법은 제20조에 사회국가원리를 두고 있다. 국가는 사회적 법치국가의 목표들을 형성하고, 구체화하고, 달성하기 위한 헌법상 의무를 지고,[26] 입법자는 이 형성의 임무를 이행함에 있어 사회국가원리에 구속되어 사회적 대립에 있어서 정당한 사회적 조정을 고려해야만 한다.[27] 이러한 이유로 기본법상 경제정책은 중립적이 아니라 "사회적 시장경제질서(soziale Marktwirtschaft)"라는 견해도 매우 유력하게 제시된다.[28]

---

23) BVerfGE 4, 7 (17 f.).; 7, 377 (400).; 12, 341 (347).; 14, 263 (275).; 26, 16 (37.); 27, 253 (283).; 30, 292 (315).; 50, 290 (336 f.).

24) P. M. Huber, Öffentliches Wirtschaftsrecht, in: Schmidt-Aßmann/Schoch (Hrsg.), Besonders Verwaltungsrecht, 3. Kap., Rn. 19.

25) BVerfGE 4, 7 (17 f.).

26) BVerfGE 100, 271 (284).

27) BVerfGE 22, 180 (204); 50, 57 (108); 100, 271 (284).

28) 자세한 내용은, G. Robbers, in: Bonner Kommentar GG, Art. 20 Abs. 1, Rn. 1715; P. M. Huber, Öffentliches Wirtschaftsrecht, in: Schmidt-Aßmann/Schoch (Hrsg.),

그러나 경제정책의 중립성 테제에 의하면 독일 기본법상 어떤 확정적이고 완결되어진 경제체계를 위한 규범적 표현이 헌법에 존재하는 것은 아니기 때문에[29] 결국 입법자가 어떤 방법과 수단으로 사회국가원리에 도달하거나 추구하여야 하는 가에 대한 경제정책을 형성할 자유를 가진다는 것이지[30] 독일 헌법이 어떤 경제정책에 대해서도 무관심하다거나 무조건 분리되어야 한다는 의미가 아니다. 즉, 경제정책의 중립성은 어디까지나 "의식적인 개방성(bewusste Offenheit)"이지 경제 질서를 위한 가치판단의 기본적 방향마저 부인한다는 것은 아니다.[31] 오히려 이러한 의식적 개방성을 통해 헌법상 경제정책의 체계적 폐쇄성을 방지할 수 있게 된다. 입법자에게는 사회국가원리는 물론 다른 헌법적 규정, 특히 기본권과의 관련성을 고려하여 정당한 사회적 질서를 형성할 의무와 일정한 경제 질서를 형성할 의무가 주어진다.[32] 경제정책의 중립성은 사회국가원리가 한편으로는 국민경제적 이익 보장이나 사회적 급부제공의 보호를, 다른 한편으로는 자유권의 실현과 장려를 목표로 함을 보장하며[33] 이에 따라 법적인 경제 질서, 특히 공공경제법(öffentliches Wirtschaftsrecht)의 입법에 대한 헌법적 해석의 한계가 된다.

3) 시사점

이와 같은 경제정책의 중립성은 중립성 개념을 어떤 식으로 이해할

Besonders Verwaltungsrecht, 3. Kap., Rn. 19. 또한, 이 견해는 독일 경제학의 주류와 경제정책이 이른바 질서자유주의(Ordoliberalismus)에 입각하고 있다는 점에서 더욱 유력하게 제시된다.

29) 독일기본법의 해석에 있어서, 어떤 견해에 따르든 이 명제는 동일하게 받아들여진다. J. Ziekow, Öffentliches Wirtschaftsrecht, § 3, Rn. 7.

30) K. -P. Sommermann, in: v. Mangoldt/Klein/Starck (Hrsg.), Grundgesetz Kommentar, Bd. II., 5. Aufl., Art. 20, Rn. 103.

31) K. Hesse, Grundzüge des Verfassungsrechts der Bundesrepublik Deutschland, 20. Aufl., Rn. 21.

32) BVerfGE 59, 231 (263); 69, 272 (314).

33) K. -P. Sommermann, in: v. Mangoldt/Klein/Starck (Hrsg.), Grundgesetz Kommentar, Bd. II., 5. Aufl., Art. 20, Rn. 108 ff.

것이며 어떤 상황에 사용될 것인지에 대한 중요한 시사점을 제공한다. 첫째, 중립성 명령은 특정 가치의 판단이나 결정과 결코 무관하지 않다. 둘째, 헌법상 중립성 명령은 헌법의 통일적 해석, 특히 다른 (자유권적) 기본권과의 관련성 하에 놓여있다. 셋째, 중립성 명령의 실현은 원칙적으로 행위규범적인 설정에 관련되며 따라서 입법자의 형성여지에 속한다.[34] 넷째, 중립성 명령은 외형상 또는 실질적으로 대립되는 양 관점, 영역, 제도, 정책 등이 최적으로 실현될 필요가 있는 분야에서 주요한 국가의 행위전략으로 나타난다. 다섯째, 국가의 행위전략이라는 차원에서, 중립성 명령은 헌법상 명문의 규정 존부와 관계없이 헌법의 여러 원리들을 토대로 하여 인정될 수 있다.

(2) 현행 헌법 및 법률 규정의 해석

1) 정치적 중립성

명시적 언급을 발견하기 힘든 독일 기본법과 달리, 현행 헌법은 일단 중립성을 "정치적 중립성"으로 언급하고 있긴 하다. 헌법 제5조 제2항은 국군의 정치적 중립성 준수의무를 규정하였고 제7조 제2항은 공무원의 신분과 정치적 중립성이 법률에 의하여 보장된다는 것을, 그리고 제31조 제4항이 교육의 중립성을 "교육의 자주성 · 전문성 · 정치적 중립성 및 대학의 자율성은 법률이 정하는 바에 의하여 보장"됨을 규정하였다. 현행 헌법은 일관되게 "정치적 중립성"이라는 표현을 사용하고 있으나 무엇이 '정치적인 것'인가는 현행 헌법의 해석은 물론 헌법 이론적으로도 오랜 논란의 대상이다. 그러나 '정치적인 것'을 (헌)법으로부터 철저히 배제하려는 견해와 달리, 헌법의 정치성을 헌법의 특성으로 보는 견해에 의할 경우 정치적 중립성은 매우 광범위한 세계관에 대한 문제가 될 수 있다. 그렇다면 비록 "정치적 중립성"이라는 표현을 사용하고

34) 이러한 점에서 중립성 명령은 법치국가적 구성요소가 될 수도 있다. C. Starck, in: v. Mangoldt/Klein/ders. (Hrsg.), GG Kommentar, Art. 4, Rn. 22.

또한 명문의 헌법 규정을 두고 있음에도 과연 중립성이 무엇인지에 대한 논의는 계속될 수밖에 없다.

2) 교육의 중립성과 교육이념의 설정

헌법 제31조 제4항의 교육의 자주성·전문성·정치적 중립성은 교육제도에 대한 헌법적 보장을 위한 기본원칙으로 볼 수 있다. 헌법재판소는 교육의 자주성 · 전문성 · 정치적 중립성을 헌법에 직접 규정하여 이를 보장하는 것은 교육이 국가의 백년대계이며 국가의 안정적인 성장, 발전을 위해 교육이 외부세력의 부당한 간섭에 영향 받지 않도록 교육자 내지 교육전문가에 의해 주도되고 관할되어야 할 필요가 있기 때문이라고 설시한 바 있다.[35] 제4항의 규정은 단지 수동적, 방어적 성격에 한정되지 않으며 또한 제6항이 학교교육 및 평생교육을 포함한 교육제도와 그 운영, 교육재정 및 교원의 지위에 관한 법률유보 규정을 두고 있다는 점에서 입법자에 의해 구체적으로 형성될 필요를 보여준다.

또한, 현행 헌법과 교육 관련 법령은 독일과 달리 공립학교에서의 종교수업을 인정하지 않는다. 예를 들어 현행 「교육기본법」 제6조 제2항은 "국가와 지방자치단체가 설립한 학교에서는 특정한 종교를 위한 종교교육을 하여서는 아니 된다."고 규정하고 있다. 또한 동법 제6조 제1항은 "제1항은 "교육은 교육 본래의 목적에 따라 그 기능을 다하도록 운영되어야 하며, 정치적·파당적 또는 개인적 편견을 전파하기 위한 방편으로 이용되어서는 아니 된다."고 하여 중립성을 명시적으로 명령하고 있다. 그러나 동시에 우리 헌법은 "자유민주적 기본질서"나 "평화적 통일"과 같은 세계관적 결정을 서문에 두고 있으며 더 나아가 「교육기본법」은 제2조에서 교육이념을 "홍익인간(弘益人間)의 이념"이라고 규정하고 있다.[36] 널리 사람을 이롭게 한다는 홍익인간의 이념은 공동선

---

35) 헌재결 1992. 11. 12. 89헌마88.

36) 「교육기본법」 제2조 "교육은 홍익인간(弘益人間)의 이념 아래 모든 국민으로 하여금 인격을 도야(陶冶)하고 자주적 생활능력과 민주시민으로서 필요한 자질을 갖추

(Gemeinwohl)으로 설명할 수 있다. 그렇다면 이는 어떤 합의가 아니라 지도형상(Leitbild)이며, 윤리적 척도이며, 실정법을 위한 추상적 지침이다.[37] 국가는 공동체의 '좋은 삶'을 실현하기 위하여 지침으로서의 공동선을 실정법을 통해 구체화할 의무를 가진다. 이러한 점에서 볼 때, 현행 헌법과 「교육기본법」상 교육이념은 세계관적 가치판단을 포기한 것이 아니라 오히려 적극적으로 결정을 내리고 있다.

2. 세계관적 중립성: 국가의 윤리적 중립성

(1) 비교개념으로서 윤리

개념적으로 이미 윤리(Ethik)가 무엇인지는 간단히 서술할 수 없다. 종래 법학은 윤리개념을 규범적 의미의 법이나 도덕(Moral)과 일정한 공통점을 가지고 있으나 그럼에도 구별되는 비교개념으로 보아왔다. 윤리는 인간의 행동에 있어 일반적으로 구속력을 가지고 있는 어떤 기준이나 지침 혹은 방향성을 말한다.[38] 또한 윤리는, 무엇이 허용되고 무엇이 금지된 것인지에 대한 자각과 이 자각에 따라 행동할 의무가 있다고 생각함으로써 인간의 내면에 본래적으로 존재하는 옳고 그름에 대한 확신,[39] 즉, 양심(Gewissen)의 문제와 관련된다. 그러므로 양심에 따라 어떤 결정을 내린다는 것을 윤리적인 결정, 판단이라 할 수 있다. 어떤 결정이나 판단이 윤리적인(ethisch)이라는 것은 선과 악, 좋은 것과 나쁜 것에 대한 판단의 기준을 충족하고 있거나 이에 상응하는 방향으로 나

게 함으로써 인간다운 삶을 영위하게 하고 민주국가의 발전과 인류공영(人類共榮)의 이상을 실현하는 데에 이바지하게 함을 목적으로 한다."

37) J. Isensee, Konkretisierung des Gemeinwohls in der freiheitlichen Demokratie, in: von Arnim/Sommermann (Hrsg.), Gemeinwohlgefährdung und Gemeinwohlsicherung, S. 95 (105 f.).

38) 이와 관련하여, 이상돈, 기초법학, 제2판, 318면 이하.

39) BVerwGE 7, 242 (246); 계희열, 헌법학(中), 328면.

아가는 것을 말한다.[40] 그러나 무엇이 선한 것 혹은 악한 것이며 무엇이 좋은 것 혹은 나쁜 것인지, 무엇이 공동체와 타인을 위한 것인지 아닌지는 공동체 구성원인 각 개인마다 매우 상이한 관점을 가지고 있을 뿐만 아니라 시간적, 공간적 조건에도 크게 영향을 받는다. 결국 윤리적인 것은 매우 강력한 세계관의 영향 아래 놓여있는 것이며, 이 세계관에 큰 영향을 미치는 것이 교육, 제도, 공동체의 법이다.

(2) 중립성과 윤리개념

한편 중립성 개념의 발전은 현대 공동체에서 중요한 문제로 제기되는 윤리적 다원주의의 문제와 직결된다. Huster가 적절히 표현한 바와 같이, 현대 사회의 특징은 그 구성원들이 매우 다양한 삶의 방향에 대한 측면을 가지고 있으며 이들이 결코 통일적으로 합치되지 않는다는 점에 있다.[41] 윤리적 다원주의는 이러한 특징을 더욱 강화시켜 이제는 종교적 문제뿐만 아니라 문화적, 전통적인 신념이나 이해의 의미를 계속 희석시키고 있다. 중립성의 논의는 이러한 신념의 문제에 대한 보편성의 요청과 다원적 공동체에서 법이 어느 정도 윤리적 문제를 다루어야 할 것인지에 대한 숙고이기도 하다.[42] 윤리적 중립성은 세계관에 기반한 양심의 결정을 강제하거나 획일화시켜서도 안되지만 반대로 모든 세계관으로부터 무관심한 것을 말하지도 않는다.[43] 특히 국가는 공동체의 전통적 가치관이나 헌법적 가치, 문화적 유산, 공동체의 통합을 위한 교

---

40) 그러므로 양심은 "행태의 윤리적 가치과 비가치에 대한 주관적 자각(의식)"이라 할 수 있다. 계희열, 헌법학(中), 328면.

41) S. Huster, Die ethische Neutralität des Staates, S. 5.

42) S. Huster, Die ethische Neutralität des Staates, S. 321 ff.

43) 예를 들어, 국제구호단체인 적십자위원회(ICRC)의 중립성-비당파성 원칙은 결코 세계관적 무관심이 아니라 종교, 인종, 정치이념에 종속되지 않고 사회구호, 분쟁조정, 보건 및 인간의 존엄성 고양을 위해 활동함을 의미한다. 다소 가상적이라 하더라도 어떤 세계관적 관점에 의할 경우 적십자위원회의 이러한 원칙을 결코 '중립적'이지 않다고 볼 수도 있다.

육을 실시할 수 있다. 그러나 위와 같은 목적들은 언제든 중립성을 훼손하는 다른 이념이나 가치와 혼용될 수 있고 이를 명확히 구별하는 것은 용이하지 않다. 불명확한 '중립성' 개념에 더욱 서술하기 어려운 '윤리' 개념이 추가되면서, 윤리적 중립성을 무엇이라 서술하는 것은 더욱 난제가 되었다. 그렇다고 윤리적 중립성을 단순히 세계관으로부터 거리를 두는 정도로 이해하거나, 세계관으로부터 무관한 의미로 여겨버리는 경우 오히려 중립성의 위반을 방치하거나 경우에 따라 더 크게 훼손할 가능성을 열어두게 된다.

2015. 1. 20. 제정되고 2015. 7. 21. 시행된 「인성교육진흥법」을 예로 들어볼 수 있다. 동법은 제1조에서 "이 법은 「대한민국헌법」에 따른 인간으로서의 존엄과 가치를 보장하고 「교육기본법」에 따른 교육이념을 바탕으로 건전하고 올바른 인성(人性)을 갖춘 국민을 육성하여 국가사회의 발전에 이바지함을 목적으로" 함을 밝히고 있다. 나아가 제2조 1호에서 인성교육을 "자신의 내면을 바르고 건전하게 가꾸고 타인·공동체·자연과 더불어 살아가는 데 필요한 인간다운 성품과 역량을 기르는 것을 목적으로 하는 교육"으로, 핵심가치 · 덕목의 정의를 제2호에서 "인성교육의 목표가 되는 것으로 예(禮), 효(孝), 정직, 책임, 존중, 배려, 소통, 협동 등의 마음가짐이나 사람됨과 관련되는 핵심적인 가치 또는 덕목"으로, 핵심역량의 정의를 "핵심 가치 · 덕목을 적극적이고 능동적으로 실천 또는 실행하는 데 필요한 지식과 공감 · 소통하는 의사소통능력이나 갈등해결능력 등이 통합된 능력"이라 정의하고 있다.

그러나 동법의 제정이유는 "오늘날 고도의 과학기술 및 정보화시대에 강조되는 정보기술의 발전과 활용의 원천은 인간에게 있고, 인간의 건전하고 올바른 인성(人性) 여하에 따라 그 의미와 가치가 달라진다는 점에서 보다 장기적이고 진정한 경쟁력은 인성에 달려있다."고 하여 인성교육의 목표에 대한 시장경제적 가치 우위를 보여주고 있다. 위 제정이유를 충실히 실현하여 동법상의 인성교육종합계획 등이 수립되고 시행될 경우 국가의 윤리적 중립성과 충돌할 우려가 있다. 여기에서 한편으로는 국가가 세계관과 무관하지 않으나, 다른 한편으로는 특정 세계관에 의한 행위를 회피해야 한다는 국가의 윤리적 중립성을 어떻게 설명할 것인지 문제되지 않을 수 없다.

(3) 문제의 제기

현행 헌법에서도 국가의 중립성은 매우 다양한 영역에서 나타나고 있으며 각각 영역특수적 기능과 성격을 가짐과 동시에 국가와 사회영역 혹은 국가법질서와 사회 규율 간의 관계라는 공통점을 가지고 있다. 앞서 중립성의 개념과 용법, 특히 경제정책의 중립성을 통한 용법과 시사점을 분석하였다. 그러나 국가의 종교적, 윤리적 중립성의 문제에 이들을 곧바로 대입시키는 것은 충분한 숙고가 필요하다. 종교와 윤리, 양심의 문제는 보다 인간의 정신적인 사유에 직결되며 이에 대한 중립성 위반은 그 자체로 곧바로 기본권 침해가 될 수도 있다. 또한 중립성 명령이 통일적 법원칙으로서 통용될 것인지에 대해서, 특히 영역포괄적인 원칙으로 인정될 것인지에 대해서는 부정적인 견해가 많다.[44] 다만 분명한 것은, 중립성의 개념은 과거와 같은 국가의 소극적이고 수동적인 태도, 거리를 두려는 태도에서 점차 적극적인 형성의 측면으로, 더 나아가 조정자와 중재자로서의 역할로 바뀌어가고 있다는 점이다.

이하에서는 독일 연방행정법원과 연방헌법재판소의 판례를 통해 전개되어온 종교적 중립성 명령의 발전을 살펴보면서 국가의 세계관적 중립성, 즉, 윤리적, 종교적 중립성에 대한 시사점을 발견하고자 한다.[45]

---

44) 이에 대하여는, K. Schlaich, Neutralität als verfassungsrechtliches Prinzip, S. 219 ff.

45) 이에 대해서는 특히 다음 문헌에서 소개된 판례를 주로 소개하였다. C. D. Classen, Religionsfreiheit und Staatskirchenrecht in der Grundrechtsordnung; E. W. W. Busse, Das Prinzip staatlicher Neutralität und die Freiheit der Religionsübung; S. Huster, Die ethische Neutralität des Staates, passim.

3. 종교적 중립성에 대한 독일 판례의 변화

(1) 분리원칙(Trennungsgrundsatz)

1) 중립성과 분리원칙의 동일시

초창기 연방헌법재판소는 포교활동과 관련된 사건에서 종교적 중립성을 "세계관에 있어 중립적인 국가"로 표현하면서 "신앙과 불신앙을 평가하지 않는 것", "그러나 모든 성격의 자유로운 종교행위를 보호하려는 것이 아니라, 오늘날 문화국민들에게 있어 어느 정도 일치된 윤리적 기본관점이 근간에 형성되어 있는 종교를 보호하는 것"이라고 판시한 바 있다.[46] 그러나 이 판결은 헌법상 근거에 대한 설명이 부족하고, 위 중립성 명령의 개념을 통해 사안 적절한 해결방안을 그다지 찾기 힘들며 중립성 명령의 개념이라기보다 그 내용을 서술하는 것이란 비판을 받는다.[47]

이후 연방헌법재판소는 1960년대 판결에서 국가의 중립성을 엄격한 분리로 이해하였다. 국가는 정교분리의 원칙 아래에서 종교와 세계관을 중립적으로 맞세우고 있다는 것이다.[48] 이러한 엄격한 분리는 정교분리 및 종교단체의 자율성 및 자치행정에 대한 Weimar 헌법 제137조 제3항과 기본법 제140조의 규정에 따른 것으로 이에 따라 국가와 교회와의 관계는 "중립적" 지위에 놓이게 된다고 본 것이다. 이후, 국가의 중립성을 분리로 이해하는 소위 분리원칙(Trennungsgrundsatz)은 연방헌법재판소[49]는 물론 각급 법원에서도 지배적인 견해로 나타났다.[50] 그러나 이하에서 상세히 보듯, 분리원칙은 학계의 비판에 직면하게 된다.

---

46) BVerfGE 12, 1 (4).

47) 위 비판에 대해서는, S. Huster, Die ethische Neutralität des Staates, S. 12.

48) BVerfGE 19, 1, (7 f.).

49) BVerfGE 18, 385 ff.

50) 중립성과 분리원칙이 동의어로 여겨지기도 하였다. 이에 대해, E. W. W. Busse, Das Prinzip staatlicher Neutralität und die Freiheit der Religionsübung, S. 62.

2) 예외

분리원칙은 국가와 교회의 엄격한 분리를 요구하기 때문에 종교에 대한 국가의 일체의 개입이나 교회의 국가에 대한 일체의 영향력 행사를 부정한다. 이로 인해 특히 국가의 교회에 대한 지원이나 협력 등을 어떻게 볼 것인지 문제된다. 분리원칙 하에서는 특히 다음의 두 가지 상황을 분리원칙의 예외로 둘 수밖에 없었다.

(a) 공립학교의 종교교육

연방행정법원 역시 국가와 교회의 독립성 및 헌법의 기본적 결단에 따라 의욕된 분리는 불가침의 것으로 보았고 개별적인 사례에서도 예외가 인정되지 않는 것이라고 보았으나,[51] 다만 기본법 제7조 제3항 제1문의 종교교육만을 예외로 보았다.[52] 연방행정법원은 공립학교에서의 종교교육의 문제를 중립성명령의 예외이자 분리원칙의 예외로 보았으며, 연방헌법재판소가 개진한 중립성명령과 분리원칙의 연결을 수용하였다.[53]

(b) 국가의 지원정책

종교에 관련된 건물의 신축이나 유지, 보수 등을 위하여 국가가 이를 지원하는 경우 국가의 중립성명령을 위반하는 것인지 문제될 수 있다. 연방헌법재판소는 종교관련 건물의 건축 등에 부과하는 교회 건축세(Kirchenbausteuer) 관련 사건에서 교회 건축물 등에 대한 국가의 지원

51) BVerwGE 25, 226 (230).
52) BVerwGE 42, 346 (348).
53) E. W. W. Busse, Das Prinzip staatlicher Neutralität und die Freiheit der Religionsübung, S. 64.

가능성 문제를 논하면서 이 문제를 곧바로 중립성명령의 예외로 보지 않고 추가적인 조건을 요구하였다. 즉, 교회나 목사관 등은 본래 종교적 용도로 건축되는 것이기 때문에 이들의 건축을 바로 국가의 일반적 문화임무(allgemeine kulturaufgabe)라고 볼 수는 없으나, 일반적 의미의 건물유적 또는 문화유적이 된다면 부수적인 결과로 종교 유적들을 국가적 유적으로 보호하고 이를 지원하는 국가의 행위를 허용할 수 있다는 것이다.[54] 그러나 연방행정법원은 중립성 명령과 분리원칙을 명시적으로 언급하였고 또한 중립성 명령이 국가의 지원 가능성과 대립한다는 것을 인식함에도 불구하고 그대로 이를 예외로 인정하였다.[55]

(2) 중립적 협력

1) 협력의 필수성

1970년대 중반부터 중립성 명령을 분리원칙으로 보던 견해에 변화가 생기기 시작하였다. 앞서 언급한 바와 같이 1960년대 후반 학계에서는 분리원칙에 대한 비판이 개진되었다. 중립성을 분리원칙에 연결 또는 동일시하는 태도는 교회의 권력에 대항하여 세속적 이념의 권력이 점차 성장하면서 대항해왔다는 역사적 인식을 바탕으로 하여 중립성을 투쟁수단(Kampfmittel) 혹은 투쟁개념(Kampfbegriff)으로 인식하는 데에 기인한다.[56] 그러나 소위 분리원칙은 투쟁적 개념으로 발전해온 것이 아니라, 화해 또는 조정의 조석이다.[57] 국가는 "세속화된 국가"가 되었고 점차 "세계관에 있어 중립적인 국가"가 되는 한편, 교회는 독자성을 가지게 되었으나 내세만이 아닌 현세에 대한 정신적-종교적 임무를 수행함에 있어 독립성을 요구하는 것이며 사회에 대한 국가질서와 권위의 불가결성을 인정하게 된다. 국가와 교회는 국민 혹은 교인이라는 같은

---

54) BVerfGE 19, 206 (223).
55) BVerwGE 35, 90 (92).
56) M. Heckel, Die Kirchen unter dem Grundgesetz, VVDStRL 26 (1968), S. 5 (9).
57) M. Heckel, Die Kirchen unter dem Grundgesetz, VVDStRL 26 (1968), S. 5 (27).

인간, 같은 사회에 대한 책임을 지게 되며 이로서 합리적인 협력의 필요성이 발생하는 것이다.[58] 이런 측면에서 보면 엄격한, 완전한 분리테제는 이미 가능하지 않다.

2) 분리원칙으로부터의 해방: 영역구별이론과 대등원칙

교회의 처분이 교회 내에만 미치는 것인지 아니면 국가의 영역에도 영향을 미치는 것인지의 문제는 결국 교회 내적인 사안이 현행 법률에 구속되는 가의 문제로 이에 대한 논의는 이미 이전의 연방헌법재판소 판결에서도 발견된다.[59] 위 판결에서는 어떤 본질적인 교회질서의 부분이 존재하고 이에 대해 국가가 일반적인 법률에 의한 형태의 제한을 형성할 능력이 없다는 점과, 국가의 관할영역에 대한 어떠한 직접적인 효력이 없는 규정들은 교회 내적 사안으로 머물러 있다는 점을 발견하게 되고 반대로 교회가 직접 정한 규정이 국가가 규율할 수 있는 공적, 사적 영역으로 넘어와서 직접 효력을 미치는 경우는 거의 없다는 점이다. 여기에서 국가와 종교는 영역을 통해 구별된다. 이른바 영역구별이론(Bereichsscheidungslehre)은 국가와 교회가 원칙적으로 각자의 사안에 대해 각각 규율한다는 것이다. 연방행정법원은 중립성 명령에서 중립이란 특정 당파에 속하는 것이 아니라 초당파적 및 비당파적 지위를 수용하는 것으로 보았다.[60] 여기에서 영역구별이론은 대등원칙(Paritätsgrundsatz)을 내용으로 하게 된다. 즉, 초당파적 및 비당파적 지위를 가진 국가는 각각의 종교나 종교 및 신앙단체를 대등하게 대하여야 하고 특히 법적 규율에 있어 특별 지위를 인정하지 않는다는 것이다.[61]

---

58) BVerfGE 42, 312 (330 f.).

59) BVerfGE 18, 385 (386 ff.).

60) BVerwGE 87, 115 (127 f.)

61) C. D. Classen, Religionsfreiheit und Staatskirchenrecht in der Grundrechtsordnung, S. 116.

주의할 점은, 이러한 영역구별이론과 대등원칙은 앞서 언급한 분리원칙과 구별된다는 것이다. 분리원칙은 "불가침의", 그러므로 극히 예외적인 경우를 제외하고는 국가가 종교에 대해 거리를 두어야만 한다는 것임에 반해, 영역구별이론과 대등원칙은 그 기원을 국가의 지원가능성, 다시 말해 "적극적인 종교진흥(positive Religionspflege)"에 두고 있다.[62] 이에 따라 국가는 단지 거리를 두고 있는 분리테제를 넘어 종교의 진흥과 지원을, 또는 종교단체 간을 조정하는 지위에 있는 것이다.[63] 연방행정법원 역시 종교단체 간의 분쟁에 있어서 국가가 그의 관할 영역 내에서는 초당파적 결정권자로서 중도적이고 중개적인 역할을 수행하지만, 국가의 결정에 있어서 세계관적 혹은 종교적 고려가 포함되는 것은 중립성 명령의 기준에 의하여 허용될 수 없다고 보았다.[64]

(3) 중립성 명령의 주관화

"비동일화(Nicht-Identifikation) 원칙"은 일반 국가론에서 제안된 원칙으로 H. Krüger는 이를 "자유권적 기본권의 준수 하에서의 자기이해" 라는 관점에서 전개하였다.[65] 비동일화 원칙은 국가가 종교와 동일화되는 것을 현대 국가의 본질과 의미에 상충된다고 보아 허용되지 않는다고 본다. 문제는 국가의 모든 행위나 처분이 종교와 무관하거나 분리되는 것이 아니므로, 언제 "허용되지 않는" 동일화가 되는 것인지 명확한

---

62) BVerwGE 87, 115 (127 f.).

63) BVerfG, Beschluss vom 26. März 2001 - 2 BvR 943/99; S. Huster, Die ethische Neutralität des Staates, S. 204; E. W. W. Busse, Das Prinzip staatlicher Neutralität und die Freiheit der Religionsübung, S. 47.

64) E. W. W. Busse, Das Prinzip staatlicher Neutralität und die Freiheit der Religionsübung, S. 76.

65) H. Krüger, Allgemeine Staatslehre, S. 178 ff.; K. Schlaich, Neutralität als verfassungsrechtliches Prinzip, S. 236 ff. 개인적 자유권에 근거한다는 점에서 비동일화 원칙은 "기본권적 중립성 개념"으로 표현되기도 한다. S. Huster, Die ethische Neutralität des Staates, S. 105 f.; E. W. W. Busse, Das Prinzip staatlicher Neutralität und die Freiheit der Religionsübung, S. 51 f.

답을 주기 힘들다. 그러나 비동일화 원칙은 중립성의 문제를 기본권과 관련시켜 혹은 기본권으로부터 도출시켜 논의하였다는 의미가 있다.

1995년 소위 "십자가 결정(Kurzifix-Beschluss)"에서도 연방헌법재판소는 중립성 의무를 기본법 제4조 제1항에서 직접 도출하였다.[66] 연방헌법재판소는 십자가를 문화적 혹은 초교파적인 인도주의의 상징으로 볼 수 없고 특정 종교적 상징이라는 점에서 교실에 십자가를 두도록 규정한 바이에른 주 시행령을 위헌이라고 보았다. 여기에서 주의할 점은, 십자가 결정으로 인하여 국가의 종교적 중립성이 공공영역에서 모든 종교적 측면을 제거한다는 것으로 이해해서는 안 되고 다만 "관용(Toleranz)", "비동일화" 그리고 "동등대우"과 같은 헌법상의 내용들을 포괄한다는 것이다. 마찬가지로 중립성은 종교적 세계관에 대한 완전한 무관심이나 엄격한 정교분리적(laizistisch) 구별을 의미하는 것도 아니다.[67] 오히려 국가는 그의 중립성을 종교나 세계관에 대한 개방성(Offenheit)을 통해 표명한다는 것이다. 이러한 개방적인 태도는 종교나 세계관의 영역으로부터 국가가 후퇴하고 수동적이 되는 것이 아니라 오히려 적극적으로 기본법 제4조를 조직적으로 보장하는 것이다.[68] 연방헌법재판소의 "십자가 결정"과 연방행정법원의 판결은 동일하게 "국가는 문화적으로 전래되고 역사적인 바탕을 가진 가치확신과 견해를 버릴 수는 없다"는 명제를 세웠다.[69]

그러나 이에 대한 비판으로, 헌법상 국가의 중립성의무는 거의 대부분 객관법적 원칙으로 이해되고 이로부터 바로 주관적 권리가 주어지지 않는다는 점이다. 이러한 이유로 중립성 명령이 기본권적으로 주관화된 판결들은 비판되어왔다. 그러나 이 비판에 대해서도 결국 객관적

66) BVerfGE 93, 1 (16 f.).

67) BayVerfGH, NJW 1997, S. 3157 ff.; BVerwGE 109, 40 (46 f.).

68) BayVerfGH, NJW 1997, S. 3157 ff.; E. W. W. Busse, Das Prinzip staatlicher Neutralität und die Freiheit der Religionsübung, S. 83.

69) BVerfGE 93, 1 (21 f.); BVerwGE 107, 75 (79).

중립성과 주관적 권리 간 사실상 엄격한 구별이 항상 가능한 것인지 문제될 것이며, 중립성 명령과 관련된 각각의 자유권적 기본권 및 평등권의 규정내용이 합치될 수 있는지 또는 구별될 수 있는지 여부와 정도에 대한 문제가 지적된다.[70)]

(4) 사전배려적 중립성과 진흥적 중립성

사전배려적(vorsorgende) 중립성은 연방헌법재판소의 십자가 판결과 이후 연방행정법원의 판결[71)]을 통해 제시되었다. 사전배려적 중립성은 이전의 거리를 두는 태도나 수동적, 방어적인 의미의 국가의 중립성에 대한 반대개념이다. 특히 사전배려적 중립성은 독일이 정교분리의 국가가 아니라는 전제에 서 있다.[72)] 그러므로 중립성 개념에 기존의 분리원칙을 받아들이지 않고 다만 "존중과 사전배려적인" 중립성을 지향한다. 이 중립성은 사회 내에서의 종교적 평온을 위협하지 않도록 유의할 의무를 말한다. 그러므로 십자가 판결에서 제시된 "국가는 문화적으로 전래되고 역사적인 바탕을 가진 가치확신과 견해를 버릴 수는 없다"는 명제와 함께 사회의 종교적 평온을 위하여 종교 분쟁을 회피할 고권적 사전배려의무가 동시에 존재한다.[73)]

한편 연방헌법재판소는 2003년 머리수건(Kopftuch)금지 판결에서 국가에게 명령되는 중립성은 국가와 교회 간의 엄격한 분리의 의미에서의 거리를 두는 중립성이 아니라 "개방적이고 포괄적이며 모든 종파를 위한 신앙의 자유를 동등하게 진흥하는 국가의 태도"라고 하였다.[74)] 즉, 종교 간의 분쟁을 회피하기 위한 사전배려적 중립성에서 이제는 진흥적

---

70) S. Huster, Die ethische Neutralität des Staates, S. 39.
71) BVerwGE 109, 40 (48).
72) BVerwGE 110, 326 (338); E. W. W. Busse, Das Prinzip staatlicher Neutralität und die Freiheit der Religionsübung, S. 89 ff.
73) BVerwGE 116, 359, (360 ff.).
74) BVerfGE 108, 282 (300).

(fördernde) 중립성으로 전개되어가고 있는 것이며, 2007년 연방헌법재판소는 "개방적이고 포괄적이며 모든 종파를 위한 신앙의 자유를 동등하게 진흥"한다는 진흥적 중립성을 다시 선언하였다.[75)]

4. 전망

독일 연방행정법원과 연방헌법재판소의 판례를 통해 살펴본 중립성 원칙의 전개는 무엇보다도 그 영역에 있어서 특수한 관계에 놓여있는 국가와 종교 사이의 관계를 바탕으로 하고 있다. 정교분리의 원칙을 명시적으로 두고 있는지 그렇지 않은지에 따라 많은 차이가 있을 것은 분명하나, 그럼에도 불구하고 국가의 "중립적"인 태도가 무엇인지는 현행 헌법에서의 종교의 자유를 해석함에 있어서 충분한 시사점을 줄 것으로 생각된다. 뿐만 아니라, 종교의 자유를 넘어 국가와 사회의 관계에 대해 국가가 "중립적"인 태도를 취한다는 것은 아무런 신념과 가치판단이 없는 중립(Neutrum)이 아니라,[76)] 문화적으로 전래되고 역사적 바탕을 가진 가치확신과 견해를 유지하는 중립성임을 알 수 있다. 반면에 이러한 적극적 의미의 중립성이 해당 영역 국가가 무분별하게 개입하는 것을 방임하는 통로가 되어서도 안 될 것이다.

이런 의미에서 국가의 중립성은 국가의 행위나 결정에 대한 한계를 설정하는 원칙이 될 수 있다. 즉, 중립성은 현대 법치국가의 본질적인 구성요소로서 국가작용의 내용적 한계나 국가임무의 범위를 설정하게 된다.[77)] 다만 여기에서 다시 반복되는 문제는, 중립성의 개념을 일반적, 통일적인 법개념으로 사용할 수 있는가이다.

---

75) BVerfGK 10, 423 (NVwZ 2008, S. 73); E. W. W. Busse, Das Prinzip staatlicher Neutralität und die Freiheit der Religionsübung, S. 91.

76) E. W. W. Busse, Das Prinzip staatlicher Neutralität und die Freiheit der Religionsübung, S. 175.

77) C. Starck, in: v. Mangoldt/Klein/ders. (Hrsg.), GG Kommentar, Art. 4, Rn. 22.

IV. 결어

현대 사회는 다양성에 대한 요청과 우려가 공존한다. 종교적 세계관은 이 다양성이 가장 극명하게 대치될 수 있는 지점이므로 국가의 중립성 명령은 종교적 중립성에 그 기원을 두었고 출발점에서 중립성은 상호 존중과 이해보다는 분리하는 데에 중점이 있었다. 그러나 독일 연방행정법원과 연방헌법재판소가 전개해온 중립성 개념의 논의는 국가와 교회, 나아가 국가와 사회의 관계성 변화를 염두에 두고 있음을 알 수 있다. 동시에 윤리적 다원주의의 요청에 대해서도 이를 단순히 가치 상대주의로 인식하는 것이 아니라, 다양한 신념과 생활방식이 자유롭고 공평하게 이루어지는 공동체 생활을 보장하기 위한 가치판단을 하고 있다. 다양성에 대한 요청과 이에 따른 갈등은 어느 특정한 국가의 특정한 상황이 아닌 다분히 보편적으로 발생하고 있고 그 양상도 종교는 물론 역사관, 지역, 직역 또는 조직 간 갈등으로 나타나고 있다. 다원적 갈등관계에서 국가는 어떤 행위전략을 취할 것인가? 해외 판례의 비교법적 연구를 통해 일단 이에 대한 문제를 제기하였으며 추후 더 많은 논의가 있기를 희망한다.

참고문헌

계희열, 헌법학(中), 박영사, 신정2판, 2007.

이상돈, 기초법학, 제2판, 2010.

Busse, Elmar Wolfgang Walter, Das Prinzip staatlicher Neutralität und die Freiheit der Religionsübung: Eine Analyse der Rechtsprechung zum ethische-Religiösen Neutralitätsgebot, 2013.

Classen, Claus Dieter, Religionsfreiheit und Staatskirchenrecht in der Grundrechtsordnung, 2003.

Detterbeck, Streitgegenstand und Entscheidungswirkung im Öffentlichen Recht

Heckel, Martin, Die Kirchen unter dem Grundgesetz, VVDStRL 26 (1968), S. 5 ff.

Hesse, Konrad, Grundzüge des Verfassungsrechts der Bundesrepublik Deutschland, 20. Aufl., 1995.

Huber, Peter Michael, Öffentliches Wirtschaftsrecht, in: Schmidt-Aßmann/Schoch (Hrsg.), Besonders Verwaltungsrecht

Huster, Stefan, Die ethische Neutralität des Staates: Eine liberale Interpretation der Verfassung, 2002.

Isensee, Josef, Konkretisierung des Gemeinwohls in der freiheitlichen Demokratie, in: von Arnim/Sommermann (Hrsg.), Gemeinwohl-gefährdung und Gemeinwohlsicherung,

Robbers, Gerhard, in: Bonner Kommentar GG, Art. 20 Abs. 1, 2012.

Schlaich, Klaus, Neutralität als verfassungsrechtliches Prinzip, 1972.

Sommermann, Karl-Peter, in: v. Mangoldt/Klein/Starck (Hrsg.), Grundgesetz Kommentar, Bd. II., 6. Aufl., 2010.

Starck, Christian, in: v. Mangoldt/Klein/ders. (Hrsg.), Grundgesetz Kommentar, Art. 4. Bd. I, 6. Aufl., 2010.

Ziekow, Jan, Öffentliches Wirtschaftsrecht, 2. Aufl., 2010.

국문초록

본 연구는 2014년 독일 연방행정법원 판례 분석으로 Urteil v. 6. April 2014 BVerwG 6 C 11. 13에서 설시된 국가의 종교적·윤리적 중립성과 윤리과목 편성 요구권을 중심으로 하여 국가의 중립성에 대한 논의를 개진하였다. 독립성, 다양성, 비당파성, 공정성 등의 개념을 통해 설명되던 중립성은 헌법상 민주주의 원리와 밀접한 관련성을 가지며 여러 헌법 규정에서도 사용되었으나 통일적 법원칙으로 인정될 것인지에 대해서는 논란의 여지가 있다. 먼저 중립성 개념의 기원과 사용례, 특히 경제정책의 중립성 테제를 통해 중립성 개념의 이해를 위한 시사점을 도출하였다. 다음으로는 특히 종교의 중립성에 대한 독일 연방행정법원과 연방헌법재판소의 판례를 통해 중립성 개념이 철저한 분리에서 대등원칙, 비동일성원칙 및 주관적 중립성 명령에 입각한 중립적 협력으로 변화하고 더 나아가 사전배려적 중립성, 진흥적 중립성으로 발전하였음을 살펴보았다. 국가의 중립성은 아무런 신념이나 가치판단을 하지 않는 의미가 아니라 오히려 문화적, 역사적 확신과 견해를 유지한다. 동시에 중립성 명령은 국가의 무분별한 개입에 대한 한계를 설정한다.

주제어: 중립성 명령, 종교의 자유, 평등원칙, 분리원칙, 비동일성원칙, 관용, 사전배려적 중립성, 진흥적 중립성

Abstract

The religious, ethical neutrality of the state and a right to the establishment of the subject of ethics

Kay, Inkook*

This article is devoted to give an overview of a case of the German Federal Administrative Court (Bundesverwaltungsgericht) Urteil v. 6. April 2014 BVerwG 6 C 11. 13 and thus the neutrality of the state is explained in detail. The ethical, religious neutrality is often presented with the terms "independence, impartiality, diversity and justice" and refers to the principle of democracy. At first, this study described the concept of neutrality and its manner of use in the context of history and the "thesis of the economic policy of neutrality (These von der wirtschaftspolitischen Neutralität)." Thereafter the jurisprudence of the German Federal Administrative Court and the German Federal constitutional Court (Bundesverfassungsgericht) on the religious neutrality is analyzed. Here we find the development of neutrality commandment, from the strict principle of separation to neutral cooperation, "precautionary" or "promoting" neutrality. The state should not get rid of his culturally and historically rooted value. At the same time, the state must respect the limit of intervention.

Keywords: state neutrality, freedom of religion, principle of equality, separation principle, non-identity principle,

* Judicial Policy Research Institute, Research Fellow (Dr. jur.)

tolerance, preventive neutrality, promoting neutrality

투고일: 2015. 11. 25.
심사일: 2015. 12. 15.
게재확정일: 2015. 12. 17.

附　　錄

研究倫理委員會 規程

研究論集 刊行 및 編輯規則

「行政判例研究」 原稿作成要領

歷代 任員 名單

月例 集會 記錄

研究倫理委員會 規程

제1장 총 칙

제 1 조 (목적)

이 규정은 사단법인 한국행정판례연구회(이하 "학회"라 한다) 정관 제26조에 의하여 연구의 진실성을 확보하기 위하여 설치하는 연구윤리위원회(이하 "위원회"라 한다)의 구성 및 운영에 관한 기본적인 사항을 정함을 목적으로 한다.

제 2 조 (적용대상)

이 규정은 학회의 정회원·준회원 및 특별회원(이하 "회원"이라 한다)에 대하여 적용한다.

제 3 조 (적용범위)

연구윤리의 확립 및 연구진실성의 검증과 관련하여 다른 특별한 규정이 없는 한 이 규정에 따른다.

제 4 조 (용어의 정의)

이 규정에서 사용하는 용어의 정의는 다음과 같다.

1. "연구부정행위"는 연구를 제안, 수행, 발표하는 과정에서 연구목적과 무관하게 고의 또는 중대한 과실로 행하여진 위조·변조·표절·부당한 저자표시 등 연구의 진실성을 심각하게 해치는 행위를 말한다.
2. "위조"는 존재하지 않는 자료나 연구결과를 허위로 만들고 이를 기록하거나 보고하는 행위를 말한다.
3. "변조"는 연구와 관련된 자료, 과정, 결과를 사실과 다르게

변경하거나 누락시켜 연구가 진실에 부합하지 않도록 하는 행위를 말한다.

4. “표절”은 타인의 아이디어, 연구 과정 및 연구결과 등을 정당한 승인 또는 적절한 인용표시 없이 연구에 사용하는 행위를 말한다.
5. “부당한 저자 표시”는 연구내용 또는 결과에 대하여 학술적 공헌 또는 기여를 한 자에게 정당한 이유 없이 저자 자격을 부여하지 않거나, 학술적 공헌 또는 기여를 하지 않은 자에게 감사의 표시 또는 예우 등을 이유로 저자 자격을 부여하는 행위를 말한다.

제2장 연구윤리위원회의 구성 및 운영

제5조 (기능)

위원회는 학회 회원의 연구윤리와 관련된 다음 각 호의 사항을 심의 · 의결한다.

1. 연구윤리 · 진실성 관련 제도의 수립 및 운영 등 연구윤리확립에 관한 사항
2. 연구윤리 · 진실성 관련 규정의 제·개정에 관한 사항
3. 연구부정행위의 예방 · 조사에 관한 사항
4. 제보자 및 피조사자 보호에 관한 사항
5. 연구진실성의 검증·결과처리 및 후속조치에 관한 사항
6. 기타 위원장이 부의하는 사항

제6조 (구성)

① 위원회는 위원장과 부위원장 각 1인을 포함하여 7인 이내의 위원으로 구성한다.

② 위원장은 부회장 중에서, 부위원장은 위원 중에서 회장이 지명

한다.

③ 부위원장은 위원장을 보좌하고 위원장의 유고시에 위원장의 직무를 대행한다.

④ 위원은 정회원 중에서 회장이 위촉한다.

⑤ 위원장과 부위원장 및 위원의 임기는 1년으로 하되 연임할 수 있다.

⑥ 위원회의 제반업무를 처리하기 위해 위원장이 위원 중에서 지명하는 간사 1인을 둘 수 있다.

⑦ 위원장은 위원회의 의견을 들어 전문위원을 위촉할 수 있다.

제 7 조 (회의)

① 위원장은 필요한 경우 위원회의 회의를 소집하고 그 의장이 된다.

② 회의는 재적위원 과반수 출석과 출석위원 과반수 찬성으로 의결한다. 단 위임장은 위원회의 성립에 있어 출석으로 인정하되 의결권은 부여하지 않는다.

③ 회의는 비공개를 원칙으로 하되, 필요한 경우에는 위원이 아닌 자를 참석시켜 의견을 진술하게 할 수 있다.

제 3 장 연구진실성의 검증

제 8 조 (연구부정행위의 조사)

① 위원회는 구체적인 제보가 있거나 상당한 의혹이 있는 경우에는 연구부정행위의 존재 여부를 조사하여야 한다.

② 위원회는 조사과정에서 제보자·피조사자·증인 및 참고인에 대하여 진술을 위한 출석과 자료의 제출을 요구할 수 있다.

③ 위원회는 연구기록이나 증거의 멸실, 파손, 은닉 또는 변조 등을 방지하기 위하여 상당한 조치를 취할 수 있다.

제 9 조 (제보자와 피조사자의 권리 보호)

① 위원회는 어떠한 경우에도 제보자의 신원을 직·간접적으로 노출시켜서는 안 된다. 다만, 제보 내용이 허위인 줄 알았거나 알 수 있었음에도 불구하고 이를 신고한 경우에는 보호 대상에 포함되지 않는다.

② 위원회는 연구부정행위 여부에 대한 검증과정이 종료될 때까지 피조사자의 명예나 권리가 침해되지 않도록 노력하여야 한다.

제10조 (비밀엄수)

① 위원회의 위원은 연구부정행위의 조사, 판정 및 제재조치의 건의 등과 관련한 일체의 사항을 비밀로 하며, 검증과정에 직·간접적으로 참여한 자는 검증과정에서 취득한 정보를 누설하여서는 아니 된다.

② 위원장은 제 1 항에 규정된 사항으로서 합당한 공개의 필요성이 있는 때에는 위원회의 의결을 거쳐 공개할 수 있다. 다만, 제보자 · 조사위원·증인·참고인·자문에 참여한 자의 명단 등 신원과 관련된 정보가 당사자에게 부당한 불이익을 줄 가능성이 있는 때에는 공개하지 아니한다.

제11조 (제척 · 기피·회피)

① 위원은 검증사건과 직접적인 이해관계가 있는 때에는 당해 사건의 조사·심의 및 의결에 관여하지 못한다. ② 제보자 또는 피조사자는 위원에게 공정성을 기대하기 어려운 사정이 있는 때에는 그 이유를 밝혀 당해 위원의 기피를 신청할 수 있다. 위원회에서 기피신청이 인용된 때에는 기피 신청된 위원은 당해 사건의 조사·심의 및 의결에 관여하지 못한다.

③ 위원은 제 1 항 또는 제 2 항의 사유가 있다고 판단하는 때에는 회피하여야 한다.

④ 위원장은 위원이 검증사건과 직접적인 이해관계가 있다고 인정하는 때에는 당해 검증사건과 관련하여 위원의 자격을 정지할 수 있다.

제12조 (의견진술, 이의제기 및 변론기회의 보장)

위원회는 제보자와 피조사자에게 관련 절차를 사전에 알려주어야 하며, 의견진술, 이의제기 및 변론의 기회를 동등하게 보장하여야 한다.

제13조 (판정)

① 위원회는 위원들의 조사와 심의 결과, 제보자와 피조사자의 의견진술, 이의제기 및 변론의 내용을 토대로 검증대상행위의 연구부정행위 해당 여부를 판정한다.

② 위원회가 검증대상행위의 연구부정행위 해당을 확인하는 판정을 하는 경우에는 재적위원 과반수 출석과 출석위원 3분의 2 이상의 찬성으로 한다.

제4장 검증에 따른 조치

제14조 (판정에 따른 조치)

① 위원장은 제13조 제1항의 규정에 의한 판정결과를 회장에게 통보하고, 검증대상행위가 연구부정행위에 해당한다고 판정된 경우에는 위원회의 심의를 거쳐 그 판정결과에 따라 필요한 조치를 건의할 수 있다.

② 회장은 제1항의 건의가 있는 경우에는 다음 각 호 중 어느 하나의 제재조치를 하거나 이를 병과할 수 있다.

1. 연구부정논문의 게재취소
2. 연구부정논문의 게재취소사실의 공지
3. 회원의 제명절차에의 회부

4. 관계 기관에의 통보

5. 기타 적절한 조치

③ 전항 제2호의 공지는 저자명, 논문명, 논문의 수록 권·호수, 취소일자, 취소이유 등이 포함되어야 한다.

④ 회장은 학회의 연구윤리와 관련하여 고의 또는 중대한 과실로 진실과 다른 제보를 하거나 허위의 사실을 유포한 자가 회원인 경우 이를 제명절차에 회부할 수 있다.

제15조 (조사결과 및 제재조치의 통지)

회장은 위원회의 조사결과 및 제재조치에 대하여 제보자 및 피조사자 등에게 지체없이 서면으로 통지한다.

제16조 (재심의)

피조사자 또는 제보자가 판정결과 및 제재조치에 대해 불복할 경우 제15조의 통지를 받은 날부터 20일 이내에 이유를 기재한 서면으로 재심의를 요청할 수 있다.

제17조 (명예회복 등 후속조치)

검증대상행위가 연구부정행위에 해당하지 아니한다고 판정된 경우에는 학회 및 위원회는 피조사자의 명예회복을 위해 노력하여야 하며 적절한 후속조치를 취하여야한다.

제18조 (기록의 보관) ① 학회는 조사와 관련된 기록은 조사 종료 시점을 기준으로 5년간 보관하여야 한다.

부 칙

제1조 (**시행일**) 이 규정은 2007년 11월 29일부터 시행한다.

研究論集 刊行 및 編輯規則

제정: 1999. 08. 20.
제1차 개정: 2003. 08. 22.
제2차 개정: 2004. 04. 16.
제3차 개정: 2005. 03. 18.
전문개정: 2008. 05. 26.
제5차 개정: 2009. 12. 18.

제1장 총　　칙

제1조 (目的)

이 규칙은 사단법인 한국행정판례연구회(이하 "학회"라 한다)의 정관 제27조의 규정에 따라 연구논집(이하 '논집'이라 한다)을 간행 및 편집함에 있어서 필요한 사항을 정함을 목적으로 한다.

제2조 (題號)

논집의 제호는 '行政判例研究'(Studies on Public Administration Cases)라 한다.

제3조 (刊行週期)

① 논집은 연 2회 정기적으로 매년 6월 30일, 12월 31일에 간행함을 원칙으로 한다.

② 전항의 정기간행 이외에 필요한 경우는 특별호를 간행할 수 있다.

제4조 (刊行形式)

논집의 간행형식은 다음 각 호의 어느 하나에 의한다.

1. 등록된 출판사와의 출판권 설정의 형식
2. 자비출판의 형식

제5조 (收錄對象)

① 논집에 수록할 논문은 다음과 같다.

1. 발표논문: 학회의 연구발표회에서 발표하고 제출한 논문으로서 편집위원회의 심사절차를 거쳐 게재확정된 논문
2. 제출논문: 회원 또는 비회원이 논집게재를 위하여 따로 제출한 논문으로서 편집위원회의 심사절차를 거쳐 게재확정된 논문
3. 그 밖에 편집위원회의 심사절차와 간행위원회의 의결을 거쳐 수록하기로 한 논문 등

② 논집에는 부록으로서 다음의 문건을 수록할 수 있다.

1. 학회의 정관, 회칙 및 각종 규칙
2. 학회의 역사 또는 활동상황
3. 학회의 각종 통계

③ 논집에는 간행비용의 조달을 위하여 광고를 게재할 수 있다.

제6조 (收錄論文要件)

논집에 수록할 논문은 다음 각호의 요건을 갖춘 것이어야 한다.

1. 행정판례의 평석 또는 연구에 관한 논문일 것
2. 다른 학술지 등에 발표한 일이 없는 논문일 것
3. 이 규정 또는 별도의 공고에 의한 원고작성요령 및 심사기준에 부합하는 학술연구로서의 형식과 품격을 갖춘 논문일 것

제 7 조 (著作權)

① 논집의 편자는 학회의 명의로 하고, 논집의 개별 논문에는 집필자(저작자)를 명기한다.

② 학회는 논집의 편집저작권을 보유한다.

제 2 장 刊行委員會와 編輯委員會

제 8 조 (刊行 및 編輯主管)

① 논집의 간행 및 편집에 관한 업무를 관장하기 위하여 학회에 간 행위원회와 편집위원회를 둔다.

② 간행위원회는 논집의 간행에 관한 중요한 사항을 심의·의결한다.

③ 편집위원회는 간행위원회의 결정에 따라 논집의 편집에 관한 업무를 행한다.

제 9 조 (刊行委員會의 構成과 職務 등)

① 간행위원회는 편집위원을 포함하여 회장이 위촉하는 적정한 수의 위원으로 구성하고 임기는 1년으로 하되 연임할 수 있다.

② 간행위원회는 위원장, 부위원장 및 간사 각 1인을 둔다.

③ 간행위원장은 위원 중에서 호선하고, 부위원장은 학회의 출판담당 상임이사로 하고, 간사는 위원 중에서 위원장이 위촉한다.

④ 간행위원회는 다음의 사항을 심의·의결한다.

1. 논집의 간행계획에 관한 사항
2. 논집의 특별호의 기획 등에 관한 사항
3. 이 규칙의 개정에 관한 사항
4. 출판권을 설정할 출판사의 선정에 관한 사항
5. 그 밖에 논집의 간행과 관련된 중요한 사항

⑤ 간행위원회는 다음 각 호의 경우에 위원장이 소집하고, 간행위원회는 위원 과반수의 출석과 출석위원 과반수의 찬성으로 의결

한다.

1. 회장 또는 위원장이 필요하다고 판단하는 경우
2. 위원 과반수의 요구가 있는 경우

제10조 (編輯委員會의 構成과 職務 등)

① 편집위원회는 학회의 출판담당 상임이사를 포함하여 회장이 이사회의 승인을 얻어 선임하는 10인 내외의 위원으로 구성하고 임기는 3년으로 한다.

② 편집위원회는 위원장, 부위원장 및 간사 각 1인을 둔다.

③ 편집위원장은 위원 중에서 호선하고, 부위원장은 학회의 출판담당 상임이사로 하고, 간사는 위원 중에서 위원장이 위촉한다.

④ 편집위원회는 다음의 사항을 행한다.

1. 이 규칙에 의하는 외에 논집에 수록할 논문의 원고작성요령 및 심사기준에 관한 세칙의 제정 및 개정
2. 논문심사위원의 위촉
3. 논문심사의 의뢰 및 취합, 종합판정, 수정요청 및 수정후재심사, 논집에의 게재확정 또는 거부 등 논문심사절차의 진행
4. 논집의 편집 및 교정
5. 그 밖에 논집의 편집과 관련된 사항

⑤ 편집위원회는 다음 각 호의 경우에 위원장이 소집하고, 위원 과반수의 출석과 출석위원 과반수의 찬성으로 의결한다.

1. 회장 또는 위원장이 필요하다고 판단하는 경우
2. 위원 과반수의 요구가 있는 경우

제3장 論文의 提出과 審査節次 등

제11조 (論文提出의 基準)

① 논문원고의 분량은 A4용지 20매(200자 원고지 150매) 내외로 한다.

② 논문의 원고는 (주)한글과 컴퓨터의 "문서파일(HWP)"로 작성하고 한글사용을 원칙으로 하되, 필요한 경우 국한문혼용 또는 외국어를 사용할 수 있다.

③ 논문원고의 구성은 다음 각 호의 순서에 의한다.

1. 제목
2. 목차
3. 본문
4. 한글초록·주제어
5. 외국어초록·주제어
6. 참고문헌
7. 부록(필요한 경우)

④ 논문은 제1항 내지 제3항 이외에 편집위원회가 따로 정하는 원고작성요령 또는 심사기준에 관한 세칙을 준수하고, 원고는 편집위원회가 정하여 공고하는 기한 내에 출판간사를 통하여 출판담당 상임이사에게 제출하여야 한다.

제12조 (論文審査節次의 開始)

① 논문접수가 완료되면 출판담당 상임이사는 심사절차에 필요한 서류를 작성하여 편집위원장에게 보고하여야 한다.

② 편집위원장은 전항의 보고를 받으면 편집위원회를 소집하여 논문심사절차를 진행하여야 한다.

第13조 (論文審査委員의 委囑과 審査 依賴 등)

① 편집위원회는 간행위원, 편집위원 기타 해당 분야의 전문가 중에서 심사대상 논문 한 편당 3인의 논문심사위원을 위촉하여 심사를 의뢰한다.

② 제 1 항의 규정에 의하여 위촉되어 심사를 의뢰받는 논문심사위원이 심사대상 논문 또는 그 제출자와 특별한 관계가 명백하게 있어 논문심사의 공정성을 해할 우려가 있는 사람이어서는 안 된다.

第14조 (秘密維持) ① 편집위원장은 논문심사위원의 선정 및 심사의 진행에 관한 사항이 외부로 누설되지 않도록 필요한 조치를 취하여야 한다.

② 편집위원 및 논문심사위원은 논문심사에 관한 사항을 외부로 누설해서는 안 된다.

第15조 (論文審査의 基準) 논문심사위원이 논집에 수록할 논문을 심사함에 있어서는 다음 각 호의 기준을 종합적으로 고려하여 심사의견을 제출하여야 한다.

1. 제 6 조에 정한 수록요건
2. 제11조에 정한 논문제출기준
3. 연구내용의 전문성과 창의성 및 논리적 체계성
4. 연구내용의 근거제시의 적절성 및 객관성

第16조 (論文審査委員別 論文審査의 判定) ① 논문심사위원은 제15조의 논문심사기준에 따라 [별표 1]의 [논문심사서](서식)에 심사의견을 기술하여 제출하여야 한다.

② 논문심사위원은 심사대상 논문에 대하여 다음 각호에 따라 '판정의견'을 제출한다.

1. '게재적합': 논집에의 게재가 적합하다고 판단하는 경우
2. '게재부적합': 논집에의 게재가 부적합하다고 판단하는 경우

3. '수정후게재': 논문내용의 수정·보완 후 논집에의 게재가 적합하다고 판단하는 경우

③ 전항 제 1 호에 의한 '게재적합' 판정의 경우에도 논문심사위원은 수정·보완이 필요한 경미한 사항을 기술할 수 있다.

④ 제 2 항 제 2 호에 의한 '게재부적합' 판정 및 제 3 호에 의한 '수정후게재' 판정의 경우에는 각각 부적합사유와 논문내용의 수정·보완할 점을 구체적으로 명기하여야 한다.

제17조 (編輯委員會의 綜合判定 및 再審査) ① 편집위원회는 논문심사위원 3인의 논문심사서가 접수되면 [별표 2]의 종합판정기준에 의하여 '게재확정', '수정후게재', '수정후재심사' 또는 '불게재'로 종합판정을 하고, 그 결과 및 논문심사위원의 심사의견을 논문제출자에게 통보한다.

② 편집위원회의 종합판정 결과, '수정후재심사'로 판정된 논문에 대하여는 재심사절차를 진행한다. 이때 최초심사에서 '게재적합' 또는 '수정후게재' 판정을 한 심사위원은 교체하지 아니하고, '게재부적합' 판정을 한 논문심사위원은 다른 사람으로 교체하여 심사를 의뢰한다.

③ 전항의 논문을 재심사하는 논문심사위원은 '게재적합' 또는 '게재부적합'으로만 판정하며, 편집위원회는 재심사의 결과 '게재적합'이 둘 이상이면 '게재확정'으로 최종 판정한다.

제18조 (修正要請 등)

① 편집위원장은 제17조의 규정에 의해 '수정후게재/ 또는 '수정후재심사' 판정을 받은 논문에 대하여 수정을 요청하여야 한다.

② 편집위원장은 제17조의 규정에 의해 '게재확정'으로 판정된 논문에 대하여도 편집위원회의 판단에 따라 수정이 필요하다고 인정하는 때에는 내용상 수정을 요청할 수 있다.

③ 편집위원회는 집필자가 전항의 수정요청에 따르지 않거나 재심

사를 위해 고지된 기한 내에 수정된 논문을 제출하지 않을 때에는 처음 제출된 논문을 '불게재'로 최종 판정한다.

제4장 기　　타

제19조 (審査謝禮費의 支給) 논문심사위원에게 논집의 간행·편집을 위한 예산의 범위 안에서 심사사례비를 지급할 수 있다.

제20조(輔助要員) 학회는 논집의 간행·편집을 위하여 필요하다고 인정하는 때에는 원고의 편집, 인쇄본의 교정, 부록의 작성 등에 관한 보조요원을 고용할 수 있다.

제21조 (刊行·編輯財源) ① 논집의 간행·편집에 필요한 재원은 다음 각호에 의한다.

1. 출판수입
2. 광고수입
3. 판매수입
4. 논문게재료
5. 외부 지원금
6. 기타 학회의 재원

② 논문 집필자에 대한 원고료는 따로 지급하지 아니한다.

제22조 (論集의 配布) ① 간행된 논집은 회원에게 배포한다.

② 논문의 집필자에게는 전항의 배포본 외에 일정한 부수의 증정본을 교부할 수 있다.

附　　則 (1999. 8. 20. 제정)

이 규칙은 1999년 8 월 20일부터 시행한다.

附 則

이 규칙은 2003년 8 월 22일부터 시행한다

.

附 則

이 규칙은 2004년 4 월 17일부터 시행한다.

附 則

이 규칙은 2005년 3 월 19일부터 시행한다.

附 則

이 규칙은 2008년 5 월 26일부터 시행한다.

附 則

이 규칙은 2009년 12월 18일부터 시행한다.

[별표 1 : 논문심사서(서식)]

「行政判例硏究」 게재신청논문 심사서

社團法人 韓國行政判例硏究會

<table>
<tr><td>게재논집</td><td colspan="2">行政判例硏究 제15－2집</td><td>심사일</td><td>2010. . .</td></tr>
<tr><td rowspan="2">심사위원</td><td rowspan="2">소속</td><td rowspan="2"></td><td>직위</td><td></td></tr>
<tr><td>성명</td><td>(인)</td></tr>
<tr><td>게재신청논문
[심사대상논문]</td><td colspan="4"></td></tr>
<tr><td>판정의견</td><td colspan="4">1. 게재적합 (　　　): 논집의 게재가 가능하다고 판단하는 경우
2. 게재부적합 (　　　): 논집의 게재가 불가능하다고 판단하는 경우
3. 수정후게재 (　　　): 논문내용의 수정·보완 후 논집의 게재가 가능하다고 판단하는 경우</td></tr>
<tr><td>심사의견</td><td colspan="4"></td></tr>
<tr><td>심사기준</td><td colspan="4">• 행정판례의 평석 또는 연구에 관한 논문일 것
• 다른 학술지 등에 발표한 일이 없는 논문일 것
• 연구내용의 전문성과 창의성 및 논리적 체계성이 인정되는 논문일 것
• 연구내용의 근거제시가 적절성과 객관성을 갖춘 논문일 것</td></tr>
</table>

※ 심사의견 작성시 유의사항 ※

▷ '게재적합' 판정의 경우에도 수정·보완이 필요한 사항을 기술할 수 있습니다.

▷ '게재부적합' 및 '수정후 게재' 판정의 경우에는 각각 부적합사유와 논문내용의 수정·보완할 점을 구체적으로 명기하여 주십시오.

▷ 표 안의 공간이 부족하면 별지를 이용해 주십시오.

[별표 2: 종합판정기준]

	심사위원의 판정	편집위원회 종합판정
1	○ ○ ○	게재확정
2	○ ○ △	
3	○ △ △	수정후게재
4	△ △ △	
5	○ ○ ×	
6	○ △ ×	수정후재심사
7	△ △ ×	
8	○ × ×	
9	△ × ×	불게재
10	× × ×	

○ = "게재적합" △ = "수정후게재" × = "게재부적합"

「行政判例研究」原稿作成要領

I. 원고작성기준

1. 원고는 워드프로세서 프로그램인 [한글]로 작성하여 전자우편을 통해 출판간사에게 제출한다.
2. 원고분량은 도표, 사진, 참고문헌 포함하여 200자 원고지 150매 내외로 한다.
3. 원고는 「원고표지 – 제목 - 저자 - 목차(로마자표시와 아라비아숫자까지) – 본문 – 참고문헌 – 국문 초록 – 국문 주제어(5개 내외) – 외국문 초록 – 외국문 주제어(5개 내외)」의 순으로 작성한다.
4. 원고의 표지에는 논문제목, 저자명, 소속기관과 직책, 주소, 전화번호(사무실, 핸드폰)와 e-mail주소를 기재하여야 한다.
5. 외국문 초록(논문제목, 저자명, 소속 및 직위 포함)은 영어를 사용하는 것이 원칙이지만, 논문의 내용에 따라서 독일어, 프랑스어, 중국어, 일본어를 사용할 수도 있다.
6. 논문의 저자가 2인 이상인 경우 주저자(First Author)와 공동저자(Corresponding Author)를 구분하고, 주저자·공동저자의 순서로 표기하여야 한다. 특별한 표시가 없는 경우에는 제일 앞에 기재된 자를 주저자로 본다.
7. 목차는 로마숫자(보기 : Ⅰ, Ⅱ), 아라비아숫자(보기 : 1, 2), 괄호숫자(보기: (1), (2)), 반괄호숫자(보기 : 1), 2), 원숫자(보기 : ①, ②)의 순으로 한다. 그 이후의 목차번호는 논문제출자가 임의로 정하여 사용할 수 있다.

II. 각주작성기준

1. 기본원칙

(1) 본문과 관련한 저술을 소개하거나 부연이 필요한 경우 각주로 처리한다. 각주는 일련번호를 사용하여 작성한다.

(2) 각주의 인명, 서명, 논문명 등은 원어대로 씀을 원칙으로 한다.

(3) 외국 잡지의 경우 처음 인용시 잡지명을 전부 기재하고 그 이후 각 주에서는 약어로 표시한다.

2. 처음 인용할 경우의 각주 표기 방법

(1) 저서: 저자명, 서명, 출판사, 출판년도, 면수.

번역서의 경우 저자명은 본래의 이름으로 표기하고, 저자명과 서명 사이에 옮긴이의 이름을 쓰고 "옮김"을 덧붙인다.

엮은 책의 경우 저자명과 서명 사이에 엮은이의 이름을 쓰고 "엮음"을 덧붙인다. 저자와 엮은이가 같은 경우 엮은이를 생략할 수 있다.

(2) 정기간행물: 저자명, "논문제목", 「잡지명」, 제00권 제00호, 출판연도, 면수.

번역문헌의 경우 저자명과 논문제목 사이에 역자명을 쓰고 "옮김"을 덧붙인다.

(3) 기념논문집: 저자명, "논문제목", 기념논문집명(000선생00기념논문집), 출판사, 출판년도, 면수.

(4) 판결 인용: 다음과 같이 대법원과 헌법재판소의 양식에 준하여 작성한다.

판결 : 대법원 2000. 00. 00. 선고 00두0000 판결.

결정 : 대법원 2000. 00. 00.자 00아0000 결정.

헌법재판소 결정 : 헌법재판소 2000. 00. 00. 선고 00헌가00

결정.

(5) 외국문헌 : 그 나라의 표준표기방식에 의한다.

(6) 외국판결 : 그 나라의 표준표기방식에 의한다.

(7) 신문기사는 기사면수를 따로 밝히지 않는다(신문명 0000. 00. 00.자). 다만, 필요한 경우 글쓴이와 글제목을 밝힐 수 있다.

(8) 인터넷에서의 자료인용은 원칙적으로 다음과 같이 표기한다. 저자 혹은 서버관리주체, 자료명, 해당 URL(검색일자)

(9) 국문 또는 한자로 표기되는 저서나 논문을 인용할 때는 면으로(120면, 120면-122면), 로마자로 표기되는 저서나 논문을 인용할 때는 p.(p. 120, pp. 121-135) 또는 S.(S. 120, S. 121 ff.)로 인용면수를 표기한다.

3. 앞의 각주 혹은 각주에서 제시된 문헌을 다시 인용할 경우 다음과 같이 표기한다. 국내문헌, 외국문헌 모두 같다. 다만, 저자나 문헌 혹은 양자 모두가 여럿인 경우 이에 따르지 않고 각각 필요한 저자명, 문헌명 등을 덧붙여 표기함으로써 구별한다.

(1) 바로 위의 각주가 아닌 앞의 각주의 문헌을 다시 인용할 경우

1) 저서인용: 저자명, 앞의 책, 면수

2) 논문인용: 저자명, 앞의 글, 면수

3) 논문 이외의 글 인용: 저자명, 앞의 글, 면수

(2) 바로 위의 각주에 인용된 문헌을 다시 인용할 경우에는 "위의 책, 면수", "위의 글, 면수"로 표시한다.

(3) 하나의 각주에서 앞서 인용한 문헌을 다시 인용할 경우에는 "같은 책, 면수", "같은 글, 면수"로 표시한다.

4. 기타

(1) 3인 공저까지는 저자명을 모두 표기하되, 저자간의 표시는 "/"

로 구분하고 "/" 이후에는 한 칸을 띄어 쓴다. 4인 이상의 경우 성을 온전히 표기하되, 중간이름은 첫글자만을 표기한다.

(2) 부제의 표기가 필요한 경우 원래 문헌의 표기양식과 관계없이 원칙적으로 콜론으로 연결한다.

(3) 글의 성격상 전거만을 밝히는 각주가 너무 많을 경우 약자를 사용하여 본문에서 그 전거를 밝힐 수 있다.

(4) 여러 문헌의 소개는 세미콜론(;)으로 하고, 재인용의 경우 원전과 재인용출처 사이를 콜론(:)으로 연결한다.

III. 참고문헌작성기준

1. 순서

국문, 외국문헌 순으로 정리하되, 단행본, 논문, 자료의 순으로 정리한다.

2. 국내문헌

(1) 단행본: 저자, 서명, 출판사, 출판연도.

(2) 논문: 저자명, "논문제목", 잡지명 제00권 제00호, 출판연도.

3. 외국문헌

그 나라의 표준적인 인용방법과 순서에 따라 정리한다.

歷代 任員 名單

■ 초대(1984. 10. 29.)

회　　장　金道昶
부 회 장　徐元宇·崔光律(1987. 11. 27.부터)

■ 제 2 대(1988. 12. 9.)

회　　장　金道昶
부 회 장　徐元宇·崔光律
감　　사　李尙圭
상임이사　李鴻薰(총무), 金南辰(연구), 朴鈗炘(출판), 梁承斗(섭외)
이　　사　金東熙, 金斗千, 金英勳, 金元主, 金伊烈, 金鐵容, 石琮顯, 芮鍾德, 李康爀, 李升煥, 趙慶根, 崔松和, 韓昌奎, 黃祐呂

■ 제 3 대(1990. 2. 23.)

회　　장　金道昶
부 회 장　徐元宇·崔光律
감　　사　金鐵容
상임이사　李鴻薰(총무), 黃祐呂(총무), 金南辰(연구), 朴鈗炘(출판), 梁承斗(섭외)
이　　사　金東熙, 金斗千, 金英勳, 金元主, 金伊烈, 石琮顯, 芮鍾德, 李康爀, 李升煥, 李鴻薰
(1991. 1. 25.부터) 趙慶根, 崔松和, 韓昌奎, 黃祐呂

■ 제 4 대(1993. 2. 23.)

회 장 金道昶
부 회 장 徐元宇·崔光律
감 사 金鐵容
상임이사 李鴻薰(총무), 金南辰(연구), 朴鈗炘(출판), 梁承斗(섭외)
이 사 金東熙, 金英勳, 金元主, 朴松圭, 卞在玉, 石琮顯, 孫智烈, 芮鍾德, 李康國, 李康爀, 李京運, 李淳容, 李重光, 李鴻薰, 趙慶根, 趙憲銖, 千柄泰, 崔松和, 韓昌奎, 黃祐呂

■ 제 5 대(1996. 2. 23.)

명예회장 金道昶
고 문 徐元宇·金鐵容
회 장 崔光律
부 회 장 金南辰·徐廷友
감 사 韓昌奎
상임이사 金東熙(총무), 金元主(연구), 李康國(출판), 梁承斗(섭외)
이 사 金英勳, 朴松圭, 朴鈗炘, 卞在玉, 石琮顯, 李康爀, 李京運, 李淳容, 李升煥, 李重光, 李鴻薰, 趙慶根, 趙憲銖, 千柄泰, 崔松和, 黃祐呂

■ 제 6 대(1999. 2. 19.)

명예회장 金道昶
고 문 徐元宇, 金鐵容, 金南辰, 徐廷友, 韓昌奎
회 장 崔光律
부 회 장 梁承斗, 李康國
감 사 金元主
상임이사 李鴻薰(총무), 金東熙(연구), 崔松和(출판), 金善旭(섭외)

이 사 金東建, 金英勳, 南勝吉, 朴松圭, 朴鈗炘, 白潤基, 卞海喆, 石琮顯, 李京運, 李光潤, 李升煥, 李重光, 鄭然彧, 趙憲銖, 洪準亨, 黃祐呂

■ 제 7 대(2002. 2. 15.)

명예회장 金道昶
고 문 金南辰, 金元主, 徐元宇, 徐廷友, 梁承斗, 李康國, 崔光律, 韓昌奎
회 장 金鐵容
부 회 장 金東建, 崔松和
감 사 金東熙
상임이사 金善旭(총무), 朴正勳(연구), 李光潤(출판), 李京運(섭외)
이 사 金英勳, 金海龍, 南勝吉, 朴均省, 朴鈗炘, 白潤基, 卞海喆, 石琮顯, 李東洽, 李範柱, 李重光, 李鴻薰, 鄭夏重, 趙憲銖, 洪準亨, 黃祐呂

■ 제 8 대(2005. 2. 21. / 2008. 2. 20.) *

명예회장 金道昶(2005. 7. 17. 별세)
고 문 金南辰, 金元主, 徐元宇(2005. 10. 16. 별세), 徐廷友, 梁承斗, 李康國, 崔光律, 韓昌奎, 金鐵容, 金英勳, 朴鈗炘, 金東熙
회 장 崔松和
부 회 장 李鴻薰, 鄭夏重
감 사 金東建, 李京運,
상임이사 李光潤(총무), 安哲相(기획), 洪準亨/吳峻根(연구), 金性洙(출판), 徐基錫(섭외)
이 사 金善旭, 金海龍, 南勝吉, 朴均省, 朴秀赫, 朴正勳, 白潤基, 卞海喆, 石琮顯, 石鎬哲, 蘇淳茂, 柳至泰, 尹炯漢, 李東洽, 李範柱, 李殷祈, 李重光, 趙龍鎬, 趙憲銖, 崔正一, 黃祐呂,

金香基, 裵柄皓, 劉南碩
간　　사 李元雨 / 金鐘甫(총무), 李賢修(연구), 金重權(재무),
宣正源 / 李熙貞(출판), 권은민(섭외)

* 위 '회장', '부회장', '상임이사', '이사'는 2007. 4. 20. 제정된 사단법인 한국행정판례연구회 정관 제13조, 제14조, 제15조의 '이사장 겸 회장', '이사 겸 부회장', '이사 겸 상임이사', '운영이사'임.

■제 9 대(2008. 2. 15. / 2011. 2. 14.)

고　　문 金南辰, 金東熙, 金英勳, 金元主, 金鐵容, 朴鈗炘, 徐廷友, 梁承斗, 李康國, 李鴻薰, 鄭夏重, 崔光律, 韓昌奎
회　　장 崔松和
부 회 장 李京運, 徐基錫
감　　사 金東建, 金善旭
이사 겸 상임이사 慶　健(총무), 安哲相(기획), 朴均省(연구), 韓堅愚(출판), 權純一(섭외/연구)
운영이사 具旭書, 권은민, 金光洙, 金性洙, 金連泰, 金容燮, 金容贊, 金裕煥, 金義煥, 金重權, 金敞祚, 金海龍, 金香基, 金鉉峻, 朴正勳, 朴海植, 裵柄皓, 白潤基, 卞海喆, 石琮顯, 石鎬哲, 成百玹, 蘇淳茂, 申東昇, 辛奉起, 吳峻根, 劉南碩, 俞珍式, 尹炯漢, 李光潤, 李承寧, 李元雨, 李殷祈, 李重光, 鄭鍾錧, 鄭準鉉, 趙龍鎬, 曺海鉉, 趙憲銖, 崔正一, 洪準亨
간　　사 張暻源·李殷相·安東寅(총무), 鄭亨植·장상균(기획), 金泰昊(기획/연구), 金聖泰·崔善雄·鄭南哲(연구), 李熙貞·河明鎬·崔桂暎(출판), 林聖勳(섭외), 박재윤(총무)

■제 10 대(2011. 2. 15./ 2014. 2. 14)

명예회장 金鐵容, 崔光律

性洙, 金連泰, 金容燮, 金容贊, 金海龍, 金香基, 金鉉峻, 朴均省, 朴正勳, 朴海植, 裵柄皓, 白潤基, 卞海喆, 石琮顯, 石鎬哲, 宣正源, 成百玹, 申東昇, 辛奉起, 呂相薰, 吳峻根, 俞珍式, 尹炯漢, 李承寧, 李元雨, 李殷祈, 李重光, 李賢修, 李熙貞, 林永浩, 鄭南哲, 鄭鍾錧, 鄭準鉉, 鄭亨植, 趙龍鎬, 曺海鉉, 趙憲銖, 崔正一, 洪準亨, 韓堅愚, 河明鎬

간 사 房東熙, 崔允寧(총무), 崔桂暎, 張承爀(연구), 洪先基(기획) 桂仁國(출판) 李惠診(출판)

月例 集會 記錄

〈2015. 12. 현재〉

순번	연월일	발표자	발 표 제 목
1-1	84.12.11.	金南辰	聽問을 결한 行政處分의 違法性
-2		李鴻薰	都市計劃과 行政拒否處分
2-1	85.2.22.	崔世英	行政規則의 法規性 認定 與否
-2		崔光律	實地讓渡價額을 넘는 讓渡差益의 인정여부
3-1	3.29.	石琮顯	都市計劃決定의 法的 性質
-2		金東建	違法한 旅館建物의 건축과 營業許可의 취소
4-1	4.26.	徐元宇	當然無效의 行政訴訟과 事情判決
-2		黃祐呂	아파트地區내의 土地와 空閑地稅
5-1	5.31.	朴鈗炘	林産物團束에관한法律 제7조에 대한 違法性 認定의 與否
-2		姜求哲	行政訴訟에 있어서의 立證責任의 문제
6-1	6.28.	金鐵容	酒類販賣業 免許處分 撤回의 근거와 撤回權 留保의 한계
-2		盧塋保	國稅基本法 제42조 소정의 讓渡擔保財産의 의미
7-1	9.27.	金道昶	信賴保護에 관한 行政判例의 최근 동향
-2		金東熙	自動車運輸事業法 제31조 등에 관한 處分要

순번	연월일	발표자	발 표 제 목
			領의 성질
8-1	10.25.	李尙圭	入札參加資格 制限行爲의 법적 성질
-2		李相敦	公有水面埋立에 따른 不動産所有權 國家歸屬의 무효확인
9-1	11.22.	梁承斗	抗告訴訟의 提起要件
-2		韓昌奎	地目變更 拒否의 성질
10	86.1.31.	李相赫	行政訴訟에 있어서의 訴의 利益의 문제
11	2.28	崔松和	運轉免許 缺格者에 대한 면허의 효력
12	3.28	金道昶	憲法上의 違憲審査權의 所在
13	4.25.	趙慶根	美聯邦情報公開法에 대한 약간의 고찰
14	5.30.	張台柱	西獨에 있어서 隣人保護에 관한 判例의 최근 동향
15	6.27.	金斗千	僞裝事業者와 買入稅額 控除
外1	9.30.	藤田宙靖	日本의 最近行政判例 동향
16	10.31.	金英勳	注油所 許可와 瑕疵의 承繼
17	11.28.	芮鍾德	漁業免許의 취소와 裁量權의 濫用
外2	87.3.21.	鹽野宏	日本 行政法學界의 現況
		園部逸夫	새 行政訴訟法 시행 1년을 보고
18	4.25.	金道昶	知的財産權의 문제들
19-1	4.22.	李升煥	商標法에 관한 최근판례의 동향
-2			工場登錄 拒否處分과 소의 이익
20	5.29.	金南辰	執行停止의 요건과 本案理由와의 관계
21	9.25.	崔光律	日本公法學會 總會參觀 등에 관한 보고
22-1	10.30.	金道昶	地方自治權의 강화와 行政權限의 위임에 관한 문제
-2			
23	11.27.	金鐵容	不作爲를 구하는 訴의 가부

순번	연월일	발표자	발 표 제 목
24	88.2.26.	金時秀	租稅賦課處分에 있어서의 當初處分과 更正拒否處分의 법률관계
25-1	3.25.	徐元宇	최근 日本公法學界의 동향
-2		朴鈗炘	平澤港 漁業補償 문제
外3	4.29.	成田頼明	日本 行政法學과 行政判例의 최근 동향
26	5.27.	李尙圭	防衛稅 過誤納 還給拒否處分의 취소
27	6.24.	徐元宇	運輸事業計劃 변경인가처분의 취소
28	8.26.	金完燮	처분후의 事情變更과 소의 이익
29	10.7.	石琮顯	行政處分(訓令)의 법적 성질
30	10.28.	李鴻薰	土地收用裁決處分의 취소
31	11.17.	朴鈗炘	行政計劃의 법적 성질
32	89.1.27.	金東熙	載量行爲에 대한 司法的統制의 한계
33	2.24.	李碩祐	國稅還給申請權의 인정 여부
34	3.24.	朴松圭	國産新技術製品 保護決定處分의 일부취소
35-1	4.28.	金鐵容	독일 行政法學界의 최근동향
-2		千柄泰	제 3 자의 行政審判前置節次 이행 여부
36	5.26.	金善旭	公務員의 團體行動의 違法性
37	6.30.	金元主	租稅行政과 信義誠實의 원칙
38	8.25.	趙憲銖	國稅還給拒否處分의 법적 성질
39	9.29.	鄭準鉉	刑事訴追와 行政處分의 효력
40	10.27.	韓堅愚	行政規則(訓令)의 성질
41	11.24.	金斗千	相續稅法 제32조의2의 違憲 여부
外4	12.27.	小早川光朗	日本 行政法學界의 최근 동향
42	90.1.19.	金鐵容	豫防的 不作爲訴訟의 許容 여부
43	2.23.	李光潤	營造物行爲의 법적 성질
44	3.30.	南勝吉	行政刑罰의 범위

순번	연월일	발표자	발 표 제 목
45	4.27.	黃祐呂	法律의 遡及效
46	5.25.	朴均省	行政訴訟과 訴의 이익
47	6.29.	卞在玉	軍檢察官의 公訴權行使에 관한 憲法訴願
48	8.31.	成樂寅	結社의 自由의 事前制限
49	9.28.	辛奉起	憲法訴願과 辯護士 强制主義
50	10.26.	朴圭河	行政官廳의 權限의 委任·再委任
51	11.30.	朴國洙	行政行爲의 公定力과 國家賠償責任
52	91.1.25.	梁承斗	土地去來許可의 법적 성질
53	2.22.	徐元宇	建築許可 保留의 위법성 문제
外5-1	3.29.	南博方	處分取消訴訟과 裁決取消訴訟
-2		藤田宙靖	日本 土地法制의 현황과 課題
54	4.26.	吳峻根	遺傳子工學的 施設 設置許可와 法律留保
55	5.31.	金南辰	拒否行爲의 行政處分性과 "법률상 이익 있는 자"의 의미
56	6.28.	鄭然彧	無效確認訴訟과 訴의 이익
57	8.30.	金性洙	主觀的公權과 基本權
58	9.27.	金英勳	運轉免許 取消處分의 취소
59	10.25.	石琮顯	基準地價告示地域 내의 收用補償額 算定基準에 관한 판례동향
60	11.29.	朴鈗炘	工事中止處分의 취소
61	92.1.31.	卞海喆	公物에 대한 强制執行
62	2.28.	李康國	違憲法律의 효력-그 遡及效의 범위와 관련하여
63	3.27	金善旭	公勤務에 관한 女性支援指針과 憲法上의 平等原則
64	4.24.	全光錫	不合致決定의 허용 여부
65	5.29.	崔正一	行政規則의 법적성질 및 효력

순번	연월일	발표자	발 표 제 목
66	6.26.	李琦雨	獨逸 Műnster 高等行政裁判所 1964.1.8. 판결
67	8.28.	朴銳炘	地方自治團體의 자주적인 條例制定權과 規律문제
68	9.18.	金元主	讓渡所得稅 등 賦課處分의 취소
69	10.16.	洪準亨	結果除去請求權과 行政介入請求權
70	11.20.	金時秀	土地收用裁決處分의 취소
71	93.1.15.	金海龍	環境技術관계 行政決定에 대한 司法的 統制의 범위
72	2.19.	李重光	租稅法上 不當利得 返還請求權
73	3.19.	高永訓	行政規則에 의한 行政府의 立法行爲外
外6	4.16.	J.Anouil	EC法의 現在와 將來
74	5.21.	柳至泰	行政訴訟에서의 行政行爲 根據變更에 관한 판례분석
75	6.18.	徐元宇	原處分主義와 被告適格
76	8.20.	朴均省	國家의 公務員에 대한 求償權
77	9.17.	金東熙	教員任用義務不履行 違法確認訴訟
78	10.15.	盧永錄	建設業免許 取消處分의 취소
79	94.1.21.	徐廷友	無效確認을 구하는 의미의 租稅取消訴訟과 租稅還給金 消滅時效의 起算點
80	2.18.	洪準亨	判斷餘地의 한계
81	3.18.	裵輔允	憲法訴願 審判請求 却下決定에 대한 헌법소원
82	4.15.	金善旭	舊東獨判事의 獨逸判事任用에 관한 決定과 그 不服에 대한 管轄權
83	5.20.	李京運	學則의 법적 성질
84	6.17.	朴松圭	任用行爲取消處分의 취소
85	8.19.	金鐵容	公務員 個人의 不法行爲責任

순번	연월일	발표자	발 표 제 목
86	9.30.	卞在玉	日本 家永教科書檢定 第一次訴訟 上告審 判決의 評釋
87	10.21.	金香基	無名抗告訴訟의 可否
88	11.18.	李康國	行政行爲의 瑕疵의 治癒
89	95.1.20.	趙憲銖	取消判決의 遡及效
90	2.17.	朴秀赫	獨逸 統一條約과 補償法上의 原狀回復 排除規定의 合憲 여부
外7	3.17.	小高剛	損失補償에 관한 日本 最高裁判所 判決의 분석
91	4.21.	崔松和	行政處分의 理由明示義務에 관한 판례
92	5.19.	崔正一	石油販賣業의 양도와 歸責事由의 승계
93	6.16.	鄭夏重	國家賠償法 제5조에 의한 배상책임의 성격
94	8.18.	吳振煥	無效인 條例에 근거한 行政處分의 효력
95	9.15.	金敞祚	日本 長良川 安八水害 賠償判決
96	10.20.	黃祐呂	非常高等軍法會議 判決의 破棄와 還送法院
97	11.17.	白潤基	地方自治法 제98조 및 제159조에 의한 訴訟
98	96.1.19.	徐元宇	營業停止期間徒過後의 取消訴訟과 訴의 이익
99	2.23.	金海龍	計劃變更 내지 保障請求權의 성립요건
外8	3.19.	鹽野宏	日本 行政法 判例의 近年動向 - 行政訴訟을 중심으로
100	4.19.	金東熙	國家賠償과 公務員에 대한 求償
101	5.17.	梁承斗	敎員懲戒와 그 救濟制度
102	6.28.	金容燮	運轉免許取消·停止處分의 法的 性質 및 그 한계
103	8.16.	李京運	轉補發令의 處分性
104	9.20.	盧永錄	申告納稅方式의 租稅와 그 瑕疵의 판단기준
105	10.18.	金敞祚	道路公害와 道路設置·管理者의 賠償責任

순번	연월일	발표자	발 표 제 목
106	11.15.	金裕煥	形式的 拒否處分에 대한 取消訴訟의 審理범위
107	97.1.17.	裵柄皓	北韓國籍住民에 대한 强制退去命令의 적법성
108	2.21.	趙龍鎬	公衆保健醫師 採用契約解止에 대한 爭訟
109	3.21.	金鐵容	行政節次法의 내용
110	4.18.	趙憲銖	建築物臺帳 職權訂正行爲의 처분성
111	5.16.	鄭夏重	交通標識板의 법적성격
112	6.20.	裵輔允	違憲決定과 行政處分의 효력
113	8.22.	吳峻根	聽聞의 실시요건
114	9.19.	金善旭	옴부즈만條例案 再議決 無效確認判決의 문제점
115	10.17.	李光潤	機關訴訟의 성질
116	11.21.	朴正勳	敎授再任用拒否의 처분성
117	98.1.16.	白潤基	當事者訴訟의 대상
118	2.20.	辛奉起	機關訴訟 주문의 형식
119	3.20.	洪準亨	行政法院 出帆의 意義와 행정법원의 課題
120	4.17.	宣正源	오스트리아와 독일의 不作爲訴訟에 관한 고찰
121	5.16.	李東洽	刑事記錄 열람·등사 거부처분
122	6.19.	金東建	環境行政訴訟과 地域住民의 原告適格
123	98.8.21.	金南辰	法規命令과 行政規則의 구별
124	9.18.	金敞祚	河川 管理 責任
125	10.16.	金容燮	行政審判의 裁決에 대한 取消訴訟
126	11.20.	徐廷友	垈地造成事業計劃 승인처분의 재량행위
127	99.1.15.	南勝吉	處分의 기준을 규정한 施行規則(部令)의 성격
128	2.19.	金裕煥	違憲法律에 根據한 行政處分의 效力
129	3.19.	鄭夏重	多段階行政節次에 있어서 事前決定과 部分許可의 意味

순번	연월일	발표자	발 표 제 목
130	4.16.	裵輔允	南北交流協力 등 統一에 관한 법적 문제
131	5.21.	康鉉浩	計劃承認과 司法的 統制
132	6.18.	俞珍式	行政指導와 違法性阻却事由
133	8.20.	朴正勳	侵益的 行政行爲의 公定力과 刑事裁判
134	9.17.	金東熙	建築許可신청서 返戾처분취소
		金南澈	行政審判法 제37조 제2항에 의한 自治權侵害의 가능성
135	10.15.	金炳圻	條例에 대한 再議要求事由와 大法院提訴
		權殷玫	公賣決定 · 通知의 처분성 및 소송상 문제점
136	11.19.	石鎬哲	羈束力의 범위로서의 처분사유의 동일
		金珉昊	직무와 관련된 不法行爲에 있어 공무원 개인의 책임
137	00.1.21.	尹炯漢	任用缺格과 退職給與
		裵柄皓	還買權소송의 管轄문제
138	2.18.	趙憲銖	個人事業의 法人轉換과 租稅減免
		金連泰	조세행정에 있어서 경정처분의 효력
139	3.17.	俞珍式	自動車運輸事業 면허처분에 있어서 競業, 競願의 범위
		慶 健	情報公開請求權의 憲法的 根據와 그 制限
140	4.21.	朴正勳	拒否處分 取消訴訟에 있어 違法判斷의 基準時와 訴의 利益
		金柄圻	行政訴訟上 執行停止의 要件으로서의 '回復하기 어려운 損害'와 그 立證責任
141	5.19.	洪準亨	不可變力, 信賴保護, 그리고 行政上 二重危險의 禁止
		康鉉浩	建築變更許可와 附款

순번	연월일	발표자	발 표 제 목
142	6.16.	趙龍鎬	寄附金品募集許可의 法的性質
		金容燮	行政上 公表
143	8.18.	朴松圭	盜難당한 自動車에 대한 自動車稅와 免許稅
		權殷玟	廢棄物處理業 許可權者가 한 '不適正通報'의 法的性質
144	9.22.	石鎬哲	公法的 側面에서 본 日照權 保護
145	10.20.	蘇淳茂	後發的 事由에 의한 更正請求權을 條理上 인정할 수 있는지 與否
		金光洙	土地形質變更許可와 信賴保護原則
146	11.17.	朴鈗炘	慣行漁業權
		宣正源	複合民願과 認·許可擬制
147	01.1.19.	崔松和	판례에 있어서 공익
		李光潤	도로가 행정재산이 되기 위한 요건 및 잡종재산에 대한 시효취득
148	2.16.	金鐵容	개발제한 구역의 시정과 손실 보상
		鄭夏重	부관에 대한 행정소송
149	3. 8.	金性洙	독일연방헌재의 폐기물법에 대한 결정과 환경법상 협력의 원칙
		李東植	중소기업에 대한 조세 특례와 종업원의 전출. 파견
150	4.20.	李京運	주택건설사업계획 사전결정의 구속력
		裵輔允	2000년 미국대통령 선거 소송 사건
151	5. 9.	李東洽	위헌법률에 근거한 처분에 대한 집행력 허용여부
		金珉昊	상속세 및 증여세법상 증여의 의미
152	6.15.	李元雨	정부투자기관의 부정당업자 제재조치의 법적

순번	연월일	발표자	발 표 제 목
			성질
		朴榮萬	군사시설보호법상의 협의와 항고소송
153	8.17.	崔正一	법규명령형식의 재량준칙의 법적성질 및 효력
		趙憲銖	유적발굴허가와 행정청의 재량
154	9.21.	金東熙	국가배상법 제5조상의 영조물의 설치·관리상 하자의 관념
		金東建	대법원 판례상의 재량행위
155	10.10.	吳峻根	행정절차법 시행이후의 행정절차 관련 주요 행정판례 동향분석
		柳至泰	공물법의 체계에 관한 판례 검토
156	11. 7.	白潤基	행정소송에 있어서 건축주와 인근주민의 이익의 충돌과 그 조화
		徐廷範	국가배상에 있어서 위법성과 과실의 일원화에 관하여
157	02.1.18.	金善旭	독일헌법상의 직업공무원제도와 시간제공무원
		朴正勳	처분사유의 추가·변경－제재철회와 공익상 철회
158	2.15.	辛奉起	일본의 기관소송 법제와 판례
		權殷玟	원천징수행위의 처분성과 원천징수의무자의 불복방법
159	3.15.	朴均省	환경영향평가의 하자와 사업계획승인처분의 효력
		金鐘甫	관리처분계획의 처분성과 그 공정력의 범위
160	4.19.	崔光律	농지전용에 관한 위임명령의 한계
		俞珍式	건축법상 일조보호규정의 私法上의 의미
161	5.17.	朴鈗炘	국가배상법 제2조 제1항 단서에 대한 헌법재

순번	연월일	발표자	발 표 제 목
			판소의 한정위헌결정 및 관련 대법원판례에 대한 평석
		宣正源	행정의 공증에 대한 사법적 통제의 의미와 기능의 명확화
162	6.21.	金元主	도로배연에 의한 대기오염과 인과관계
		康鉉浩	재량준칙의 법적 성격
163	7.19.	裵柄皓	회의록과 정보공개법상 비공개대상정보
		慶 健	공문서관리의 잘못과 국가배상책임
164	8.16.	金容燮	거부처분취소판결의 기속력
		金炳圻	보완요구의 '부작위'성과 재결의 기속력
165	9.13.	尹炯漢	기납부 택지초과소유부담금 환급청구권의 성질과 환급가산금의 이자율
		鄭夏明	미국연방대법원의 이른바 임시규제적 수용에 관한 새로운 판결례
166	10.18.	李鴻薰	공용지하사용과 간접손실보상
		金光洙	국가배상소송과 헌법소원심판의 관계
167	11.15.	徐元宇	행정법규위반행위의 사법적 효력
		李康國	조세채무의 성립과 확정
168	12.20.	蘇淳茂	인텔리전트빌딩에 대한 재산세중과시행규칙의 유효성 여부
169	03.1.17.	金敞祚	정보공개제도상의 비공개사유와 본인개시청구
		金聖泰	운전면허수시적성검사와 개인 정보보호
170	2.21.	金東熙	기속재량행위와 관련된 몇 가지 논점 또는 의문점
		曺海鉉	행정처분의 근거 및 이유제시의 정도
171	3.21.	白潤基	불합격처분에 대한 효력정지결정에 대한 고찰

순번	연월일	발표자	발 표 제 목
		宣正源	행정입법에 대한 부수적 통제
172	5.16.	李元雨	한국증권업협회의 협회등록최소결정의 법적 성질
		金容贊	정보공개청구사건에서의 몇 가지 쟁점
173	6.20.	金重權	이른바 "수리를 요하는 신고"의 문제점에 관한 소고
		洪準亨	평생교육시설 설치자 지위승계와 설치자 변경 신청서 반려처분의 적법 여부
174	7.18.	金鐵容	학교법인임원취임승인취소처분과 행정절차법
		金秀珍	성별에 따른 상이한 창업지원금신청기간설정과 국가의 평등보장의무
175	8.22.	鄭夏重	법관의 재판작용에 대한 국가배상책임
		金鐘甫	정비조합(재건축, 재개발조합) 인가의 법적 성격
176	9.19.	金炳圻	수익적 행정행위의 철회의 법적 성질과 철회사유
		朴榮萬	군사시설보호구역설정행위의 법적 성격
177	10. 9	朴正勳	취소판결의 기판력과 기속력
		李東植	구 소득세법 제101조 제2항에 따른 양도소득세부과와 이중과세 문제
178	11.21.	李東洽	최근 행정소송의 주요사례
		慶 健	하천구역으로 편입된 토지에 대한 손실보상
179	12.19.	朴均省	거부처분취소판결의 기속력과 간접강제
180	04.1.16.	李光潤	광역지방자치단체와 기초지방자치단체의 성격
		朴海植	행정소송법상 간접강제결정에 기한 배상금의 성질
181	2.20.	金海龍	행정계획에 대한 사법심사에 있어서 법원의

순번	연월일	발표자	발 표 제 목
			석명권행사 한계와 입증책임
		李賢修	영업양도와 공법상 지위의 승계
182	3.19.	俞珍式	기부채납부관을 둘러싼 법률문제
		鄭泰學	매입세액의 공제와 세금계산서의 작성·교부시기
183	4.16.	柳至泰	행정행위의 취소의 취소
		金致煥	통지의 법적 성질
184	5.21.	鄭準鉉	단순하자 있는 행정명령을 위반한 행위의 가벌성
		權殷玟	압류처분취소소송에서 부과처분의 근거법률이 위헌이라는 주장이 허용되는지 여부
185	6.18.	趙憲銖	사업양도와 제2차 납세의무
		金連泰	과징금 부과처분에 대한 집행정지결정의 효력
186	7.16.	金容燮	보조금 교부결정을 둘러싼 법적 문제
		林聖勳	영내 구타·가혹 행위로 인한 자살에 대한 배상과 보상
187	8.20.	李京運	교수재임용거부처분취소
		曺媛卿	국가공무원법 제69조 위헌제청
188	9.17.	鄭成太	법규명령의 처분성
		金敞祚	원자로 설치허가 무효확인소송
189	04.10.15.	崔正一	법령보충적행정규칙의 법적 성질 및 효력
		李湖暎	독점규제법상 특수관계인에 대한 부당지원행위의 규제
190	11.19.	金香基	재결에 대한 취소소송
		劉南碩	집행정지의 요건으로서 "회복하기 어려운 손해를 예방하기 위한 긴급한 필요"와 그 고려

순번	연월일	발표자	발 표 제 목
			사항으로서의 '승소가능성'
191	12.17.	尹炯漢	사전통지의 대상과 흠결의 효과
192	05.1.31.	鄭鎬慶	행정소송의 협의의 소의 이익과 헌법소원의 보충성
		金重權	국토이용계획변경신청권의 예외적 인정의 문제점에 관한 소고
193	2.18.	宣正源	하자승계론에 몇 가지 쟁점에 관한 검토
		李熙貞	공법상 계약의 해지와 의견청취절차
194	3.18.	安哲相	취소소송 사이의 소의 변경과 새로운 소의 제소기간
		康鉉浩	민간투자법제에 따른 우선협상대상자지정의 법적 제문제
195	4.15.	吳峻根	재량행위의 판단기준과 재량행위 투명화를 위한 법제정비
		李根壽	대집행의 법적 성격
196	5.20.	河宗大	금산법에 기한 계약이전결정 등의 처분과 주주의 원고적격
		金鐘甫	토지형질변경의 법적 성격
197	6.17.	朴海植	제재적 행정처분의 효력기간 경과와 법률상 이익
		李桂洙	공무원의 정치적 자유와 정치운동금지의무
198	8.19.	金容燮	재결의 기속력의 주관적 범위를 둘러싼 논의
		徐正旭	공시지가와 하자의 승계
199	9.16.	金鉉峻	용도지역 지정 · 변경행위의 법적 성질과 그에 대한 사법심사
		趙成奎	직접민주주의와 조례제정권의 한계

순번	연월일	발표자	발 표 제 목
200	10.21.	金光洙	공직선거법과 행정형벌
		崔桂暎	용도폐지된 공공시설에 대한 무상양도신청거부의 처분성
201	11.12.	鄭夏重	행정판례의 발전과 전망
		朴正勳	행정판례의 발전과 전망
		尹炯漢	행정재판제도의 발전과 행정판례
		朴海植	행정재판제도의 발전과 행정판례
202	12.16.	鄭泰容	행정심판청구인적격에 관한 몇 가지 사례
203	06. 1.20	朴均省	행정상 즉시강제의 통제 — 비례원칙, 영장주의, 적법절차의 원칙과 관련하여 —
		權殷玟	기본행위인 영업권 양도계약이 무효라고 주장하는 경우에 행정청이 한 변경신고수리처분에 대한 불복방법 등
204	2.17.	曺海鉉	민주화운동관련자명예회복및보상등에관한법률에 기한 행정소송의 형태
		金重權	사권형성적 행정행위와 그 폐지의 문제점에 관한 소고
205	06.3.17.	朴正勳	불확정개념과 재량 — 법규의 적용에 관한 행정의 우선권
		李相悳	한국지역난방공사 공급규정 변경신고를 산업자원부장관이 수리한 행위의 법적 성질
206	4.21.	俞珍式	공유수면매립법상 사정변경에 의한 매립면허의 취소신청
		林永浩	채석허가기간의 만료와 채석허가취소처분에 대한 소의 이익
207	5.19	嚴基燮	공정거래법상 사업자단체의 부당제한행위의

순번	연월일	발표자	발 표 제 목
			성립요건
		李賢修	납입고지에 의한 변상금부과처분의 취소와 소멸시효의 중단
208	6.16.	金鐘甫	재건축 창립총회의 이중기능
		鄭夏明	미국 연방대법원의 행정입법재량통제
209	8.17.	裵柄皓	개정 하천법 부칙 제2조의 손실보상과 당사자 소송
		金裕煥	공공갈등의 사법적 해결 — 의미와 한계
210	9.15.	金容燮	텔레비전 수신료와 관련된 행정법적 쟁점
		崔桂暎	행정처분과 형벌
211	10.20.	金海龍	처분기간이 경과된 행정처분을 다툴 법률상 이익(행정소송법 제12조 후문 관련)과 제재적
		石鎬哲	처분기준을 정한 부령의 법규성 인정 문제
212	11.17.	宣正源	입헌주의적 지방자치와 조직고권
		李熙貞	주민투표권 침해에 대한 사법심사
213	06.12.8.-		법제처 · 한국행정판례연구회 공동주관 관학협동워크샵
	9.	朴 仁	법령보충적 성격의 행정규칙의 현황과 문제점
		林永浩	법령보충적 성격의 행정규칙에 대한 판례분석
		鄭南哲	법령보충적 성격의 행정규칙의 정비방향과 위임사항의 한계
		金重權	민주적 법치국가에서 의회와 행정의 공관적 법정립에 따른 법제처의 역할에 관한 소고
		金海龍	국토계획 관련법제의 문제점과 개선방안
214	07.1.19.	張暻源	독일 맥주순수령 판결을 통해 본 유럽과 독일의 경제행정법

순번	연월일	발표자	발 표 제 목
		權純一	재정경제부령에 의한 덤핑방지관세부과조치의 처분성 재론－기능적 관점에서－
215	2.23.	鄭準鉉	소위 '공익사업법'상 협의취득의 법적 성질
		裵輔允	구 농어촌정비법 제93조 제1항의 국공유지양증여의 창설환지 등의 문제점
216	3.16.	朴榮萬	법령의 개정과 신뢰보호의 원칙
		金重權	행정입법적 고시의 처분성인정과 관련한 문제점에 관한 소고
217	4.20.	金容贊	국가지정문화재현상변경허가처분의 재량행위성
		李湖暎	합의추정된 가격담합의 과징금산정
218	5.18	金敞祚	공인중개사시험불합격처분 취소소송
		李宣憙	행정청의 고시와 원고적격
219	6.15.	李光潤	제재적 처분기준의 성격과 제재기간 경과후의 소익
		金暎賢	행정소송의 피고적격
220	07.8.17.	金義煥	정보공개법상의 공공기관 및 정보공개청구와 권리남용
		金秀珍	행정서류의 외국으로의 송달
221	9.21.	蘇淳茂	명의신탁 주식에 대한 증여의제에 있어서 조세회피목적의 해석
		慶 健	관계기관과의 협의를 거치지 아니한 조례의 효력
222	10.19.	成百玹	공특법상 '이주대책'과 공급규칙상 '특별공급'과의 관계
		金南澈	건축허가의 법적 성질에 대한 판례의 검토
223	11.16.	金性洙	민간투자사업의 성격과 사업자 선정의 법적

순번	연월일	발표자	발 표 제 목
			과제
224	12.21.	趙憲銖	병역의무 이행과 불이익 처우 금지의 관계
225	08.1.18.	金南辰	국가의 경찰법, 질서법상의 책임
		李殷祈	폐기물관리법제와 폐기물처리조치명령취소처분
		鄭成太	대형국책사업에 대한 사법심사(일명 새만금사건을 중심으로)
226	2.15.	辛奉起	한국 행정판례에 있어서 형량하자론의 도입과 평가
		鄭鍾錧	하천법상의 손실보상
227	3.21.	鄭夏重	사립학교법상의 임시이사의 이사선임권한
		林聖勳	행정입법 부작위에 관한 몇가지 문제점
228	4.18.	金光洙	자치사무에 대한 국가감독의 한계
		金熙喆	토지수용으로 인한 손실보상금 산정
229	5.16.	申東昇	행정행위 하자승계와 선결문제
		趙成奎	과징금의 법적 성질과 부과기준
230	6.20.	姜錫勳	위임입법의 방식 및 해석론에 관한 고찰
		鄭南哲	명확성원칙의 판단기준과 사법심사의 한계
231	8.22.	鄭泰學	조세통칙과 신의성실의 원칙
		李京運	부관으로서의 기한
232	9.19.	朴尙勳	시간강사의 근로자성
		金善旭	지방자치단체장의 소속공무원에 대한 징계권과 직무유기
233	10.17.	趙允熙	정보통신부 장관의 위성망국제등록신청과 항고소송의 대상
		金鉉峻	환경사법 액세스권 보장을 위한 "법률상 이익"의 해석

순번	연월일	발표자	발 표 제 목
234	11.21.	裵輔允	권한쟁의심판의 제3자 소송담당
		李賢修	공물의 성립요건
235	12.19.	金鐵容	행정청의 처분근거·이유제시의무와 처분근거·이유제시의 정도
236	09.1.16.	金炳圻	행정법상 신뢰보호원칙
		劉慶才	원인자부담금
237	2.20.	金聖泰	도로교통법 제58조 위헌확인
		林永浩	공매 통지의 법적 성격
238	3.20.	崔桂暎	위헌결정의 효력과 취소소송의 제소기간
		金尙煥	법규명령에 대한 헌법소원의 적법요건
239	4.17.	朴均省	직무상 의무위반으로 인한 국가배상책임
		金國鉉	사망자의 법규위반으로 인한 제재사유의 승계
240	5.15.	金容燮	택지개발업무처리지침 위반과 영업소 폐쇄
		金炅蘭	개발제한구역의 해제와 원고적격
241	6.19.	朴正勳	무효확인소송의 보충성
		曺海鉉	민주화운동관련자 명예회복 및 보상 등에 관한 법률에 의한 보상금의 지급을 구하는 소송의 형태
242	8.21.	鄭泰容	행정심판 재결 확정력의 의미
		安哲相	지방계약직 공무원의 징계
243	9.18.	金鐘甫	「도시 및 주거환경정비법」상 정비기반시설의 귀속 관계
		徐基錫	국회의 입법행위 또는 입법부작위로 인한 국가배상책임
244	10.16.	河明鎬	법인에 대한 양벌규정의 위헌여부
		趙龍鎬	표준지공시지가 하자의 승계

순번	연월일	발표자	발 표 제 목
245	11.20.	金連泰	한국마사회의 조교사 및 기수의 면허부여 또는 취소의 처분성
		金義煥	행정상 법률관계에 있어서의 소멸시효의 원용과 신의성실의 원칙
246	12.18.	朴鈗炘	주거이전비 보상의 법적 절차, 성격 및 소송법적 쟁점
247	10.1.15	林宰洪	출입국관리법상 난민인정행위의 법적 성격과 난민인정요건
		金泰昊	하자있는 수익적 행정처분의 직권취소
248	2.19	金南澈	국가기관의 지방자치단체에 대한 감독·감사권한
		權殷玟	미국산 쇠고기 수입 고시의 법적 문제
249	3.19	金聲培	수용재결과 헌법상 정교분리원칙
		姜相旭	건축물대장 용도변경신청 거부의 처분성
250	4.16	李宣憙	공정거래법상 시정조치로서 정보교환 금지명령
		金鍾泌	이주대책대상자제외처분 취소소송의 쟁점
251	5.14	鄭夏重	공법상 부당이득반환청구권의 독자성
		魯坰泌	관리처분계획안에 대한 총회결의 무효확인을 다투는 소송방법
252	6.18	金秀珍	합의제 행정기관의 설치에 관한 조례 제정의 허용 여부
		白濟欽	과세처분에 대한 증액경정처분과 행정소송
253	8.20	崔正一	경원자 소송에서의 원고적격과 사정판결제도의 위헌 여부
		蔣尙均	승진임용신청에 대한 부작위위법확인소송
254	9.17	金敞祚	강의전담교원제와 해직처분
		河宗大	행정처분으로서의 통보 및 신고의 수리

순번	연월일	발표자	발 표 제 목
255	10.15	최진수	징발매수재산의 환매권
		朴海植	주민등록전입신고 수리 여부에 대한 심사범위와 대상
256	11.12	金容燮	부당결부금지원칙과 부관
		朴尙勳	공무원에 대한 불이익한 전보인사 조치와 손해배상
257	12.10	金東熙	제재적 재량처분의 기준을 정한 부령
258	11.1.14	成智鏞	위임입법의 한계와 행정입법에 대한 사법심사
		安東寅	법령의 개정과 신뢰보호원칙 — 신뢰보호원칙의 적극적 활용에 대한 관견 —
259	2.18	崔桂暎	민간기업에 의한 수용
		金泰昊	사전환경성검토와 사법심사
260	3.18	金鉉峻	규제권한 불행사에 의한 국가배상책임의 구조와 위법성 판단기준
		朴在胤	지방자치단체 자치감사의 범위와 한계
261	4.15	金重權	민간투자사업의 법적 절차와 처분하자
		徐輔國	행정입법의 부작위에 대한 헌법소원과 행정소송
262	5.20	李熙貞	귀화허가의 법적 성질
		尹仁聖	독점규제 및 공정거래에 관한 법률 제3조의2 제1항 제5호 후단에 규정된 "부당하게 소비자의 이익을 현저히 저해할 우려가 있는 행위"에 관한 소고
263	6.17	朴均省	납골당설치신고 수리거부의 법적 성질 및 적법성 판단
		姜錫勳	재조사결정의 법적 성격과 제소기간의 기산점
264	8.19	金光洙	임시이사의법적 지원

순번	연월일	발표자	발 표 제 목
		趙允熙	불복절차 도중의 과세처분 취소와 재처분금지
265	9.16	鄭準鉉	개인택시사업면허 양도시 하자의 승계
		김용하	잔여지 수용청구권의 행사방법 및 불복수단
266	10.21	崔峰碩	과징금 부과처분의 재량권 일탈·남용
		朴榮萬	군인공무원관계와 기본권 보장
267	11.11	俞珍式	정보공개법상 비공개사유
		주한길	행정소송법상 집행정지의 요건
268	12.16	琴泰煥	최근 외국 행정판례의 동향 및 분석
		金致煥	미국, 일본, 프랑스, 독일
		田勳	
		李殷相	
		李鴻薰	사회발전과 행정판결
269	12.1.27	裵炳皓	재개발조합설립인가 등에 관한 소송의 방법
		河明鎬	사회보장행정에서 권리의 체계와 구제
270	2.17	朴玄廷	건축법 위반과 이행강제금
		金善娥	출퇴근 재해의 인정범위
271	3.16	金重權	국가배상법상 중과실의 의미
		徐泰煥	행정소송법상 직권심리주의의 의미와 범위
272	4.20	李湖暎	시장지배적사업자의 기술적 보호조치와 공정거래법
		李玩憙	공정거래법상 신고자 감면제도
273	5.18	李東植	세무조사 결정통지의 처분성
		鄭基相	조세소송에서 실의성실원칙
274	6.15	許康茂	생활대책대상자선정거부의 처분성과 신청권의 존부
		朴貞杹	기대권의 법리와 교원재임용거부 및 부당한 근로계약 갱신 거절의 효력
275	8.17	金敞祚	정보공개법상 비공개사유로서 법인 등의 경

순번	연월일	발표자	발 표 제 목
			영 · 영업상 비밀에 관한 사항
		成承桓	경찰권 발동의 한계와 기본권
276	9.21	金宣希	도시정비법상 조합설립인가처분과 변경인가처분
		李相憙	국가와 지방자치단체의 보조금 지원과 지원거부의 처분성
277	10.19	康鉉浩	건축법상 인허가의제의 효과를 수반하는 신고
		尹景雅	결손처분과 그 취소 및 공매통지의 처분성
278	11.16	金容燮	원격평생교육시설 신고 및 그 수리거부
		李義俊	사업시행자의 생활기본시설 설치 의무
279	12.21	琴泰煥	미국, 일본, 프랑스, 독일의 최근 행정판례동향
		金致煥	
		田 勳	
		李殷相	
		崔松和	행정판례의 회고와 전망
280	13.1.18	崔桂暎	행정처분의 위법성과 국가배상책임
		金泰昊	정보공개법상 비공개사유로서 '진행 중인 재판에 관련된 정보'
281	2.15	金致煥	주민소송의 대상
		朴在胤	체육시설을 위한 수용
282	3.15	金聲培	국가유공자요건비해당결정처분
		金東國	해임처분무효
283	4.19	徐輔國	압류등처분무효확인
		崔柄律	자동차운전면허취소처분취소
284	5.24	裵柄皓	국가배상청구권의 소멸시효
		朴海植	감면불인정처분등취소
285	6.21	朴均省	국방·군사시설사업실시계획승인처분무효확인등

순번	연월일	발표자	발 표 제 목
		金慧眞	형의 집행 및 수용자의 처우에 관한 법률 제45조 제1항 위헌확인
286	8.16	俞珍式	여객자동차운수사업법 제14조 등 위헌확인 등
		김필용	증여세부과처분취소
287	9.27	慶建	정보공개청구거부처분취소
		이산해	과징금부과처분취소 · 부당이득환수처분취소
288	10.18	金裕煥	직권면직취소
		許盛旭	관리처분계획무효확인
289	11.15	金炳圻	완충녹지지정의 해제신청거부처분의 취소
		成重卓	조합설립인가처분무효확인
290	12.20	金聲培 金致煥 吳丞奎 桂仁國	미국, 일본, 프랑스, 독일의 최근 행정판례 동향
		鄭夏重	행정판례에 있어서 몇 가지 쟁점에 관한 소고
291	14. 1. 17	金相贊	국가공무원 복무규정 제3조 제2항 등 위헌확인
		金容河	사업시행승인처분취소
292	2.21	姜知恩	주택건설사업승인불허가처분 취소 등
		金世鉉	소득금액변동통지와 하자의 승계 판례변경에 따른 신뢰성 보호 문제
293	3.21	金重權	지방자치단체의 구역관할결정의 제 문제에 관한 소고
		李相悳	체납자 출국금지처분의 요건과 재량통제
294	4.18	俞珍式	정보공개거부처분취소
		金惠眞	백두대간보호에관한법률 제7조 제1항 제6호 위헌소원

순번	연월일	발표자	발 표 제 목
295	5.16	安東寅	토지대장의 직권말소 및 기재사항 변경거부의 처분성
		河泰興	증액경정처분의 취소를 구하는 항고소송에서 납세의무자가 다툴 수 있는 불복사유의 범위
296	6.20	金容燮	독립유공자법적용배제결정 – 처분취소소송에 있어 선행처분의 위법성승계
		李承勳	조합설립추진위원회 설립승인 무효 확인
297	8.22	鄭鎬庚	不利益處分原狀回復 등 要求處分取消
		이병희	解任處分取消決定取消
298	9.19	崔峰碩	職務履行命令取消
		文俊弼	還買代金增減
299	10.17	朴均省	行政判例 30年의 回顧와 展望: 행정법총론 I
		金重權	行政判例의 回顧와 展望–행정절차, 정보공개, 행정조사, 행정의 실효성확보의 분야
		洪準亨	行政判例 30年의 回顧와 展望–행정구제법: 한국행정판례의 정체성을 찾아서
300	11.21	康鉉浩	不正當業者制裁處分取消
		李承寧	讓受金
301	12.19	金聲培	美國의 最近 行政判例動向
		吳丞奎	프랑스의 最近 行政判例動向
		桂仁國	獨逸의 最近 行政判例動向
		咸仁善	日本의 最近 行政判例動向
		朴鈗炘	온실가스 배출거래권 제도 도입에 즈음하여
302	15. 1.23	金泰昊	수정명령 취소
		李義俊	손해배상(기)
303	2.27	朴玄廷	정비사업조합설립과 토지 또는 건축물을 소유

순번	연월일	발표자	발 표 제 목
			한 국가·지방자치단체의 지위
		李羲俊	건축허가처분취소
304	3.20	俞珍式	공공감사법의 재심의신청과 행정심판에 관한 제소기간의 특례
		金世鉉	명의신탁과 양도소득세의 납세의무자
305	4.17	朴均省	노동조합설립신고반려처분취소
		金海磨中	국세부과취소
306	5.15	崔峰碩	직무이행명령취소청구
		박준희	지역균형개발 및 지방중소기업 육성에 관한 법률 제16조 제1항 제4호 등 위헌소원
307	6.19	裵柄皓	인신보호법 제2조 제1항 위헌확인
		金東柱	생태자연도등급조정처분무효확인
		裵柄皓	인신보호법 제2조 제1항 위헌확인
		김동주	생태자연도등급조정처분무효확인
308	8.29		牧村 金道昶 박사 10주기 기념 학술대회
309	9.18	崔桂暎	정보비공개결정처분취소
		정지영	부당이득금반환
310	10.16	鄭夏明	예방접종으로 인한 장애인정거부처분취소
		郭相鉉	급여제한및 환수처분취소
311		鄭鎬庚	독립유공자서훈취소결정무효확인등
		김혜성	직위해제처분취소
312		金聲培	최근(2014/2015) 미국 행정판례의 동향 및 분석 연구
		咸仁善	일본의 최근(2014) 행정판례의 동향 및 분석
		吳丞奎	2014년 프랑스 행정판례의 동향 연구
		桂仁國	국가의 종교적·윤리적 중립성과 윤리과목

순번	연월일	발표자	발 표 제 목
			편성 요구권
		金海龍	행정재판과 법치주의 확립

行政判例研究 I~XX-2 總目次

行政判例研究 I ~ XX-2 總目次

[第 I 卷]

Ⅰ. 行政上立法

Ⅱ. 行政裁量

Ⅲ. 行政行爲의 附款

Ⅵ. 行政行爲의 取消

Ⅴ. 行政節次

Ⅵ. 行政計劃

Ⅶ. 行政訴訟의 對象

Ⅷ. 行政訴訟에 있어서의 訴의 利益

Ⅸ. 行政訴訟의 執行停止

Ⅹ. 行政權限의 委任

Ⅺ. 公務員法

Ⅻ. 營造物法

XIII. 知的所有權·遺傳工學

XIV. 租 稅

XV. 違憲審査

[第 II 卷]

Ⅰ. 個人的 公權

Ⅱ. 行政上立法

Ⅲ. 行政行爲

Ⅹ. 地方自治

Ⅺ. 租 稅

Ⅻ. 違憲審査

[第 Ⅲ 卷]

Ⅱ. 個人的 公權

Ⅲ. 信賴保護

Ⅳ. 行政上立法

Ⅴ. 行政行爲

[第 Ⅳ 卷]

Ⅰ. 行政行爲

Ⅱ. 行政計劃

Ⅲ. 行政節次

Ⅳ. 行政爭訟 一般

Ⅴ. 行政訴訟의 對象과 權利保護 必要性

Ⅱ. 行政行爲

Ⅲ. 行政計劃

Ⅳ. 行政節次

Ⅴ. 行政訴訟

Ⅵ. 損害塡補

Ⅲ. 行政訴訟

Ⅳ. 給付行政·環境行政

Ⅴ. 租 稅

Ⅵ. 外國判例研究

[第 Ⅶ 卷]

Ⅰ. 行政行爲

Ⅱ. 行政行爲

Ⅲ. 行政節次

Ⅳ. 行政上 損害塡補

Ⅴ. 行政訴訟

Ⅵ. 建築行政法

Ⅶ. 環境行政法

[第 Ⅸ 卷]

Ⅰ. 行政行爲

Ⅱ. 行政節次

Ⅲ. 行政訴訟

Ⅳ. 地方自治法

Ⅴ. 租稅行政法

Ⅵ. 최근 行政訴訟判決의 主要動向

[第 X 卷]

Ⅰ. 行政立法

Ⅱ. 行政行爲

Ⅲ. 行政節次

Ⅳ. 行政上 損害塡補

Ⅴ. 行政訴訟

Ⅵ. 租稅行政法

[第XI卷]

Ⅰ. 韓國行政判例研究會 200회 特輯 紀念論文

Ⅱ. 行政行爲

Ⅲ. 行政의 實效性確保手段

Ⅳ. 行政訴訟

Ⅴ. 地方自治法

[第XII卷]

Ⅳ. 經濟行政法

Ⅴ. 租稅行政法

[第XIII卷]

Ⅰ. 行政立法

Ⅱ. 行政行爲

Ⅲ. 行政計劃

Ⅳ. 行政節次法

Ⅴ. 行政上 損害塡補

Ⅵ. 行政訴訟法

Ⅶ. 地方自治法

Ⅷ. 環境行政法

Ⅸ. 敎育行政法

[第XIV卷]

Ⅰ. 行政法의 基本原理

Ⅱ. 行政立法

Ⅲ. 行政行爲

Ⅳ. 行政의 實效性確保手段

Ⅴ. 行政上 損害塡補

Ⅵ. 行政訴訟法

Ⅶ. 公物·營造物法

Ⅷ. 外國判例 및 外國法制 研究

[第ⅩⅣ-2卷]

Ⅰ. 行政法의 基本原理

Ⅱ. 行政行爲의 槪念과 種類

Ⅲ. 行政行爲의 職權取消·撤回

Ⅳ. 取消訴訟의 對象

Ⅴ. 行政上 損害塡補

Ⅵ. 公務員法

Ⅶ. 地方自治法

Ⅷ. 經濟行政法

Ⅸ. 建築行政法

[第XV-2卷]

Ⅰ. 認·許可 擬制 制度의 效果와 立法의 方向

(2010. 6. 4. 韓國行政判例研究會·法制處 공동세미나)

Ⅱ. 行政立法

Ⅲ. 行政行爲

Ⅳ. 行政訴訟

Ⅴ. 地方自治法

Ⅵ. 外國判例 및 外國法制 研究

[第XVI-1卷]

Ⅰ. 行政法의 基本原理

Ⅱ. 行政立法

Ⅲ. 行政行爲

Ⅳ. 損害塡補

Ⅴ. 地方自治法

Ⅵ. 租稅行政法

[第 XVI-2卷]

Ⅰ.行政行爲의 瑕疵

Ⅱ. 行政訴訟一般

Ⅲ. 行政訴訟의 類型

Ⅳ. 經濟行政法

Ⅴ. 外國判例 및 外國法制 硏究

[第XVII-1卷]

Ⅰ. 行政行爲의 附款

Ⅱ. 行政計劃

Ⅲ. 行政의 實效性 確保手段

Ⅳ. 取消訴訟의 對象

Ⅴ. 行政訴訟의 類型

Ⅵ. 地方自治法

Ⅶ. 經濟行政法

Ⅷ. 租稅行政法

[第 XVII -2卷]

Ⅰ. 行政行爲의 槪念과 種類

Ⅱ. 行政節次 및 情報公開

Ⅲ. 損害塡補

Ⅳ. 秩序行政法

Ⅴ. 經濟行政法

Ⅵ. 勞動行政法

Ⅶ. 外國判例 및 外國法制 硏究

[第 ⅩⅧ -1卷]

Ⅰ. 行政行爲의 瑕疵

Ⅱ. 行政節次 및 情報公開

Ⅲ. 取消訴訟의 對象

Ⅴ. 損害塡補

Ⅵ. 建築行政法

Ⅶ. 環境行政法

Ⅷ. 外國判例 및 外國法制研究

[第 XIX-1卷]

Ⅰ. 行政行爲의 瑕疵

Ⅱ. 行政節次 및 情報公開

Ⅱ. 取消訴訟의 對象

Ⅲ. 地方自治法

Ⅳ. 建築行政法

Ⅴ. 外國判例 및 外國法制 研究

Ⅵ. 특집논문: 행정판례연구회 30주년 특별기념논문

[第XX-1卷]

Ⅰ. 行政立法

[第XX-2卷]

Ⅰ. 行政法의 基本原理

Ⅱ. 行政節次 및 情報公開

Ⅲ. 行政爭訟一般

Ⅳ. 損害塡補

Ⅴ. 建築行政法

Ⅵ. 憲法裁判

Ⅶ. 外國判例 및 外國法制 研究

主題別 總目次(行政判例研究 Ⅰ~XX-2)

行政法의 基本原理

個人的 公權

行政立法

行政行爲의 槪念과 種類

行政行爲의 附款

行政行爲의 效力

行政行爲의 瑕疵

行政行爲의 職權取消·撤回

行政計劃

行政節次 및 情報公開

行政의 實效性確保手段

行政爭訟一般

取消訴訟의 對象

行政訴訟에 있어서의 訴의 利益

行政訴訟의 審理

行政訴訟과 假救濟

行政訴訟의 類型

損害塡補

行政組織法

公務員法

地方自治法

秩序行政法

公物·營造物法

環境行政法

助成行政法

經濟行政法

租稅行政法

建築行政法

土地行政法

敎育行政法

文化行政法

勞動行政法

憲法裁判

外國判例 및 外國法制 研究

行政訴訟判決의 主要動向

紀念論文

研究判例 總目次
(行政判例研究 Ⅰ~XX-2)

〔대 법 원〕

[서울고등법원]

[광주고등법원]

[수원지방법원]

[서울행정법원]

[헌법재판소]

[EU판례]

[독일판례]

[프랑스판례]

[미국판례]

[일본판례]

ムズ 1396号, 2014.3, 122면. XIX-2-281

최고재판소 第一小法廷 平成25(2013).3.21. 平成22年(行ヒ)第242号, 民集 67巻3号, 438면, 判例タイムズ 第1391号, 2013.10, 113면. XIX-2-281

최고재판소 第一小法廷 平成25(2013).3.21. 平成23年(行ツ) 第406号, 民集67巻3号, 375면. XIX-2-281

최고재판소 第二小法廷 平成26(2014).7.18. 平成24年(行ヒ)第45号, 判例地方自治 386号, 78면. XX-2-311

최고재판소 第一小法廷 平成26(2014).9.25. 平成25年(行ヒ)第35号, 民集68巻7号, 722면. XX-2-311

최고재판소 第二小法廷 平成26(2014).7.14. 平成24年(行ヒ)第33号, 判例タイムズ 1407号, 52면. XX-2-311

최고재판소 第二小法廷 平成26(2014).8.19. 平成26年(行ト)第55号, 判例タイムズ 1406号, 50면. XX-2-311

최고재판소 第一小法廷 平成26(2014).10.9. 平成26年(受)第771号, 判例タイムズ 1408号, 32면. XX-2-311

최고재판소 第一小法廷 平成26(2014).10.9. 平成23年(受)第2455号, 判例タイムズ 1408号, 44면. XX-2-311

최고재판소 第三小法廷 平成26(2014).5.27. 平成24年(オ)第888号, 判例タイムズ 1405号, 83면. XX-2-311

行政判例研究 XX-2

2015년 12월 25일 초판인쇄
2015년 12월 31일 초판발행

편저자 사단법인 한국행정판례연구회
대 표 정 하 중

발행인 안 종 만

발행처 (주)박영사
서울특별시 종로구 새문안로3길 36, 1601
전화 (733) 6771 FAX (736) 4818
등록 1959. 3. 11. 제300-1959-1호(倫)

편저자와 협의하여 인지를 생략함

www.pybook.co.kr e-mail: pys@pybook.co.kr

정 가 43,000원

ISBN 979-11-303-2846-1
ISBN 978-89-6454-600-0(세트)
ISSN 1599-7413 26